# Roland Barthes
# 罗兰·巴尔特文集

## La Préparation Du Roman I et II
Cours et séminaires au Collège de France
(1978-1979 et 1979-1980)

## 小说的准备
法兰西学院课程和研究班讲义
(1978—1979, 1979—1980)

[法]罗兰·巴尔特 (Roland Barthes) /著
娜塔莉·莱热 (Nathalie Léger) /编辑、注解、序言
埃里克·马蒂 (Éric Marty) /总编
李幼蒸/译

中国人民大学出版社
·北京·

# 总　序

罗兰·巴尔特（1915—1980）是已故法兰西学院讲座教授，法国当代著名文学思想家和理论家，结构主义运动主要代表者之一，并被学界公认为法国文学符号学和法国新批评的创始人。其一生经历可大致划分为三个阶段：媒体文化评论期（1947—1962）、高等研究院教学期（1962—1976）以及法兰西学院讲座教授期（1976—1980）。作者故世后留下了5卷本全集约6 000页和3卷本讲演录近千页。这7 000页的文稿，表现出了作者在文学、文化研究和人文科学诸领域内的卓越艺术品鉴力和理论想象力，因此可当之无愧为当代西方影响最大的文学思想家之一。时至今日，在西方人文学内最称活跃的文学理论及批评领域，巴尔特的学术影响力仍然是其他文学批评家和理论家难以企及的。

1980年春，当代法国两位文学理论大师罗兰·巴尔特和保罗·萨特于三周之内相继谢世，标志了第二次世界大战后法国乃至西方两大文学思潮——结构主义和存在主义的终结。4月中旬萨特出殡时，数万人随棺送行，场面壮观；而3月下旬巴尔特在居住地Urt小墓园下葬时，仅有百十位朋友学生送别（包括格雷马斯和福科）。两人都是福楼拜的热爱者和研究者，而彼此的文学实践方式非常不同，最后是萨特得以安息在巴黎著名的Montparnasse墓地内福楼拜墓穴附近。萨特是雅俗共赏的社会名流，巴尔特则仅能享誉学界。

1976年，巴尔特以其欠缺研究生资历的背景（据说20世纪50年代末列维-斯特劳斯还曾否定过巴尔特参加研究生论文计划的资格），在福科推荐下，得以破格进入最高学府法兰西学院。1977年1月，挽臂随其步入就职讲演大厅的是他的母亲。8个月后，与其厮守一生的母亲故世，巴尔特顿失精神依持。在一次伤不致死的车祸后，1980年，时当盛年的巴尔特，竟"自愿"随母而去，留下了有关其死前真实心迹和其未了（小说）写作遗愿之谜。去世前两个月，他刚完成其最后一部讲演稿文本《小说的准备》，这也是他交付法兰西学院及留给世人的最后一部作品。而他的第一本书《写作的零度》，则是他结束6年疗养院读书生活后，对饱受二战屈辱的法国文坛所做的第一次"个人文学立场宣言"。这份文学宣言书是直接针对他所景仰的萨特同时期发表的另一份文学宣言书《什么是文学？》的。结果，30年间，没有进入过作为法国智慧资历象征的"高等师范学院"的巴尔特，却逐渐在文学学术思想界取代了萨特的影响力，后者不仅曾为"高师"哲学系高材生，并且日后成为法国二战后首屈一指的哲学家。如今，萨特的社会知名度仍然远远大于巴尔特，而后者的学术思想遗产的理论价值则明显超过了前者。不过应当说，两人各为20世纪文学思想留下了一份巨大的精神遗产。

如果说列夫·托尔斯泰是19世纪"文学思想"的一面镜子，我们不妨说罗兰·巴尔特是20世纪"文学思想"的一面镜子（请参阅附论《罗兰·巴尔特：当代西方文学思想的一面镜子》）。欧洲两个世纪以来的社会文化内容和形成条件变迁甚巨，"文学思想"的意涵也各有不同。文学之"思想"不再专指作品的内容（其价值和意义须参照时代文化和社会整体的演变来确定），而须特别指"文学性话语"之"构成机制"（形式结构）。对于20世纪特别是二战后的环境而言，"文学实践"的重心或主体已大幅度地转移到批评和理论方面，"文学思想"从而进一步相关于文学实践和文学思想的环境、条件和目的等方面。后者遂与文学的"形式"（能指）研究靠近，而与作为文学实践"材料"（素材）的内容（"所指"）研究疏远。而在当代西方一切文学批评和文学理论领域，处于文学科学派和文学哲学派中间，并处于理论探索和作品分析中间的罗兰·巴尔特文学符号学，遂具有最能代表当代"文学思想"的资格。巴尔特的文学结构主义的影响和意义，也就因此既不限于二战后的法国，也不限于文学理论界，而可扩展至以广义"文学"为标志的一般西方思想界了。

中国人民大学出版社编选的这套"罗兰·巴尔特文集"，目前包括10卷12部作品，它们在一定程度上反映了罗兰·巴尔特文学思想的基本面貌。由于版权问题，出版社目前尚不能将他的其他一些重要作品一一收入。① 关心巴尔特文学思想和理论的读者，当然

---

① 在"10卷12部作品"之后，已经获得版权的巴尔特作品有：《萨德·傅立叶·罗犹拉》(1971)、《明室》(1979)、《中国行日记》(1974)、《哀悼日记》(1977—1979)、《偶遇琐记·作家索莱尔斯》、《恋人絮语》(1974—1976)，并有附卷《罗兰·巴尔特最后的日子》(Herve Algalarrondo 著)。——编者注

可以参照国内其他巴尔特译著，以扩大对作者思想学术的更全面了解。此外，文集还精选了菲利普·罗歇（Philippe Roger）的著名巴尔特评传：《罗兰·巴尔特传》(1985)，作为本文集的附卷。

现将文集目前所收卷目及中译者列示于下：

1. 写作的零度（1953）·新文学批评论文集（1972）·法兰西学院就职讲演（1977）：李幼蒸

2. 米什莱（1954）：张祖建

3. 文艺批评文集（1964）：张智庭（怀宇）

4. 埃菲尔铁塔（1964）：李幼蒸

5. 符号学原理（1964）：李幼蒸

6. 符号学历险（1985）：李幼蒸

7. 罗兰·巴尔特自述（1976）：张智庭

8. 如何共同生活（讲演集1）（2002）：张智庭

9. 中性（讲演集2）（2002）：张祖建

10. 小说的准备（讲演集3）：李幼蒸

附卷：罗兰·巴尔特传：张祖建

讲演集是在法国巴尔特专家埃里克·马蒂（Eric Marty）主持下根据作者的手写稿和录音带，费时多年编辑而成的。这三部由讲演稿编成的著作与已经出版的5卷本全集中的内容和形式都有所不同，翻译的难度也相对大一些。由于法文符号学和文学批评用语抽象，不易安排法中术语的准确对译，各位译者的理解和处理也就不尽相同，所以这部文集的术语并不强求全部统一，生僻语词则附以原文和适当说明。本文集大致涉及罗兰·巴尔特著作内容中以下五个主要方面：文本理论、符号学理论、作品批评、文化批评、讲演集。关于各卷内容概要和背景介绍，请参见各卷译者序或译后记。

在组织翻译这套文集时，出版社和译者曾多方设法邀约适当人选共同参与译事，但最后能够投入文集翻译工作的目前仅为我们三人。张智庭先生（笔名怀宇）和张祖建先生都是法语专家。张智庭先生为国内最早从事巴尔特研究和翻译的学者之一，且已有不少相关译作出版。早在1988年初的"京津地区符号学座谈会"上，张智庭先生对法国符号学的独到见解即已引起我的注意，其后他陆续出版了不少巴尔特译著。张祖建先生毕业于北京大学法语文学系，后在美国获语言学博士学位，长期在法国和美国任教至今，并有多种理论性译著出版。我本人在法语修养上本来是最无资格处理文学性较强的翻译工作的，最后决定勉为其难，也有主客观两方面原因。一方面，我固然希望有机会将自己的几篇巴尔特旧译纳入文集，但更为主要的动力则源自我本人多年来对作者理论和思想方式的偏爱。大约30年前，当我从一本包含20篇结构主义文章的选集中挑选了巴尔特的《历史的话语》这一篇译出以来，他的思想即成为我研究结构主义和符号学的主要"引线"之一。在比较熟悉哲学性理论话语之后，1977年下半年，我发现了将具体性和抽象性有机结合在一起的结构主义思维方式。而结构主义之中，又以巴尔特的文学符号学最具有普遍的启示性意义。这种认知当然也与我那时开始研习电影符号学的经验有关。我大约是于20世纪70年代末同时将巴尔特的文学符号学和克里斯丁·麦茨、艾柯等人的电影符号学纳入我的研究视野的。1984年回国后，在进行预定的哲学本业著译计划的同时，我竟在学术出版极其困难的条件下，迫不及待地自行编选翻译了那本国内（包括港、澳、台）最早出版的巴尔特文学理论文集，虽然我明知他的思想方式不仅不易为当时长期与世界思想脱节的国内文学理论界主流所了解，也并不易为海外主要熟悉英美文学批评的中国学人所了解。结果两年来在多家出版社连续碰壁，拖延再三之后，才于 1988 年由三联书店出版（这要感谢当时刚设立的"世界与中国"丛书计划，该丛书还把我当时无法在电影界出版的一部电影符号学译文集收入）。这次在将几篇旧译纳入本文集时，也趁便对原先比较粗糙的译文进行了改进和订正。我之所以决定承担巴尔特最后之作《小说的准备》的译事工作，一方面是"从感情上"了结我和作者的一段（一厢情愿的）"文字缘"，即有意承担下来他的第一部和最后一部书的译事，另一方面也想"参与体验"一段作者在母亲去世后心情极度灰暗的最后日子里所完成的最后一次"美学历程"。我自己虽然是"不可救药的"理性主义者，但文学趣味始终是兼及现实主义和唯美主义这两个方向的。

中国人民大学出版社在"列维-斯特劳斯文集"之后决定出版另一位法国结构主义思想家的文集，周蔚华总编、徐莉副总编、人文分社司马兰社长，表现了对新型人文理论的积极关注态度，令人欣慰。本文集策划编辑李颜女士在选题和编辑方面发挥了重要的判断和组织作用。责任编辑姜颖昳女士、翟江虹女士、李学伟先生等在审校稿件方面尽心负责，对于译文差误亦多所更正。对于出版社同仁这种热心支持学术出版的敬业精神，我和其他两位译者均表感佩。

最后，我在此对中国人民大学出版社再次约请我担任一部结构主义文集总序的撰写人一事表示谢意。这不仅是对我的学术工作的信任，也为我提供了再一次深入研习罗兰·巴尔特思想和理论的机会。巴尔特文学思想与我们的文学经验之间存在着多层次的距离。为了向读者多提供一些背景参考，我特撰写了"附论"一文载于书后，聊备有兴趣的读者参阅。评论不妥之处，尚期不吝教正。

李幼蒸（国际符号学学会副会长）
2007 年 3 月，于美国旧金山湾区

# 编者声明

这一套书，企图将若干课程、会议、研究班讨论等编辑在一起。其特殊性与正当性基于两个原则。读者将独一无二地看到原初口头思想表达过程的记录。用作基本材料的书写的或非书写的（笔记，磁带等）记录，始终都是根据原初的或几乎原始的材料转录的。书写的记录，遂成为一种口语复制品，而非书写物之复制品；此记录也即相当于从一种公共空间向另一种公共空间的转换，而不再是一种普通"出版物"了。

（埃里克·马蒂、娜塔莉·莱热）

# 编辑说明

这个"说明"可视为有关巴尔特课程讲义出版计划"总序"的一个简缩版。关于该总序的详细内容，请参见《如何共同生活》。

每卷讲义的组织原则就是课程进行本身，因为读解的真实节奏正是存在于那里：巴尔特将此讲演节奏于讲演后记录入其讲稿，并在讲稿当日终止处标明日期、时间，以及下次讲演应开始的位置。

这份讲稿与上一年的讲稿不同。在上一年的讲稿中，诸片段和诸"特点"组织着课程之进行，而本次讲稿是由连续展开的一种统一话题所构成：不过本次讲稿仍由诸子标题、诸停顿标志和诸终止标志等划分，这种安排有助于解说讲演话语的内容，使其意思明了。

关于课程"文本"本身，我们采取了尽量少干预的原则。我们保留了巴尔特使用的一些符号，以便——例如——凝缩其采用的一种逻辑构造。但另一方面，我们自作主张地将一些通用的简写符号恢复了全称（如用《墓畔回忆录》代替原稿中的 M.O.T.），或者改正了一些有时过于混乱的句读符号。

当遇到巴尔特写出的话语过于晦涩之时，我们也自动在注解中阐释大意，以减少读者不必要的困惑。我们利用了这个"书写记录"系列中的宽阔空白边页，记下了巴尔特引用的参考书目，他在讲稿中将引文置于每页的同一空白边页上〔中译本取消这种排版方式以节约篇幅，因文内注释和书后参考书目对于掌握作者引用来源均已足够明确——中译者〕。需要补充说明的是，巴尔特在讲稿中删除的少量句段，被我们保留了下来，不过均在注解中标示了所删削部分的范围。每逢课程开始前巴尔特对收到的信件或对上一堂课论述所作的评论，我们均以斜体标示〔中译本省略了这类标识——中译者〕。最后，在课程文本内的编者插话，均放入方括弧内（如：〔〕），但在引文中巴尔特本人的插话则放入"〈 〉"括弧内（中译稿对此符号有所变动，但不妨碍读者分辨言说者的身份，具体翻译说明，请参看译后记。——中译者）。

注解方式遵循古典文献学惯例，这对于某些有时暗示性颇多的书写文句来说是必要的。引文、专有名词、外国语词（特别是古希腊文，我们选择用拉丁文字母来表示）、地理名词、历史事件等，尽量在注解中加以说明。书后一个完全的书目索引则可省免注解部分的过于烦琐。关于巴尔特的文章和书籍部分，均以 2002 年出版的 5 卷本《巴尔特全集》为基础，我们将其标以 $OC_1$、$OC_2$……等符号〔中译本大多改为标以《全集》卷1等字样。——中译者〕。除人名索引和书籍索引外,我们仅按字母顺序增加了一个未经系统加工的概念索引表。此外,当巴尔特所引用的书籍为旧版或版本不详时,我们在注解中给出了更易查考的版本。

〔编者的〕一篇简短前言,用以说明课程讲义的背景和范围及其轮廓重点。

# 目　录

编者序言 …………………………………… 1

## 小说的准备

### Ⅰ：从生活到作品
法兰西学院课程讲义（1978—1979）

1978 年 12 月 2 日讲义 …………………………… 13
1978 年 12 月 9 日讲义 …………………………… 25
1978 年 12 月 16 日讲义 ………………………… 36
1979 年 1 月 6 日讲义 …………………………… 45
1979 年 1 月 13 日讲义 …………………………… 55
1979 年 1 月 20 日讲义 …………………………… 66
1979 年 1 月 27 日讲义 …………………………… 78
1979 年 2 月 3 日讲义 …………………………… 92

1979年2月10日讲义 ······ 103
1979年2月17日讲义 ······ 114
1979年2月24日讲义 ······ 126
1979年3月3日讲义 ······ 140
结　论 ······ 143
1979年3月10日讲义 ······ 149

## 迷园的隐喻

### 跨学科研究

### 1978—1979年度研究班讲义

1978年12月2日研究班导论 ······ 177
1979年3月10日结束的讲义 ······ 190

## 小说的准备

### II. 作品作为意志

### 法兰西学院课程讲义（1979—1980）

1979年12月1日讲义 ······ 197
　前言 ······ 197
　I. 写作的欲望 ······ 202
1979年12月8日讲义 ······ 219
1979年12月15日讲义 ······ 242
　领队独白，方法，叙事 ······ 255
1980年1月5日讲义 ······ 264
　II. 第一试炼：选择，怀疑 ······ 264
1980年1月12日讲义 ······ 285

Ⅲ. 第二试炼：忍耐 ·················· 300

　　A）一种方法的生活 ·················· 301

1980 年 1 月 19 日讲义 ·················· 310

1980 年 1 月 26 日讲义 ·················· 337

1980 年 2 月 2 日讲义 ·················· 354

　　B）写作实践 ·················· 369

1980 年 2 月 9 日讲义 ·················· 378

1980 年 2 月 16 日讲义 ·················· 401

Ⅳ. 第三试炼：分离 ·················· 401

1980 年 2 月 23 日讲义 ·················· 426

　　课程结束篇讲义 ·················· 434

# 普鲁斯特和摄影

对所知甚少的摄影资料所作的检验

编者说明 ·················· 447

照片目次 ·················· 448

附　录 ·················· 538

参考文献 ·················· 541

名称索引 ·················· 550

主题索引 ·················· 584

译后记 ·················· 588

附　论 ·················· 615

# 编者序言

读者现在进入了本讲演集研究系列的最后阶段。

当然,是突然到来的死亡,使得本课程讲稿最终以回顾方式成为了一种写作,并产生了一个编写计划。为此,罗兰·巴尔特准备了一个新的计划,设想了未来几个课程的主题,并安排完了一个司汤达研讨会;简言之,他工作着、建设着、展望着未来。尽管死亡降临使得已宣布的内容中充满着隐喻或疑迷色彩,可以肯定,课程本身已蕴涵着一种作品完结的秘密,而非相反;在完成了其进程之后,《小说的准备》实现和完成了最初在《写作的零度》中提出的思考。而且这一思考,自1953年以来,从未停止过(沿着由其作品所显示的无数迂曲和策略),它围绕着一个,而且是唯一一个问题而展开,这就是文学乌托邦的问题。《小说的准备》不仅是对此问题的一个回答，也完全是一种相关的引导，因为它演示了此研究之路径，并在听众面前戏剧性地呈现了全部探索的法则：结果，根本不是认识研究的对象，而只是认识某种与自己有关的东西。1851年米舍莱获悉法兰西学院解职的消息后，曾为一些听众的如下话语所鼓舞："我们没从你那里学到什么。所学到的只是自己失散的灵魂如何重返自我。"[1]

由此读者可以含蓄地读解出巴尔特在1977年1月7日就职讲演中所宣布的和由其每一课程所例示的教学规划：什么也不传授，甚至是反传授（desapprendre）。同一个巴尔特说，投入漫长自我回复的工作，每一次都是长久已失灵魂的自我回归："这是内心（l'intime）在自我之内的说话，在面对着众人、面对着科学时，促使人们倾听其灵魂的呼唤。"[2]

在《小说的准备》这个总书名下，巴尔特在法兰西学院的最后两个课程是以两两对应的方式（其一通向另一，而每一个都为另一个所必需）加以组织的：首先是《小说的准备：1. 从生活到作品》，此课程从1978年12月2日到1979年3月10日，分13节，每节一小时。结束之后，下一年的题目是《小说的准备：2. 作品作为意志》，分11节，每节两小时，从1979年12月1日起到1980年2月23日止。讲课在马色琳-贝特罗广场的阶梯教室举行。每一门大课都配有一个研究班。在1978—1979年度，巴尔特挑选一些受邀者参

---

[1] 米舍莱：1851年3月6日讲演，见《法兰西学院课程》，卷2，巴黎，伽利马出版社，《历史丛书》，1995，694页。

[2] "长久以来，我早早上床"，为巴尔特于1978年10月19日所做讲演的题目。该讲演早在《小说的准备》第一讲开始的几周前进行，可看做是该系列讲演的一个概要。

加"迷园隐喻"讨论班。每一研究班的讨论紧接在课程之后,都是在周六11点半到12点半。反过来,在1979—1980年度,据估计,研究班只拟在课程结束后进行,时间是2月份每个周六早10点半到12点半;所讨论的是根据保罗·纳达尔(Paul Nadar)的照片来评论普鲁斯特世界中的一些形象。我们知道,这个研究班并未举行,因为,1980年2月25日,在《小说的准备》课程完成两天之后,罗兰·巴尔特在法兰西学院前的学院路上被车撞倒。在萨尔皮特里勒住院一个月后,死于1980年3月26日。

关于《中性》的课程完成于1978年6月3日,于是巴尔特考虑用未来若干年来进行一个新的计划,这个计划听起来,"即使不是持续的(谁能这么说呢?),至少也是丰富的(野心勃勃的)",他在1978年12月2日《小说的准备》第一节课上曾经这么解释着。此计划所宣布的内容相当丰富,并迅速确立了写作的整体计划,其中凸显了两套课程,其文本构成了课程的前奏或变调。因为,此课程计划无可争论地是一部完整的作品,它反复地表现在《小说的准备》中。我们将合理地引导读者注意巴尔特的5卷本《全集》,此书由艾里克马尔提编辑,出版于色易出版社。在此书中我们将只保留了介绍最后两个课程的简明课程表。它从1978年在法兰西学院举行的一次所谓"一般兴趣"的会议开始,其题目是"长久以来,我早早上床"。会议的基本文本把未来课程的问题要点压缩为若干令人印象深刻的形象。在11月末尾,巴尔特在纽约大学提出了另一份有所改动的讲稿。1978年12月2日开始的一节课之后的一周内,巴尔特在《新观察家》上的第一篇专栏文章发表了;专栏内的短文,发表于1978年12月18日到1979年3月26日,伴随着第一个课程的全程,而且,周刊在周六出版后,一些听众还记得他们中间很多人在向法兰西学院走去时臂下曾夹着最新一期的"专栏"。这些文章不仅是大众如此期待的新式小小神话学分析，而且，对于巴尔特来说，它们首先是一种"写作经验"，"一种形式研究"，"一种小说的实验"，所以他在1979年3月26日发表的、标志着一种新闻体经验结束的最后专栏文章里，重申其主张。在1979年1月，他为《文学杂志》撰写了文章"Ça prend"（《成了》），这是谈普鲁斯特写作的，它重复着和预期着课程的一些基本内容。到了1979年春天，从4月15日到6月3日，巴尔特写了《明室》一书，特别是从《小说的准备：1. 从生活到作品》的1979年2月17日一节内进行的分析开始，延伸到关于时间、形式和一些精彩的思考，这些思考其后录载于《明室》，作为课程两大部分之间的必要连接。1979年8月21日在向编辑交出《明室》的打印稿后，而且当他很可能进行第二个课程的编写时，巴尔特拟订了他的小说《新生》的最初方案，这个方案他整个夏天和直到1979年12月间，都在修改之中。这段时间也是这部新作品最后方案完成之时，对此巴尔特只留下了一个框架，在其中设定了课程的写作计划。在同一时间，从1979年8月24日到9月17日，他编写日记，后来成为名为"巴黎夜晚"的遗著（1987年发表于《插曲》）。而且他"考虑着"把私密日记发展为作品的可能性（文本"思考"利用着1977年和1979年春的日记，在1979年冬出版于《泰凯尔》）。1980年1月末，《明室》出版。2月末，完成了《小说的准备》的最后一节。待他去世后，人们在他的打字机上发现，关于课程工作的一页是关于司汤达的，题目是"人们在说出心爱者时总是失败……"。

正像法兰西学院的前两个课程一样——也正像他的每一个研究班、演说或会议一样——《小说的准备》是经过精心编写的。虽然

第一课程讲稿上没有提到编写日期，可以猜想是在 1978 年夏季，在从乌尔退居到阿杜尔岸时。第二个课程完成于 1979 年 11 月 2 号，在讲稿末页下端注有日期，即在第一节初讲前的一个月。全部 198 页文稿（71 页是第一部分，127 页是第二部分）[1]，用蓝色或黑色墨水抄写，密集而整齐，只有极少涂改，有时一些校样纸条用毡笔注上星状标志，固定在纸边上，以补充未尽的意思。还有一张纸的一面显然曾经删除，后又加以恢复，此时使用了胶带和别针。尽管有改回、犹豫、更正的痕迹，稿件全体的写作显示出极其整齐统一的特点。大量的参考书目，像巴尔特的手稿上经常见到的样子，用铅笔简记在边页上。讲稿中最后一讲部分，似乎是在课程结束前不久完成的，他用圆珠笔插进一些注解，以使全稿完善。他用圆珠笔（巴尔特不喜欢用圆珠笔，但认为圆珠笔可用于写注记，所以总是携带一支），在边页上系统地说明刚完成的一节的时间，在同一地方他将要讲下一节。

　　听过他授课的人曾提到他的言语流畅无比，低沉而有感染力的音色，热情洋溢的话语，为听众心内的权威性增加了无限安适感；演讲人的优异素质可在倾听音声档案时获得确证。[2] 许多听众在回忆起课程、人群、门口拥塞等情景时，都感受到巴尔特言谈举止中的优雅风度，在其即兴发挥的讲演中表现出了丰富的想象力、有条不紊以及引经据典的学识。而很少有人记得其实他是照本宣读的。在比较编写本和一些听众笔记的宣读本时，二者差别却很少：少数口头上的离题发挥，一些最后的改动，特别是文稿中为了必要时适

---

[1] 手稿保存在 IMEC（罗兰·巴尔特基金会）资料室，编页号为 RT2.A08-04 和 RT2.A09-02.01 和 02。

[2] 今日在色易出版社的 MP3 音声版上可以查到。

应讲课的技术性限制而删除的部分,均显示了巴尔特是在诵读着讲稿,甚至是细心地诵读着。我们在此将讲稿全部录译,因此讲稿完全地包含着课程的内容要点。很多评论家强调,巴尔特在法兰西学院这处坐满听众的阶梯教室内曾有拘束之态,他们指出教授在拥挤的、不相识的人群面前曾有不适表现。在他前几年授课时,曾成功地在高等研究院的桌子旁聚集了一些学生,创造了"细致的、不安的欲望之交流空间",由建立在"有关身体关系的精细拓扑学"之上的、在"热忱的法兰西态式生活共同体"内经删选而形成的小圈子。[①] 巴尔特在 1977 年 1 月就职讲演中宣布了关于写作这部《新生》的愿望,后者成为《小说的准备》的原则。可是,由于法兰西学院及其所加予的制约,以及由于他所怀具的雄心,在当巴尔特现在头一次在学院之内将此计划表达出来之时[②],好像受到某种拘束似的。首先,这是在该地点对自己愿望表达的一种承诺,这个地点包含着巴尔特经常引述其思想的杰出人士(可以举米舍莱、瓦莱里或者举让巴鲁兹),这使得他能够对一种重新开始的新生活之轮廓进行描绘。然而,如果就职讲演是以讲授米舍莱为标记的,《小说的准备》两个课程则是由但丁来引领的。我们知道,但丁在其第一部巨著《新生》中开创了一种新的形式,它建立在诗歌、故事、评论并存和相互作用之中。这是在贝亚德死去时唯一适合于表述强烈的爱情和深刻的悲痛的新形式。《新生》第 18 章宣布了构想这一形式的必要性,如此之新,以至于令人不安——几乎令人惊异:"我

---

[①]《在研究班》,见《拱门》,1974(《全集》,卷 4,503 页)。

[②] "我自己也进入一种'新生',它由今日这个新的地点和这次新的接待加以标志。"(《就职讲演》,见《全集》,卷 5,446 页)"自己也"指米舍莱所说的"新生",巴尔特在前面随意地以拉丁文或意大利文引述此词。

决定从此将对此极其高贵女子的赞美作为我的谈述主题;而在对此计划考虑再三之后,我觉得如此高尚之主题似乎非我力所能及,于是我总不敢开始,这样许多天过去后,尽管有写作愿望,却不敢开始。"[1]在 1977 年 10 月,在法兰西学院就职讲演几个月后,巴尔特母亲的去世突然打乱了平稳的工作流程,他悲痛地确认了对一种新的写作生命的愿望。他把既是重新回忆又是表达所愿的小说体裁这种"不确定的形式",看做唯一适合表述他所说的"情感真实"的方式,在其之上完成着和释放着如下思想:"真实因素 = 不可言说的因素:对此人们不可能解释、超越和回溯。爱情和死亡存在于那里,人们所能说的仅此而已。"[2]巴尔特谈到了此一令人惊叹的时刻,并在其瞬间闪光中把握到了自己研究的意义,反映着在课程开场白中提出的另一个"不可言说"的形象。因为,课程的决定起源于在巴尔特称作"悟"的意识之被"诱拐"〔rapt〕的经验中。他于 1978 年 4 月 15 日体悟到的一种他曾在课程开始一节中讲述过的陶醉感。1978 年 4 月 15 日的的确确是浪漫的一天,不只是因为这个独一无二的日子在巴尔特称作《新生》的构思作品之框架内所起的作用,而且当然因为这使他不得不想起对此精神的巨大打击、基本检验的瞬间、主体动摇的瞬间等,有关的叙述描绘着我们的思想史和精神史。这个巴尔特式的 eureka("有办法了!")这个炽热和欢乐的瞬间,突然强烈地照亮了他在一个异国城市中心被酷暑和厌倦压垮后体验的平凡午后,这个强烈耀眼的瞬间包含着课程的全部热望,他一节一节地考查着文学的力量,以便把握住片刻间出现的灵感显

---

[1] 但丁:《新生》,第 18 章,见《但丁文集》,Jacqueline Risset 译,巴黎,色易出版社,1982,32 页。

[2] 参见最后一节课,159 页。

现，并赋予其绝对的价值，之后再使个人之丧痛与自我之创造相互协调起来。按此理解，这部小说，这一本小说是否被写了出来，还有什么重要性吗？几年前，在一本《恋人絮语》（中译又名为《爱情话语片段》。——中译者）中，所有的角色都被读作一种"对小说的言谈"。对此罗兰·巴尔特写到："说真的，我的创作机会是否被真的实现，根本不重要（我倒宁肯它们是空白的）。只有不可击溃的实现之意志才是光辉灿烂的。"①

除课程手稿外，我们也发表了与其配合的两个研究班的讲稿。②正如巴尔特指出的，法兰西学院研究班首先是交流和对话的场所，教授保留此机会以为几位被邀请者提供讲坛。受邀在"迷园隐喻"上讲话的客人名单，开列在《法兰西学院年报》所载巴尔特年度工作汇报内（第460页）。巴尔特所确认的开始和结束这两次会议纪要是由他自己编写的。这个包括9页文稿（其中7页为开始一次的），在此已被誊写出来。关于摄影的研究班，尽管当时不可能宣布，在1980年头几周中还是编写了出来。罗兰·巴尔特打算用几次研究班会议播放保罗·纳达尔的摄影，他十分随意地根据引自关于普鲁斯特世界的几部参考书目中的传记笔记，对一系列照片作了评论。相关于这一工作的手稿文件由6页"说明"构成。其后巴尔特编写了53页笔记，按照字母顺序分类。这些笔记具有极富暗示性的特点，但该文件却是一份漏洞颇多的文本。为了进行弥补，我们将其加以替换。我们十分小心地发表了一份与巴尔特在编写研究班初次讲稿时提出的同一种"通告"："非马塞尔爱好者可勿参加"。所提供的

---

① 巴尔特：《恋人絮语》，1977年（《全集》，卷5，86页）。

② 手稿保存在 IMEC（巴尔特基金会）资料库内。编号为 BRT2.A09-01 和 BRT2.A09-03。

极少信息，已为关于普鲁斯特的杰出传记研究和肖像资料的读解所弥补，这些资料在过去20多年来已为读者所知晓。至于巴尔特所选择的肖像（也保存在他的关于研究班手稿档案内），自那时以来已经不断公布出来。但是，无论文稿中带水印的几页还是已为人知的照片系列都不能使人们忘记，巴尔特所精心保存和留传下来的肖像，呈现为令人惊叹的课程补充：迷园的中心永远就是到达之处，而小说的探索只可能完成于一个忧郁而灿烂的幻象世界之内。

娜塔莉·莱热

我对以下诸人提供的图书资料和表现的友谊，深表感谢。他们是：Marianne Alphant，Bernard Brun，Anne-Sophie Chazeaux，Michel Contat，Olivier Corpet，Claude Coste，Albert Dichy，Pierre Franz，Anne Herchberg-Pierrot，Marc de Launay，Thierry Leguay，Virnie Linnart，Carlo Ossola，Claire Paulhan，Jean Pavans，Jean-Loup Rivière，Chantal Thomas。

对以下友人提供的《小说的准备》（Ⅰ，Ⅱ）的不可或缺的录音资料表示感谢：

Bernard Comment，Isabelle Grellet，Christine Lemaire。

最后对色易出版社的Jean-Claude Baillieul给予的宝贵合作，表示深深谢意。

# 小说的准备

## Ⅰ：从生活到作品

### 法兰西学院课程讲义（1978—1979）

# 1978年12月2日讲义

导论

**人生的"中途"**

在我的"就职讲演"中有关今后课程规划的部分曾谈及,每一年在开始一门新课程时,我都要提醒读者注意该课程的讲授原则:"在这样一门课程开始之际,我诚意主张,应当不断提出若干可以逐年加以更换的幻想式〔fantasme〕。"① 我很快会谈到本年度的幻想式〔而且我也期待着以后几年的幻想式,

---

① 巴尔特:《就职讲演》,1978,43页(《全集》,卷5,429~446页)。

因为已经宣布了，即使还不确定（谁能保证呢？），至少其内容也是极其丰富的（颇具抱负的）〕。这个原则是一般性的：即应当支持事物而压抑主体——不论主体性是多么危险。我属于那个广受主体审视之累的一代：或者是由于实证主义路线（文学史内所要求的客观性，语言文献学的胜利），或者是由于马克思主义路线（非常重要，虽然它甚至并未出现在我的生活中）。这导致主体性的圈套甚至比客观性的欺诈更值得注意；主体的想象界比基压抑更值得注意。

但丁说过："当人生的中途。"① 当时但丁 35 岁。我现在年纪要大得多，早就超过人生数学意义上的中途了。②（而且我不是但丁。注意：谁都不能把自己与这位伟大的作家相比，但人们可以、愿意某种程度上与他同化）但是这个作为开篇的出色诗句，通过一次"**主体的宣示**"（作家，等于"我不压制我所是的主体"）开启了这部世界上最伟大的作品之一。→这一宣示表明；a) 年龄是写作主体的组成部分；b) 中途显然不是数学性的：谁能预先知道呢？它指示着被体验为极其重要而庄严的一个事件，一个时刻，一次变化，一种良知"全体"的震撼，它正能够决定和投身于一次旅行，在新大陆的一次长途漫游（<u>黑暗的森林</u>③），一次启蒙（出现了一个启蒙者：维吉尔——我们也有自己的启蒙者）。但是，对我来说，虽然

---

① 这是但丁《地狱》第一篇中的第一句诗，André Pézard 译（巴尔特引用的法译本），巴黎，伽利马出版社，"Plélade 丛书"系列，1965，883 页。(本句引自王维克译《神曲》中译本，人民文学出版社，1987，2 页。——中译者)

② 罗兰·巴尔特生于 1915 年，写此句时已 63 岁。

③ 《地狱》在此以"黑暗的森林"开篇："当人生的中途，我迷途在一个黑暗的森林之中。要说明那个森林的荒野、严肃和广漠，是多么的困难呀！"（引自中译本第 3 页；法译本从略。——中译者)迷途的但丁遇到了维吉尔，他在《神曲》的漫长旅途中细心地指引和开导着但丁。

大大超过了数学意义上的人生中途,今日我可证实出现了体验此中途、处于此中点的确切感觉(普鲁斯特:"个别事物的顶峰"①),由此处起,河流沿两个不同的方向分道而行。这是由两种"意识"(证明)和一个事件的结果所产生的:

1) 首先,是对我所达到的一定年龄的意识,"余日不多";隐隐约约存于倒计时中了,但其不可逆转的特性比年青时感觉更强。死亡不是一种"自然的"情感(因此这么多人在相信自己是不死之时,都以失败告终)。年岁就是明证:"我终有一死。"对年龄的这种提示未被很好理解,其中含有一种阿谀之辞。"才不呢!"或者一种强迫症。把应该完成的工作置入一个狭窄有限范围内的绝对必要性:最后的范围。或者宁可说,此范围是被勾画出的,因为并不存在"范围之外"。→应该置入其中的工作＝一种庄严的仪式＝直面死亡前时间的使用。参见普鲁斯特,为疾病所苦(《驳圣伯夫》)。"当还有光亮时工作吧。"②(当然,约翰福音 12:35 说:"光在你们中间还有不多的时候,应该趁着有光行走,免得黑暗临到你们。")我们以非宗教的意义来理解此句的意义。

2) 接着是这样的意识:在一个时刻,你做的事,你写作的东西(过去的工作)似乎是一种重复的内容,注定在进行着重复,注定是对重复的厌倦。"为何?一直到我死,我都在写文章,上课,开

27

---

① 普鲁斯特致 Daniel Haleve 的信,1919 年,7 月 19 日:"在特殊性的顶端,绽放着一般性。"《普鲁斯特书信选》,Philip Kolb 编选和确定时间,Jacques de Lacretelle 序,216 页,巴黎,Plon 出版社,1965。

② 普鲁斯特在思考"圣伯夫的方法"(1908)时,提到"对才能崩溃"的恐惧,对"不再有力量去说想说的东西时"的惧怕。"人们想抵制昔日懒惰的惯力,在服从基督对圣·让的告诫时:当你还有亮光时工作吧。"普鲁斯特:《驳圣伯夫》,150 页,第Ⅷ章"圣伯夫的方法",巴黎,伽利马出版社,"Idées NRF 丛书",1954。

会——或者，最好的情况下，写书——，只有关于它们的主题是变化的（尽管很少）？→排除了一切新颖性（＝"徒刑"〔强制劳动？〕的定义）？排除了历险〔Aventure〕（ad-venture：对我突然发生者→Aventure相当于主体的升扬）？判决重复劳动？看见自己的未来，一直到死亡的到来，就像是直通快车似的？为什么？当我刚结束了这段文字，这个课程，难道不是又开始了另一个么？不，西西弗斯是不幸的，使他丧失自己的不是其工作的虚荣心，而是其工作的<u>重复性</u>。

3）最后，来自命运的一个事件可能突然到来，标志、开始、切开、连接，悲哀地，戏剧性地，这个逐步形成的沙丘，决定着这个十分熟悉的风景之逆转，我已称之为"人生的中途"：这应<u>归之于悲哀</u>。例如，朗瑟，这个浪荡骑士，投石党人，社交人士，旅行回来发现他情妇被偶然地砍了头：他从此退隐，并建立了特拉伯修道院。① ——对普鲁斯特来说：他的母亲的死亡（1905），即使因外伤事故，导致了积极的变化，却是发生在几年以后（1909，见下文②）。——最近，布莱尔被宣告死亡，生活改变，他的"人生中途"发生在他死后几年。③ 一种剧烈的丧痛可能构成这种"个别性的

---

① 夏多布里昂在其《朗瑟的生活》中讲述了 Armand·让·朗色（1625—1700）的典型的漫游，年青的社交公子，经常出入朗布耶宫，他的生活在女友（Montbazon 小姐）悲剧死亡的打击下动摇了。朗瑟于是放弃了他的财产，退隐到特拉伯。巴尔特曾为《朗瑟的生活》写过序言（巴黎，UGE 丛书"10/18"，1965）。该文重印于"夏多布里昂：《朗瑟的生活》"，见《新批评文集》，巴黎，色易出版社，1972（《全集》，卷 4，55～65 页），需要注意，朗瑟并非如巴尔特所说的那样是特拉伯修道院的建立者（1140），而是其重要的改革者，使其重新恢复了本笃会和西都修士寺院制度的基本规则。

② 特别参见 154 页以下。（本书注释中所标此类页码为原书页码，即本书边码。——中译者）

③ 听说自己患有肺癌后，雅克·布莱尔与音乐世界断绝，于 1974 年 7 月登上一艘帆船作环游世界旅行。他死于 1978 年 10 月 9 日。

顶峰";标志着决定性的转折:丧痛成了我的生活的中途〔按日译者注:法文稿中原字为 le meilleur,意为"最好"、"最高",疑为 le milieu 之误,意为"中间"、"半"。中译本采日译本处理。——中译者〕,它不可逆转地将其划分为两个部分:<u>向前</u>和<u>向后</u>。因为人生中途,不管突发事件是什么,它只能是这样一个时刻,在此我们发现死亡如此之真实。(回到但丁:《神曲》,这是一幅有关死亡现实的全景图)

此明证一下子出现了:一方面,我不再有时间尝试其他生活;我将必须选择我的最后生活,我的新生,*Vita Nova*(但丁①),或者是 *Vita Nuova*(米舍莱②)。另一方面,我应当从此黑暗之地离开;是重复工作的耗损和悲痛把我带临此境。→此处沙丘,这个在移动沙土中不动的洼地(它不动!),这个暂停中的缓慢死亡,这个使人不能"活着进入死亡"的宿命,可以诊断为:一般化和"取消精力投入"(无能重新精力投入)的重负→在中世纪,有一个字:acédie(衰竭)③。我们可以立即说明(这个主题以后要讨论),衰

---

① 作为散文和诗歌的文集,《新生》是但丁的第一部作品(1292),在宣布贝特罗之死后写成。《新生》也是巴尔特赋予其小说计划的名称,该计划于 1979 年 8 月到 12 月间编写于 8 页稿纸上,也就是在法兰西学院"小说的准备"两个课程之间(《全集》,卷 5,994~1001 页)。

② "《新生》,米舍莱这样说,在他 51 岁迎娶一位 20 岁女郎并打算写一部新的自然史时",巴尔特在"长久以来,我早早上床"会议讲稿中这样写道。此文稿发表于《法兰西学院未刊稿》,1982 年第 3 期(《全集》,卷 5,459~470 页。在文稿中巴尔特随意地使用着拉丁语和意大利语形式)。

③ 希腊字 akédia,取自 kédeuô(当心)加否定词头。于是 akèdès 意思为"忽略,被忽略",akédéstos 为"被抛弃"意。巴尔特在其以前的课程中,特别是在《如何共同生活》这个法兰西学院的第一年课程中,很早就发展了这个概念:"颓丧状态:轻愁,懒散,忧郁,厌倦,无助。""在衰竭中,我既是被抛弃的客体又是其主体:由此产生冻结、陷阱、毫无出路之感。"(克洛德·考斯特编:《如何共同生活》,巴黎,色易出版社,2002,53~54 页)

竭，不论怎么说，不论如何想象，尽管这个词用法老旧，也是不可替换的＝不可能去爱（某人、某些人、全世界）→这个词不幸往往被译解为赋予他人的某种不可能性。

## 29 改变

然而，改变，这就是给予人生中途之"动摇"以一种内容——也就是一种意义，一种生活的"规划"（引自《新生》）。但是，对于写作的人，对于选择了写作的人，这就是去体验欢乐，写作的快乐（几乎像是"最初的喜悦"），（在我看来）《新生》只能是去发现新的写作实践。自然，可以想象去改变内容、学说、理论、哲学、方法、信仰（有些人这样做了：在一次事件、一次创痛的决定性影响下，大大地改变了教义）。但这是平庸的。改变观念就像呼吸一样：精力投入，取消精力投入，重新精力投入，这是出于理智的促动，只要这是可欲的；理智（再说，这是普鲁斯特式的概念）并没有其他指示爱或不爱的愿望的方法，因为其对象不是一种形式，不是物质性崇拜者。甚至永久的战士也（越来越）稀少了：例如人们永远引述他们作为范例≠"信仰"。这是另一回事：有人来，有人去，但一般来说，其持久性乃与死亡联系在一起。但是，对于写作的人来说，《新生》的场所只能是写作——发现写作的新实践。新的期待只是：此写作实践应与以前的思想实践断绝。这个写作应与过往运动之管理脱钩：写作主体经受着社会压力，以便使其（归结为）自行管理，通过重复行为来管理其作品，应该切断的就是这种单调性。

布朗绍（还是他）关于这种写作的转折，以一种既平和又绝望的方式独特地说道："在一个人的——也就是每一个人的——一生的某一时刻，一切都已完成，书已写完。宇宙默默无言，存在停滞了。只剩下宣布的任务：这是容易的。但当此补充的言语有打破平衡的危险时——从哪里找到说出此话语的力量来呢？从何处还可找到说出此话语的场所呢？——这个话语还未被说出，这个任务尚未完成。我们只是写了我曾经写过的话，最后，不再写了。"① 我有过，我仍然以一种重复的方式有过，我肯定仍然有着一种愿望，或者布朗绍所描写的那种<u>决定的形象</u>：去年的课程带有这种愿望的痕迹：对中性②、对退却的偏爱。因为，面对着这种管理的"单调性"，展开了两条道路：1）或者是，沉默休息、隐遁（"兀然无事坐，春夹草自生"③）；2）或者是，沿另一个方向继续向前走，这就是奋斗、精力投入、<u>种植</u>，并暗含着熟知的悖论："建房固然好，明年种植呢！"④ 为什么？在这个层次上，对决定的所有解释都是不明确的，因为没有看到无意识的部分——或者说没看到所涉及的愿望的真正性质。实在地说：这是因为一种危险的感觉→法国现实社会：从意识形态说，小资产阶级的强大增长；他们掌握了权力，控制了媒体；在此需要对电台、电视台、大报纸进行<u>美学</u>的分析，指出他们在推销、在排斥那些隐藏的价值。此一危险，在我看来，长久以来都是一目了然的：<u>反智主义</u>（永远与种族主义、法西斯主义

---

① 布朗绍：《未结束的谈话》，Ⅻ页，巴黎，伽利马出版社，1969。
② 巴尔特在法兰西学院前一课程讲演系列中全在谈这个主题，参见《中性》，巴黎，色易出版社，2002。
③ Zenrin Kushu 的诗句，Alan Watts 译，载于《禅林句集》，149 页，巴黎，Payot 出版社，"科学文库"，1960。Zenrin Kushu 是一部诗集，收入 50 万句双句诗，由 Toyo Eicho〔东阳英朝〕（1429—1504）编选。巴尔特曾在不同场合多次引用此诗，如在《恋人絮语》，巴黎，色易出版社，1977，和在《新生》的（《全集》，994～1001 页），216 页。
④ 拉封丹：《老头和三个年轻人》，见拉封丹：《预言集》，巴黎，伽利马出版社，"Pléiade 丛书"，274 页。

联系在一起），对大众媒体中"术语"（语言）的攻击，对作者电影的攻击等，都是一致的迹象。→对此应当进行抵制的那种感觉，正是关于生存问题的感觉。索莱尔说：作家，知识分子，如果他想生存，就须愿意自行注入一种偏执狂："感觉处处荆棘！"→艺术家的必然拥护（尼采）。

这就是我所选择的道路。在讲述如何对其构想、它如何对我呈现，以及如何对你们呈现之前——因为课程在开始，原则上它要延续几年，在这个写作的道路上，它将是我的定期的旅行伴侣——应当说，这个"历险"的第一幕是这样的（它与你们中间一些人有关，你们去年已经听过课了）：不出版关于"中性"课程的讲稿的决定（至少目前）。当然，我犹豫过，但最后放弃了。有两个理由。

1) 一方面，我认为，在一生的活动中，应该为"瞬息"〔Éphemère〕留一席之地，它们曾经发生过但消失了；这是"被拒绝的纪念碑"的必要部分；课程的使命正是在这里（当然有例外：索绪尔；也许还不是！对他来说，讲演录是并不重要的琐事！）；在我心目中，课程是一种特殊的生产，根本不是写作，根本不是以一种隐含的对话过程（一种沉默的共谋关系）为特点的言语。这是某种从一开始就应当会死去的东西——不留下超出言语确实性以上的纪念？它出现着，同时即将死亡，这就是日语中所说的：Ma〔间〕，Utsuroi〔虚空〕[①]，散落的花朵（如果容许我这样说）。

---

[①] 在一篇题为《间隙》的文章中，巴尔特把 Ma 定义为"两个时刻、两个场所、两种状态之间的全部关系、全部区分"，而把 Utsuroi 定义为"花朵衰败的片刻，此时事物的灵魂好像停滞在两种状态的虚空中间"（《全集》，卷5，475~480页）。巴尔特随意直接、间接地引用《记号帝国》中的禅宗意思。（日内瓦，Albert Skira，"创造之途丛书"，1970）也参见下文93页。

2) 另一方面，把课程加以发表，等于是在对过去进行管理。但是我们应当向前行进，时间紧迫（为课程写讲稿要花很长时间）；应当行进，当天还亮的时候，普鲁斯特这句话和《新约》（在此以相当世俗的方式对其加以引用）中的句字联系起来（马太福音 8：21-22）；应当让死亡埋葬死亡，让课程埋葬自身——"中性"中断了其表达。

现在，一个瞬间，一些个人的逸事：对此"改变"的决定是何时作出的？——1978 年，4 月 15 日①。卡萨布兰卡②。沉闷的午后。天空乌云密布，有些凉爽。我们乘两辆汽车，结伴到瀑布去（Rabat 公路旁漂亮的山谷）。忧郁，一种厌倦，同样的，不间断的③（自从最近丧痛以来？），回想起我的一切所做所思（欠缺精力投入）。回家后，空荡荡的寓所；这是困难的时刻：下午（我会再谈到）。孤身，忧郁，→腌渍态④；我用心努力地去思索。一种想法浮现了，某种好像是"文学的"转换的事物——有两个老旧的字出现在心间：走进文学，走进写作，写作，就好像我从未写作过似的，

---

① 这个日期多次出现在其为小说《新生》构思的 8 页手稿上，这是他在 1979 年 4 月到 12 月间撰写的。

② 在同年春天 2 月，在 Fez 和 Rabat 大学推动了有关读解理论研究班的建立之后，巴尔特在摩洛哥第二次停留，其间大半时间住在卡萨布兰卡。

③ 巴尔特在 1977 年 10 月 25 日失去母亲。

④ 在《福楼拜和用语》一文中巴尔特评论道："当沉入痛苦深渊时，福楼拜就倒在沙发上：这是他的'腌渍态'，一种意义含混的情境，实际上，失败的记号也是进行幻想的位置，从那里工作会渐渐恢复、会赋予福楼拜一种新的材料，以供他继续涂改。"〔《新批评文集》，巴黎，色易出版社，1972；《全集》，卷 4，79 页。（该书中译本载于《写作的零度》，125 页，中国人民大学出版社，2008。——中译者）〕福楼拜的"腌渍态"概念可能引自他和 Ernest Chevalier 在 1846 年 8 月 12 日的通信："……我躺在最近制成的绿色摩洛哥皮革的沙发上。我就在此把自己腌渍起来，在我随意装饰的瓶子里，在这里我梦见自己像牡蛎一样地生活着。"（福楼拜：《通信集》，卷 1，293 页，Jean Bruneau 编注，"Pléiade 丛书"，1973）

除了写作什么也不要→首先，是一种要离开法兰西学院去整合一种写作生涯的突然的念头（因为课程时不时会干扰写作）；然后是在同一（文学的）活动中为课程和研究而增加精力投入的念头，以便使主体的分裂中止，以有利于一个单一的计划，一个"大计划"：一种快乐的形象。如果我赋予自己一个独一无二的任务，有如我再也无需辛苦地做事（课程，申请，命令，约束），而是生命的每时每刻都归属于一个"大计划"。→这个 4 月 15 日：总之，某种 Satori，奇妙的东西，类似于（这个类比是否平庸无奇并不重要）普鲁斯特的"叙事者"在《失而复得的时间》末尾所体验的那种启示（但是对他来说书已经写完了！）。

**写作的幻想式**

让我们完全去除此 4 月 15 日中的戏剧性——为此，重新解释此"决定"的某些因素，以一种更超脱的、更理论性的、更具批评性的方式。

"写作愿望"＝态度、冲动、欲念。我不知道：研究不够，定义不明，定位不够。对此而言，以下事实可以充分表达：在语言中不存在表示此类"渴望"（envie）的字词——或者说，意味深长的例外是，存在有这样一个词，它却是在衰退的拉丁文俗语中：scripturire〔书写〕。对此，阿波利奈尔[①]曾一度证实过了，他是克莱

---

[①] 此人（431—490）是 24 首诗和 146 封信的作者，诗与信编在 9 本书中，流传于 469—482 年间。关于 scripturire 是在由 Clermont 在 477 年致其亲爱的 Constantius 的信中提到的（第七书，18，1）。阿波利奈尔在曾征求朋友关于发表他的书信的意见时解释道："他的精神一旦勃发，就会不停地想再写。"参见阿波利奈尔的《书信集》（第六书到第九书），André Loyen 编译，巴黎"人文丛书"，1979，79 页。关于此人生平，可参见 Marc Viller：《禁欲主义和神秘主义精神词典》，第 XV 卷，巴黎，Beauchêne 出版社，1937—1995。此书巴尔特在其法兰西学院第一次讲演课程系列中提到过。

蒙·菲兰德〔Clermont Ferrand〕区的主教（5世纪），曾为克莱蒙辩护，反对西哥特人（重要的诗集）。我想说，既然在一种语言中存在着一个词，即使一度存在过，它并不存在于任何其他语言中。（……"法西斯主义"……①）

为什么？显然因为稀有之故；或者以一种迂曲的方式，因为在这里动力和活动存在于一种自指涉的方式内②：写作愿望只指涉所写之话语——或者只接受关于最终写出之物的话语。说出你想写的，实际上这就是写作的理由；因此只有文学作品，而不是一些科学话语，表现出了写作愿望。这也许是一个与科学对立的（文学的）写作之恰当定义：一种知识秩序，在其中产品无法与生产相区分；一种冲动的实践（在此它属于一种色情领域）——或者，写作只有在放弃了元语言时才真地是写作；我们只能在"写作行为"（Écrire）的语言中谈写作之意志（Vouloin-Écrire）：这就是我加以肯定的自指示域（autonymie）。有一天应该检查一下明确属于写作意志的（以及书写的）的作品：在这里我想到里尔克的《致青年诗人的信》。我想到——这样说恰当么？——普鲁斯特，因为书写有其总量〔Somme〕，有其不朽作品：《追寻逝去时间》（又译为《追忆逝水年华》——中译者著）。普鲁斯特写出了姿态〔geste〕——也就是写作愿望的姿态。我以后当然将再谈此姿态之结构，因为它

---

① 巴尔特暗指他在1977年1月7日的就职讲演文："但是语言，正像一切语言活动的运行一样，既不是反动的，也不是进步的；它根本就是：法西斯主义的；因为，法西斯主义并不阻止说话，而是迫使说话。"（《全集》，卷5，432页）在课程的口语版中他进一步说："当一个词存在于一种语言里而不存在于另一种语言里时，就积存着一种力量的考验。"

② Autonymique，"以自身名义"，"指涉自身"；即当这个词指示自己而非指示其客体所指者时。

34 有关一种真正的叙事〔Récit〕——唯一伟大的叙事,完完全全地,就是《追寻逝去时间》——或者说一种神话(Mythe):连带着探索,连续的失败,考验(世界,爱情)以及最后的胜利。在此不要忘记,<u>证据是</u>,《追寻逝去时间》是存于此悖论中的写作愿望之叙事:这部书被看做是在其末尾部分才开始,即当它已被写出之后——对写作愿望和写作给予定义的自指示域之辉煌证明。我们还可以进一步说,一切神话叙事都在叙述着(将其置于叙事程序):死亡被用作某种目的。对普鲁斯特来说,写作被用作拯救和征服死亡;不是他自己的死亡,而是他所爱者的死亡,通过向其证明,使其永生,使其在记忆不在〔non-Mémoire〕之外侧凸显。这就是为什么,在《追寻逝去时间》(叙事秩序)中有许多人物〔personnage〕,却只有一个角色(Figure)(它并非一个人物):母亲——祖母。此角色使写作合理化,因为写作使其合理化。普鲁斯特在文学世界里独树一帜:他是那种非英雄式的英雄,在其中可以看到<u>具有写作意志者</u>。

## 1978年12月9日讲义

一次课程不是一次演示。应当尽可能地不将其视作一个使人迷惑或沮丧的戏剧场景——或者甚至于——因为情况正相反！——因为使人沮丧而使其迷惑。

周复一周,或者年复一年,我有着一个打算实行的"意图",以及一个打算实现的"构图"。在最初的两次课程中(上周六和今日),我简述了课程的个人性的——甚至是幻想的〔fantasmatique〕——起源。

上次解释过,在人生的某一时刻——我神秘地称之为"人生中途"——在某些情况、某些灾难的影响下,"写作意志"(scripturire)可能成为最后的依靠和实践,其幻想的力量,使其重新走向一次<u>新生</u>。

我现在继续说:

长久以来我都相信，存在有一种写作意志本身：写作（Écrire），作为不及物动词①——现在则不大自信了。也许，写作意志＝写某物的意志→写作意志＋对象。也存在有写作幻想式〔fantasmes〕：此词具有欲望的力量，即相当于所谓"性幻想式"的用法。一个性幻想式＝包含一个主体（我）和一个典型客体（身体的一个部分，一次活动，一个情境），二者的联合产生一种快乐→写作幻想式＝产生着一个"文学对象"的我；即写作此对象（在此，幻想式通常抹削了种种困难和性无能），或者几乎终止写作此对象的我。什么对象？显然，这取决于主体，它可以是成千上万的不同材料：按照粗略的分类，可以是一首诗，一部戏剧，一部小说（最好说诗的幻想式，小说的幻想式）；此外，幻想式本身有可能始终是粗略的，服从于一种非常粗略的分类法（如文学的"风格"），正如性幻想式本身是被编码的；实际上，重要的问题是，这取决于社会性条件；美国宣扬男同性恋：一种严格的代码（"英俊的，健壮的，多情的，多才多艺的，丰腴的，等等。≠不是怪僻的，不是吸毒者，不是虐待狂和受虐狂，不是女性化的"②）→关于此"有向的"写作幻想式（诗歌，小说），可评述如下：

代码和幻想式：是重要的问题。一个社会可以按其幻想式代码的严格性加以定义。例如，美国和其性世界：形象清单（形象＝消费的对象）；如果相比于不合规范的欲望，代码的作用就更明显了→同性恋的主要事实：按照其内部的代码不断地予以收回。在某

---

① 1966 年，在霍普金斯大学的一次研讨会上，巴尔特特别创造了这个词："有趣的是了解人们何时以不及物方式使用这个动词写作，作者不再是写某种东西，而是绝对地写作：这段话肯定标志着心智的重要变化。"（载于："Écrire，verbe，intransitif"，*The Languages of Criticisme and the Sciences of Man*，Londres，The John Hopkins Press，1970；《全集》，卷 3，617～626 页）

② 此句英文的法文译文，从略。——中译者

种意义上，代码比法律更高，更广泛，"类型"的约束力高于禁令〔interdit〕（我们读到再创造的"禁令"的第二级的、扭曲的形式）。"精细的"、"原创的"幻想式可能存在，但这是按照一种几乎无法描述的边缘性的存在。它们不可能被理解，除非过渡到文学领域＝萨德就非常坚定地清楚这个问题。未编码的（《索多姆的120天》）或几乎未编码的幻想式清单的细致扩展，在一个充分编码的清单内部之幻想式的变体（尸体爱好、粪便嗜好、性虐狂等等）→或许适用于写作幻想式的语言/言语辩证法，为了发挥作用，（诗歌、小说等的）幻想式应当始终是一种省略的、被编码的形象：**诗歌类**，**小说类**→只是在与现实作斗争时（诗歌**实践**、小说**实践**），幻想式作为幻想式就消失了，并成为某种微妙而奇异的东西＝普鲁斯特使散文、小说幻想式化（我们将要谈此），但是他书写了一种第三形式，而且他只有在抛弃了幻想式的严格性后才能写他的作品。幻想式作为一种能量，一种发动器，向前推进着，但它*其后*所产生者*实际上*已不再属于代码了。

但是，写作幻想式相当于对写作的一种引导：作为最初引导的幻想式（参见维尔日勒和但丁）。

**小说**

人们理解——或者因为我已说过或已写过（Cerisy①）——写作

---

① 1977年6月22号至29号，Cerisy-la-Salle国际文化中心，在孔帕尼翁〔Antoine Compagnon〕主持下，组织了一次名为"借口：罗兰·巴尔特"〔*Prétexte：Roland Barthes*〕的研讨会。在会间讨论中，巴尔特多次表示想写一部小说。全部发言由Christian Bourgois于1978年发表于"10/18"丛书（Paris, UGE），之后于2003年再版。以"L'image"为标题的巴尔特通信重印于*Le Bruissement de la langue*，巴黎，色易出版社，1984（《全集》，卷5，512～519页）。

意志即小说的写作意志，幻想式化的〔fantasmaée〕形式即为小说→人们甚至说（谣传往往如是）我已经写了一部小说，此说非事实。如果这样，我显然不可能提出一门关于小说之准备的课程：写作需要秘而不宣。不是的，我尚处于小说的幻想式之中，但是我决定把这个幻想式本身推进到尽可能远的地方，推到这样一种二中择一的场所：或者是欲望将要萎缩之处，或者是写作将要撞击到写作的现实，这样，所写作的将不再是幻想式化的小说了。但是，目前让我们停留在幻想式层次上——这个层次显然完全改变了我们能够使用"小说"这个词的方式（"方法"）。

我称作小说的东西，目前只是一个幻想式的对象，它不可能归结到一种（科学的、历史的、社会学的）元语言→它被置入关于"一般小说"的注释里，后者又位于粗暴的、盲目的、终止判断的括号内→但这不是元小说（Méta-Roman）：

a）我将不讨论、不论述关于小说的历史社会学，即"作为一种文明之命运的小说"（卢卡奇、戈尔德曼、吉拉尔①）→小说是"在市场生产内诞生的个人主义社会中，日常生活向文学平面的转换"，这句话不会使我感到惶恐不安→说小说的使命在于使一个价值世界（爱情、正义、自由）和一个由经济法则决定的社会系统相互对立，说小说主人公是"在一个现实历史和一个真实伦理之间对立关系内的既明晰又盲目的牺牲品"，我对此绝不反对，但不认为它会瓦解

---

① 参见卢卡奇：《小说的理论》（1916），Jean Clairvoye, Denoël, 1968。戈尔德曼〔Lucien Goldmann〕：《小说社会学》〔Pour une sociologie du roman〕，巴黎，伽利马出版社，1964。吉拉尔〔René Girard〕：《浪漫的谎言和小说的真实》〔Mensonge romantique et vérité romanesque〕，巴黎，Grasset 出版社，1961。以下关于此一主题的巴尔特的所有引文均取自戈尔德曼的作品。

幻想式。幻想式＝元小说的一切还原运作之不可归约的"剩余"（reste）。

b）至少从目前（＝"小说的准备"）来说，我将不再关心今日是否有可能（历史地、文学地）写一部小说这样的问题：小说肯定要被写，但是一方面小说要被卖出是有一定困难的（它已为"证言"、"研究"所取代），而另一方面，大致而言，说真的，自普鲁斯特之后①，似乎没有任何小说"脱颖而出"，进入到宏伟小说（grand roman）、小说巨著的范畴。同样的，也可以说：在拉辛以后出现过许多悲剧作品，但在拉辛之后不再有"悲剧"了。不过，从历史上说，问题是：今日小说还有可能么？还有正当性么？但是，我将不以质朴方式（以幻想式的质朴性）对自己提出这样的问题。目前，从策略上，我将不思考小说——"我的"小说。

总之，（暂时地，在最初）我在以下诸项之间做出区别：1）按照一种知识的本质打算了解小说是如何制作的（＝科学）；2）想要了解如何对其进行再次制作，在同一层次上进行制作（＝技术）；我们将有些奇怪地在此提出一个"技术性"问题，我们将从科学倒退至技术。

将"如何制作，为了再作"置换为"如何制作，以了解它是什么"——从制作准备到了解本质——此一选择完全是反科学的：实际上，幻想式的出发点不是小说（作为一般样式），而是千百部小说中的一两部。对我来说，例如，这就是《追寻逝去时间》、《战争与和平》。但当我企图读其他小说（《让-桑特伊》、《安娜卡列尼娜》）时，它们就从我手中滑落了。总之：

---

① 讲课期间，巴尔特对听众明确说："我是大致而言，并接受一切反驳。"

a）幻想式捕捉着"不同于其他一类小说"的小说：那些巨型类小说，而是也捕捉"琐细类"（déchet）小说。小说的"非科学的"本质（我承认："非科学的"本质，是个奇怪的概念！或许是某种存在论的本质？它相当于呼喊："就是它！"〔C'est ça!〕参见以下①）似乎要在"小说"样式的否定中来寻求似的。这正是《追寻逝去时间》的情况，也是作为"历史性诗歌"的《战争与和平》的情况——所寻求的不是"科学的"目的，因为所关注的不是小说的平均值（但或许是《新科学》②：不是关于样式、平均值、大多数人的科学，而是一种关于差异性的科学？）

b）在幻想式的水平上，可以说，从物理上说不可能构思（欲望）一部平庸的作品，即成为一部"平均的"作品→我从媒体处收到的小说：当然，为什么在无数的故事中得是这个故事呢？对我来说，承认一部作品的重要标准（即非常简单地、物质性地对它进行阅读）是什么呢：它须引生一种必然性情感，它使我们从怀疑主义中解脱——"为什么？为什么不？"（"必然性"？——或许，使意义增加的是：阅读后和阅读前，应该有所不同）奇妙的是："简介页"③，在扼要讲述故事时，排除了最终的必要性；不再产生阅读的欲望，使人有些沮丧→规则：永远不再讲述故事；故事：只是为了写作之用。

---

① 见121页和123页以下。"对啊！"表达式，作为令人痛心的个别性对象的认知，其观念出现于巴尔特1970年作品《记号帝国》中（《全集》，卷3, 415页）。也可以在《中性》课程讲义中看到："悟言＝惊叹：对啊！"（该书第220页）以及在《明室》中："一件摄影作品永远在此姿态的尾端；它说：那里，对啊，在那儿！"《电影手册》〔Cahiers du Cinéma〕, Gallimard-Seuil, 1980, p. 15-16（《全集》，卷5, 792页）。

② 巴尔特在此所指为维柯的巨著《新科学》（第1版，1725）。他读的是米舍莱的译本。

③ 简介页是编者在出书时所编写的介绍文，通常放在里页第4页。

小说的幻想式是某些小说的组成部分。在此意义上，阅读的第一快乐基于什么之上呢→我们知道，就色情快乐而言，贯穿一生的第一快乐的力量何在。

但是，幻想式（以及其欲望的情热）须被扩大、被超越、被升华→欲望和爱情的辩证法，爱罗斯〔Érôs：人之爱〕和阿加波〔Agapè：神之爱〕之间的辩证法（这是神秘家们所熟知的；例如德尼-阿雷奥帕日特）。欲望的伤痛可以通过如下方式被修复，被超越：通过"制作一部小说"的观念，通过设定一个重大任务，通过把世界全体作为其对象的总体欲望，来克服挫折的偶然性。小说：作为某种重要的最终诉求手段→处处心绪不佳的感觉。然而，写作只是我自己的家园么？小说（作为"去做"，agendum）：似乎是至善（圣奥古斯丁、但丁：至高善〔Il Sommo Bene〕，圣托马斯，之后是精神分析）。

然而，在某种意义上，小说被幻想式化为"爱情行为"（受非难的词，我会被责备感情用事和庸俗，但不会有别的。毕竟，应当承认语言的限度）。它不（再）相关于有情爱的爱情，而是相关于Agapè 式爱情〔amour-Agapé〕（甚至于是 Érôs 之持存的残余）。有情爱的爱情＝谈论自我的情爱＝抒情诗；至于 Agapè 式爱情：谈论所喜爱的其他人（小说）。实际上：

a)"谈论所喜爱者。"① 喜爱＋写作＝使人们所认识和喜爱者具

---

① 巴尔特在此所指的是讲演"长久以来，我早早上床"，这是他于 1978 年 10 月 19 日早几周，在法兰西学院所宣读的论文。小说应该是"使我谈论我所喜爱者（萨德，对，萨德说过，小说就是描绘他所喜爱者），而不是对他们说我爱他们（这是一个真正抒情性的计划）；我期待着小说是某种超越自我主义的东西，就其说我喜爱者而言，这证明了他们所经历者（虽然往往是苦难的）'并非毫无价值'。"（《全集》，卷 5，469 页）

有正当性，也就是为了他们进行证明（在宗教的意义上），即使其不朽。"描绘我所喜爱者。"萨德，《爱情罪恶》的序言（《全集》，珍藏版，第IX-X卷，第6页："小说观念"）："人的生命中难免有两个弱点，后者成为人的特征。到处必须祈祷，到处必须爱；这是一切小说的基础。人们为了描绘为之祈祷的人而制作小说，人们为了赞扬所喜爱的人而制作小说。"普鲁斯特和母亲/祖母（在《追寻逝去时间》中唯一的爱的对象）；托尔斯泰，他的母亲（玛丽），他的祖父〔这并不意味着他们占据中心位置：这是进行吸引的爱情之场所。小说：中介化（médiation）的结构〕。

b）小说热爱世界，因为小说混合着〔brasse〕世界，并拥抱着〔embrasse〕世界。存在着一种小说的慷慨性（此词并未在戈尔德曼的社会学语言中被否定），一种非情感性的流露〔effusion〕，因为被中介化了（想一下《战争与和平》）。我想到在神秘爱情中引出的区别（加代[①]）：1）或者是对自己以外的他人的一种爱情，渴望与其结合（一神论的神秘学，抒情诗，情话）。2）或者是一种根本的、暧昧的、不可抗拒的爱情，"本体论的爱情"（印度神秘家，小说）：小说，是向心灵枯萎——冷漠〔acédie〕——进行斗争的实践。

以上所说似乎过于抽象：在话语（小说文本）层次上这可能是什么意思呢？

a）我们已经说过：小说是一个结构——或者中介化（médiatisation）的运作。情感性（在令人难以忍受的词"爱情行为"中未所被压制的）是被中介化的：被诱导的，未表明的，被宣

---

[①] 加代〔Louis Cardet〕（1904—1986），基督教哲学家，Louis Massignon 和 Jacques Maritain 的学生，关于伊斯兰教和基督教神秘主义大量著作的作者，其中常被引用者为《哲学研究和比较神话学》（Études de philosophie et de mystique comparée）（1972）。

布的→参见弗洛伊德（我一时不知道出处①），他说，人们永远不可能看见死亡冲动，除非由力比多〔libido〕加以染色；同样的，爱情冲动对小说进行染色：事情就是如此。

b）必须相对于陈述作用〔énonciation〕的大逻辑范畴来为小说（我说的小说，永远是"我的"小说）定位。我想到一段禅话：首山省念（10世纪）在一群弟子前一边挥动着棍子一边说："不要叫这个是竹篦，因为那样你就在肯定着什么了；也不要否认这个是竹篦，因为那样你就在否定什么了。应该在肯定和否定之外来说话！"②再看阿尔西达马斯（智者派③）的话：存在有四种话语形式：phrasis〔肯定〕, apophasis〔否定〕, érôtèsis〔疑问〕和pros-agoreusis〔宣布，称呼，致意〕。小说，实际上，不是肯定，不是否定，也不是疑问，而是：a）它言说，它言说；b）它表达，它称呼（在我看来，《追寻逝去时间》、《战争与和平》就是这样）。相对于我们的"中性"观念，我将说：小说是一种非傲慢的话语，它不使我手足无措；它是一种不会给我带来压力的话语。而且，它是使我想要达到不给他人带来压力的话语实践：课程所关心的是中性→小说：岂非即中性之写作？

但是，再来进一步谈谈幻想式（由于预感到要从它出发朝向实

---

① 巴尔特的读解表明，所引部分非常可能来自Laplanche和Pontalis的《精神分析学词汇》〔*Vocabulaire de la psychanalyze*〕（Paris, PUF, 1967, 特别是第374页）。该书引述弗洛伊德："死亡冲动，当未染情爱色彩时，即不被知觉。"也可参照《弗洛伊德全集》，14卷，伦敦，Imago出版社，1940—1952。

② Daisetz Teitaro Suzuki:《论禅宗》〔*Essais sur le bouddhisme zen*〕, t. I, Paris, Albin Michel, Jean Herbert 翻译，(1940) 1965, 352页。

③ Alcidamas, 希腊智者派学者和修辞学家，Gorgias的学生和继承者。参见《智者派：片段和证言》〔*Les Sophistes. Fragments et témoignages*〕, Paris, PUF, 1969, p. 26。

在界），我应当设法明确看到我制作一部小说的真正禀赋（"能力"）是什么；但是，我的唯一力量（目前）即我的欲望，我对欲望的执著（乃至我经常与传奇故事"调情"；但传奇故事不是小说，而这正是我想跨越的界限）。至少，我能够立即在自己身上看到某种基本性弱点，某种对于制作小说的无能为力（试比较某人体质使其不可能从事运动，或其手掌太小不适于弹琴，等等。）＝某一器官的弱点→例如，记忆力，记忆的能力。

不论对错（我是说，要继续检验和可能发生突变）：我喜欢的小说＝记忆小说＝其（"记忆"的）材料相关于幼年，相关于写作主体的生活。普鲁斯特为这样的作品准备了理论（但是要深入了解的话，我们会这样问：我们有时间么）。《追寻逝去时间》＝忆往症式〔anamnésique〕小说（在 Combray 达到了高潮）。托尔斯泰：较少了解，较不突显，但是《战争与和平》也是由诸记忆编织而成（主人公履行着一种忆往症式的传记经历：Pléiade 版全集中的《回忆和故事》，特别是《幼年》和《青年》[①]）。

不论如何，我确信自己不具有这样的记忆力，而这将阻碍我写作忆往症式的小说→要注意，记忆力的"麻烦"是多种多样的：不存在纯粹的、单纯的、直接意义上的记忆力，一切记忆已经是意义。实际上，具有（小说的）创造力的不是记忆，而是记忆的变形（参见巴舍拉尔的"想象"，即使形象变形者[②]）。但是，存在有一种

---

[①] 托尔斯泰：《往事回忆》，Gustave Aucouturier 译，Paris, Gallimard, "Bibliothèque de la Pléiade", 1961.《幼年》和《青年》是托尔斯泰最初的叙事性作品。

[②] "人们总是说想象是形成形象的能力。但是，宁可说它是对由知觉提供的形象进行变形的能力。"（Gaston Bachelard, *L'Air et les songes*, Paris, José Corti, 1943, p. 5）

多多少少具生产性的记忆变形→普鲁斯特记忆：不连续的、生动闪耀的、未被时间连接的记忆（颠覆时序制）（参见下面①）所颠覆者不是记忆的敏锐性，而是其秩序。但是，当记忆发生时，它是敏锐的、动荡的，即成为一种超强记忆〔hypermnésie〕。而我的记忆力弱点属于另外一种，它是一种真正的弱点＝一种无能为力："记忆迷雾"②；例如，我记住自己生活中的日期的能力很差；我没有能力写自己的传记，一种有时间的履历表。当然，我有一些闪亮的回忆，一些记忆的闪光，但它们不会扩展，它们不是联想性的（"狂乱的"）≠ 普鲁斯特。它们很快被短形式〔forme brève〕所耗尽（参见《罗兰·巴尔特自述》中的"回忆"篇③），由此虽然可以得到"传奇故事"的印象，但它肯定不同于小说。

---

① 见155页以下，及209、238、335等页。

② 记忆迷雾为一比喻，巴尔特在1977年6月Cerisy讨论会上对罗伯-格里耶说："我来这里时对自己说，我越过了一条诺曼底河，它使我想起记忆之流。所想起的不是Cerisy-la-Salle，而是记忆迷雾。实际上，我的健忘症不是完全负面的；它是一种记忆的无能为力，一种迷雾。"（Prétext：Roland Barthes，actes du colloque de Cerisy，Paris，UGE，coll. [10/18]，1978，p. 249 - 250；Paris，Christian Bourgois，2003，p. 278）

③ 在写完相当于全书中间暂歇部分的15篇回忆文后（"品尝加糖冷牛奶。在旧白碗底部有陶瓷裂纹……"），他评论道："我所谓的回忆文是一种行动——享乐和感情的混合物——它使主体发现了他的稀薄的回忆，而既未扩增，也未激动。"（《罗兰·巴尔特自述》，巴黎，1975，111～113页；《全集》，卷4，683～685页）

## 1978 年 12 月 16 日讲义

我在实际思考中确实感到,就我的情况而言,幻想式化的小说不可能是忆往症式的。小说的"冲动"(对素材的喜爱)并不朝向我之过去。这并不是说,我不爱我的过去,倒宁可说我并不爱过去本身(或许因为它使人痛苦吧),我的抗拒具有我谈过的那种令人迷惘的形式→对于叙事、对于复述那些不再复现者(梦,艳遇,过去的生活)的一般抗拒性。感情的联系,在其感性的、关系的、思想的层次上,相关于现在=我所期待的素材(参见"描绘我所爱者"①)。

这里马上出现了与今年课程相关的问题。是否

---

① 参见第 40 页。

能以现在作为（小说的）叙事之素材呢？如何调节——辩证地处置——写作的陈述作用所含蕴的距离和作为在同一经历中所体验到的现在狂热之间的近似性关系。（"现在"起着黏合作用，好像是将鼻子粘贴在镜面上那样。）现在：使鼻子黏合在纸面上；如何慢慢地、流畅地（以一种流动的、流畅的、细水长流的方式）写作，使一只眼睛对着纸，另一只眼睛则对着"心中所想者"呢？

我实际上所拥有的这种简单却难于处理的想法是，"文学"（因为归根结底，我的计划是"文学的"），总是与"生活"相关的。我的问题是，我相信我未曾触及我过去的生活；它隐藏在迷雾里，即隐藏在记忆强度之弱区内（无此强度即无写作）。现在的生活（我的素材在此）是有强度的，它与写作的欲望结构性地混合在一起。从小说的"准备"关系到对此平行文本的掌握，后者是"当前性的"、同时共生着的文本。

但是，如果说我似乎首先对根据现在生活来写小说感觉困难，如下说法却是错的：不可能以现在为素材来写作。我们能够通过记笔记方式对"现在"进行写作——随着笔记"落在"你的上方或下方（在你的目光上，你的听觉上）→同样，最后（我的引介将要结束了）出现了两个问题，其解决成为小说的（我的小说的）准备的关键——这也成为今年课程的第一个研究对象：

——首先，随记〔notation〕，"记笔记"的动作：notatio。它处于什么层次上？"现实"层（选择什么），"言说"层（笔记作用的形式如何，产物如何）？此一动作含有意义、时间、片刻、言说吗？笔记作用似乎立即进入一种语言流的、不间断语言之设问〔problématique〕交叉点内：此即生活和一种神圣姿态间的交叉点。生活既是链接的、细长的、连续的文本，又是叠加的文本，即隐藏

*46*

在文本断面的一种组织学〔histologie〕式的存在，神圣姿态即进行标记〔marquer〕（进行隔离：祭祀，替罪羊仪式等）。笔记作用是问题的交叉点么？是的，这就是笔记作用提出的现实主义问题。考虑一下一种笔记动作如何可能（并非讥讽之意），这已经是被认可了的一种说法：文学现实主义的（螺旋的）回归是可能的。注意：不要按照这个词的法国的或政治的含义来理解它（例如，左拉、社会主义现实主义），而是按其一般意义——写作实践自觉地置入虚幻现实〔leurre-réalité〕的机制内。由此出发，又如何组织、维持笔记动作呢？

——其次，如何从笔记的作用，也就是从笔记〔note〕，过渡到小说，从非连续性过渡到流动体呢？对我来说，问题是精神结构性的，因为这意味着，从片段性过渡到非片段性，即改变了我和写作的关系，我和陈述作用的关系，那么我还是我作为主体的自己么？片段化的主体（＝某种去势关系）还是流动的主体（另一种关系）？也许这仍然是短形式和长形式之间的一种冲突关系。

再者（如在我"梦见"种种问题时）：每当精神形成了一种二中择一的选择之际——在掉入陷阱中的恐怖和因简单化处理而产生的喜悦之间，后者如以为选择总比发明要容易些——也不需要排除第三种形式。修辞型〔figure〕：最初似乎是不可能的，而最终却成为可能的。于是，有可能设想一种片段小说〔roman par fragments〕，一种小说片段〔roman-fragment〕。这样的小说无疑是存在着的——或接近于存在的，一切取决于区隔、位置、流动、页面等设定，在其中有非连续停顿的标志：在此，须要、将须要质疑小说的视觉配置法〔dispositif〕——段落，空格行＝périgraphie（参见

A. 孔帕尼翁〔Compagnon〕在 Seuil 出版的书①）。我想起了福楼拜的潜在的片段〔crypto-fragmentaire〕侧面（空白②）和《阿吉雅德》③。肯定还有很多其他的例子——而且在更深的、较少形式化的层次上：当然包括普鲁斯特式的非连续性，$Rphapsodique$〔断片缝接〕形式（本课程第二部分的问题）。

我当然会以间接的方式讨论这些问题→我将把它们"挂接"到两个外在的经验领域，两个分支文本〔textes-tuteurs〕之上：

a）随记：我选择了小说家的笔记，或者一本自传日记（记"现在"的笔记）。由于爱好，也因为短形式的问题而最具凝缩力，我宁肯谈我喜爱的短形式，并且这正是随记的本质：俳句。我们将有一系列关于俳句的课程（即关于"现在"的随记）。

b）从片段向（长文本中）小说的转移：在此我将借助（至少我这样设想）普鲁斯特，更准确地说，我将在课程中探讨自传片段，普鲁斯特似乎从这些片段里最终（在激动、迟疑、犹豫之后）投射

---

① A. 孔帕尼翁：《第二只手或引文劳作》〔*La Seconde Main ou le Travail de la citation*〕, Paris, Seuil, 1979. périgraphie 被作者定义为"一种使文本处于透视关系中的舞台装置，而作者处于其中心……注解，表格，参考书目，也包括序言，前言，导论，结论，附录，附件。这是一种新的配置〔dispositio〕，它可使读者判断书籍而不需翻阅内容"（第 328 页）。

② 巴尔特很可能指福楼拜写作中的时间省略法，其《情感教育》提供了最引人注目的例子：第二帝国历史被置于将第 5 章和第 6 章隔开的空白内，它以如下名句开始："他旅行了。／在船上感觉忧郁，在帐篷里冻醒，对风景和废墟的茫然感觉，连续不断的同情和痛苦。／他会来了。／……"。在写作内，通过经常的空格行维持着同样的省略法。参见福楼拜：《情感教育》，615 页，Pierre-Marc de Biasi 序言和注解，巴黎，LGF 出版社，"袖珍丛书"，2002。

③ 《阿吉雅德》的印刷样式中出现频繁的隔行。巴尔特在《新批评文集》（1972）（中译本收入《罗兰·巴尔特文集：写作的零度》）中论述了 Pierre Loti 的小说。（《全集》，卷 4，107~120 页）

出《追寻逝去时间》巨流。在别处，我解释过，普鲁斯特的生活，在我看来，似乎越来越引人关注，即<u>从写作的观点看</u>，特别值得思考：越来越应该关心建立一门关于普鲁斯特生活（André Téchiné 的电影史①）的"科学"（如果可以这样说的话）。

今年讲义的构成，大致（我想因为我还不能够明确划定章节比例）就是这样＝围绕着待制作小说的、幻想式化小说的某种回旋运动〔circonvolution〕内之两个轴心：俳句/普鲁斯特（我说《普鲁斯特》，而不是《追寻逝去时间》）——看起来不一致的轴心→"远心的"〔excentrique〕联接法〔articulation〕。我相信此种对比而立的正当性，但我会接着担心，在你们看来，这样做不免有些唐突，过于简略，不免带些随意性——甚至有些"牵强附会"（这个谜语式字词的意思是：近似于把一根毛发切分为四根的做法）。幸好，一位朋友提供的普鲁斯特的《时事评论》中的引句可以在此适用："叙述事件，就是只通过脚本来认识歌剧；但如果写一部小说，我得设法逐日区分连续性的音乐。"② 逐日式连续性音乐＝俳句。由此可知，基本上或许是：凡被幻想式化的作品，即<u>如歌剧般的小说</u>。

**两点说明**

在开始（关于俳句）讨论之前，为了慎重，我想补充两点说明，或者说，两点有关内情的陈述：

---

① 巴尔特在此谈到关于普鲁斯特的电影，这是他计划和导演 André Téchiné 合作时写作的。

② 《复活节的休假》〔"Vacances de Pâques"〕，*Le Figaro*，1913 年，3 月 25 日，《普鲁斯特全集》，卷 10，《时事评论》，巴黎，伽利马出版社，114 页，1927，1936。

(1) Comme si（好像是）

我真要写一部小说么？对此问题我只作如下回答。我的所作所为<u>好像是</u>我将要写一部小说似的→我将停留在这个<u>好像是</u>的语式内：我们的课程也可以称为"好像是"了。

注意：

a）人们将对我说，人们对我说过：预先宣布〔小说的写作〕，极具风险，"不可预估的"风险，即具有摧毁性的风险。过早命名，后果不祥〔熊皮之喻：尚未拥有者先别动作。——中译者〕。通常，我很在乎风险，我总是慎于谈论将要写的书。这次为什么甘冒风险，而且，可以说，在<u>向神明挑战</u>？因为这是我前面谈过的生活变化（人生的中途）的一部分：此一变化实际上意味着某种<u>无所复失</u>的考虑，后者并非相当于"绝望"（desperado）一词，而是相当于研究一种与法文的习语（法国人行为中常见的）"丢面子"相对立的思考——法国，与其说是一种有过错感的文明，不如说是一种有耻辱感的文明。写或不写一部小说，失败或不失败，这不是一种"成就"〔performance〕问题，而是一种"途径"问题。恋爱，即丢失面子并接受其结果，因此总得面对损失。——此外：

b）<u>好像是</u>：<u>方法</u>的词语（某种数学的工作方式）。方法＝某种假设的方法论探讨；在此可明确理解为：不是<u>说明</u>的（解释的）假设（元小说〔méta-roman〕），而是<u>生产</u>的假设。

c）方法＝途径（Grenier 的 Tao＝途径①。Tao〔道〕既是途径也是路程的目的，既是方法也是达成。刚一上路，已经走过了它）。道：重要的是途径，行走，而不是在终端所发现者→幻想式的探求

---

① Jean Grenier：《道的精神》〔*L'Esprit du Tao*〕, p. 14, Paris, Flammarion, 1957.

已经是一种叙事→"必要的不是期待而是实行,不是成功而是坚持"①(萨特也如此说过)。

d) 因此可能的情况将是,这部小说始终停留在其准备的过程中——不论最终是筋疲力尽还是圆满成功——在其准备之中。本课程(当然,必要时会历时数年)的另一名称或许应是"不可能的小说"。在此情况下,所开始的工作=对一个重大的怀乡恋主题的探索。徘徊于我们的故事中的主题即文学之死亡。它在我们周围游荡;必须正面注视这个幽灵,从实践出发→因此,工作是紧张的:既不安宁又颇具能动性(肯定不会更坏吧)。

(2) 伦理/技术

既然要对一种实践发问,在课程中将出现准技术性(以及一种特殊的技术性的:即文学性的)思考→对某些人来说会有期望落空和不感兴趣的风险;我通过对其指明及预告或可设法防止此类失望的发生→乍看起来,风格似乎与去年讲课不同:中性=伦理范畴,并未提出关于中性的技术学,除了"道"以外。

然而在我看来,一切事务——一切行动,运作,发言,姿态,工作——都有三个方面:技术,意识形态,伦理学→此一工作的意识形态问题,与我无关;提到意识形态,即已属于他人的〔工作范围〕,意识形态永远就是一种"他者"〔Autres〕现象。

但是,按照我的愿望,此工作的技术面和伦理面,应以不可判定的方式相互联系。如果在写作领域内,我们假定其技术面具有一个美学面,这个工作(这个课程)就位于美学面和伦理面的交叉点、缠结点上。

---

① 荷兰反抗西班牙的起义者首领 Orange-Nassau (1533—1584) 所使用的口号。

这是一个克尔凯郭尔的问题（《或者，或者》）。卡夫卡对此说过（修正说）："克尔凯郭尔面对着如下问题：对于存在，或者对其进行美学的享受，或者对其进行伦理的体验。但我认为这是一个错误地提出的问题。这个'或者，或者'的问题只存在于克尔凯郭尔的头脑中。实际上，人们只有通过道德的和谦卑的体验才能获得美学的享受。"①

"技术面"：这根本上是相关于写作的道德的和谦逊的体验→总之与"中性"相去不远。无论对那些不写作的人，还是对那些虽写作而不关注我的问题的人来说，对此是否关心呢？我的希望基于一种个人的经验：当人们谈论他们的职业、他们职业中的问题时，<u>不管谈什么</u>，我都不感厌倦。遗憾，大部分时间，他们都自认为需要<u>参与一般性对话</u>。很多次我都感到惊讶和尴尬，因为在对话中，当我希望听到他们谈自己的专业时，他们不是谈自己的专业，而是谈些文化的和哲学的老生常谈！——特别是，知识分子们从不谈自己的专业，就像是他们没有专业似的：他们有"观念"，"立场"，而没有职业！朗布尔的询问受到有趣而宽容的嘲讽（也被他自己嘲讽）。② 就是这样！这些作家们所在意的则是他们的自来水笔、纸张、桌子！他们是有癖好的。

对我来说，（技术的）美学面和伦理面是连在一起的；此连接的特权领域：日常琐细的"家务事"。或许想写一部小说（小说本

---

① Gustav Janouch:《与卡夫卡的谈话》〔Conversations avec Kafka〕, Bernard Lortholary 译自德文, Paris, Maurice Nadeau, 1978, p. 106.

② Jean-Louis de Rambures 在1973年, 对若干当代作家的写作实践, 进行了一系列采访, 搜集在《作家如何工作》〔Comment travaillent les écrivains〕, Paris, Flammarion, 1978. 与巴尔特的谈话, 首先发表在1973年9月27日的《世界报》上, 题目是："与书写工具的怪僻关系"（《全集》, 卷4, 483~487页）。

身？我的小说？），即侵入、占据一种家务事写作实践。参见普鲁斯特，他把小说比作一件衣服，裁缝将其裁剪、缝合，总之，准备（对此词的理解相当于：小说的准备）。在普鲁斯特时代，以及在我小时候：女裁缝（Sudour 小姐[①]）走家串户，搜集和处理消息→小说家的家务事劳作梦想：成为一名居家女裁缝。

---

① Sudour 小姐是巴尔特在 Bayonne 祖母家的女裁缝。

# 1979年1月6日讲义

俳句

**"我的"俳句**[①]

　　我的问题是：在小说中，从（"现在"的）随记，从一种（笔记的）短的、片段的写作形式，过渡到一种长的、连续的写作形式→因此，对俳句有所讨论<u>以便</u>其后再讨论小说的决定，并不像表面看起来那样悖谬。俳句＝现在之随记＝陈述作用的最小行动，超短形式，短语原子，它<u>记下</u>（标志，描

---

　　[①] 巴尔特关于俳句和禅的最初思考，见其《意义的侵犯》和《意义的免除》文，见《记号帝国》，日内瓦，Albert Skira, 1970，及《全集》，卷3，403~407页。

绘，颂扬：赋予一种评价〔fama〕①）"实际的"、现在的、共时性的生活中的一种微细成分。

不具历史性→"我的"俳句——"我的"不意味着，或不最后意味着一种自我主义。一种自恋主义（在本课程中，有时似乎成为受非难的现象），而是意味着一种方法：展示的方法，言说的方法：不是言说主体，而是不对其检视（这是完全不同的），改变知识的修辞学条件意味着：凝结化的主题，变化中的主题，思想的几何场，问题和趣味＝"模拟"〔simulacre〕，"托词"〔alibi〕；＝命名行为："不管我用它指什么，我使俳句的名称同时具有某种似真性〔vraisemblance〕"，参见"我把你命名为鲤鱼"② ＝我把你命名为俳句→一些古典作家与古代作品之间的关系，可能同样的模糊、不协调，或许歪曲：我们会相信拉辛与希腊作品的关系会与 Jean-Pierre Vernant 或 Marcel Detienne 相同么？事实方面的区别（我显然不是说价值的区别）是，他们显然都通晓希腊文和拉丁文，而我完全不懂日文。——也许要更糟！所有的古典翻译，一般来说，今日都可看到：25 年来我们都已熟悉。相关的语文学的可靠性，早已确认。因此，在此存在的不是说明〔explication〕的话语，甚至不是解释〔interprétation〕的话语，而是回响〔résonance〕的话语。

**在其物质性中的俳句**

我所谈的不是在其历史中的俳句之结构（技术），而是在一个法国人眼中的俳句。

这是一种三行诗体→在法语中没有或几乎没有三行诗体（自足

---

① fama：在此意思是"好评，名声"。
② 巴尔特引述大仲马的《三剑客》中的场景，当亚拉米身着修道士服，把星期五餐桌上供应的大量肉食重新命名为鱼时。

的,"和/或"连续的);在四行诗中出现者 ≠ 但丁①。瓦莱里说:"但丁对法文毫无贡献(除了《天堂》:一种抽象的诗话作用;参见《海滨墓园》)。"②

日文是强音节语言;音节切分明确(音节切分行为与咀嚼时下颚骨运动相关,我们咀嚼我们的字词:咬啮行为);音节字母(假名)配合着汉字(特别是专有名词和功能词)③→单词相对来说较易发音和理解:因此在东京打车比在纽约要容易些。

下面(芭蕉)的三行诗为:

| 5+7+5 音节 | 埃蒂安布勒〔Étiemble〕的译文(5—7—5) |
| --- | --- |
| Furu ike ya | Une vieille mare 一方古池 |
| Kawazu tobikomu | Une raine en vol plongeant 一只蛙跃 |
| Mizu no oto | Et le bruit de l'eau 和水声 |

翻译很糟!参见下面。④

这个格式 5—7—5,具有例外、改编、破格等自由诗中会出现

---

① 《神曲》的写作基于"三韵脚"技法,诗节由 3 诗句构成,其中第一韵与第三韵合,第二韵与下一节的第一韵合。

② 瓦莱里给哥哥的信,1922 年 3 月 29 日(Paul Valéry, Œuvres, 1, "Introduction biographique" par Agathe Rouart-Valéry, Paris, Gallimard, coll. "Bibliothèque de la Pléiade", 1957, p. 45)。

③ 假名用于翻译日语的声音。它们构成了日文字母。作为日文书写基础的假名,由平假名和片假名两个书写系统或字母系统构成。假名为日文中取自中国汉朝的字,也可称之为"表意文字"。日文语句通过音节记号(假名)和汉字的组合构成,某种意义上即语法外衣和发音基础的结合。

④ Étiemble 为芭蕉(1643—1694)俳句的译者,他企图保持韵律形式(5—7—5)。"我个人觉得很糟",巴尔特在讲课时这样评论说。他对因尊重原诗韵律而不免拘泥的翻译法有所保留,下面会进行说明。同时参见 Étiemble 的《论日本》(1976),特别是其"古池"章,重印于:《世界文学论集》〔Quelques essais de littérature universelle〕,Paris, Gallimard, 1982, pp. 57 - 130。

的特点。这对我们来说是重要的,作为倾向,只是纯粹的、非诗文化的、非韵律化的表示法(唯一的制约是:季节词的出现;参见下文①:这个规则本身,最后引起了争议),常常恢复平衡:某些人强调严格返回 5－7－5 格式(使得俳句差点有个大炮似的名字!②)。但是我们所赏鉴的是一首自由体诗,而且,尽管没有韵律,也使我们愉悦。在此,翻译问题涉及两个方面:

**翻译**

1)强调谜语:这种极其生疏的语言(非常陌生),我连最基本的知识都没有——但是一种"诗的"语言——它使我感动,与我相关,使我入迷(然而我不可能,乃至只是间接地,对其翻译进行验证)。我依赖翻译家,他并不妨碍理解→完全悖谬的熟悉性情境→想想看,一种完全不透明的陌生语言所代表的排除性:瓦莱里在布拉格。"迷失在不知其语言的外国人间。所有人都相互理解,彼此均为人类。而你,则不同,你则不同……"③ 俳句对我来说是人性的,绝对人性的。这是如何可能的呢(对我来说,与其他翻译诗是否也会有这种熟悉感呢)?

对此我是这样解释的:俳句是一种"真理"(不是知性的,而是**瞬间**〔instant〕式的)和一种形式的结合。我想到瓦莱里的另一个词:"……要看到,纯粹思想和真理本身的发现,只能够在希望

---

① 见第 66 页。

② 指"75"型大炮,大战期间使用的著名武器。

③ 《日志》〔Éphémérides〕,1926 年 10 月(瓦莱里:《瓦莱里全集》〔Œuvres〕,卷 1,"传记导言"〔Introduction biographique〕,Agathe Rouart-Valéry 著,Paris, Gallimard, coll. "Bibliothèque de la Pléiade", 1957, p. 50)。

发现或构造某种形式之后才有可能"①：是的，我是这样相信的，形式（"某种形式"）证明着、显示着真理（不只是"推理"）。但对我们法国人来说，俳句不是一种形式。——如果它是一种形式，其唯一的说明就是"所言说者"〔énoncé〕的简短性——它的范围——自身已经是一种形式；这种短形式是一种真理的诱导器；因此我们在读俳句时才有这种感觉，尽管语言和诗歌结构之间存在着明确距离。《诗与真》②：这是正确的短语。诗歌唯一的正当性：真实。在诗歌中，就是形式，而且只有形式才触动真实。形式的触觉力：触动着词、诗句，三行诗体。

2）第二个问题：俳句的诗歌翻译。一些翻译家想把5—7—5诗节（参见埃蒂安布勒）翻译成法文诗（无韵脚）。但是，这并无任何意义。我们不可能知觉到一个韵律、一个节拍、一个音节节奏，如果韵律定式由我们自己的诗学文化所形成，如果代码像是一种痕迹、一种被印刷的通路，刻制于我们的脑髓中，并由诗歌的运作重新经历、认识的话。不存在节奏自身：一切节奏都是文明化的结果；否则此定式将是效果不彰的（将不成其为一个定式）：它不运作，不吸引，不迷惑。我是说，一切节奏都具有刺激和镇定身体的功能，二者在身体的一定层次上，在身体的一种深而远的原点上，相互等同了：按此定式刺激和镇定身体，即使身体与一种自然相结合，使二者相协调并终止其分离，即使其是"非分离化"〔dé-sevr-

---

① 瓦莱里致 Paul Souday 信，1923 年 5 月 1 日，关于 "Eupalinos"，引自 Agathe Rouart-Valéry，《日志》，46 页。

② 此处指歌德的《诗与真》，自 1811 年起编写的自传体叙事作品。

er〕的。我们可以说（莫里耶①），韵脚（带有其单调性）引发幸福感和牧歌情调，它是平和性的（≠无序的节奏，悲伤，喊叫，惊奇，情感，等等）。——但是，在法文中，我相信（我并未加以证实）：很少有 7 音节诗句，也没有 5 音节诗句（如通常那样需要证实，因为<u>一切都存在</u>②，但并非均以值得记忆的方式）。

57　　　*印刷格式。通风作用*

　　但是，三行诗体俳句对我们产生了一种迷惑力——不是以其对我们来说不可能懂得的韵律，而是以其短小纤细性，也就是，按换喻的方式说，以其赋予话语空间的"通风作用"〔aération〕→俳句，典型的短形式，这是一种阅读动作：短形式使目光专注于纸页（比较一种诗的、特别是自由诗的现象学：诗篇不是在其逐行连接中被读的；诗末尾的空白处对人造成了吸引、停歇和愉悦。这样做像是不至于引起厌倦似的。例如，古罗马诗人马夏尔的诗集 *Épigrammes* 中：人们朝向最短的一行；当阅读一到两行的诗篇时，首先采摘的是短的一行→纸页上的"通风作用"，为俳句的<u>采摘</u>〔cueillette〕所必需。（例如，在米尼耶版本中：一页就只有 3 行③）但是，为了欣赏俳

---

① 参见 Henri Morier：《诗学和修辞学词典》〔*Dictionnarire de poétique et de rhétorique*〕，Paris, PUF, 1961。

② 从宫廷诗到拉封丹的寓言（"Si la plage penche, si/ L'ombre sur l'œil s'use et pleure / Si l'azur est larme, ainsi..."，载于 *Charmes*），7 音节诗使用的例子，不胜枚举。5 音节诗，特别在异节拍〔hétérométrie〕中使用（在同一诗中使用两种或多种类型的诗句），但是也可以在一切诗歌中发现，例如在："La barque à l'amarre/ Dort au mort des mares/ Dans l'ombre qui mue"（Louis Aragon, *Le Roman inachevé*, Paris, Gallimard, 1956）。

③ 关于与巴尔特所谈主题有关的著作中的俳句，参见：《俳句》〔*Haiku*〕，édition de Roger Munier, preface d'Yves Bonnefoy, Paris, Fayard, coll. "Documents spirituels", 1978。

句——甚至于只在其基本韵律已消失的法文中——必须看带有行间断裂的书写体：稀疏的小铺石，小块的写作，就像是一个表意文字的方块；归根结底，在另一个更深的心理层次上，流动话语的表面分隔被放弃了，可以说俳句——一个俳句，单独的，在其全体有限性中，在此页上的孤单形式中，形成了一个单一的表意字符，即一个"词"（不是短语中的分节话语）。1) 瓦莱里谈到马拉美的这句话："我，终于消除了句点，〈索莱尔斯!〉；诗是一个整体，是一种新的、从未听到过的语词，加句点者则永远需要拐杖，<u>他的短语永远不能独立发挥作用。</u>"① →俳句是独立的：它相当于一个词。实际上，在讲义使用的资料中，必须取消或改变句点。2) 俳句经提炼后，与"独行句"〔holophrase〕（克里斯特娃，拉康）颇为类似，具有基本的"近似性"，不可分解的言语姿态，欲望的非论题性〔non-thétique〕表达②。

但是，印刷格式〔typographie〕对于阅读具有决定性作用；它构成了俳句，甚至于在取消了其韵律构成之后。证据（如果可以这样说的话）是夸约提出的问题③：某些法文诗可能接近俳句

58

---

① 瓦莱里在初访马拉美之后于1891年所写的笔记，载于瓦莱里：《瓦莱里全集》，1957，1762页。巴尔特在此插入句号中所指的是索莱尔斯〔Philippe Sollers〕的作品，特别是其 H (1973)，文中没有标点符号。

② "独行句"是一种句法结构，符合短语的句法要求；它是无谓语的语言运作。儿童发出的最初语素〔morphèmes〕为独行句之例。使用在精神分析学时指话语中由冲动所激发者并围绕着名词组合加以组织，动词往往不是在语言结构中，而是在姿态、声音、态度中被意指的。参见拉康：《研究班丛书》，卷11, 17节 (1964年6月3日，Paris, Seuil, 1973)；同时参见克里斯特娃〔Julia Kristeva〕：《诗语革命》〔*La Révolution du langage poétique*〕，Paris, Seuil, coll. Tel Quel, 1974, p. 267 sq.

③ 夸约，*Fourmis sans ombre. Le livre du haïku*，Paris, Phébus, 1978, p. 25. 夸约谈到了"大量使用动词的西洋诗人"，并提到一些例外，特别是 Verlaine。

吗？——当然不，理由不时可见；但是，有些形式不时会使我们想到俳句，不是指整首诗，而是指非常短的个别诗句——它可能听起来像是俳句：此时该诗句却显得相当幼稚，诗句被切分成三个部分——视觉上模仿俳句，即使实际上不具有其韵律，但字形的通风作用使其成为俳句。参见1）马拉美和自由诗："没有分隔很难写自由诗。"① 在这里，分隔：起缓冲作用的空气，留白。2）东方艺术中字形和图画的关系，因为这种关系组成了所谓的"空的"空间。

例如，米沃什〔Milosz〕（Schehadé②）的这首诗几乎就是一首俳句——稍后我们将看到为什么它根本不是俳句："过度"即成为其缺欠所在（*Toi*，是爱的感叹词）：

Toi, triste, triste bruit de la pluie sur la pluie

（你，悲伤的，悲伤的雨声，在雨中）

如果这样写，此诗就成为俳句（具有俳句性）了：

    Toi triste

    Triste bruit de la pluie

    Sur la pluie

再重复一遍：不要低估纸页上言语配置现象。所有东方艺术（中国艺术）：尊重空间，也就是（更准确地说）尊重空隙〔espace-

---

① 瓦莱里1891年10月写的笔记（《瓦莱里全集》，同前）。

② Georges Schehadé:《独行句诗集》〔*Anthologie du vers unque*〕, Paris, Ramsay, 1977. 巴尔特援引舍哈德由诗歌史上随意选择的"听起来像是俳句"的诗句。在为 *Anthologie du vers unque* 所写的序言中，Robert Abirached 写道："他在编此选集时，既未钻研书籍，也未深入文学史……只是搜集了心中、记忆中的……那些诗句，它们孤立地浮动在空白纸页上，没有标记，没有上下文和背景，却重新获得一种奇特而另类的生命表现，构成了一种奇妙的、意想不到的旋律，此旋律遂成为雅俗共赏之曲。"米沃什的诗取自 "Les terrains vagues", 载于 *Adramandoni* (1918), p. 48。

ment〕。我们说，日本人根本不了解康德的时空范畴，却了解——穿越时空的——空隙、间隙：Ma〔间〕。

1) 当谈到（东方的）"空"时，不应当理解为佛教的意思，而应理解为更具感官性的一种呼吸，一种通风作用，以及，可以说是一种"物质"。某位物理学家说过："如果物质内没有间隙，全体人类都将挤压在顶针大小的空间内。"→俳句：就是"反顶针化"，反整体化凝缩，于是出现了俳句的三行诗体。（我使此"空之宣言"〔有如说：男性宣言〕的论题性解释呈开放态：呼吸的冲动，从窒息恐惧中的解脱，氧气幻想式，带有幸福感的、令人欢喜的呼吸幻想式。）

2) 日文字"间"：空间和时间（空隙和间隙）——俳句同样含有一种"空间化时间"〔temps espacé〕的实践（参见下面关于瞬间的论述[①]）。

**小册子**

人们将说：你在发挥一种关于书写的俳句之哲学（起初，俳句显然是说出的）；但是，我并不关心俳句的起源或俳句的历史"真实性"。我只关心对我存在的俳句，我是法国读者，只是从翻译的选集中阅读（这正是永远从主体出发的本课程实践的特点，此主体进行陈述，进行阅读），就我自己而言，我想我没有能力读任何一首俳句（我是指，阅读以产生一种真理效果）；此外，在何种语境中，在其他话语的何种层次上，按照何种"间"（在何处读俳句？）——声音对我来说是不可能的。→为了说出我关于俳句想说的，我准备了一个俳句集小册子：随着论述的进行，我提醒参照小

---

[①] 见第85页。

册子中的相应俳句；不过，这不是一本选集〔anthologie〕，而是一本诗句集〔corpus〕①。

俳句的翻译取自以下出版物：

布雷兹（Blyth, Horace Reginald），*A History of Haiku*，Tokyo, Hokuseido Press, 1963, 4 vol.

夸约（Maurice），*Fourmis sans ombre. Le livre du haïku. Anthologie promenade*, Paris, Phébus, 1978.

—*Fétes au Japon. Haïku*, PAF (Pour l' analyse du folklore), 36 rue de Wagram, Paris Ⅷ.

米尼耶（Roger），*Haïku*, préface d'Yves Bonnefoy, Paris, Fayard, 1978.

Yamata, Kikou, "Sur des lèvres japonaises", avec une lettre préface de Paul Valéry, Le Divan, 1924.

与俳句有关的法文诗，补加上：

舍哈德（Schehadé, Georges），*Anthologie du vers unique*, Paris, Ramsay, 1977.

---

① 巴尔特在此向听众说明"这些俳句既不是最优美的，甚至于也不是我最喜欢的，而是我用以工作的"。小册子将在下一讲中准备就绪。巴尔特指出，最后应该取消他选择的翻译的句点，我们在引用时将其取消了。没有说明来源的俳句取自下书片段：H. R. Blyth，《俳句史》〔A History of Haiku〕, Tokyo, 1963, 巴尔特自英文译成法文。没有作者名字的作品可能取自不同的诗集通俗版。我们在附录中（第461~463页）把巴尔特编作的小册子（IMEC档案）全文，连同原初句号，均予刊出。〔中译本删除了本书所引俳句总表。——中译者〕

# 1979年1月13日讲义

## 俳句的欲望

### 俳句的迷惑力

俳句对我显示出一种迷惑力——整整20多年来我都时不时地阅读着俳句：强烈的欲望，实在的迷惑力→读着俳句，我可存在于写作至善〔souverain bien〕的状态中——以及世界至善状态之中，因为写作之谜，它的顽强生命，它的可欲性等，都不可能与世界分离，"少量写作与世界分离，大量写作与世界再结合"。但是我们将看到，俳句的这种至善性是暂时性的；它不是完足的（因此它还不是至善），所以，本课程提出了对小说的呼吁。

在许多俳句中以下两首使我特别着迷：

(1)①　　　　乘着牛

小舟渡江

在傍晚的雨中（正冈子规)②

(2)　　　　　在雾天

空旷的房间

无人，静谧（小林一茶）

　　为什么是这样？除我之外，肯定也有别人为之着迷：关于俳句的美的科学（即"美学"）是不确定的→"愉快"的证明＝不知其所以然→入迷＝空白的注释，注释的空白，它的零度（≠"不评论"，"直意"）：这是<u>不可言说的</u>〔indicible〕，"什么都不能说"与"什么都不说"相互对立。只出现了一方令人愉悦之<u>区域</u>〔région〕：<u>轻柔触动</u>〔frôlage〕的情色域。此轻柔触动存于以下二者之间：1）带有其禁欲作用的一种形式、一个短语的省略，其"油脂性"〔graisse〕的不在（瓦莱里：事物的基本瘦身法）；以及2）一个所指者（房间，小船），我们理解：作为"唤起"，"景象"，它们直接相当于记号→轻柔触动，肉体享乐的摩擦〔frottement〕：如同一种官觉上浮现的静谧感。这是一种俳句的<u>倒错性</u>么？（倒错性〔perversité〕：可<u>抑制</u>神经症和强迫观念症。所谓倒错性，即可读性

---

①　在巴尔特散发的小册子中，每一俳句都被编号。我们将标示每一首诗的编号，并为了醒目，将其置入括号。这种编号让巴尔特在评述俳句时有时只需提到俳句的号码即可。

②　关于本书法文俳句的译法，中译者采取译意法，在实体词的译法上则尽量参照日译本俳句原文，但中译文不是按照俳句日文原文译出的。因此，俳句中译文，既非按照法文的"直译"，也非按照日文的"直译"，而是通过意译法以简示俳句内容大意而已。——中译者

〔lisible〕：所指者的在与不在）。

因此，对于俳句的迷惑力而言：不可分析；可能有两种或三种读法，或者更准确地说——各种各样的明证法〔attestations〕。

**对俳句的欲望**

俳句是被欲望的，即人们想要亲自作俳句＝确定无疑的（爱的）证据：当人们想要自己作俳句时，从对产品的喜悦中推导出一种对生产行为的欲望。——这可能是文化产品类型学的判准，特别是自从历史上出现了大众媒体、一种所谓的大众文化以来：即纯"产品"的文化，在此，生产行为被消灭了，被排除了（成为纯粹职业性的）。今日法国意识形态的（某种意义上也是文化生态性的）小戏剧，对生产行为的欲望似乎完全是边缘性的（业余的：歌唱，诗歌）；我是指（因为这不是一个个人良知的问题），在法国不存在充分民间的（诗歌）形式来获得对一种生产行为的欲望 ≠ 日本人，他们比我们更幸福。

a）对俳句的热烈欲望——俳句引发的不可抗拒的"冲动"（人们当然可以发现一些年轻法国人有作诗的疯狂欲望）：

看看子规（1866—1902）如下所说：

### 对俳句的欲望

1891年底，我在驹入租了一间屋子，单独居住……每日读俳句和小说打发时间，不再翻阅我的学术书籍。在考试的前两天，我整理书桌，移开俳句和小说，摆上课本。在这个以前凌乱现在变得整洁的桌子前，我感到非常愉快……俳句浮上意识表面。我打开一本笔记，读不下一行：一首俳句已经形成。当我翻过几页纸，集中精神准备考试研读时，却在灯下写下了这首俳句。而另外一首接着已经形成。跟着是又一首。过了一会儿，台灯周围铺满了俳句。①

俳句（作为民间制作）：在社会各阶层中的一种"国民体育"（西费尔〔Sieffert〕②）。今日在日本日常生活中占据着重要的位置：被广泛阅读的60种刊物＋报纸俳句栏＋周日《朝日新闻》：由三位名诗人推介业余俳句作者。

作俳句的这种强烈快乐，这种对俳句的热烈欲望，在日本（在法国这简直是不可想象的）这或许缘于样式的（韵律的）制约：在日本，语音学容许的子音和元音组成的50个音中选择的17个音节→数学上可计算的50个元素的组合出现了；但是，如果考虑这些组合要具有意义，其可能性的数目则减少了。从其中集结的成千上万首俳句，使得诗人可以确定他所完成的作品没有重复前人之作→归根结底，一种"集体游戏"，但是其赌码〔目标〕不是简单的成功（组字游戏），而是形成一种世界之震颤（我们可称之为：诗的现象）：自古传承的代码＋现代材料。例如：

(3)　　　　　都会之人

　　　　手握枫树枝

　　　在返回的电车上（内藤鸣雪，夸约版）

这是极好的格式：按此格式，在日本能够写出生动的现代俳句。为什么在我国不能呢？

1) 首先，欠缺韵律形式：资产阶级学校在使用中所损耗的、价值锐减的伟大法国韵律；存在一种亚历山大里亚式"滑稽的"（甚

---

① 夸约：*Fourmis sans ombre*, op. cit., p. 16.
② René Sieffert：《日本文学》〔La Littérature japonaise〕, Paris, Armand Colin, 1961, p. 35.

至是不恰当的）样式，其结构是沉重的，叙事性的；法国诗歌，由于放弃了韵律、规则而变得轻快活泼了。

2）即使我们拥有一种仍然有活力的韵律，我们也不可能轻易地制作出一种相当于俳句的诗歌：我们的字词所指者〔mots-référents〕均已使用过度，它们变成"文学的"，古旧的，而不是诗的；在日本，麦穗和麻雀、花、叶等等之间仍然存在着生动的关系。想象一下流动的色调：

在偷来的 $\begin{Bmatrix} 清酒 \\ 潘诺酒 \end{Bmatrix}$ 内

他偷偷地浸泡着

一朵玫瑰（参见：萨德的"玫瑰和泥土"①）

历史使我们注入的情热失效了（此外应当探求的主题：今日法国人向其神秘对象注入的情热是什么？酒？它不再具有"诗意"、牧歌风格、享乐主义，而是代表着精力和"高卢"性格）。

然而，我们中间一些喜欢俳句的人，对俳句具有一种渴望，具有一种对俳句语言的幻想。甚至不要韵律，只是通过分行写作来模仿俳句。自然不是真的俳句：它欠缺韵律和规则（即使是按照一种"破格"方式使其表达方式灵活的话）。我们需要诗人来重新制作新诗，学校还未使其衰竭的这首新诗之义就是："法国人需

---

① 此处所言不仅指在萨德全部作品中的玫瑰主题（从 Rose Keller 到被 Saint-Fond 折磨的幼弱玫瑰，从玫瑰的语言到玫瑰枝制成的鞭子），而且指巴太伊论述萨德的话语："萨德侯爵的令人困惑的姿态，他与一群疯人关在一起，他们手持最美的玫瑰，把花瓣插入粪坑内……"引自：《萨德、论述和狂欢》〔*Sade, la dissertation et l'orgie*〕，Chantal Thomas, Paris, Rivages Poche, 2002, p. 86. 巴尔特对此没有提及，但他用玫瑰代替了菊花，这是夸约引述的原诗结尾的词（夸约，p. 34）。

求诗人。"

**非分类性**〔non-classification〕

俳句所赐幸福感〔bonheur〕的第二个明证是：内部层次的制约（韵律），在其幅度和多样性方面是绝对自由的（我们下面将谈到的一种唯一的制约是季节的指示性）。这不是通过一种主题类型在内容上加以确定的样式（≠一切希腊—拉丁诗歌）；就其微细性、"琐碎性"而言，俳句逃避了一切分类法。只存在一种传统的分类：季节（例如：布雷兹的著作①）。夸约拒绝了这种分类，但他错了。因为任何其他的分类都不能取代它：俳句是根本不可分类的→这意味着书籍可以向一切可能意义敞开，而不会失去其中任何意义部分。在句法被否定的世界，任何联系都是可能的→浮现出绝对的直接性：俳句＋直接性欲望（无中介的），然而分类法的合法功能（＝一种法律）被扰乱了→这种扰乱目前还未引起实际关切：片段形式，当然是，但也有一切偶然性的艺术（危险：偶然性不应当是其本身的记号）。卡热：人们说，他对蘑菇的兴趣证明，在字典中，音乐〔music〕和蘑菇〔mushroom〕彼此相近②；它们彼此相对出现，因此互不连接；这是一种仍然难以设想的共现形式：设想一种共同出现形式，而此形式却非换喻的、对立的、因果的，等等；一种非逻辑的、却并非意味着瓦解逻辑的连续性：<u>中性的连续性</u>，这就是一部俳句集占有的平面。

---

① Voir Horace R. Blyth, *A History of Haiku*, op. cit.

② 关于音列的共同出现和偶然性的研究，是美国作曲家 John Cage 音乐研究中的基本原理之一。参见他与 Daniel Charles 的对谈：《论小鸟》〔Pour les oiseaux〕, Paris, Belfond, 1976. 此外，据说作曲家还热衷于菌类学。

### 非所有性〔non-appropriation〕

与俳句欲望之自由相关的第三个明证。例如：一位非常细心的朋友送我一本自己编选的手抄俳句笔记本作为礼物。其中一些俳句我认识，我已在公开发行的书籍中读过。但是，其他的呢？那些我不知其作者为谁的作品呢（因为俳句诗人无数？他们的作品在哪儿呢？）→在俳句中，所有权动摇了：俳句即主体本身，一种主体性的本质，但它不是"作者"〔auteur〕。俳句属于一切人，因为一切人似乎都在作俳句——似乎一切人都在作俳句。这样，在我看来，俳句就是流通中的欲望：像在菲雷〔Furet〕那里一样，所有权——主权性〔auctoritas〕——在流通、循环和反转着。

① 因此，俳句是为我的，如同是我所感觉的俳句，在其物质性中的、在我之欲望中的俳句。面对着这种俳句，我在此的作用是双重的：

1）不试图直接说明〔expliquer〕为什么我喜爱俳句——因为，对欲望的说明是虚幻的：在说明时，永远触摸不到在不断后退的主体；欲望的（快乐的）说明，没有最后的阶段：主体是一种无限的分层存在〔feuilleté〕。我们宁可说阐述〔expliciter〕——注意：阐述（这个词是1870年出现的）这个词使我们能够把说明〔expliquer〕（固定为"给出原因，发现原因"）归结为其字源学价值：déplier〔展开，说明〕（明白的〔explicite〕一词是出现于15世纪末的经院派用语）——通过俳句的趣味所能够假定的、再构成的（意识形态的、美学的、伦理学的）价值的系统（或许这就是艺术，形式，它赋予我们勇气来以假定我们的欲望者，此即是思想的行为：

---

① 巴尔特把本段文字的开头删除了。

一种冒险的活力）。

2) 按照课程计划详述此追索道路，它从"生活"（俳句是直接为生活而作，别无目的）出发——道路将行进，因为它相关于一个程序——朝向一种形式，这种形式事后将生活构成为记忆、感动、可理解性和爱德性〔charité〕（至高善的主题）。

当然，通过勘察此极其模糊的主题领域，我们将两个任务混合了起来（对其中任何一个均须进行证明）①。

**今日天气**

季节

在较古的俳句中，经常提到季节："季语"〔kigo〕，或季节的语言；它或者指夏暑、秋风，或者指一种明确被编码的换喻：桃花＝春天。季语：作为基调低音〔note de base〕，相当于俳句的主音〔tonique〕。在俳句中，永远有某种东西意指着你一年中所在的季节，如通过天空、寒气和光亮表现的季节：仅仅17个音节，但在其直接表达形式下，你永远不会与宇宙分离——oikos〔家居〕，大气，围绕太阳转的地球位置。你永远能感觉到季节，既是一种气氛，也是一种记号。

例如，来看这两首俳句（4）和（5）：

(4) 　　　　　醒来
　　　　　　看见流云
　　　　　　在夏季的屋内（志太野坡）

季节之"完整意义"〔prégnance〕，在我看来，以如下方式

---

① 巴尔特把本段文字的末尾删除了。

展开：

a) 指示语（在末尾：夏季）本身为强式：说到夏季，已经看见夏季，已经在夏季中（也许是一个微妙的语言学问题：参照单词，存在着一种此"完整意义"之区分机制〔différentiel〕，例如小说中的饮食；干渴时的香槟酒；金手指①，其中的螃蟹和玫瑰香槟）。

b) 室内捕获到的夏天，是感觉最强烈的：夏天是作为〔室内之〕不在被捕获的，是捕获于室外的。夏天是在室内被引出的，所以感觉特别强烈；它控制了室外，遂具有了压力→它的强度：间接性之强度；而间接性即为本质之沟通、表现的途径。

c) 间接性信息：一种随意行为的信息，即流动的云；人们"虚伪地"专注于使季节感迸发出来的行为。同样，云强化了夏，因为云指示着"流逝者"的轻盈形态。——总之，夏季的任何描绘，都是一种纯粹出现〔surrectum〕：被引起者，升起者，涌现者（surgere）等等，都是能动性的。升起者，出现者→俳句的纤细性〔ténuité〕使其不大会引生某种幻想；在严格封闭的形式中，即它是一种能使夏季展开的无限言语之起始，一种间接性道路上，它在结构上没有任何结束的理由，如同语言一样。人们可能构想出一整部小说（或者一整部电影，因为电影是继小说而出现的），使其连续地成为夏的间接性表达。我们已经有的俳句用 17 个音节，几乎说出了普鲁斯特用一两页篇幅所密集描述的、从巴贝克旅馆房间里获得

---

① 巴尔特在此指福莱明〔Ian Fleming〕的小说《金手指》〔*Goldfinger*〕(1959；1964 年由 Guy Hamilton 拍成电影）。其中有一个镜头关于晚餐小吃中的螃蟹和香槟酒；巴尔特在讲课时解释说，"这个小吃的完整意义生动地留在我的感觉里"。关于巴尔特对于詹姆斯·邦德电影中一些片段所作的分析，特别请参见《叙事结构分析》，载于 *Communications*，1966 年 10 月（《全集》，卷 2，828～865 页）。

的同样的夏季信息。我们要记住：俳句简短，但非<u>有限、封闭</u>。

(5) 　　冬风在吹
　　　　猫儿的眼睛
　　　　眨个不停（松尾芭蕉）①

难以相信、不可思议的是，此俳句令我多少感觉到了冬季似的。——可以说，在一定情况下：这个句子<u>以极少语言完成了该语言不可能完成的任务</u>：引起了事物本身→俳句，即作为其能力、其效果极限的语言表现；实际上，就是作为补充、补偿语言结构〔langue〕的话语〔discours〕②。

因此（虽然夸约放弃了按照季节对俳句分类的想法），季节是根本的：它向我们显示为一种既更模糊又更精确的（我是指既更广阔又更精细）诗类：如今日的天气（过去的天气）。我对此特别敏感：参见普鲁斯特和气象学的关系（Dufour 甚至于有一篇学术论文，见下面③）。（这是普鲁斯特父亲关心的对象。类似于他的父亲。《追寻逝去时间》中有 80 处都与对气象学的兴趣有关。）这就是生活的本质，记忆的本质。<u>个人</u>对季节（今天天气）的这种（美学一类的）倾注，持续着乡村文明对季节和天气（weather）的关注。人们首先把握季节（因为其生活依赖于此），而不是时间延续（time）。

---

① 日译者石井洋二郎指出，此俳句在巴尔特原书中注为芭蕉作，实应为八桑作。——中译者

② 此处明显指马拉美："〔诗句〕即从哲学上补偿语言结构的停滞〔séjour〕，即对其所作的最高补充。"《诗的危机》，载于 Variations sur un sujet，《马拉美全集》，364 页，1945。

③ 参见 Louis Dufour：《普鲁斯特和气象学》〔Marcel Proust et la météorogie〕，见《布鲁塞尔大学学报》〔Revue de l'université de Bruxelles〕，Nr. 3-4，1950~1951。

他们感觉到差异和返回，参见日文单词"间"：间隔。注意：实际上，存在着季节的神秘磨蚀（主题"季节不再"本身就是一种实在的神话）。季节的取消（由聚合体"空/不空"所取代）就是一种"渎神"形式→过去的文学成为我们不再了解的季节之证明和纪念碑。例如：Journal d'Amiel①。但是，这是以怀旧方式对我们说的。我在 Bayonne 体验过季节（也在巴黎：感觉到 Saint-Sulpice 广场上寒风刺骨，在我去蒙田中学的路上；但是我不再感觉 Saint-Sulpice 广场是冰冷的了）。当我站在 Bayonne 广场上时，则不再有、或很少有季节之感→神话的主题：往昔，季节是明显的，其差异性成为主宰 ≠ 今日：暧昧的世界（参见魏尔伦〔Verlaine〕："一个暧昧的夜晚。"②）→俳句清晰地引起季节感（我们最近的惊异之原因——不免有些滑稽——在于冬天变冷了）。

---

① Henri-Frédéric Amiel (1821—1881)，用法语写作的瑞士作家；其主要作品为《私人日记》〔Journal intime〕(1839—1881)，在其超过 17 000 页的日记中包含着大量关于气象的描述，如"情绪坏的天空，云雨之日"(1881 年 7 月 3 日)，"多云天气，春雨，风摇树叶"(1878 年 3 月 12 日)。参见 Amiel 的 Journal intime。

② "夜幕低垂，一个暧昧的秋天夜晚/ 美女们，在梦中挽着我的手臂/ 说着如此轻柔美妙的语言/ 我的心灵长时间地颤动和惊讶。"（"Les ingénus"，Fêtes galantes，1869）

## 1979年1月20日讲义

**今日天气**

我们已经指出过,我们的法语,就前述季节区分表达而言,以及就其他方面而言,是野蛮的(由于被文明化了),它抹削了样式的种类〔espéces sur genre〕和约制了人与大气关系内存在性之个别化、区别性、色调变异及其光泽性的力量。我说过,时间和天气是一个词〔temps〕。在英文中,已经有两个词:time 和 weather。在拉丁文中有:tempus 和 coelum。希腊语中分得更细:chronos/ aér,天空状态;eudia,晴天;ombrios,阴雨;cheimôn,雷雨;galènè,海上风平浪静,等等。在法文中:"今日天气"用了及物动词,表明了概念的作用,即主体和现在之间的能动关系。

就我而言，我总是认为，"今日天气"的表达，代表着对一种主题（一种问题）的低估。但是，直到最近（在严格结构主义意义上的符号学问题之吸引下）：今日天气＝典型的交际语〔phatique〕①（＝纯粹交际语：因为不应涉及言语活动位置，参见 Flahaut②）因此我认为，此沟通是通过陈述的空白（一种无意义）形成的→今日天气：错误的所指容许进行沟通、容许进入接触，虽然所涉及的主体，一般来说：1) 并不被认识；2) 并不感觉属于同一阶级、同一文化；3) 并不能容忍沉默；4) 希望谈话不致引起摩擦，不致有发生不愉快、引生冲突的危险；5) 或者，在相反情况下，喜欢宁肯通过精细的无意义话语来彼此交流。例如，在彼此相亲相爱的家庭（早上）会面之时：参见普鲁斯特的《在少女们身旁》，沙吕斯在提到塞维涅夫人和女儿③时随意引述的拉布吕耶尔的"心情"说："靠近喜爱的人时，和他们说不说话都一样。"④→与"今日天气"一起观察＝说不说爱情的话都是一样的。绝对的爱情，由于死亡造成的

---

① 雅克布森为了描写沟通中的行为，在其《普通语言学论》中规定了一种"交际语功能"〔fonction phatique〕，其目的是建立和维持与对话方的接触（"allo"、"ha"、"n'est-ce pas"），此类言被体验为一种感情。

② Flahaut：《中介性言语》〔*La Parole intermédiare*〕，Paris, Seuil, 1978.-巴尔特为该书写了序言。

③ "她有一次靠近她的女儿时，也许什么也没有对她说。"韦勒帕利希夫人回答道。"肯定如此〔沙吕斯这样说〕；她称之为'事情如此细微，只有你我注意到了'。而无论如何，她接近了她。"拉布吕耶尔对我们说的就是这些（普鲁斯特：《在少女们身旁》，763页）。

④ 参见 Les Caractères："*Du cœur*"，23："和喜爱的人在一起，这就足够了；梦见他，和他说话，不和他说话，想着他，想着那些无关紧要的事情，不管怎样，都是一样的。"（参见该书 135 页）

欠缺导致最残酷的伤痛，它同样能够在无关紧要的轻柔话语中造成感动、舒缓和宽慰："今日天气"于是表达着一种作为爱情核心之语言活动的（话语的）内面（en deçà）；此悲痛由不再可能与所爱者谈天气而表达了出来。看见了初雪，但不可能再对所爱者说出下雪之事，而只能将其保留给自己。

①题外插叙。甚至从一种沟通语义学角度看，"今日天气"也不是一种单纯的主题：它往往是一种政府（如对于物价高涨）进行不当辩护的借口，一种对现代技术治国术国家的嘲讽。每年，或几乎每年，总有天气不佳的问题：干旱或多雨，食物经济依赖着风调雨顺；虽然不是总发生"灾害"，总归要把它考虑在内。天气只是事后存在，正如不负责任的话语一样。

我们再来看俳句：天气（这是我现在思考的）不只是一种语言交际功能，而且也是一种存在的负荷；涉及主体的存在感觉（sentir-être），也就是生命的纯粹的和神秘的感受。我们可以在一种符号学描述的范围内对此加以解释，今日天气是一种语言结构〔langue〕（一种语言结构不只是一种沟通工具，也是一种主体制度化的、创造的工具）。1) 一种代码（一种法则），即季节＋2) 一种贯彻代码的实行〔performance〕（一种言语〔parole〕，一种话语），即今日天气＝该时刻、该日子、该时间所说出的代码，通过存在的个人化所说出的代码，也就是实行的或使其失败的代码（往往是根据语言结构对话语进行补偿的、补充的、更正的功能）；有时（经常？），在法国这样天气变化无常的国度，我们看到天气与季节的不一致（如夏天寒冷），并由产物（花卉和果实）所实行和证实。在此可以

---

① 此节被巴尔特涂去。

不难说存在着一种代码和实行之间的辩证法——代码和主体之间的差异——差异和联系：我在六月觉得冷（实行：我的皮肤过敏，我的眼睛看见阳光），但此时牡丹花开着（代码）→俳句经常在字里行间尝试置身于（季节的）代码的和（通过主体感受和说出的）天气的令人惊异的限度内：季节的提前复苏，衰败季节的无精打采，产生着错误的印象，此种话语不是正如语言结构的错误印象一样么？同时，语言结构不正是使此话语错误的原因吗？（一切法则是使主体犯错误的原因）这是我们注定要陷入争辩中的那种戏剧性悖论。

存在一种关于天气的本质性〔eidétique〕表现的艺术（历史的艺术，因为今日已不再制作了）：浪漫派绘画。我想到柯罗，特别是他的《塞夫勒小路》（在 Petit Larousse 词典的"现实主义"条目下，我们看到这幅画，品位不高！）：天空、树荫、人物的个别化，好像绘画在对我们说："情调是强烈的，但永远失去了。"它是不可恢复的，但它是可理解的（永远是语言结构——代码——和话语的辩证关系）→归根结底，产生悖论的是，今日天气（Temps qu'il fait）的可交流本质实为：曾经的今日天气（Temps qu'il a fait）→今日天气：属于记忆的层次。例如：

(6)　　　　夏季的河流
　　　　　有幸涉浅滩
　　　　　鞋子提在手上（与谢芜村）

奇妙的是，我的确对此情境有体验，孩童时，也许在摩洛哥，夏季，或者野餐日，诸如此类。俳句似乎是无意志个人记忆中惊叹感的产物（不是加以系统运作的、有意的再回忆行为）：它描绘的记忆是完全不经意的，令人幸福陶醉的。可以肯定，读者也产生过此俳句所产生的同样的记忆。当然，这与普鲁斯特的无意志的记忆

（马德莱娜予以比喻化的主题）并无关系。但区别在于，俳句近似于一次微小的悟；悟产生了一种意图（由此产生了俳句的极短形式）≠ 普鲁斯特。马德莱娜的醒觉产生了一种扩张〔extension〕——整部《追寻逝去时间》均来自马德莱娜，正如日本的水中花生于水中：生长，发育，无限伸展〔dépli〕。在俳句中，花不伸展，这是不在水中的日本水中花：永远处于蓓蕾状态。字词（俳句的全息图像〔hologramme〕）好像水中随意放置的石子：看不见波纹，只能听见细碎的声音（拍打声）。

**时间的个别化**

但是我们理解，俳句倾向于产生一种与一般化毫不妥协的强个别化效果——尽管有季节的代码提供使用，也就是以被体验的瞬间之法则来弄虚作假，往往是→在一种代码（季节，天气）中把握的瞬间——那么谁逃脱了代码？——被说话的主体所接替→时间〔Temps-Time〕的划分成为天气〔Temps-Weather〕的划分→自然的单元成为主体的效果，语言的效果。

1) 季节作为季节的效果。我将举出关于季节效果的间接的例子，不是从俳句中（例子是无穷无尽的，不胜其选），而是从我们西方文学中：

a) 冬季效果——不是"印象派的"效果（雪，初霜，戈蒂耶[①]，象征派），而是与深沉的、发自心灵深处的、内在的、"体感性的"主体有关的，坎塞："四点钟点燃蜡烛，特别暖和的手笼绒毡，准备茶点的美丽双手，关紧的百叶窗，垂落在床上的褶皱帘

---

[①] Gantier, Théophile, *Émaux et camées* (1922), Paris, Librairie Gründ, coll. "La Bibliothèque précieuse", 1935.

幕——此时户外雨骤风狂。"① （这一切显然是为了吸鸦片，呈现出一种欢乐氛围）此一幸福感的每一要素都可以成为一首俳句。

b) 我想作为题外插叙指出——因为这并不是有关俳句的主题（但俳句也是通过与它靠近的季节来定义的，虽然它只不过是表达着季节）——季节的戏剧性效果，季节的令人痛苦的效果：坎塞-波德莱尔（波德莱尔）→坎塞，最喜爱的二姐伊丽莎白之死（波德莱尔以自己的方式描述了坎塞）：夏天的死亡。波德莱尔，《天堂》，139～140 页。②

我只想作下面的补充：不论谁失去了亲人，都会痛切地想到季节。阳光，花卉，气味，在悲哀和季节之间的一致和反差：在太阳底下人们能够承受多大的痛苦呢！面对着旅游广告时，别忘记这一点！

2）一周几天也有其各种各样的<u>颜色</u>（<u>日子的颜色</u>：俳句的材料），我在乡间时（1977 年 7 月 17 日星期日）记下了这句话："人们说星期天早上天气会晴好。"③ 我想说，一种强度加强于另一种强度。存有一种波纹效应〔Moire〕，一种（天气）的"强度差异机制"〔différentiel des intensités〕。普鲁斯特以其方式极好地描述了

---

① Quincey, Thomas de,《鸦片吸食者的忏悔》〔*Confessions d'un mangeur d'opium*〕，波德莱尔译，Paris, Stock, 1921, p. 255.

② "一种巨大的不幸，一种在一年美丽季节中使我们深受打击的、不可弥补的不幸，可以说，带来了一种最阴郁、最不祥的性格"，波德莱尔在其评论坎塞的《吸食鸦片者的忏悔》时写道。波德莱尔提到伊丽莎白之死的情境并引述坎塞说："我们看着夏天，而我们的思想常落在坟墓上。"（Baudelaire, Charles,《人造天堂》〔*Les Paradis artificiels*〕, Paris, Garnier-Flammarion, 1966；Paris, Gallimard, Coll. "Bibiothèque de Pléiade," 1961, p. 446.）

③ 巴尔特此处所指为《Urt 的日记》（1977 年 7～8 月），其中部分片段他发表于"Délibération", *Tel Quel*, Nr. 82, 1979（《全集》，卷 5, 668～681 页）。

这种强度差动现象。甚至他并未提到星期天（有其理由），俳句令人清晰地感觉到了一种微妙的强度。

3）由此产生了（一天的）时间的感觉：时间不是数学单元，而是一种语义学的案例，一种"闸门"，一种具"敏感性"的"阶段"（参见年龄：数字只指示着一种年龄类别，人们却按照阶段来估计年龄）。例如：

  黎明（7）   黎明
        在麦穗尖上
        落下了春霜（小村一茶）

  中午（8）   正午鲜艳的旋花
        燃烧着
        在石子间（小林一茶）

  晚上（9）   草原雾气蒙蒙
        池水寂静无声
        是晚上了。（与谢芜村）

（注意，此处强调的是效果，而非风景。风景几乎不存在："所指者"微不足道，却弥漫着强烈的效果。）

这显然是一种强编码化的瞬间，俳句是编码化的 ≠ 西方的"主观性"——在诗学的层次上——是弱编码化的。瞬间体现于时间的细部；存在有一种时间气氛，对此我们每一个人都在感觉、创造、拥有着，每个人都有自己的"好时间"和"坏时间"（不是文字游戏，因为 bonheur〔幸福〕来自 augurum〔预兆〕，而非来自 hora〔时间〕）：

a）克洛代尔：这几乎是一首俳句：

雨

降落在

六点钟的森林内（舍哈德，29）[1]

b) 特别是——因为对我来说，这是坏时间，我不喜欢它，却忙个不停，慵懒而不放松，闲散而无空闲；扁平〔à plat〕时间，毫无生气：下午3点半（我的母亲死亡的时间——似乎我一直预感到就是这个时间——基督死亡的时间[2]）。米舍莱（总是他），修道院女子们（《巫女》）："置她们于死地者，非因苦行，而是出于厌倦和绝望。在最初的虔诚之后，修道院的可怕疾病〔5世纪时卡西安曾描述过[3]〕乃为不堪负荷的厌倦，午后令人忧郁的厌倦，无法用言语形容的、使人感到迷失的、轻淡莫辨的厌倦，使她们迅速憔悴下来。"[4] 米舍莱对此领悟最深。他理解此一现象的重要性，他理解到，明了修道院沉重的时间与明了佛罗伦萨毛织品战争极其相关。

（一日的）时间：我们看到，时间字词并非指这类时间效果。这是一种夸示法〔pathos〕，它介于 hèmèra（时日单元）和 bios（生命感觉）之间。而且，这正是（再一次重复）因为，只存在"话语"（诗篇）这个正当的、必要的字词（语言结构的补偿作用）。

**个别化，色调〔nuance〕**

我已多次谈到个别化——季节、天气、时间作为个别化表达。

---

[1] Schehadé, Georges, *Anthologie du vers unique*, Paris, Ramsay, 1977, p. 29. 巴尔特按照58页所提出的方法将该诗分为三行。

[2] "9点钟〔即午后3点钟〕基督死去"（马太福音26: 45-50）。

[3] 参见 Cassien, *Institutions cénobitiques*, Paris, Cerf, coll. "Sources chrétiennes", 1965.

[4] 参见 Michelet, *La Sorcière*, Paris, Hetzel-Dentu, 1862, p. 239.

我将进一步再强调其用法。从哲学上说，我想，最近德勒兹赋予此概念以特别的重要性。然而，像我通常所作的那样，我只大致提示其方向，即相对于其所排除者来对其加以理解：

1) 个体对比于系统

我们需要从一个古老话题谈起：信用扫地的个人主义（参见萨特对资产阶级民主的批评：个人作为箱内的小石子①＋马克思主义批评＋左翼批评：反对个人主义的真正驱魔术！）。然而，照例只是一种移位策略：在"系统"世界（作为政治的、意识形态的、科学的还原论话语）和"个人"窒息感之间的关系→在螺旋线的另一点重新考虑这个问题（聚合关系〔paradigme〕）——在此只提出若干参照对象：

a) 炼金术（占据平行地位的、边缘性的哲学）。帕拉塞尔斯（16世纪）：任何事务都有其特殊组织原则：地心之火〔archée〕（主体的最后基轴：不可还原性）。

b) 浪漫主义。米舍莱（《法国史》序言）："每一灵魂，在俗常事务中，都具有那些特殊的、个别性的方面，它们是不会复现的，而且在其消失和没入未知世界后，需要加以记载。"② 实际上，奇妙的是，这可能是俳句的完整的准则：1) 那样的〔tel〕（非常具有禅的意味）；2) 不返回；3) 随记〔notation〕；4) 逝去灵魂没入未知世界后的升华。

---

① 萨特，"《现代》期刊前言"："按照分析精神理解的社会中，坚实而不可分解的个人，作为人性的载体，就像石子箱内的小石子一样存在着：圆润，自我封闭，不可交流。"（《现代》，1945年10月，第1期；重印于 Situation II, Paris, Gallimard [1948], 1980, p. 18）

② Michelet, Jules：《法国史》〔Histoire de France〕, "Préface de 1869", Paris, Librairie internationale, 1871, p. XV.

c）为了记忆，为了回忆存在的声音，克尔凯郭尔与黑格尔、与系统相反。

d）当然还有普鲁斯特：关心个别化强度的实际的理论家。我从许多句子中引述如下：圣伯夫："对我来说，现实是个人性的，我所寻求的不是与任何一位女人之间的欢乐，而是如此那般的女人们，不是任何一座漂亮的教堂，而是亚眠的教堂。"① 下面一句表白颇为优美（1919 年致阿莱维的信，见科尔布编：《书信集》，第 246 页。）："在特殊性的顶端，绽放着一般性。"② 个别性的顶端：这也是俳句的标识。可以说，只要把特殊性换为个人性（人的古典单位）即可。

我们只要指出，这些以那样的、个别性、特殊性的名义对抗和翻转系统的参照例子，都属于边缘性哲学。

2）从个人到个别化

所谓个别化的概念，就是关于在个人性瞬间出现的个人（公民的和心理学的主体）之不可还原性、基本特色、如是般〔tel〕特点、特殊性，等等；因此，这就是"今天天气"、色彩、现象——也就是"灵魂"（米舍莱），当其逝去而不可复回之时。

在某种意义上，说从隐喻过渡到直意就够了。波德莱尔说："那些知道自己进行观察的人……有时在自己的思想气象站记录下了美丽的季节、幸福的日子、美妙的瞬间……"③ 在此所说仍然只

---

① Proust, Marcel：《驳圣伯夫》〔*Contre Sainte-Beuve*〕, Paris, Gallimard, coll. "Idées/NRF", 1954, p. 117.

② 参见第 26 页。

③ 诗集 *Le Poème du haschisch* 的开场白《无限的嗜好》, 参见：Baudelaire, Charles, *Les Paradis artificiels*, Paris, Garnier-Flammarion, 1966, p. 27.

是隐喻。但前进了一步：你就是〔serez〕季节、日子、瞬间；你的主体被其充满→你成为晴雨表。普鲁斯特说（在 Dufour 论文中①）："多少像我父亲一样，不再满足于看晴雨表，而是自己成为一枚活的晴雨表，这就足够了。"→这是卢梭所预感的（此即《一个孤独散步者的遐想》中的现代主义）和作为对（心理学）系统的抵抗而肯定的意思的变体。卢梭说："就某一点来说，我为自己做的，就像物理学家为了认识每日气象对大气做的一样……但是我满足于登录自己的运作而不企图将其系统化。"②

现在，我们自然会谈到尼采（作者是德勒兹③）。我再引述（MC, 53, 遗作）："我是几乎个人化的诸多力量的一种复合体，位于前景之内的有时为此种力量，有时为彼种力量，而其中都含有我的面目。在此位置上思考着另一些力量，正如一个主体思考着在其身外的另一主题，这个外在世界影响着他、决定着他。主体性的位置是可变的。"④ 关键的字词是：主体性既是不可否定和排除的，也是不可压抑的；它应当被假定为具有移动性；不是"摇动的"〔ondoyante〕，而是成为诸移动点之织体或网络。在尼采的引文中重要的是（主体性的）点的概念：主体性不是像河流那样，哪怕是变动

---

① 参见本书第 68 页（原书页码，即本书边码，下同），注 11（即中文版 64 页注③），Dufour 的文章《普鲁斯特和气象学》。

② Rousseau, Jean-Jacques, *Les Rêveries du promeneur solitaire*, Paris, Garnier, s. d., p. 7.

③ 参见 Deleuze, Gilles,《尼采和哲学》〔*Nietzsche et la philosophie*〕, Paris, PUF, coll. "Bibiothèque de philosophie contemporaine", 1962.

④ 引文选自尼采的 *Vie et vérité*, textes choisis par Jean Granier, Paris, PUF, coll. "Sup", 1971. p. 53. （巴尔特引录的页数，参见此版书页）。其他引文引自《遗作集》，H. Bolle 译, Paris, Mercure de France, 1939, p. 185 – 186.

的河流，而是像一种诸地点之间不连续的（以及对立的）变异作用〔mutation〕（如万花筒般）。

于是我们可以更清楚地了解个别化的歧义性（或辩证关系）：一方面，它在其个人性中，在其"对己性"中，强化了主体——或者至少它包含着这种风险，尤其是包含着迎合个人主义权责要求之形象的风险——而另一方面，它又使主体瓦解，使其变为多数，将其粉碎，并在某种意义上使其不存在→在极端印象主义和一种神秘溶解诱惑之间的震荡，后者消灭着作为单一体的意识，既相当古典又超乎现代。

# 1979年1月27日讲义

3) 色调变异〔nuance〕

个别化的（一般来说：即心理的、书写的、体验的）实践即色调变异（其词源对我们来说很重要，因为它与今天天气有一种关系，拉丁文 coelum〔天空，天气〕→古法语 nuer＝把色调变异的彩色与云雾反射相比）。色调变异被坚定地、一般地、理论上地视作一种自主的语言结构；其证明就是它已被今日群居文明加以检视和压抑。我们可以说，媒体文明之特性即为对色调变异的（侵犯性的）拒绝。我已多次把色调变异看做是沟通的基本实践。我甚至冒险使用了一个名字 diaphoralogie（变异学）。[①] 我

---

[①] diaphoralogie 是据希腊词 diaphora（使一物与另一物分离）和词缀 logie（理论，话语）构成的新词，用以表示色调变异和叠光效应的科学。巴尔特特别在其"Urt 日记"（1977年7月21日）中提及（参见《全集》，卷5, 668~681页）。

加上了本雅明下面的话："……我们知道，事物已被技术化、合理化了，而特殊性只存在于色调变异之中。"①

你们知道，存在有一种风格危机：实践的和理论的（今日不存在一种风格理论，只有少数人还对其关心）。但我们可以将风格定义为色调变异的书写实践（这就是为什么今日风格问题不被重视之故）。

马上举一个例子，在下面俳句中：

（10）　　　　如此猛烈地降下
　　　　　　　在石竹上
　　　　　　　夏日的骤雨（杉山杉风）

<u>猛烈地</u>〔rudement〕：这是关键性的色调变异法；如无此<u>猛烈地</u>字样，就没有夏日，就没有声响；也就平淡无奇了，l'indifférence〔直意：无差异——中译者〕；<u>无区别性</u>〔adiaphoria〕（diaphora＝色调变异）。

色调变异＝纤细风格的实行。例如：

（11）　　旭日初升
　　　　　一片浮云
　　　　　有如画中之云（Shusai，日文名字不详——中译者）

现实和绘画的翻转：敏锐和纤细→也许可以理解为：诗学＝在野蛮世界内的纤细性实践。因此<u>今日</u>出现了为诗学而战的必要性：诗学应当成为"人权"的一部分；它不是"颓废的"，而是"颠覆

---

① 引文可能来自：*L' Œuvre d' art à pépoque de sa reproduction mécanisée*，也可能由巴尔特引自个人记忆。尽管我们查找了多种本雅明著作，但未发现引文的出处。

的";是颠覆的,以及生存所必需的。

色调变异=区分(diaphora)。我们以悖论的方式进入此概念,对此悖论性布朗绍曾表述如下(并因此提供了要点):"所有艺术家〈即我们研究的艺术实践〉都与一种与之关系密切的错误相连……所有的艺术都起源于某种例外的缺欠,所有作品都是这种欠缺起源性的运作之结果。由此我们才看到了不稳定的完美作品及其新的光辉之出现。"① →实际上,从通常的观点看,色调变异就意指着失败(从所谓正确意见看,从所谓良知和正统的观点看)。能够为此观点增加可信性的隐喻是:最美的陶器,是那类彩色烧烤不足或过量的产品,它们会产生无与伦比的色调变异和意想不到的、充满官能性感觉的痕迹。在某种意义上,色调变异就是产生光泽和扩散拖痕〔traîne〕(有如天空中美丽的云朵)。但是,在散发光泽和空虚之间有一种关系:在色调变异中,似乎表现出一种从空虚中产生的劳苦〔tourment〕(因此它使得"实证派"精神如此不快)。

4)空虚,生命

应该探索一门关于空虚的诗学。例如,布朗绍谈到的茹贝尔的这句美丽的引文:"地球是一滴水;世界是一点空气。大理石是浓缩化的空气。""是的,世界是薄纱,甚至是一种极薄的薄纱。牛顿假定金刚钻的空虚部分比充实部分大很多倍,而金刚钻是物体中最稠密的。""学者们争论不休的各种盲目的力量,连带它们各自的重力、不可侵入性、引力、推进力……这就是物质的总体,一粒中空的金属,一块中空的玻璃,一颗闪烁着光和影的水泡;最后,除了

---

① 布朗绍:"D'un art sans avenir", *Le Livre à venir*, Paris, Gallimard, 1959, p. 158.

影子自身以外毫无重量，除了自身以外无可穿透……"①

②作为差异性表现的色调变异，与那些对其包围、压迫、企图立即置其于死地的东西，经常发生对峙和冲突。但是，色调变异具有一种<u>内部性</u>、<u>内在性</u>、<u>包容性</u>，它就是茹贝尔所说的空虚本身：作为形成区分作用者，它本身就是一种产生同时性的作用。布朗绍对茹贝尔和马拉美评论道："置换以下通常阅读法的一种欲望是：必须毫不混乱地逐段逐段阅读同时说出的言语，'以一种全体性的、平和的、内在的、及统一的方式'。"→以及："这类空虚性空间之内任何特殊事物都不会破坏无限性，一切有如存在于空无之中，<u>在此除了空间就是空间</u>……"③（在准备这些引句时，我自然时时想到可与其相关的俳句。）

色调变异，空虚：在与写作（创造）相关时就出现了一个尖锐的问题。我们总会想到马拉美（1867 年对勒费比尔的表白）："我只能通过<u>删削</u>来创作我的作品，一切获得的真理只是通过失去某种印象后才产生的，这种印象在耗尽时，由于其消失的音色，我才能够更加深化一种有关'绝对黑暗'的感觉。<u>破坏就是我的贝亚特丽斯</u>。"④→这些引句都多么适合于俳句啊！（诗的）创作，即是为了音色而使（声音的）冲击空虚、削弱和消灭的。

换言之（这也同样适合于俳句）：布朗绍谈到阿尔托、荷尔德林、马拉美："灵感首先就是那种使灵感欠缺〔manque〕的企图。"⑤

---

① 关于这些引句，参见布朗绍前引书，87 页。
② 此段被巴尔特涂掉。
③ 布朗绍前引书，85 页。茹贝尔的引文见 Carnets（1805 年 2 月 7 日）。
④ 参见布朗绍前引书，91 页。马拉美给勒费比尔的信中的引句见：Mallarmé, Stéphane, *Correspondance complète* (1862—1871), Paris, Gallimard, 1959，p. 329.
⑤ 参见布朗绍前引书，61 页。

的确，在某种意义上（从前面所说的一切沉淀出来的意义上），俳句，以及一切有迷惑力的简短形式，一切随记〔notation〕，都相当于灵感的欠缺。在这里我们可以更好地理解一种"今天天气诗学"：有如一种灵感、写作、创作的缺失。活生生的印象，以过度耗费的方式返回自身。

　　这就是色调变异之路（从"今天天气"出发行进之路），它究竟是什么呢？是生命，是生命的感觉，是生存的情感；而我们知道，这种情感，如欲其纯净、强烈、辉煌、完美，就必须在主体之内实现某种空虚；例如，甚至于当（爱情的）欢喜最强烈时，也是因为主体内部存在一种语言的空虚；当语言沉默之时，不再有对意义的评论和解释，此时生存是纯净的："充实的"（"溢出"的）心灵＝对某种空虚的认识（特别具有神秘性的题目）；话语的欠缺〔défaut〕和衰弱指涉着两个极端："绝望者"的绝对悲惨和"生存者"的炽烈欣喜→色调变异——不可能被终止——即生命，而色调变异的摧毁者（我们的现代文化，我们的粗鄙的新闻世界）＝死亡之人和在其死亡中进行报复之人。

　　总而言之，我们彻底发现，今天天气在我们身上引发了此单一的（最小限度的）话语：生存是值得的。1977 年 7 月 16 日早上我记下了这样的句子："阴沉天气之后，又是晴天了，天空明亮。空气新鲜，丝绸般的鲜艳亮丽；这个空虚的时刻（不具有任何意义）证明了生命是值得的。早上外出购物（去食品店，面包店）时，村子里还空无一人，在此世界上我什么也不欠缺。"① →如果我是俳句诗人，我会以更具本质性、更间接的方式（较少用词）将此感觉说

---

　　① 前引《Urt 日记》，见《全集》，卷 5，668～681 页。

出来。

(12) 　　　就像是什么也未发生

　　　　　雁和

　　　　　柳（小林一茶）

## 瞬间〔instant〕

让我们重新来组织一系列关于"精细的时间辩证法"的讨论。为什么说"精细的辩证法"？因为每一次，在 3 行诗内（5—7—5），存在两个类别之间的对立：简洁的、闪亮的对立，就像一种快闪逻辑，其速度让疼痛也来不及感觉。

(1) 瞬间和记忆

a) 一方面，俳句显然不是普鲁斯特意义上的写作行为，后者致力于<u>其后</u>、<u>事后</u>通过非自觉的记忆行为"找回"的（失去的）时间（关闭在被软木隔音的房间内），前者则相反：<u>立即</u>、<u>当下</u>地发现〔trouver〕（而不是找回〔retrouver，或"再发现"。——中译者〕）时间。时间被<u>立即</u>挽救了＝（写作的）记录和吟诵同时发生：感受和写作产生了直接的<u>果实</u>〔fruition〕，由于俳句的形式而获得的一种欢乐（我能够通过短语而完成此置换）→因此有了一种瞬间的写作（一种哲学）。例如：一种瞬间的绝对写作：

(13) 　　　　犬在吠

　　　　　冲着小贩

　　　　　桃花满树（与谢芜村）

我引录这首俳句，因为它暗示着一种瞬间特有的艺术：音乐性。声音＝瞬间的 <u>艾多斯</u>〔éidos，或译"理型"。——中译者〕（卡热的理论）。（卡热将一切置于瞬间①）由此产生了一个合理的隐喻（我们将再加以讨论）：俳句相当于一种提示的铃声，一种简短、独一、晶莹的叮当声，像是在说：我刚被某事触动。

b）另一方面（对立的另一端）：这个纯粹瞬间即为一种<u>无妥协者</u>，它似乎在任何延宕、返回、停滞、保存、冻结之中，均无可回旋（绝对<u>新鲜</u>的瞬间：就像人们当下消化记下的诗句，有如动物吃感觉新鲜的草叶时那样），因此，这个瞬间似乎也是为了在我们重读它时<u>提醒记忆</u>。瞬间蕴涵着珍贵的使命："明日，回忆"→这种对立可表示如下：俳句是一种新的和具有矛盾性的诗类："直接记忆"作为 notatio〔记录〕（记录的动作）使回忆能够<u>立即</u>发生（≠普鲁斯特的非意志性回忆：直接记忆不被繁衍，它不是换喻性的）。我相信，这多少就是诗的功能，而俳句是诗的一种极端形式（这种日本风的东西，我相信，不是歌剧类的日本风，它＝纤细性和极端性，<u>极端的色调变异</u>）。在此意义上——事件转换为记忆，但也是这种记忆的直接完成——我读到爱伦坡的诗句（巴舍拉尔）："现在，当命运逼近，呼吸急促，时间沙粒变成了黄金颗粒。"②→俳句实际上就是——<u>在另一种情况下</u>（如果没有写作的话）——时间沙粒的金粒（金子：即俳句，我已说过，它具有一种珍贵的使命）。

---

① 参见卡热与 Daniel Charles 关于"将禅应用于音乐"的对话，以及关于瞬间、延宕、重复等主题的对话，载于：Cage, John, *Pour les oiseaux*, entretiens avec Daniel Charles, Paris, Befond, 1976, p. 39.

② 这些诗句引自：*Contes, essais, poèmes*, Paris, Laffont, coll. "Bouquins", 1989, p. 1255. 关于巴舍拉尔对爱伦坡诗句的评论，参见：Bachelard, Gaston, *La Dialectique de la durée*, Paris, PUF, coll. "Bibliothèque de philosophie", 1950, p. 36.

(2) 运动和不动性

俳句是一种姿态的惊异。我将说，姿态＝一种行动的最飘忽不定的、最不可能的、最真实的瞬间。它是借助产生一种"在那儿！"（＝铃声）效果的记录所复原的那种东西，但人们还未想到它究竟是什么，还没有想到观察到的微细内容究竟是什么。例如：下面就是俳句的一种姿态：

(14) 　　　　　小猫
　　　　　跃下地面的片刻
　　　　　风吹动了树叶（小林一茶）

人们会说：这只是一种幻想的粉末和碎片（我们在此清楚地了解，俳句如何同时已经是一种回忆了）。（≠ 普鲁斯特：我们在此清楚地了解它不可能繁衍；它不是增殖性的，换喻式的，像是普鲁斯特的马德莱娜；它也不是浸泡在水中的日本水花，如此等等）——因此我们清楚地了解俳句是一种姿态——至少在日本传统上——中世纪能乐师和理论家世阿弥的著作中对其有所描述①：运动和不动的悖论性结合（简言之，可说成是通过写作达到的不动化）。这个姿态就是中止，而必须显示它将马上再起动（参见睡美人的神话故事）。这个姿态就是沉睡中的一处极小庭园。我们可以从一切戏剧的"边缘"状态中看见此一姿态，但今日戏剧已经不存在任何关于姿态的思想了。在电影中呢？我想起沟口健二的《雨月物语》中的漂亮女鬼魂来（但这也是日本人的）。例如边缘的东西就是勒科克所模拟的："在一个姿态、一种态度、一种运动中，需要探索其

---

① 作为能乐师、能的剧作家、理论家的世阿弥（1363—1443），写出了一系列论述"能"的文章，其中的代表作为《花传书》（1424）。

不动性。"① （这里提到的哑剧令人想到，俳句也可能以矛盾的方式于沉默中进行表达）雅克-达尔克罗兹说："一个姿态不只是身体的运动，而且也是此运动的停止。"→俳句的姿态就像是一个浮漂着的小形象，静止在水中，一动不动，使人产生一种终极〔finalité〕不动性的印象。

(3) 偶然性和环境

俳句的"所指者"〔référent〕（所描述者）永远是特殊的。任何俳句都不承担一般性，因此俳句这种样式绝对逃避着还原过程。

a) 也许从正面来说，即对我们西方人的宏观历史来说：一种对特殊性的抵抗，一种朝向一般性的倾向：对法则、一般性的偏好，对可还原性的偏好，使各种现象均等化而非区分化的极端嗜好→参见米舍莱：抽象、一般化＝格尔夫〔Guelfe〕精神 ≠ 重视偶然性（感情性）的吉伯林〔Gibelin〕精神②→特殊性，作为价值，被迫处于边缘——虽然会周期性地出现思想家们为特殊性、为凯若斯〔kairos，希腊字，一种正时法〕、为不可比较物（克尔凯郭尔、尼采）、为偶然性伸张权利。存在有两个侧面：例如，人们偏好普鲁斯特谈论悲伤和弗洛伊德谈论悲哀的不同方式都各有理由。悖论在于，正是经验主义者培根（《新工具》）提出了相反的观点："人类精神，按其本性，倾向于抽象化，并在不断的变化中维持其稳定性。分其把自然抽象化不如

---

① 里维埃的文章"Gesto"，载于《Einaudi 百科全书》，1979（775～797 页）。勒科克（1921—1999）的引文见：Odette Aslan, *L'Acteur au XX siècle*, Paris, 1974. 雅克-达尔克罗兹（1865—1950）的引文见：Gerges Mounin, *Introduction à la sémiologie*, Paris, 1970.

② 巴尔特 1974 年写道（《全集》，卷 4，509 页）："……米舍莱使格尔夫和吉伯林对立。格尔夫派，即法则人、法规人、律师、书写员、雅格宾党、法国人（我们今日的知识分子?）。吉伯林派，即封建制度人士、血缘誓约人士、即感情忠贞人士。"

将其分割化（德漠克利特）。"① 这可以用来定义俳句：它不使运动稳定化，它区分着大自然，但不使大自然抽象化。

b) 因此，俳句是偶然性艺术（偶然化：偶然发生，偶然出现）→一种邂逅〔rencontre〕的艺术。要清楚理解偶然性乃俳句之基底——其典型特征——只需进行一种替换测试法〔commutation〕，某些法国诗歌片段：当接近俳句时，所欠缺的正是偶然性，一种对一般性的渴望瓦解了偶然性。

例如，魏尔伦下面的诗：

> 秋季
> 小提琴的
> 悠长的涕泣②

对于俳句而言，此诗过于隐喻化。它含有隐喻，因此含有一种一般性：它不是突然降落在（陈述行为）主体上的某种东西。

同样的，阿波利奈尔的诗如下：

> 观赏着雪花
> 就像是裸露的女人③

当然非常美，但此比喻纠缠于修辞学作用之中。

由一般性所颠覆的另一形式是"道德性"，即道德化的记录。维尼说："你充满不忠。"④ 这首诗几乎就是俳句，因为形式简单而

---

① Bacon, *Novum Organum*, Paris, Hachette, 1857, p. 17.

② Paul Verlaine, premiers vers de la "Chanson d'automne", *Poémes saturniens* (1867).

③ Guillaume Apollinaire, "Poème lu au mariage d'André Salmon" (1909), in *Alcools* (1913). 由 Georges Schehadé 引述，见：*Anthologie du vers unique*, op. cit., p. 16.

④ Alfred de Vigny, "Dolorida", Poème antiques et modernes (1826). 由 Georges Schehadé 引述，载于：*Anthologie de vers unique*, op. cit., p. 2.

又不属格言类。但是它不是感官性的，它是一种道德观念，而道德性永远是一般性。在此出现了两种还原性的准则：1) 不忠，即抛弃他人，即使他人空虚化；2) 忠实是一种美的价值。据此形成了悖论和否定：我看起来不忠实，但我仍然属于一种"好的"（忠实的）类型。让我们看两首俳句，其中起作用的是偶然性的起动机制：

(15)　　　　　　孩子
　　　　　　　　携犬散步
　　　　　　　　在夏月下（黑柳召波）

这里有偶然性的"兴味"：但是孩子的存在不容置疑→俳句不是虚构，它不是在创作，而是通过简短的形式实现的一种特殊"化学作用"〔chimie〕，以如实发生〔ça a eu lieu〕的方式引起一种确信（如以后要讨论的摄影那样[①]）：实际上，偶然性加强着现实的可信性；打算说谎的人，就需要发明偶然性：越偶然，越可信→俳句就是一种证言→悖论性：证言的真实性反而基于（陈述行为的）"主观性"。

(16)　　　　　　"啊，我要永远活着！"
　　　　　　　　女人的声音
　　　　　　　　在蝉声鸣叫中（中村草田男）

这首俳句是扭曲性的，因为它以一般性开始；但此一般性马上就归并入偶然性：在独一性瞬间突然落入主体的东西：出现了一个声音，一种声响（偶然性规定了消亡和必死现象）。

我至此一直在谈论偶然性：这与芭蕉的定义相符：俳句，"这就是在某一场所、某一时刻所发生者"。（夸约[②]）——但是，实际上，

---

[①] 见 113～115 页。
[②] 夸约：*Fourmis sans ombre*, op. cit., p. 17.

这样说并不充分。我想将此说法通过色调变异调整为：俳句，这就是突然发生于主体周围者（偶然性，轻微的风险）——但是，通过瞬间的和变动的周围，并不存在主体，不可能自称是主体（个别化 ≠ 个人）→因此，宁可说偶然性〔contingence〕，宁可说思考环境〔circonstance〕（思考词源①）。——同样，在"瞬间／记忆"和"不动性／运动"之后，我想指出第三种辩证关系（对立）：虽然俳句推出了关于所指者的确定性，参见俳句（15），同时它却要求说环境项〔circonstants〕（勉强用此词）而非所指者〔référents〕。在某种（极端）意义上，俳句中并无所指者——因此，严格来说，并无主题设定〔thétique〕②。所假定的只是周围（环境项）之存在，而客体〔objet〕消失了，被吸收到环境中去了：瞬间对其围绕者。

我想你们在把一首俳句（我所举出的）和《追寻逝去时间》中关于巴黎叫卖声的描述加以比较之后就会理解这种色调变异了。

以下部分（夸约）真的几乎就是俳句：

"多好的虾，
全是鲜活的"

"看看莴笋吧，
不是卖的，
只是带着逛逛！"③

---

① Circonstance 来自拉丁文 circumstantia "围绕行动"（circumstare "位于周围"）。
② Thétique 来自希腊文 thétikos，意思是：被置放、被假定、被安排；也是哲学辞 thèse〔命题，设定〕的语源。
③ 参见普鲁斯特：《女囚》〔La Prisonnière〕，见《追寻逝去时间》，126～127 页。

试与下面俳句相比较：

(17) 　　　　昼寝醒来

　　　　　　听见

　　　　　　磨刀匠走过的声音（西岛麦南）

我们看到了色调变异：普鲁斯特的描述仍然是现实主义的，它指涉着一种现实自身。它是一种记录〔relevé〕，一种清单 ≠ 俳句的描述：绝对的主观性。"所指者"是一种环境项：陈述者的麻木的身体，通过其周围环境在自言自语→当然，如果把巴黎叫卖声放入普鲁斯特的陈述者的周围，他的半睡半醒状态，紧闭的窗子，等等，就会发现聆听者身体的绝对主观性，就会发现一种环境。但是对于普鲁斯特来说，为此需要一整套叙事→这就是形式选择的问题——而且在此层次上，就是支配文化〔macro culture〕的问题：我们没有被训练成习惯于简短形式。对我们来说，主观性只可能是冗长的＝它是一种探索 ≠ 俳句：它是一种内破裂〔implosion〕。

俳句的环境的性质（严格来说不是指示性的）最好按其原文读解，至少按其古典（17世纪）方式来读解：通常引入了三行划分法——特别对芭蕉来说——并突出了一种俳文，一种诗意的散文，它通常是一种旅行记事。在旅行中某些东西不时"跃入语言"：对言语活动的随意领悟就是一种俳句。芭蕉（1643—1694）：《旅行日记》，"纪行文"，均含有俳句→其有名的作品是《奥羽小道》（奥羽是中部山区）＝今日在此旅途上可以看见刻有芭蕉俳句的石碑。夸约就看到过：他在私人日记中提到自己翻译的俳句→俳句像是无一定之规的碎片，突显个人日常所思所想之编织品（因此被织就的是一种双重文本），就像个人的轶事。从格罗宁根省返回，晚11点匆忙乘车离家。门窗关闭，一切收拾整齐。但是垃圾呢？荷兰是最清

洁的国家,车行整夜,找不到地方丢放;运河也是清洁的。然而,在一首现代俳句中我们读到:

(18) 　　　　明月照耀

　　　　　　倒掉烟缸里的灰烬

　　　　　　无一处黑暗的角落(伊东不玉)

## 1979年2月3日讲义

以下将要讲述的一切，有如俳句——审慎地，优雅地，迅速地——滚动在"绷紧的时间之弦上"。当然，这种表演之所以可能，乃因它由一种纯日本概念所准备和决定——因此我们，正是我们，不可能将其概念化，因为我们没有与日本字"间"〔ma〕对应的字词，它意指着一种时空间隔（参见最近一次展览会①）。在间的诸形象（诸变体）中的两个，不断受到俳句的滋养：

1) 闇〔yami〕：闪烁的光，脱离黑暗又重新返

---

① 由巴黎装饰艺术博物馆举办的展览，题为"间：日本的时空"。应举办者要求，巴尔特为说明书编写了一篇展览会导言，其中每一空间都与"间"的一个形象相联系（参见《全集》，卷5，479～480页）。并见《新观察家》杂志，1978年10月23日（《全集》，卷5，475～478页）。

回：它可应用于能：能乐师们，通过一座桥，从死亡世界来到生者的舞台表演，然后又通过同一座桥，重新返回黑暗（这可能就是美的最好定义：在两种死亡之间的闪烁〔scintillation〕）。

2）虚空〔Utsuroi〕：将某事物的两个状态先分离再结合的短暂瞬间：当灵魂离开了一个事物并停留在虚空之中（短暂到无以言表），即在并入另一事物之前→对于日本人，严格来说，美的不是樱花，而是其盛开之后凋谢的瞬间→这一切都表示着，俳句是生与死之间的一种（写作的）行为。

**夸示法〔pathos〕**

我使用这个词，并无特殊含义，特别是并无贬义：在希腊字的意义上（尼采经常使用的）＝感情〔affect〕的层级：俳句和感情（情绪，兴奋，感动）。

（1）知觉

俳句：知觉的写作；不幸，对我们来说，这个词带有一种哲学的或实验心理学的味道。最好赋予知觉现象以一种"禅样式"（继承而来的禅特性）；对禅宗而言，所谓的"偈"或"gatha"，意思是人们在心眼睁开之时（悟）所知觉或感受到的宗教诗句；例如，松、竹、凉风等等→"有什么东西掉落下来！它不是什么其他的东西"（俳句中偶然景象〔incident〕[①] 的典型定义：它落了下来，引

---

[①] 关于偶然景象和俳句的关系，参见《记号帝国》中相关章节。1971 年，在一篇关于绿蒂〔Pierre Loti〕的文章中，巴尔特也写道："所讲述的不是历险而是偶然事件（incidents）；我们应该尽量按最细微、最平凡的意思来理解这个词。事件已经比事故（accident）弱了许多（但也许更使人不安），它只是像一片叶子那样轻轻地在生命的地毯上落下的东西；它是赋予时光组织的那种轻细、流逝的皱纹；它是我们差一点没注意到的东西：一种描述的零度，即恰恰必须能够被写下来的某种东西。"（《全集》，卷 4，107～120 页）我们也记起巴尔特 1969—1970 年间在摩洛哥所写的《偶然事件》（《全集》，卷 5，955～976 页）。

起了波纹效果,但不是出现了另外的东西)。

长久以来,在一种叙事的或思想的文本中,一些字词具有具体事物或客体的所指者——大致说:可以触摸的东西,tangibilia〔可触物〕①,参见《百科全书》插图——具有的这种存在敏感性。感觉客体的转换〔passage〕——在古典文本内可触物几乎阙如(例如《危险的关系》),在《朗瑟的生活》中发挥的重要作用(橘树,手套)。(我自己就经常这样做,例如,关于阿尔西姆伯尔多的文章中列举的②)。在俳句中:在每一首俳句中,我相信,至少永远存有一件可触物。例如:

(19) 　　　　白色的马鞭草花
　　　　　　像是深夜中
　　　　　　的银河(池西言水)

这首诗中的白色的马鞭草花的音韵使我着迷,因为可触物不是定式化〔stéréotypé〕的词语→甚至于现代俳句都受到可触物的制约。

(20) 　　　　早上银行员
　　　　　　像是发出磷光
　　　　　　的乌贼(金子兜太)

为了理解俳句中可触物的特性,我们再一次运用一种替换法

---

① Tangibilia:为拉丁文形容词 tangibilis 的名词形式,即可被触及的东西。关于由百科全书的计划加以征服、驯养、接近的事物,参见《形象,理性,非理性》,*L'Univers de l'Encyclopédie*, Libraires associés, 1964. 重印于《新批评文集》(《全集》,卷 4,41~54 页)。

② 巴尔特在其题为《阿尔西姆伯尔多或者修辞学家和魔术家》一文中实际上列举了许多东西,该文为《阿尔西姆伯尔多》一书的前言(《全集》,卷 5,493~511 页)。

证明。

拉马丁说："在深思的夜里，记忆返回"①；在此有一种俳句式的情感，sabi〔寂〕，对过去事物的思索，但它欠缺一种可触物：因此它仍然是心理性的。

马勒布说："爱情，多少刺伴随着你的玫瑰！"② 这首诗中有两件可触物，但是，1）它是格言式的，其具体对象只是标记性的〔emblème〕（在俳句中可触物则是象征性的〔symbolique〕，而非标记性的）；2）这种可触物是定式化的，陈旧的：其中的具体物消失了 ≠ 在俳句中，可触物是新鲜的，因此是强烈的：白色的马鞭草。

可触物的转换〔passage〕：有如所指者的一种闪光，一种下意识的幻象：这个词使人们瞬时瞥见（在消失的同时：永远出现间，时间的悖论，utsuroi〔虚空〕，闪亮）。在修辞学中：逼真法〔hypotypose〕即是使人们看见〔fait voir〕（"想起，塞非思〔cephise〕，想起"③）→俳句的可触性：某种微型的逼真法→因此，在俳句中，像是幻想的萌芽，幻想的潜在性＝简短的、被框入的剧情，在此出现我的欲望状态，我的被投射的快乐→在西方，逼真法的类型，可以说被发展了："避冬"幻想式。坎塞在"鸦片的快乐"中说，"当然，人人都了解冬季待在炉边时的神圣快乐。四点钟点

---

① 引自 "La vigne et la maison"（1856）；载于 Georges Schehadé 编：*Anthologie du vers unique*，Paris，Ramsay，1977，p. 5.

② 引自 "Alcandre plaint la captivité de sa maîtresse"，载于 Georges Schehadé 编：*Anthologie du vers unique*，Paris，Ramsay，1977，p. 6.

③ "想起了、想起了，塞非思呀，那个恐怖之夜/ 对所有的人来说它都是一个永恒之夜。"（拉辛：《安达曼岛民》，第三幕，第八场）逼真法〔hypotypose〕是一种"生动的、活生生的、印象深刻的描绘法，它使所描绘的事物如发生在眼前"（里特瑞法语词典）。

燃蜡烛，特别暖和的手笼绒毡，准备茶点的美丽双手，关紧的百叶窗，垂落在床上的褶皱帘幕——此时户外雨骤风狂。"① （注意大量的可触物。）

但是，俳句对我来说，经常，或明显地或秘密地，含有这类展望性的幻想。于是：

(21)　　　　　　　秋月下
　　　　　　　　 在桌上展开
　　　　　　　　 古书时（与谢芜村）

我熟悉这个幻想式：冬季，温暖中研读古典文章（没有现代性的攻击）→另一个幻想式，乡间隐退幻想式：

(22)　　　　　　　带格子的小门
　　　　　　　　 花瓶里的花
　　　　　　　　 静谧的小屋（作者未详）

在俳句自身内存在有某种品质的差别，它往往引起（可触的）逼真法的力量或逼真法的欠缺。例如：

(23)　　　　　　　元旦日
　　　　　　　　 书桌和纸张
　　　　　　　　 和去年的一样（作者未详）

首先，这首诗似乎平淡无奇，之后我想到我能够清楚地记下，在元旦清晨，强烈地想到今天是元旦，在我身上产生一种微小的"象征机制"，它使我在各种纪念日前关注，梦想和烦恼：我看见自己（逼真法）早早（在除夕夜后人们还都在沉睡之时）走到书桌

---

① 坎塞：《鸦片吸食者的忏悔》，255页。

旁，望着自己的纸张并证实："……"→虽然它如此平庸：

(24) 　　　　　新年的清晨

　　　　　　　昨日

　　　　　　　似乎已经远离（田河移竹）

这首诗不触动我，不使我动心：不具有<u>可触物</u>，不具有逼真法。我们需要稍微进入一种辩证机制——或者一种知觉的突出部分。其中，我特别指出过俳句中知觉的最复杂的三种处置法（显然也可能在其他类型的诗歌中运用）。

1）切分的声音

我说过，俳句就是（绘画的）情景〔vision〕的力量：逼真法。我们可以常常想到短片序列；然而，令人惊异的迷惑力，可以说在于：<u>声音被切分了</u>——在情景中某种东西被奇妙地消除、中断、变得不完整了：

(25) 　　　　　秋季荒芜的道路

　　　　　　　有谁来过

　　　　　　　在我之后（与谢芜村）

形象的某种神秘的聋哑状态，形象是无声的。

(26) 　　　　　推着他们的车子

　　　　　　　男人和女人

　　　　　　　交谈着什么（胜又一透）

无疑，这是切分的声音达至顶点（悟）→由此可以想象我们由于放弃无声电影后所失去的东西（我们将永远对此"进步"感到遗憾）：沉默不是什么对象，沉默不<u>意指着</u>沉默（其本身永远意指着什么），然而——微妙的区别——切分的声音，远方的言语，听见而又模糊,直到被删除,不可能再听见了,因为存在着这些混淆、混乱和喧哗;完全不可能听见,因为没有任何声响;无声;无音又无声:完全性绘画;形象因此是强力而无声的。

2)"为他者的艺术"

古典图式:一种感官知觉产生一种典型的感觉:一种声音产生了音乐,如此等等。但是,俳句可能避开此回路而引生"错误的"连接:一种声音产生了触摸的感觉(热,冷);某种异质性的、"异端性的"换喻。

(27) 　　　搔抓着盘子
　　　　　老鼠的声音
　　　　　极其冰冷(与谢芜村)

或者,通过视觉产生嗅觉的例子:

(28) 　　　夏日的傍晚
　　　　　道路上满是尘埃
　　　　　干草散发出金色火焰(作者不详)

奇妙的是,在法文中发现的唯一类似于俳句的诗句(其本身并非奇妙,而是一种一般的诗学过程),是由一位不太"诗意的"作家(他以此而著名)写的。瓦莱里:

清洁的昆虫
搔扒着
干草①

在瓦莱里那里,这无疑是由于其程序符合象征主义理论。在普

---

① Paul Valéry: "Le cimetière marin", in *Charmes* (1922).

鲁斯特那里也同样，由另一种艺术达到的该艺术理论：巴尔扎克和绘画，《驳圣伯夫》。参见后面。①

3）通感〔synesthésie〕

实际上，这关系到一种西方诗学所熟知的某种换喻，按此，法国象征主义成为其专擅的展开领域，并被波德莱尔在名为《万物照应》的十四行诗中以通感的元名词〔meta-nom〕加以理论化了（"新鲜的香气有如婴儿肌肤的气味"，等等）。② 但是，悖谬性在于，俳句，作为微细艺术〔art du ténu〕，对于感觉的诸种同态形式不再细分或分离；其意义表现在未分化的感觉性身体中所产生的一种整体感：其中引生幸福感的目的大于分析的目的。例如：

(29)　　　　　山间小路
　　　　　　落日将雪松染成玫瑰色
　　　　　　远处传来钟声（松尾芭蕉）

在此复原了 5—7—5 形式，一种暧昧的幸福感，一种一般的快感，几乎接近于傅立叶所说的第六感：官能的、"色情的"（但非生殖器官的）感觉；也许，同样是法国作家（而不是俳句诗人）最好地实行着通感的确是普鲁斯特。（通过本讲课的特点一再表现出来的悖谬性：普鲁斯特与俳句的交叉：最短的形式和最长的形式。）请容许我援引个人的经验：这种陶醉，这种通感的欢乐，对我来说，与两个主题相联系：

1）"快乐的多元决定作用"（Urt 日记，1977 年 7 月 18 日）：

---

① "他的书来自美好的观念，可以说是美丽绘画的观念（因为他总是在另一种艺术中思考这种艺术），因此是绘画的美丽效果，一种伟大的绘画观念。"（《驳圣伯夫》，262 页）参见后面第 113 页。

② 通感：来自希腊词 sunaisthèsis，意思是"同时的知觉"。

"……今晨一种幸福感，天气（晴朗，无云），音乐（亨德尔），苯丙胺，咖啡，香烟，漂亮的笔尖，房内的嘈杂声。"①

2) 感官性色调变异的简单化〔démultiplication〕和深刻化。例如我在该日记中（1977 年 7 月 20 日）写道："午后 6 点左右在床上睡去（午饭后我去巴约纳上课了），阴雨天放晴后打开大窗子，我感受到一种流动的、暖融融的欢娱：一切有如液体般，空气，<u>可饮之物</u>（我饮用着空气、天气、花园）。一种肺部的平息感。当我正要读铃木之时，感觉到接近了 sabi〔寂〕……"②

③问题：为什么我不能谈述这种幸福感、这种共感呢——或使这种感觉成为一种俳句（或者一种类似的简短形式）呢？因为我的文化没有为我准备这种形式——没有为我提供完成它的手段，也就是：因为，对我们来说，这种形式是<u>没有读者的</u>：例如，人们会责怪"娇小形式"〔mignardise〕，因为西方＝男性情结。

（2）感情，情绪

如所周知，勒纳尔说：简短的描述，永远是隐喻性的，这就是自然（实际上即田园）。例如，《博物志》→由此产生了以下一位记者（勒格朗，1896）的评论："勒纳尔是一个日本人，但最好说，他是一位<u>被感动的</u>日本人。"（勒纳尔的回答是："谢谢，我承认。

---

① 《全集》，卷 5，668～681 页。

② 对于铃木大拙来说，sabi 是"禅的精神，永恒孤独的精神，表现于生活中各种艺术领域，如庭园建筑、茶道、茶店、绘画、插花艺术、衣装、家具、生活方式、能乐、诗歌。这种精神包含着简朴、自然、不屈顺、精致、自由、在无利害性中混杂的奇怪的熟悉性，日常的平庸性覆盖着超越的内在性。"（载于：Essais sur le bouddhisme zen，traduits par Jean Herbert, Paris, Albin Michel, t. Ⅲ, 1940—1943, p. 1347）

③ 这一段被巴尔特涂去了。

正是如此，但这会激怒中国人"，夸约，81①。）——这一段话含有双重的错误：1）勒纳尔绝对不是日本人；他的简短形式具有一种使人惊叹的动力（正与俳句相反）。2）在某种意义上，日本人永远是被感动的，但这是一种特殊的情绪：接近于émoi〔激动〕（这不是一种心理学的、浪漫的情绪）。

情绪

我们观察日本人（不是在法国，而是在日本②；为了把握质量有必要了解数量）在会面、交谈、倾听时：总是有一种扩散式的激动，一种礼仪中包含的轻微的"狂热"；礼仪和情绪混合在一起：1）声音：轻微突发性的儿童似的说话方式；大量的表示赞同的标记；相当富于"交际性"〔phatique〕的语言，日本人对于接触和认同，其程度都是逐渐增加的。2）表情：没有表情特征，而脸面的目光极具表现力，形成一种短暂的波纹效果〔moire〕。在电影中可以清楚看出此特点（女人的表情）。③ 某种对做事不得体的不安：不是相对于善（相对于上帝），而是相对于社会（耻文化，而非罪文化）。

微细和集中：情绪的微细集中。瓦莱里（山田，Yamata，Kik-

---

① Marc Legrand, *la Fraternité*, 1896年4月8日，杂志连载的《博物志》单行本发表于Flammarion, 1896。夸约可能从勒纳尔的日记（1887—1910, *Journal*, Paris, Gallimard, 1969, p. 301）中摘引这段轶事的。作为勒纳尔简短描述的例子，可以引述"Une famille d'arbres"最后一节："我知道我已看见流云／我也知道我还留在原处。／于是我知道 我几乎沉默。"（载于：Renard, Jules, *Histoires naturelles*, in *Œuvres II*, Paris, Gallimard, coll. "Bibliothèque de la Pléiade", 1971, p. 163）

② 巴尔特于1966年访问日本，1970年之前曾多次逗留于日本。参见《记号帝国》（《全集》，卷3, 347～444）。

③ 此句被巴尔特删除。

ou, *Sur des lèvres japonaises*, avec une lettre-préface de Paul Valéry, Le Divan, 1924，第 7 页）："远东的诗人们（他所想到的正是俳句）似乎是还原艺术大师，他们把受感动的无限喜悦还原为其本质"→本质，感情的纯粹性→但是在这里出现了一种悖论：最具人性的（在最具悲伤性的人的意义上）因素和最不具人性的因素结合在一起：植物和动物。

# 1979 年 2 月 10 日讲义

对可触物论题的补充：重新发现的普鲁斯特的笔记（《笔记》，53～55）①："阿尔贝蒂娜对女性样式的偏好，赠予其礼物的主题。"

附加的注解：

"以下应该注意。特别重要。每当我说'娱乐、富裕、快乐'时，都加入了某种具体的东西：盖芒特夫人使用的发亮的靴子，盖芒特先生使用的吊带；购买汽车、游艇的计划。"

动物。题外插叙。

---

① 关于这份"被发现的笔记"，见吉川一义的论文《七重奏的生成过程》，〔Vinteuil ou la genèse du Septuor〕, *Cahiers Marcel Proust*, Nr. 9, Paris, Gallimard, 1979, p. 159 - 347. "附加的注解"是《笔记》53 的 15 页里吉川一义博士论文《〈女囚〉的生成过程》〔La Genèse de *La Prisonnière*〕(Paris-Sorbonne, 1976, t. II, p. 208) 的引文。

在一些现代理论中，植物就曾被视为是具有感情能力的。对于动物来说，最为明显＝纯粹感情的迷人情景——因此，特别是狗，最使我感兴趣，最使我激动；因为它们是纯感情：没有理性，没有突出特征，没有无意识，没有面具。狗的感情具有绝对的直接性和可动性。观察狗尾时可见：它顺从着感情的要求而变化多端地抖动着，面部表情极其丰富而多变，精妙无以言表。狗的魅力在于浸入了人的因素，它们就是不具理性（也不具有疯狂）的人类。想象一下（在真正的科幻片中），一个人具有一条狗的表现能力，其感情在直意上是直接性〔im-médiat〕的，并时时刻刻如此：何等的妄想！我可以时时刻刻望着一条狗（却遗憾不能拥有一条狗）→（我想）那些厌恶感伤、拒绝狗的爱情的人是错误的。问题的提出方式可能不妥。人人认为<u>他的</u>宠物只对自己有感情。无疑，相信自己被爱着是愉快的——必要么？——然而你进一步思考就会相信，你并非作为<u>自己</u>和为自己而被爱着：宠物的感情对象不是你的<u>心魂</u>，而是你的位置。因此，人们往往惊讶地在户外看到如此顽执的自恋狂之表现，狂热的狗儿满怀爱慕、忠诚和感情地对着一些"不值得如此对待的"（令人心酸地想到）低俗、粗暴的主人们。——不，使我感兴趣的不在此；我感兴趣的是变化多端的、狂热的、失态的情感本身。拥有一条狗：情感的持续情景→区分<u>感情</u>〔l'affectif〕和<u>深情</u>〔l'affectueux〕。在此情景中，当然，狗＝大明星的角色。我不想卷入有关猫狗大战的神话。但似乎可能是，猫的<u>感情</u>更具有伪装性；也许一只猫比一条狗更与完整的人相似（感情的曲折）——或者，类似于作为一个整体的女人（习惯性的比较）：由此可能说猫<u>选择得更多</u>（参见柯莱特的《母猫》）。

这段题外插叙使得<u>宠物</u>和"野兽"脱节了。宠物就是感情→往往给人的印象是，它具有一颗超越人类的灵魂。同样也给人的印象是，这种感情不易捉摸：<u>波动</u>的感情，迅速的变化（永远使人想到狗的尾巴，尾部就像是狗的一副超级面孔），（在西方）这是一种非常定型化的和稀有的感情方式。例如，在我看来，普鲁斯特的作品中并无任何动物。① 但是，在俳句中，动物大量出现，并被温柔地注视着。

切字〔kireji〕

但是，俳句浸泡在一种微细激动之中。此种激动具有其词形学的标志：即以频繁、码化式使用表示感叹的音节为特征（具有一种附加的优点：可以使用韵脚字），切字＝就像音乐中的某种诗的标点：<u>强</u>，<u>渐强</u>，等等，俳句诗人以此暗示其灵魂的状态。在俳句的古典时代，会有 18 个切字，例如：1) *ya*：啊，呵，感叹，疑惑，提问；2) *keri*：时间过去，事情结束，情绪或感叹冷却；能够使诗句感觉加重，如使雪的重量被感觉到，等等；3) *kana*：非常普通，没有明确的意义；强调在前之字的情绪→此切字的用法是强码化的，具有一种必要的情绪意义→夸约的翻译 *oh*！*ah*！与此相反。按照个人喜好，我喜欢这个非常文学化的感叹词；似乎它使句法<u>软化</u>了；句法的突然柔软，对主题的忘却，主谓法则的非支配性；简短的抽泣或叹息（像在音乐中一样）→芭蕉的有名俳句是：

(30) 　　　　古池塘
　　　　　　跃进一只青蛙
　　　　　　呵！溅水的声音（松尾芭蕉）

人们说，这所表现的或许就是<u>悟</u>？在此情况下，切字（呵！）

---

① 然而人们往往会想起 Sazerat 夫人和 Galopin 先生的狗，对此 Lisieux (*Une bête bien affable*, Françoise) 曾给予评论；参见《在斯万家那边》，57～58 页，1954。

悟的时刻，就是向语言虚空过渡之时→在我们这里呢？——最接近俳句的是魏尔伦的一些诗句："呵雨声……"在普鲁斯特处也可看见（科尔布所编书信集中?)："你们以为这关系到精致性。呵！不，我肯定，但实际上，正相反。"① ＝这个呵！不，非常好的切字，因为在推论中引入了情绪性抗议，整个身体所抗议者为：此微妙的问题既痛苦又真实。

(3) 俳句的自我中心

稍微讲一点历史：最初（在文人间），一首诗由 5－7－5＋7－7 的 2 句节中的 31 个音节组成→这个具有连歌名字的诗歌成为贵族社会的消遣：由连歌师命题后，两组人相互竞争：为了困扰对手需要运用机智言辞；即兴诗歌手提出最初的三行诗→对手方应该想象出接下去的两行诗→诗词游戏无限地继续下去，谁都可以加入；形成了连缀诗。例如，14 世纪时，修道院里盛行连歌写作——然后在 1650 年前后，出现了两种变化：a) 除贵族连歌外，出现了一种自由连歌（仍然是诗歌写作，但较少庄重性，较少机智言辞）：即<u>俳谐连歌</u>。b) 歌者删除了最初的部分（5－7－5 诗节）并编辑成诗册；这个最初的部分＝<u>发句</u>→因此产生了<u>俳谐发句</u>（自由的、"诗的"发句）或俳句。

所失去的是二人游戏，对话；所保存的是：个人的、独自的随记，最短的独白；应答中企图取胜的他者，论辩中的他者，不在了：争斗的功能消失了。可以说，俳句几乎就是从自我中心运动中产生的：诗人排除了最终阻碍自恋狂表现的其他参与者，并独自进

---

① 普鲁斯特与 Élle-Joseph Bois 的谈话，*Le Temps*，1913 年 11 月 13 日，作为附录发表于 *Choix de letters*，288 页。

行游戏。中断了连锁（连歌）：我在陈述作用中穿行，在"你"进入之前制作一个结点；主体被隔离，冲突被废弃，自我获得平和：在创造中获得快乐。

我实际上永远呈现于俳句中：即只有陈述作用的纯粹诗歌。现在呢？或许可以说：俳句在组织着、装备着全部感觉。

存在着一种集合体：我—身体。来看下面三个例子：

(31)　　　　　冰凉地
　　　　　　　我把头额
　　　　　　　靠在绿色席子上（斯波园女）

(32)　　　　　冰凉地
　　　　　　　脚底板放在墙上
　　　　　　　午睡（松尾芭蕉）

(33)　　　　　看见初雪
　　　　　　　今晨
　　　　　　　忘记了洗面（越智越人）

再来看我称作个别化的几个例子：我在身体内移动，身体在感觉中移动，感觉在瞬间中移动。永远有一个主体，它明确地陈述，它置身于图画〔tableau〕之内。

(34)　　　　　擦洗平底锅
　　　　　　　水面的涟漪
　　　　　　　孤独的海鸥（与谢芜村）

(35)　　　　　梅雨时节。我们望着雨
　　　　　　　我，以及在我身后站着的
　　　　　　　我的妻子（大野林火）

→一种精致的陈述类型：一个浮现的场景，其中有一个人物，就像一幅现实主义绘画中的那样，同时，这个人物就是我（自己〔je〕）；显然在第（35）号俳句中：作为第一个我，我不可能看到在我身后的妻子，但作为第二个我，我清楚地看到了整个场景，前后重重场面：雨，我，我的妻子→还有俳句：不是一个场景〔scène〕，而几乎是一个在幻想的意义上的脚本〔scénario〕→被陈述者没有说出我，而我在身体内，因为永远只能相关于我的身体。

（36）　　　　午睡
　　　　　　　手停止了
　　　　　　　摇动团扇（杉山杉风）

微细，轮廓，显微镜。
俳句是非色情的。欲望很少被指出，陈述作用的精致性极其复杂：制约性发生于：我、简短形式、慎重、特殊性、可欲性。

（37）　　　　女孩的头巾
　　　　　　　低遮至眼眉
　　　　　　　多可爱呀（与谢芜村）

欲望的存在（对象与我的关系）如此特殊，常常出现悖论→形式的劳作：发现和谈论这种悖论。在梦中，使我产生强烈欲望的是其极深的〔过于深的〕（trop bas）部分[①]（我们清楚地看到这一点，

---

[①] 在爱森斯坦的电影镜头前（《第三种意义》，见《电影手册》，1970），巴尔特被一幅带着极低头巾的妇女照片所感动，提出了"钝意义"（"引生某种感动"的意义）概念。于是，为了描述自己所受感动的部分（指向他的部分），巴尔特只发现了这样的俳句，后者以"既夸张又简约的方式"呈现着"无意指内容的补述性〔anaphorique〕姿态"（《全集》，卷3，501页）。

因为流行着或曾经流行一种佩戴极低的围巾的样式)→因此（陈述作用中的）我的标志＝"过于"〔trop〕→俳句突显了欲望的特殊性，对象和我之间的极其独特的一致性→正相反：例如在萨德那样的古典描述中，完全没有涉及欲望的特殊性。

最后——总是要借助我们的替换测试法来证明：俳句几乎是无陈述作用的诗歌。阿波利奈尔的诗中的题材几乎就是俳句的题材：

> 银莲花和耧斗菜花
> 在园内萌芽
> 那里沉眠着忧愁①

这里或许有一种陈述作用？但是"直接的"并没有。

②总之，俳句教导我们说我，但这是一个写作的我：我写我，因此我存在。

(4) 谨慎〔discrétion〕

在俳句中我们再一次接近了《中性》中的主题和色调，我在此称其为谨慎，因为我们处于写作中：效果、夸张、傲慢的所谓中止作用（悬隔〔épochè〕）：

1) 俳句：每一俳句＝一种谨慎行为。俳句中爱情主题的欠缺，此运作方式清晰可见：它是抒情的（因为说着我），但此抒情性使爱情沉默——夸约引述了一些男女题材的俳句，其爱情主题距离足够遥远（谨慎），一般带有幽默，像是远观的小品画幅：

---

① Apollinaire, "Clotilde", *Alcools*, Paris, Gallimard, 1929, coll. "Poésie", 1977, p. 47.

② 此句被巴尔特删除。

(38)　　　　春雨
　　　　　　聊天中离去
　　　　　　蓑衣和伞（与谢芜村）

晚近俳句的例子（1900—1941）有：

(39)　　　　微醉的僧人
　　　　　　抚摸着友人的头
　　　　　　在月光下的廊内（川端茅舍）

→陈述者不是恋爱者。爱情和俳句之间的不相容性。爱情迫使作者大量谈述自己：想象界〔l'imaginaire〕的大量（令人惊恐的）激发作用〔mobilisation〕。但是，俳句的结构性规则在于，以其非个性化观点来分隔私密性表现；已经被指出的构成性悖论表现于个别化和个人之间的对立上；但是，爱情使个人之密度加大，却排除了个别化（瞬间的升华）——除了这个神秘的边缘部分和过当部分〔excès〕（因为正是在恋爱中会同时感受到痛苦）→在俳句中，不存在"绝对命令"；例如以下诗句，虽然极其优美，在俳句中是不可能出现的："边吻我边喃喃细语，嘴唇半闭着"（龙萨[1]）；俳句中没有色情，也不呼唤他者→甚至在俳句中提到你也是多余的。（米沃什[2]）所作的下面诗句几乎就是俳句：

---

[1] Pierre de Ronsard, "Maîtresse; embrasse-moi…", in *Sonnets pour Hélène* (1578), 引自：Schehadé, Georges, *Anthologie du vers unique*, Paris, Ramsay, 1977, p. 18.

[2] Oscar Vladislas de Lubicz-Milosz, "Les terrains vagues", in *Adramandoni* (1918), 前引书, 48 页。

>你，忧郁的
>
>忧郁的雨声
>
>在雨中

但是你这个字重新导入了人际关系，这与俳句的谨慎风格似不相容。

2) 俳句：关于间接事物的严谨世界，对此可以称之为（因为应当使用古代用语）：耻。不过，耻不仅指与性有关的事物（或更一般地说不只与感情有关的事物），而且也指与话语的"妥协"〔compromissions〕有关的现象→俳句虽然已相当地符码化，但它就是定式化〔stéréotype〕本身：应当如此表达，因为这具有神秘的重要性，显然合乎礼仪，等等。例如，对日本人而言，富士山——松尾芭蕉全部作品中只提过一次——恐怕也未被其吟咏过！

(40)　　　　雾雨蒙蒙

　　　　　　富士山不见了，而我

　　　　　　心情愉悦（松尾芭蕉）

在松尾芭蕉一生中唯一一次咏叹富士山的俳句中，用了"不见"、"遮住"：这就是写作；或者是欺骗具有的一种可怖的、强烈的、鼓舞的力量。

3) 至少存在着意识形态的中止、衰减，如果说尚无意识形态的废弃的话（因为这或许不可能）：当然主要通过简短形式的途径——但不只是如此：格言则是带有很强的意识形态性的。在以下俳句中我看见、感觉到、领悟到意识形态的几乎是令人陶醉的，即使人欢乐及平和的那种稀薄化作用；此一事实如此纯粹，没有一丝傲慢、价值、甚至宗教的影子（宗教本身不是意识形态，但它很快会变质——就像牛奶会变质一样）。

(41)　　　　迷人的月光
　　　　　　闭目养神
　　　　　　不时有两三片浮云（松尾芭蕉）

俳句是对存在物的认同〔assentiment〕。在此应当区分（也许！"微妙的问题"？不，"现实的问题"：参见普鲁斯特的引述①）：认同和赞成〔approbation〕、赞同〔adhésion〕、承诺〔acquiescement〕等概念（参见维纳威尔的剧《今天或者朝鲜人》②），这就是实在性〔réalité〕的途径（俳句）≠真理的途径（话语，意识形态）→俳句＝从意识形态的动态表现中，也就是从其潜在的评论中，将其实在性"分离出"来的艺术（一种艺术）。也许，最美的俳句＝那种保持着这种反意义斗争之痕迹与气味的俳句。例如：

(42)　　　　花落下时
　　　　　　他关上了寺庙大门
　　　　　　然后离去（松尾芭蕉）

→我们感觉到其处于效果的边缘；这正是布朗绍（在《对谈》中）称作的"中性"："我们记住，中性，表现为一种'准不在场'〔quasi-absence〕、无效果之效果的立场。"③ 在此，"准"〔quasi〕，

---

① 参见第 105 页。

② 此剧（1956）讲述一名法国士兵在朝鲜执行侦查任务时负伤，在朝鲜农民协助下，与他们生活在一起。巴尔特甚为此剧的写作所感动。当该剧在 Roger Planchon 执导下首次公演时，巴尔特特别为《人民戏剧》写过几篇评论："《今天或者朝鲜人》提出了一个新的意识形态问题：一种对世界认同的意识形态，它是在借口和人道主义神秘化之外提出的。〔1956，4月号〕"参见《全集》，卷 5，646～649、666～667 页。

③ Blanchot, Maurice, *L'Entretien infini*, Paris, Gallimard, 1969, p. 447.

意味着"几乎"：即在写作中某种东西运作着，但它不是一种效果。

俳句的这种无理性〔intenable〕显然与禅有关。我认为，俳句是一种偶然情景〔incident〕，微细的褶皱，一种在巨大空虚表面上的无足轻重的裂隙（＝悟＝对实在界〔réel〕的朴素确认）。我想到这句训语：达摩菩萨（公元520年左右将禅引入中国的神话般的人物）退隐于一间寺庙，"面壁"9年（中国所谓"壁观"）：从思想中排除一切拥有之意志。俳句：就是在无拥有意志之墙上出现的一道轻微擦痕。在俳句中，我什么也不想理解，然而出现了一种感觉的褶皱，对实在之闪现、对感情之变化的幸福认同〔assentment〕：这就是谨慎→俳人，俳句作者，是一种不完美的、宽容的、也许还是狡猾的佛教徒：杂有道教成分。

# 1979 年 2 月 17 日讲义

### 实在界〔réel〕效果或毋宁说实在性〔réalité〕效果（拉康）[①]

我在本讲中汇集了有关俳句的言说〔dire〕如何产生一种实在界效果的思考。[②] 这种效果的特点是什么呢。（我将"实在界效果"理解为使现实的确实性

---

[①] 在此，巴尔特曾对其听众阐释道："实在界是可证明者，现实界则属于诱骗〔leurre〕范畴。"这是巴尔特对二者之间区别的简单提示，有关拉康对二者之间区别的论述，参见拉康：《研究班讲义Ⅴ》、《研究班讲义ⅩⅩ》，Seuil 出版社。

[②] 关于意指着实在界的"记述"（notation）力，巴尔特在"实在界效果"一文中写道："当〔福楼拜或米舍莱作品中的〕这些著名细节直接指示着实在界时，不用说，它们除了意指着实在界之外什么也未做；福楼拜的晴雨表，米舍莱的小门，最终只是在说：我们是实在界；这仅是被意指的实在界〔……〕清单而已。"（*Communications*，mars 1968）《全集》，卷 3，25～32 页。

出现而导致的语言活动〔langage〕的消失：语言活动的返回、隐没、消失，使已说出者显露无遗。在某种意义上，实在界效果＝可读解性〔lisibilité〕→那么俳句的可读解性是什么呢？）

**摄影**

让我们通过一种艺术进入另一种艺术。普鲁斯特，《驳圣伯夫》：巴尔扎克"描写"社会，不只是对其单纯描摹，而是因为他自己先有——"美丽图画的观念"，"一种伟大图画观念"，"因为他常常在一种艺术形式中构想另一种艺术"①→容许构想俳句的艺术形式＝摄影。

摄影→围绕着摄影的各种悖论②：

1) 世界：在（公或私的）社会生活的、认知的所有层次上，充满着摄影因素；杂多的、异质的对象（参见使索绪尔寝食不安的语言活动〔langage〕③）≠但是：没有摄影理论，没有关于主流文化（电影，绘画）的哲学假定。

2) 摄影不被看做一种"艺术"（≠第七艺术），但有一种"摄

---

① 参见本书第 98 页的注。

② 有关摄影的这一段，属于巴尔特在此讲演的几个月后于《明室》中展开的探讨的一部分，该书于 1979 年 4 月 15 日和 6 月 3 日期间编辑，特别讨论了"摄影的意识对象〔noème〕"的同一化问题。读者可将此与巴尔特自 1953 年以来有关摄影的各种论述结合起来。关于摄影和禅教育之间的联系问题，读者可参见 Richard Avedon 的报导，*Tels, Photo*, 1977（《全集》，卷 5，299～302 页）。

③ 巴尔特在一篇关于索绪尔的文章中谈到他在建立语义学模型时遭遇的困难，并谈到一小段科学轶事：这位语言学家似乎饱受欠缺意指作用的煎熬。他也同时谈到索绪尔对换音造词法〔anagrammes〕的研究："他已经在古诗中音韵和语义的丰富性里理解到现代性；此时没有契约，没有明解，没有类比，没有价值……我们知道，这种聆听曾经让索绪尔多么困扰，他似乎毕生徘徊于失去所指的不安和纯粹能指的可怕返回之间。"（《全集》，卷 4，329～333 页）

影艺术"，然而这就既否认了艺术也否认了摄影。

3) 电影的情况也和摄影一样，似乎还不能为摄影形象的特性下定义，它（相对于其他艺术）本身所固有的效果。我们也不能表述其"意识对象"：意向性显现、意识作用〔noétique〕目标所达到的特殊类型。现象学这个词语的正当性在于以下事实，对于现象学而言，视觉是认识的决定性机制。例如（作为研究的根本假设）：

a) 它〔摄影的意识对象〕不是形象的（知觉）结构。发明摄影的（不是指技术性层面，而是指现象学层面）是画家：暗箱术〔camera oscura〕再现了文艺复兴时代的几何透视法。

b) 它不可能是"再现可能性"（与绘画相比时具有的适当性）：文本是可再现的：1) 在印刷术发明以来的物质层次；2) 对每一次阅读而言，在现象学层次上。

c) 它不可能是"视点"：就此而言，摄像机当然具有非常丰富的可能性。但是在福楼拜的描写中存在有完整的移动摄影——参见博尼策〔Pascal Bonitzer〕的主观摄像机。[①]

我的假设（在最近一次研究中所提出的假设，但长期以来从未深入研究过）＝摄影的意识对象应当从"这曾经是"角度来探索[②]。如果"词意识对象"是正当的概念，它就是摄影的而非电影的意识对象——电影没有意识对象（也许反而省事了！谁知道呢？）

从意识对象视点看的摄影和电影，"曾经是"：

1) 摄影的虚构性甚微；有限的虚构经验：Bernard Faucon：摄

---

① 这年在每次讲课之后举行的研究班都以"迷园"为主题。参见巴尔特的开篇导论，本书165～176页。Bonitzer 被邀请来参加 1979 年 1 月 27 日的讲课。

② 此处的分析在其《明室》(1980) 一书中已大加发展，特别参见《全集》，卷5，853 页。

影实现〔mises en scène〕，活人绘画①。摄影永远是处于"曾经是"一侧的 ≠ 电影："看起来像曾经是。"

2) 电影中的"曾经是"部分是通过摄影媒介完成的：电影人为地转移了摄影的意识对象。实际上，"曾经是"乃系完全虚假的、人工的、编造的某种化学"合成物"；电影摄影经验②：a）录制次序和复制次序的倒置＝蒙太奇；b）影像和声音的分离：后期合成。

因此，我赋予摄影的重要性超过赋予电影的重要性。我是从人类学探索的角度说的。关于摄影可能有一种理论；关于电影，或许只有一种文化。根据一种历史人类学观点，"绝对新"〔le nouveau absolu〕，突然变化〔mutation〕，阈限〔seuil〕，这就是摄影过程。勒让德尔在《电影手册》上的文章③→关于在电影之前和电影之后对世界的切分。我对此加以否定，改为说在摄影之前和之后对世界的切分。电影也许会在一种文化史中，在另一种形式（电视的演变）中被解消 ≠ 摄影：其意识对象，永远是一种意识的惊异感：对"的确，曾经是"的（思考性的）惊异感（参见现象学家所说的元信念〔urdoxa〕）。

我的主张是，俳句更加接近于摄影的意识对象："曾经是"→

---

① 巴尔特在"Bernard Faucon"一文（zoom，1978年10月号；《全集》，卷5，472页）中写道："Bernard Faucon 安排了他进行摄影的场景。他制作了一幅活人画。然而，这个不动的场景，形成了一种不动性艺术摄影……他在活人绘画上复制了一种摄影：他积累了两种不动性。"

② 巴尔特在此引述了他自己对电影《勃朗蒂姐妹》拍摄的经验，这是泰奇尼执导的影片（1979年出品）。他解释了英国批评家和小说家萨克雷（1811—1864）在影片摄制中的作用。

③ 参见 Pierre Legendre，"Où sont nos droits poétiques?"，Cahiers du é，Nr. 297，1979，2。

电影也一样。但是这是一种虚假的接近，它非常不同于一种以异质性能指为中介的那种接近，如字词，因此它不是假的，而是另一个层次上的可信性。电影绑架了摄影的可信性〔fiabilité〕，通过将其歪曲以产生虚幻效果。而俳句对异质性材料（字词）进行加工，以产生可信性以及"曾经是"效果。因此，我的工作命题是，俳句给予如下印象（不是确定性事物：如摄影的元信念和意识对象）：它所陈述者是<u>绝对地曾经发生者</u>：

（43）　　　　春天的微风
　　　　　　　船夫
　　　　　　　咀嚼着烟丝（松尾芭蕉）

这是绝对偶然的：瞬间的个别化（参见前文）＋现在的行动→极强的现在性有效地保证了"曾经是"。但是同时，从纯粹的偶然性中，通过语言，升起一种超越性＝全部春天，瞬间<u>一齐涌现</u>的全部乡愁，永不再来→俳句同时赋予其真实生命又将其废弃（参见老照片：我想谈的是摄影现象，不是《巴黎竞赛画报》或《摄影》杂志上的艳丽照片，而是<u>老照片</u>[①]）。

（44）　　　　小猫咪
　　　　　　　嗅着
　　　　　　　蜗牛（椎本才磨）

我们已经无数次见到这种场景：一头小猫在它不认识的东西面前显出惊讶的表情→同一种二重动作：认识，重复＝记号＋活生生

---

[①] 虽然《明室》（巴尔特在《小说的准备Ⅰ》结束后几周编辑的）的评论基于从不同的作品和期刊上选择的照片，特别是从《摄影》杂志上（第124期和138期），巴尔特此处的分析特别与母亲儿时的照片相联系，对此他多有暗示。

的、不容置疑的感觉，它指涉着这〔tel〕一次（单次性的事物〔le semelfactif〕①）。俳句：记号（因为已认知②）和"使惊异"；也许写作的定义相当于：某种神性的东西（"征兆"〔Signe〕），灵感显现〔épiphanie〕。

(45) 　　　　没有别的声音
　　　　　　除了夏季暴雨
　　　　　　在傍晚（小林一茶）

我们看到同一效果：这被看做是经常发生而同时处于"这曾经发生过"的"荣耀"中，这个〔tel〕（我想起："荣耀"＝存在的显现）。我们感觉到暴雨的那个存在，意义的不在，可解释性的不在→俳句：不具意义性的记号。在以下俳句中看到同样的效果（在资料集中未载）：

　　　　　　走失的猫
　　　　　　在房顶上打盹
　　　　　　下着春雨（炭太祇）

这首俳句，我不知道为什么，不是通向我的无意识（我无意对此发挥），而是通向我的下意识，即不是被压抑的区域，而是被忘记的区域：普鲁斯特的区域。

现实的这一切效果都可能是摄影的效果。摄影和俳句之间的

---

① Semelfactif："曾经发生的那个"。来自副词 semel，"一次，第一次，起初"。

② 与本维尼斯特相关的记号的定义："记号本身具有自身的纯粹同一性，以及对他者的纯粹异他性，为语言结构的意指性基础，陈述作用的必要材料。当科学社群成员全体对其承认时，它就是存在的。"（Benveniste, Émile, *Problèmes de linguistique générale*, 2 tomes, Paris, Gallimard, coll. "Bibliothèque des idées", 1966；coll. "Tel", 1974, p. 64）

（也许是意识对象上的）区别＝摄影<u>必须表达一切</u>：关于船夫（第43首），应当包括他的衣服、年龄、污垢；关于小猫，应当包括颜色。摄影引起意义的偏离〔dérives〕≠ 俳句：既抽象又生动的效果（我们也许在此离开了摄影的意识对象而到达了文本的意识对象）。

但是摄影和俳句的近似性仍然极大。当然，摄影充满着<u>不可避免的细节</u>——而俳句就不是这样。不过，对两者来说，<u>一切都是瞬间给予的</u>→俳句不可能展开（增长），摄影不再展开（毋庸赘述，因为摄影是被<u>显像</u>的〔法语中 développer 兼含展开和显像之意——中译者〕）。你不可能为一幅照片增添什么，你不可能使其<u>继续</u>展开：目光可能停留、重复、再开始，但它不可能<u>进行加工</u>（除非在此情况下：例如当对此照片进行虚构、幻想、疑问之时≠ 绘画，对绘画来说，目光可以对同一形象进行加工——而在梦中则不可能）→俳句和摄影具有<u>纯粹的权威性</u>，而此权威性只来自：<u>曾经是</u>→也许这种权威的力量来自一种<u>简短形式</u>（≠ 电影：丰富的、修辞学式的形式；它追求着省略法〔ellipses〕和曲言法〔litotes〕）效果。

摄影和俳句的这个"曾经是"，可以按不同的适宜性〔pertinence〕原则来确定：它们所相关的时间性范畴→我们说"时间范畴"，而不说"时间"，因为这无关于词形学标志：一种现在形式可以指涉一个实际上的过去（历史的现在）。

本维尼斯特说（《普通语言学问题》，卷1，239～240 页）一般的过去之时间表示＝1）非限定过去〔aoriste〕（简单过去，确定过去）；2）完成过去（确定过去：我读了，我吃了）；3）未完成过去；4）大过去〔plus-que-parfait〕→在非限定过去和完成过去之间的区别＝历史叙事和话语之间的区别。非限定过去：一个叙事者个人之外的事件发生的时刻＝历史的典型形式（口头话语的消失）≠ 完成过去：在过去事件和现在之间的活生生联系,而过去事件是在现在被唤起的＝作为证人、参加者对事实加以谈述的时刻;某人所选择的时间,会使被报道的事件在我们这里回响,并使其与我们的现在结合起来→第一人称的完全过去＝典型的自传式时间→完成过去:其标志是陈述作用的时刻≠ 非限定性过去:其标志是事件的时刻。

俳句的"曾经是"位于何处?虽然用现在式写作非常普通("船夫咀嚼〔mâche〕烟草"),俳句可以不用动词来写作(按翻译文):"迷人的月光,两三片浮云";显然俳句指涉着过去:不是通过非限定过去(ce fut),而是当然通过完成过去,引生〔évocation〕的时间,在已经发生者和我所回忆者之间感情联系的时间(当然,在翻译文中这并未由于借助简单过去式而排除了风格的效果)。参见第(33)号俳句→俳句的时间＝完成过去(注意:我招待了他〔je l'ai invite＝拉丁文 *habet invitatum*〕)那么摄影呢?我还说不清;以后再分析吧。可以确定,一般用完成过去式,而摄影或许用非限定过去式(例如 Larousse 词典中的插图)。

**实在界的区分**

我们看下面两首俳句;它们都呈现了对实在界的十分精细的区分:

(46) 削着梨
甜美的果汁
沿着刀子滴下 (正冈子规)

对我来说,这首俳句非常美:梨,不是"还原"为,而是抽象为,刀子上的果汁滴＝极端型的换喻。

(47)　　　　苍蝇游戏
　　　　　　在墨上。春天
　　　　　　太阳的光亮（内藤鸣雪）

　　显然，世界（能够记载的，已记载者〔notandum〕）可以无限区分（物理学家们是这样做的）；至少在字词的界限以内。此外，在组合字词时（组合段的产生），我可以下降到苍蝇边→结果，停止了某种抽象的描述→语言将其法则强加于自然→俳句，在达到其极度细微性时＝我假定在某一时刻，我<u>放弃了</u>〔déposé〕语言。

　　在（无限微妙性方面）<u>下降</u>中的什么时刻我决定放弃语言表达？（或者：为什么记下这个而不是那个？）或许，<u>决定</u>（读解的决定，细小之悟）来自韵律遇到现实的那个片段，在那里形成扭结，使其停止；在"实在界"被 5—7—5 激起〔soulevé〕的时刻，产生了确定的<u>言说</u>可能？①

　　这可能就是诗的定义：归根结底，诗是实在界的语言活动〔langage〕，其意义是，实在界不再被进一步区分，或不关心被进一步区分→悖论么？我们想起有关诗学先在性、诗学<u>自然性</u>的维柯的（接着浪漫主义的）神话。②

　　这一点似乎克洛代尔也说过："韵律的激发力"，对于一种被发

―――――――――

① 巴尔特在口语录音中对这两个问题的表述有所不同："在此时刻现实界被 5—7—5 所激起。韵律是现实界内使下降终止的运作者"。

② 参见 Vico, *Giambattista*, *Scienza Nuova*（première version, 1725），traduction de Christina Trivulzio, Paris, Gallimard, coll. "Tel", 1993. 特别是第二部分"论诗的智慧"。维柯说："诗的科学以人类为基础"，"思想的历史根源在于人运用自己的想象力解释世界和构成意义的自然倾向"。参见巴尔特所使用的参考书：Chaix-Ray, Jules, *La Formation de la pensée philosophique chez Vico*, Paris, PUF, s. d.："维柯……认为想象的认知和诗的智慧是一切认知中的第一种形式；因此，它比反思的或理智的认知更深刻，更具创造性。"（该书 68 页）

现的形式的悟〔satori〕<u>创造</u>着实在界，使其切分终止，或者可以说：产生了<u>定式</u>〔formule〕。克洛代尔说："碰触母亲"，"……使自己周围的价值、线条、容量协调一致的明亮的炉火"，"动摇着有关活生生存在内一切概念的、发自深处的火花"→"只有诗人才掌握这种神圣瞬间的秘密，在此瞬间，<u>本质的刺伤性</u>〔俳句的极佳定义〕，通过终止记忆、意图、思考的世界而在我们内心突然引发一种形式的要求。"①

## 同时存在

从句法上说，俳句是建筑在两个因素的同时存在〔co-présence〕（同时存在：此词并不指示任何因果的或甚至逻辑的联系，参见卡热："蘑菇"和"音乐"）②→俳句：准策术性〔paratactique〕写作。——注意，我们在此发现 18 世纪关于语言的一则神话：参见维柯和诗学的先在性；康狄拉克：原始语言只使用感觉形象说话，因此<u>没有连接词（抽象因素）</u>＝连词省略〔asyndète〕系统（或者并置词〔parataxe〕系统）。③

---

① Paul Claodel, *Lecture de l'Odyssée*, *Le Figaro littéraire*, 27 septembre 1947. Cité par Georges Cattaui, sa préface au *Marcel Proust*, de George D. Painter, Paris, Mercure de France, 1966, p. 21. （下画线为巴尔特加——中译者）

② 参见第 65 页，注 6（即中文版 60 页注②）。

③ 连词省略，是省略词的特例，其特点是在由某种逻辑关系连接的句子和句组间欠缺一切连接词、并置词或副词。并置词欠缺是指彼此相互依赖的诸句子并置，而其间并无明显的连词。康狄拉克（1714—1780）思想的伟大创造性在于他认为，语言不只是具有表达功能，而且同样也有对思想进行再组织的功能：语言结构的记号和思想的关系是任意性的，它是抽象功能和结合功能的产物——后一概念在康狄拉克理论中是关键性的。他进而提出心理是感觉和其在语言结构内转化之表达的结合效果。关于维柯，参见注 16（即中文版 122 页注②）。

例如，来看一首俳句：

(48)　　　　叶荫下
　　　　　　黑猫的眼睛
　　　　　　金色，凶猛（川端茅舍）

这个俳句中，同时存在的特点不太明显，因为第一个字（叶荫）平淡，平庸（尤其是状况补语）→它没有产生心理机制〔déclic〕、悟、"本质的刺伤"、出神状态→可以换言之，微弱的因素是<u>描述</u>〔description〕的附属物；但是，俳句不是描述性的：它处于描述之外，而处于心理经验区内（是摄影，而不是绘画）。它可能是一种传统小说的描述："X进入森林，他在<u>叶丛</u>中看见猫的金色、凶狠的眼睛闪着光"→下面看另一首俳句（资料集中未载），它清楚指出，俳句是描述性的，却避免了同时存在的冲击，它没有很好体现俳句的特征（即使作为描述它是成功的）：

　　　　　　鸟的声音
　　　　　　平稳
　　　　　　圆润，拖长（作者未详）

这样说也许推敲过度，但使我能理解：这里存在有一种语言的"曾经是！"（关于鸟声的成功描述——实际上，今日不是仍然经常听到鸟声么？），但没有一种心理的"曾经是"（悟）。

反之，在下面两首优秀俳句中，能清楚地感受到同时存在性：

(49)　　　　无记忆的存在
　　　　　　新雪
　　　　　　松鼠跳跃着（中村草田男）

在无记忆和雪之间瞬时的（但仍然是<u>分离的</u>、<u>不合逻辑的</u>）联系——带有一种轻盈的微粒，一种轻盈的特征（就像是一杯调制讲究的鸡尾酒：没有 Alexandra 香槟酒！而是伯夫先生的一种甘甜的〔guimauve〕香槟酒）？谈一则题外话：锦葵不再含有负面含义：被言语活动所抹杀的本来意义＝蜀葵。① 实际上锦葵糊不含有锦葵。

(50)　　　　　鸟鸣
　　　　　　　红色的浆果
　　　　　　　掉到地上（正冈子规）

在此俳句中，句子并置（同时存在）起着两种作用：鸣叫/掉下→纯粹的同时存在，因为两种行为之间没有任何联系。（注意，在法文中，简单过去式——虚假的非限定过去——加强了降落和鸣叫的瞬时体〔aspect ponctuel〕：体的〔aspectuelle〕值，而非时间的值：惊诧的感觉）。

最后，看一种不太严格的同时存在，因为俳句中一种状态和一个过程并置着：

(51)　　　　　病愈中
　　　　　　　我的眼睛疲劳地
　　　　　　　注视着玫瑰（正冈子规）

在此显然看到俳句的一种限制：我们看见某种更"心理的"东西，比悟更接近灵魂的状态：它与其说是日本的，不如说是波斯的，与其说是亚洲的，不如说是印欧的——也就是更加西方的，更加浪漫的。

---

① Alexandra 是一种在底部有新鲜奶油的香槟酒。"伯夫先生"是巴黎中央菜市场区巴尔特常光顾的一家餐馆，它提供一种甘美的香槟酒。Guimauve 是一种锦葵科植物，而蜀葵是它的一个变种。

## 1979年2月24日讲义

**触发〔tilt〕**

试比较俳句和"心理震动"（悟）→也可以说：一首（好的）俳句有触发〔fait tilt〕之效→起动〔déclenche〕作为唯一可能的评论："曾经是！"→关于俳句的"曾经是"〔触发〕我想多说几句，因为它和西方的态度对立——因此，应该思考一下对我们而言的<u>他者</u>：

任何成功的俳句都会触发〔tilt〕我们。但是，情况却是俳句本身就代表着<u>触发</u>，即曾经是：在（生活的）散步道上所指〔referent〕的、在句中的字词的突然出现。

(52)　　　　　我穿过山间小道到达

　　　　　　　呵！这真美

　　　　　　　一株堇菜花（松尾芭蕉）

①以下的触发甚至于更为纯粹，因为切字"呵"代表着对象的出现，而非代表对象产生的效果：

(53)　　　　　摘下，有多遗憾

　　　　　　　放下，有多遗憾

　　　　　　　呵，这株堇菜花（落合直女）

触发显然是反解释的：它阻碍着解释。说"呵！堇菜花"，意指着关于堇菜花什么也没说：它的存在排除一切形容词→与西方心理绝对不相容的现象，西方心理永远要解释——带着或多或少的欢快感。

第52号俳句必然可被这样评述："甜美芬芳的惊讶：这首俳句难道不是包含着一种隐喻么？有人会主张：有一天，芭蕉在山间漫步，遇到一位被喻为道德之花的佛教隐士"→根本的错误：对简短形式来说，"细节"只可能是隐喻性的；形式永远需要一个所指！→一种西方的冲动是**夸张**此细节（左拉："我扩大了，当然……我夸张了真实细节。通过正确观察的跳台跃上星球，真实乘着羽毛上升至象征界"）②，此一宣言是典型反俳句的。在俳句中，不存在真实机制〔instance〕；俳句不扩展，它拥有一个精确的身段（可以说采用实物大小的身段）；它不可能跃向象征界，它不是一个跳台——而星球离它何其遥远！

---

①　此句由巴尔特删除。

②　引自左拉致 Henri Céard 关于小说《萌芽》的著名信件（1885年3月22日）。

关于这个主题，我想引述一首俳句，它似乎与我所言正好相反：

(54)　　　　我这一生算什么呢
　　　　　　不过是一根微不足道的芦苇
　　　　　　生长在茅屋顶上（松尾芭蕉）

它显然呈现了一个隐喻：芦苇＝生命。——说实在的，这首俳句有些神秘，因为它不仅与俳句的反象征性"精神"相悖谬（也许是翻译的关系，因为温和的山田不是很严格），而且更严重的是，还与芭蕉的另一首俳句相矛盾：

(55)　　　　他真值得赞叹
　　　　　　不想着"生如过隙"
　　　　　　望着一道电光（松尾芭蕉）

这首俳句充分表现了俳句的教义。

触发：主体（作者或读者）被事物本身瞬间俘获。对我来说，一首成功的俳句最直接的判准为：它不具有关于意义和象征的任何推论；它不"捕捉"（形而上学的或者"信念的"、良知的）体系。以下是"曾经是！"的三个明确例子：

(56)　　　　我的杯中
　　　　　　一个跳蚤在游动
　　　　　　绝对地（小林一茶）

　　绝对地：大胆的、杰出的翻译，因为它不明确地指涉着：a）所指者：跳蚤以无可辩驳的力量游动；b）俳句本身：某种解释的相对性：对此什么也未明说。——绝对地是俳句的字词。

(57)　　　　　水缸中浮着
　　　　　　　一只蚂蚁
　　　　　　　没有影子（山口誓子）

同上。没有影子＝绝对地（解释正有如投向形象、设计的一个影子：影子是一个事件，但别忘了，所指的是整个画面没有一个影子）。

(58)　　　　　"这个，这个"
　　　　　　　这是我所说的一切
　　　　　　　在吉野山的樱花前（安原贞室）

说出不可能说出的：这就是俳句所朝向的——朝向"这个"。总而言之，所言的内容仅在言语表现〔langage〕的错综变化的限度内，指示的〔déictique〕中性（"这个"）≠ 作为压制的语言结构〔langue〕，意义的教条主义：我们不顾一切地追求任何一种意义："青蛙们为了成王而要求一个意义。"① 我能够将绝对地这个假定扩展到全体文学么？因为，文学，在其完全的时刻（文学的本质态〔l'eidétique〕），倾向于说"是这个，完全是这个！"（参见下面关于"真实时刻"的论述②）≠ 说出"完全不是这个"的解释；所读的不是所是的：所是者有一个影子，我将其作为我的话语的对象。

俳句的"是这个〔C'est ça〕"（触发〔tilt 或译"引生，起动"——中译者〕）显然与禅有关联：已经可以相当于悟了（＝触

---

① 取自拉封丹的寓言《要求国王的青蛙们》，载于 La Fontaine, *Fables*, Paris, Gallimard, coll. "Bibliothèque de la Pléiade", 1954, p. 76.

② 参见本书 155 页。

发),但也可以相当于一种禅观念,即无事:"没有什么特别的!"①;人们把事物转译为其自然状态而不加评论=这是一种如实〔sono-mana〕观="如所是者〔Tel que cela est〕"(我们在米舍莱的引述中②已经看到,Tel〔那个〕这个词明确地指示出俳句的精神),或者"正是这样"→这显然与现实主义对立,后者在"准确性"的掩盖下狂热地增添着意义。

**无事**:挫败解释欲求的一种方法,即挫败"长篇大论事物意义"的欲求。例如,某日,一个和尚问风穴延沼道:"当言语和沉默均不采取时,是否犯了错误?"师傅以两句诗回答:

> 我永远想起三月的江南
> 鹧鸪声叫,香花遍处!③

〔"长忆江南三月里,鹧鸪啼处百花开"——引自本书日译本原诗,141页——中译者〕

这些话指涉着"无事"、"自然状态"→这些话说明,禅师们经常引用(中国古典的)汉诗,从四行诗句或一节诗句中选择一个指示性的意义(是这个!),然后就保持沉默了:俳句的定义本身就是:它指示〔désigne〕(实际上,俳句作为话语的语言学范畴=指示范畴),然后沉默。

俳句的(或者**无事**的)解释作用欠缺——"可解释性"的欠缺(或者:对解释的挑战)——不是一种素朴性,而毋宁说是赋予言

---

① 关于无事,瓦特也说过:"人为之物的不在","单纯性"。参见 Watts, Alan W., *Le Bouddhisme zen*, traduction de P. Berlot, Paris, Payot, coll. "Bibliothèque scientifique", 1960; Payot, 1996, p. 165.

② 参见本书 77 页。

③ 瓦特前引书,202 页。

语现象（当场激发的言语现象）的一种三重随记法。让我解释一下，一种禅言主张：第一阶段：山是山；第二阶段（例如在入门时）：山不再是山；第三阶段：山重新又是山→这就是螺旋状的回归→可以说：第一阶段是"愚"的阶段（我们人人有份），是傲慢的同语反复和反智主义的阶段，说"金子是金子"，等等；第二阶段：解释的阶段；第三阶段：自然状态的阶段，无事的、俳句的阶段。——这个过程，某种意义上，是文字的回归：俳句（精巧做出的句子，诗）是一种路程的终点，朝向文字〔lettre〕的升华：作为单纯的言词〔diction〕来看，这个词是难解的。（请允许我引用一种个人的记述，非常个人性的：这是在我可以单纯地、不加掩饰地、"绝对地"说所爱之人死后几个月时写的："我因此人之死亡而痛苦"→第三种状态，文字 II，或者文字的回归，只有在通过解释后才有可能——因某人的死亡而痛苦＝必须穿越一整套丧痛〔deuil〕"文化"；而此文化＝最初发生的，绝对自然发生的。）→第一种文字：一种傲慢（一种愚蠢的自信）≠ 第二种文字：一种"睿智"。也可以说无事——对隐喻的超越（或排除），捕捉事物的自然性——这就是达到"差异"：在其彼此差异中捕捉一切事物。在这里，我们又遇到俳句诗人芭蕉的言语——但我不知道这是一首俳句还是一句评论："你清楚地看清万物，只有在月亮升起时才最相似"；"真理"存于差异中，而非存于还原中。不可能看见一般性的真理：这就是俳句反反复复说的。

**俳句的明快性**

一般来说，简短（短的）形式＝多多少少暧昧的一种缩短式（省略式）。但是，俳句＝虽简短而极明晰：一种完全的可读性→关于言说方式〔dire〕和言说内容〔dit〕的一种瞬间的、短暂的、错综复杂的一致性，参见伍尔芙（布朗绍）："日常小奇迹"，"黑暗中意外地擦亮火柴"①。

1）俳句的瞬逝性：言说方式的瞬逝性，不是世界的瞬逝性；它不是一种伊壁鸠鲁哲学：采摘趁时之类→毋宁说是一种突然瞥见的"永恒"（一种稳定性，一种回归）。参见希莱休斯的诗句："看，这个世界过去了。——不，它没有过去。上帝只是除去了它的晦暗。"②

2）短而明快，简短的强调：一种情绪特性。情绪（或者说：激动〔émoi〕）：在表达的运动性〔motilité〕中，比在悲壮的不动的沉重苦难中更多（参见前面关于动物的论述）。卡热说："我发现，很少有自己情绪的人，似乎比其他人更清楚地了解情绪。"（卡热和禅；在各种情绪中，最重要的是平静）③

辩证法：准确性，正当性，达到了是这个境地——但是，同样的，言语活动的界限：俳句就是在言语现象的空无中进行摇动（抑制摇动）——或者正要摇动（可以想到瞬逝之美〔寂〕）：什么也不说→"是那个"的必然含义就是"只是那个，只有那个"。我们看：

---

① 布朗绍在文章中引述伍尔芙，重印于 *Le Livre à venir*, 148 页。

② Angelius Silesius, *L'Errant chérubinique*, 由 Roger 米尼耶译自德文，巴黎，1970, 95 页。

③ 卡热的句子引自：*Pour les oiseaux*, p. 49。关于印度教的情绪理论，卡热说明道："为了在听众中引生美的情绪，作品需要引发一种永恒的情绪样式……"并说明"九种永恒情绪"之一为平静："平静处于四种'白'情绪样态和四种'黑'情绪样态之中：平静是情绪的正常倾向。因此重要的是，在其他情绪之前表现此情绪，而不必担心其他情绪的表现。这就是最重要的情绪。"（97 页）

(59)　　　　在冬季的河内

　　　　　　拔下又扔掉

　　　　　　一根红萝卜（与谢芜村）

对此没有必要说明什么了吧？（是的……）

(60)　　　　天晚了，秋天

　　　　　　我只想着

　　　　　　双亲（与谢芜村）

更难以评论。但是……产生了一个<u>事件</u>：像是一种情绪（悲伤，思乡，爱情），在那儿，在我的喉头→"<u>是这个</u>！"转换为"<u>在那儿</u>！"。

俳句，充分意识到言语活动的界限，可以说：

(61)　　　　今天没别的

　　　　　　除了踏春

　　　　　　没别的（与谢芜村）

俳句言语活动的这种微妙性，当然与如下明显现象相关：大多数情况下都不可能说出，为什么某首俳句我喜欢，"适合"我，为什么"对路"，形成了"触发"＋一种直觉，它肯定不会使他人喜欢。无论如何，为了设法说明"好的"俳句，我所须不断地参照的，不是一种<u>美</u>本身，而是一种绝对个人的性向：个人特性中最精细者；例如

(62)　　　　所有人都入睡了

　　　　　　处处虚空，只有

　　　　　　月与我（作者未详，夸约）

这首俳句的魅力、"真实",对我来说,在于一种超意识的〔hyper-conscience〕性向(参照《中性》①):尖锐的、纯粹的意识,没有任何插入项。

"很难说明为什么我觉得这首俳句美";实际上,它再现的不是我的无能,而是,相反地,俳句的升华;它的性质(目的)最终在于将沉默加于一切元语言;这就是俳句的权威性:此言语和"不可比较的"我自己(不是他人的自己)的充分一致性→我=不可能被说的东西,不是因为他与他人不相像而是他不与"任何事物"相像:任何一般性,任何"法则"。我始终是一种残余——正是在这里我发现了俳句。

**俳句的局限**

关于法文诗我们多次确认:"它几乎是一首俳句,但是……"→我们来借用一种替换测试法②→因此有限制:仅说简短形式构成俳句,这是远远不够的→某种文本的力量(种种引诱力)可能使俳句远离自身→我指出俳句的两个相邻的区域,但是,在我看来,它们是外在于俳句的。

(1) *妙语*〔concetto〕

下面的俳句,是我"绝对"喜欢的:

---

① 参见《中性》,132~144页。
② 按照叶姆斯列夫语言学,替换法是一种聚合轴上的置换运作,它可以确认不可能被分离的音位学单位。巴尔特利用这种置换程序,以及连带另一种类型的诗语结构,来区分俳句的固有性质。

(63)　　在一位孤单女尼的家
　　　　漫不经心的女人，漫不经心地，开放着
　　　　白色杜鹃花（松尾芭蕉）

非常优美：白色杜鹃花以换喻方式和隐遁生活联系起来。但是似乎有一种特点让我怀疑（即使这是由于翻译时的增添）："indifférent à l'indifférente"〔俳句原文中此句内第一个"漫不经心"后有一"女"字，法译文中无。——中译者〕，这是一种讥刺〔pointe〕，一种妙语〔concetto〕。

按照我的趣味：俳句不应该包含着"讥刺"→两种简短形式（至少）都与俳句对立：

a) 讽刺诗〔épigramme〕具有攻击性功能：被赋予形式的辛辣和欠缺宽厚：这就是讥刺（攻击的工具）；马夏尔的诗（I, XXXIII）：

　　　Non amo te, Sabidi, nec possum dicere quare；
　　　Hoc tantum possum dicere：non amo te[①]

讥刺：开头和末尾准确地相互回应→讽刺诗＝一种反俳句→俳句宁肯说："我爱你，俳句，而我不可能说为什么；我所能说的是：我爱你，俳句"→俳句有两个敌人：一般性和辛辣性。

b) 妙语，（精细加工的）讥刺，机智〔agudezza〕：它们都极其微妙（事物的法则正是如此）因此被隐蔽着；被隐藏的精细性，被隐藏的尖锐性〔acutezza recondita〕，这是过去矫饰风格的用词→妙语（从词源上说，一种观念，一种本质；一种隐蔽关系的观念性再现）→一切文学矫饰风格（自17世纪起）的本质：（西班牙的）贡

---

① 巴尔特在讲课中对此诗翻译如下："我不爱你，Sabidius，但是我说不出为什么／我所能说的只是：我不爱你。"

戈拉风格〔gongorisme〕，马里诺风格〔marinisme〕（来自于意大利诗人 G. Marino），夸饰文体〔euphuisme〕（英国，来自 *Euphués*，莉莉的小说，1580），典雅派〔préciosité〕（法国）→参见绘画的马里诺风格（16 世纪的帕尔莫桑矫饰主义）：垂直线延长，水平线缩短；加速透视法，serpentinata 风格（弯曲线风格）→参见米舍莱的<u>垂直风格</u>。①

131　下面：与俳句的<u>自然性</u>对立的是<u>水平式</u>言语活动（悖谬性正在此：悟，错综之感，不来自一种深渊、深处，而是来自一种一次性给予的简捷铺展〔étalement〕）。

　　我们可以随处发现一种妙语式的俳句——但我并不很喜欢。例如：

（64）　　　蝙蝠
　　　　　你隐蔽地生存
　　　　　在你的破伞下（与谢芜村）

　　这种例外让我们能够将俳句与勒纳尔的诗比较。② 一位女听众正确地将二者比较："油虫：黑色，黏合地像是一个锁眼。""蜘蛛：一个黑色的小手，卷曲的毛发。一整夜，她以月亮的名义，贴上封印。"《博物志》（我并不太喜欢拉威尔③）："鸟：在田畦上低鸣着。""云雀：不断飞落，沉醉在阳光里。"（在此精神形式中有一种 *Le Canard enchaîné* 周刊的味道）——但是，勒纳尔的隐喻什么也未恢复，它未将一个时刻予以个别化：一种能指的代数；对俳句来说，

---

① 巴尔特在此未点名地举出米舍莱的一位评论者，他曾谈到巴尔特似乎予以佳评的米舍莱之垂直性历史风格。

② 参见本书第 100 页关于勒纳尔的部分。

③ 勒纳尔的《博物志》曾激发拉威尔写出 5 首歌曲和钢琴曲（1907）。

这是一种危险，例如：

> 晚上的月亮
> 半身裸露着
> 蜗牛（小林一茶）

俳句中的唯一动态因素是：晚上的月亮，裸露的蜗牛：这就是一切→归根结底，也许俳句是现实主义的，它相信所指者。

(2) **叙事作用**

第二个限制：叙事作用。在一些俳句中有一种故事的萌芽，一种"叙事素"〔narrème〕。例如：

(65) 　　小舟，人望月
　　　　烟筒掉入水中
　　　　浅河（与谢芜村）

→一个"故事"，这已经是因果性—接续性的含混体：一个人，心不在焉，烟筒掉落，但水不深，因此可以捞取，等等。

下面一首俳句显然与一个民间故事有关：

(66) 　　我想起
　　　　被抛弃的老婆
　　　　与月亮为伴哭泣（松尾芭蕉）

于是我们在夸约的《没有影子的蚂蚁》中看见这样的民间故事：

### 亲舍山

此前有一个非常孝顺的儿子。那时，老年人被看做他人的累赘。老人被背到山里，让他们自生自灭。

我们的孝顺儿子的父亲60岁了：应该加以摆脱了。儿子背着他，大踏步地走进深山。进山后，父亲担心起儿子来：他是否知道回去的路呢？于是想到一个办法，把砍下的柴枝一路撒下去。

到了山里，儿子搭盖了树叶棚子为父亲遮蔽风雨，然后对父亲说：

——爸，我们就此分手吧。

父亲答道：

——为了避免你迷路，我用柴枝沿路做了标记。

儿子开始哭泣，突然可怜起父亲来了。他又把父亲背起，带回家中。因为怕当局发现，他把老人藏在棚屋后面的洞里，每天给他送吃的。

有一天，天气好，地方的官老爷给老百姓出了一道难题：

——给我拿一条灰做成的绳子来。

133    但是连最狡猾的村民们也显示出对此无能为力。洞里的父亲对孝顺的儿子说：

——编一条粗绳，放在盘子里，然后把它燃着。

儿子照着法子做了一条漂亮的灰绳子，献给老爷，获得了赞扬。

过了一段时间，老爷把他叫去，递给他一段木头：树是黑的，树干滚圆；不可能猜测树根在哪一侧。老爷让他说出来。儿子再次去问洞里的父亲。

——把木段浸在水中：浮出水面的一侧木质不好，不是树的根部，没在水里的一侧才是。

儿子照父亲的话做了，又获得了称赞。

这一次，老爷要求他做一面鼓，让它不用敲打就会响。儿子再一次到洞里问父亲，父亲说：

——嘿，这有什么难！到树林里去捅一个蜜蜂窝。

他的老婆同时到皮匠处买了一张皮。儿子绷紧了皮子，把蜜蜂放进鼓内，蜜蜂在里面不停地蹦跶。他把鼓交给老爷，老爷高兴极了。

——你破解了三个谜，你真机灵。

于是，儿子说：

——老爷听着：找出问题解决之道的不是我，而是我父亲，他藏在洞里。要知道，老人其实是充满智慧的。

——呵！真的，老爷说。老人知道这么多！从此以后不要再把他们扔到山里去了！我是 Shakkiri，故事完了。[1]

---

[1] 名古屋收集的民间故事，选自《日本昔话百选》，东京，三省堂，1975。夸约的引用见《没有影子的蚂蚁》一书，39～40 页。巴尔特曾对其听众朗读这个故事，但未将其编入讲义。

# 1979年3月3日讲义

在俳句和叙事之间可能存在一种中间形式：场景〔scène〕，小场景。参见布莱希特，街景和gestus①→俳句中某种细枝末节的脉动：

a) 心扩张〔Diastole〕：引生弛缓效果：

> 满脸泪痕
> 他坐着讲述
> 母亲倾听着②（Hasuo，夸约）
> 〔按日译者，作者未详。——中译者〕）

---

① gestus为布莱希特戏剧辩证法的主要概念，意指一种身体形象，它表示着一种社会关系状态，并以其个别性传达着个人和社群之间的规定关系。

② 巴尔特为了说明俳句的"心扩张"现象，也就是俳句的弛缓和可能的扩张现象，评论道："这可以作为小说的一章的内容简介。"

b）心收缩〔systole〕：可能引生紧张。例如，《追寻逝去时间》的所有开头句子都可能成为：

> 母亲仍然来了
> 和他道晚安
> 晚安

省　　　略

触　　　媒①

在此我们再次回到出发点：随记〔notation〕、小说、长形式和短形式的关系。

在将叙事作用当做俳句的（最后）界限时，我想指出二者通过偶然场景〔incident〕范畴（我将加以说明）产生的彼此极端近似性。但是把俳句和故事联系在一起，似乎是本质上不可能的：二者之间似乎存在着一堵不可见、不可逾越的墙——或者又像是彼此不可能融合在一起的两潭池水：

a）（个人的）例子→我想叙述一次晚会经历：原则上，题材是琐细无谓的：新的人物，新的类型，谈话，礼仪，等等。但是如果我的叙述要采取立场，就必须谈"必要的"事物（出于叙事逻辑的要求），但我不喜欢这样谈。实际上，关于这次晚会，我只"记住"

---

① 手稿上绘出的图式，在讲演中伴有口头评论："在俳句和叙事之间，存在有一种运动，双重运动，这对于理解陈述作用，或至少对于理解话语性〔discursivité〕理论问题来说，至关重要，此双重运动可以名为修辞学的一种双重修辞格〔figure〕：省略和催化〔catalyse〕，前者是一种压缩修辞格，后者是一种展开修辞格。"

两段随记:女主人的黄袍(卡夫坦式〔土耳其束腰带式的——中译者〕)和男主人双目疲惫的倦容,就像是某种写实主义的俳句,它耗尽了言说方式〔dire〕但未传达叙事话语(至少在我的实践中),因为它具有非功能性〔infonctionnels〕。

b) 反过来,我在故事中可以发现某种东西,它像薄片,碎屑似地显露出来,这正表现出俳句的精神,但实际上绝不与故事混淆:一种触发,它带有我一直在说的俳句的一切特点:

**福楼拜:《纯心》**

"微风轻拂,星光闪烁,巨大的干草垛在两人前摇晃;四匹马奔驰,扬起灰尘。然后,没有命令,他们都向右转。再一次相互拥抱。她消失在阴影中。"①

简短形式有其自身的必要性和充分性:它不与其他事物交融。

---

① 福楼拜,*Un cœur simple*, Paris, Gallimard, coll. "Bibliothèque de la Pléiade", t. II, édition d'Albert Thibaudet et René Dumesnil, 1953, p. 593. 此段由巴尔特在讲课中朗读,但未编入讲义。

# 结　论

**转换〔passages〕**

现在，渐渐地，我们返回到最早的课题任务上了：如何从关于现在的片段性随记〔notation〕（对此我们把俳句当作其典型的形式）转换〔passer〕到一种小说的计划上去？也就是：俳句中的什么东西可以转换到我们的西方思想、我们的写作实践中去？→我想指出几种转换的例子。

（1）日常的随记实践

实事求是地说：日常实践问题：

a）"工具化作用"〔instrumentation〕。为什么会有一个问题？因为：notation＝notatio〔行动〕，

而 notatio，因为必须捕捉一个现在的切片，当它跃入我们的观察、我们的意识内时：1）切片？是的：我个人的、内在的"新闻焦点"〔scoops〕（scoop 原意：铲子，长柄勺，用铲和勺捞起，用网兜起新鲜东西。〔日译本注：新闻界用此指"先驱报导"意。——中译者〕）→（非常小的）新东西进入我的感觉，我想在生活中"捕捉"〔rafler〕的新东西。2）突然性：参见：悟，kairos〔妙机〕，美好时机，某种"报导"〔reportage〕，不是重大的现实，而是个人琐碎的现实：速写是不可预见的。3）速写因此是一种外在的行为：不是发生在我的书桌上，而是发生在大街上，咖啡馆里，以及与朋友在一起的时候，如此之类。

"笔记"〔carnet〕→我的实践，已经相当古老：notula 和 nota。我简单地记下单字词（notula），它使我记起我有过的"思想"（当时没有说出的），次日重新记在卡片上（nota）→值得记下的现象：我将会忘记这个思想，如果我不对它做标记（notula）、哪怕是很省略的标记的话；与此相反，nota 记下我清楚回忆起的一切思想，甚至它的（短语的）形式→感觉是错综复杂的：一种"思想"，如果你的记忆中时间过短，就不再可能具有重要性和必要性了？结果，它返回时可能归于虚无？这一事实可以定义写作的（至少对我的写作而言！）奢侈性。

我不想检查速写具有的这种微技术〔micro-technique〕之琐细性〔futilité〕方面：笔记本，不很大（→放入口袋？现代服装，不穿上装 ≠ 福楼拜的笔记本，细长形，漂亮的黑色驴皮纸；普鲁斯特的笔记本。夏天时，笔记也就少了！）→钢笔：圆珠笔（更快，不需要摘掉笔套）：这不是一种真正的写作（有重量感的，使用肌肉的），而是 pas grave〔不重要的，或无重量的。——中译者〕，因为 notula 还不是写作（≠ la nota，被重抄者〔recopiée〕）→这一切的意思是：一种独一无二的相关的动作形象，瞬时间将笔记本掏出，翻到漂亮的纸面上，书写者准备书写〔tracer〕：有如强盗拔出手枪（参见微型摄像笔：但重要的不是使人看见什么，而是使文句迸发出来。参见后面的论述①）。

b) 自由处理〔disponibilité〕。为了某种目的，人们想从生活中（还不是从书籍中）——或者在生活的书籍中，如在小说和小品文中，进行记叙；或者只是为了快感而进行记叙——为此应当理解：为了完成一种随记实践，为了有一种充实、快乐和"正确修辞"的感觉，需要存在一个条件：有时间，有很多时间。

不免矛盾的是：人们可能认为随记不花什么时间，不论何处、何时均可进行。它只不过是在散步、等待、聚会等情境中发生的对主要活动进行的重复和补充。但是，经验表明，为了获得"思想"，需要有自由支配的可能性。困难在于：因为外出散步时不需要不断特意取出他的笔记本来（→贫瘠化）〔按照日译本的解释，原书中的"sans carnet"〈无笔记本〉为讲义原稿中"son carnet"〈他的笔记本〉之误，兹采取日译本译法——中译者〕，但需要像腐殖土那样含有一种自由支配的力量。那种浮游式注意的形态：不再返回注意，但也不可能转而强烈关注其他方面→其极端情况是：露天咖啡馆座位上精神多少有些空虚的（特意空虚的）寄生者→在某种意义上他们就是：年金寄生者（福楼拜，龚古尔，纪德）；例如，准备一门课程＝与随记活动的对立。

这种悖论的逻辑在于：专注于随记的人需要拒绝一切其他写作

---

① 见本书 147~150 页。

的精力投入〔investissement〕（甚至把随记看做是一种作品的准备）：不让其返回→Nihil nisi propositum。①

c）我有时承认如下情形：当我一段时间没有速记，没有取出笔记本时，我就有一种挫折感，一种精神枯涩的感觉→再回到速记：像是一种麻醉剂，一种避难所和一种安心作用。速记：像是具有一种母性→我返回速记，像是回到母亲身旁。也许它是从属于某种教养（教育）形态的心理结构：作为使场所具有安全感的内在性；参见内在性的"新教"传统和速记实践：自传式日记（纪德，阿米耶尔）。历史的分裂：北部欧洲（中世纪末期），新信仰〔devotio moderna〕的信奉者：温德斯海姆修道院集团生活的修士和修道士→有教养的俗世人（实务资产阶级）：不再是集团礼拜祷告，而是个人沉思默想，直接与上帝交流→个人式读书的产生→速记：中介者（司祭或导师）的欠缺：思想的主体与文句制作的主体的直接连接。

d）至此，我把速记说成是活生生的捕捉动作，说成是所见者与所写者之间的瞬时间一致→实际上，速记的一种事后性〔après-coup〕；nota，在一种潜在的价值事后证明〔probatoire〕之后，执拗地返回和坚持→记忆应当保持的不是事物，而是事物的返回，因为这种返回已经是某种具有形式的东西了——具有某种短语的东西（参见下面）→nota：多少属于某种"事后聪明"现象：生命力〔vivacité〕的移置，生命力的延迟。

e）对于随记，存在着关于生存能力的一种最初证明：人们从笔

---

① 在一段关于使其从写作工作偏离的许多快速离题谈论之后，巴尔特说他期待着在自己的便笺薄上录下这句拉丁文格言。虽然格言的表述似乎意味着："除所劝告，别无其他。"他解释说，实际上意指着："除自我劝告，别无其他。"

记本到卡片、从 notula 到 nota 的转移→抄写〔recopier〕贬低了那些不是用手力书写的东西：人们不具备抄写动作的肌肉式动力，因为后者要求书写有价值的东西→无疑，写作（作为复合的和完全的行为）诞生于抄本〔copie〕（nota）：写作和抄本之间的神秘联系；抄本作为价值的授予：可以写作"为己"（新信仰），人们抄写时，已经是为他，相对于一种外部沟通，一种社会性整合（由此产生《布瓦尔与佩居谢》的悖论效果：他们是为自己而抄写；圆环封闭了：写作的最终嘲弄性）。

(2) **随记的层次**

参见实在界的"区分"。

我们知道"知觉层次"对于一个对象的认同、认知和命名的重要性＝"大小"〔taille〕一览表。建筑：宏伟性艺术。——《百科全书》插图：显微镜下放大的跳蚤→恐怖的动物——尼古拉·德·斯泰尔〔俄裔法国画家（1914—1945）——中译者〕＝塞尚的5平方厘米①，等等。

区分

文学的层次＝速记的层次：人们应该下降到哪个层次来速记呢？在俳句中我们已经看到答案，它下降到非常细微的层次。——但是注意：捕捉细微并不必然与简短形式连在一起→有时需要运用许多语言来说明一种区分的（可区分性的）力量。

普鲁斯特。瓦莱里："普鲁斯特对其他作家习惯于跳过的东西

---

① 巴尔特经常接引此比喻，参见（关于 Saul Steinberg〔罗裔美国画家〕的）文章《除你之外的一切人》："尼古拉·德·斯泰尔的画是塞尚画的数平方厘米的扩大：其意义取决于知觉层次。"（《全集》，卷4，968页；同一问题，参见本书230、395页）

进行区分——使人感觉似乎能够无限地区分下去。"① →普鲁斯特的超知觉：来自他的超敏感性和他的超记忆性→悖谬性在于，为了区分，必须<u>扩大</u>、增殖：微细经验成为一种宏大经验。增大化〔majoration〕，不是琐细化〔futilisation〕：伊利耶尔的小，考姆布雷的大。伊利耶尔，花园：不可能在那里的雨中散步：为了"下降"到速记下"祖母在雨中散步"，必须将花园加以扩大。

当速记无限涌出时，存在着一种时间性转换。波德莱尔，吸大麻的主体，"因为，时间和存在的比例，被大量的、强烈的感觉和思想完全扰乱。人们说，在一定时间段的空间内，可以看到很多人的生命。在此一定时间的空间内，这难道不像是一篇用活生生的人物而取代写出来的传奇小说吗？"②

可随记者〔notable〕

波德莱尔的隐喻清楚地表明，在区分的水平上，即在随记之浓密扩增的水平上，出现了小说。——但是，对我们来说，至少今年，我们仍然处在孤立的速记作用的、简短形式的阶段，俳句即为其典型形式→速记作用的单位存在于哪个层次呢？换言之：<u>可随记者</u>〔notable〕（notandum〔所记者〕）有何可能的正当性呢？

---

① 瓦莱里：《文学研究》，《瓦莱里全集》，772 页。

② Charles, Baudelaire, *Les Paradis artificiels*, Paris, Garnier-Flammarion, 1966, p. 48.

# 1979 年 3 月 10 日讲义

1) 功能的。一般来说,在古典小说中,可随记者具有一种语义学价值:它是一个记号,它指涉着一个所指,它用于理解故事系统中所必需的某种东西。

莫泊桑的《毕尔和哲安》:"毕尔的胳膊长满汗毛,虽瘦但有力;哲安的胳膊,白皙滑腻,透着粉红色,皮肤下隆起了肌肉"[①] →相关于构成故事梗概的心理学系统的功能性特点:哲安,坚强,刻薄,被母亲抛弃 ≠ 毕尔,像女孩似的受宠→以及故事,我前面忘记说了,现在接下去(记号的逆转:信念上的不可能)。

---

① Maupassant Guy de Maupassant, *Pierre et Jean*, Paris, Gallimard, coll. "Folio", 1982, p. 70.

巴尔扎克（《金眼女郎》，第286页。）马尔塞"此时用带有英国肥皂味的柔软的刷子刷着自己的汗毛"→纨绔子弟的记号。

2) <u>结构的</u>。被随记的事物＝notandum；可能不是由其内容决定的（功能性），而是由其出现的韵律决定的→我们记下：a) 或者那些经常重复的事情（重复作为某种有趣事物的指标：背后的一种法则）；于是速记属于解释的、破译的层次；b) 或者那些不重复、只发生过一次的事情：单一事物；无疑令人惊异的叙事层次——格言是：semel vel multum①→人们可以问：此格言句的二者之间存在着<u>不可随记</u>〔innotable〕的区域么？——关于"何必随记？"的犹豫、压抑状态：非意指性〔insignifiant〕的永恒危险区域。当随记没有力量进行时，因为"何必呢？〔à quoi bon〕"＝"为什么活着？"（这使人沮丧）→存在着两个"细微点"：a) 此细微点在写作之外落入虚无＝虚空〔vain〕，la vanitas〔虚空的虚空〕；b) 由写作所弥补的细微点；齐奥兰（《存在的诱惑》）："为什么要掩饰呢？细微琐事为世界上最困难的东西，我理解那些意识的、确实的、意志性的细微琐事。"② 当然，这种"可随记者"是相对于主体的情境的：他的同一性，他的他者性→马拉喀什：在黑色煤炭地区，一位佛陀式的人物，满身油垢，倒在煤堆上→我记下；但是，我因此涵指着记下我的外国人情境→<u>绘画式范畴</u>：对我只发生过一次（semel），但是在我看得清楚的（对于他人来说的）平庸性层次上发生的＝两段话语的摩擦。

3) <u>美学的</u>。这里是一个偶然场景（一个nota）：1978年7月

---

① 意思是：单只一次或很多次。

② Cioran, *La Tentation d'exister*, Paris, Gallimard, coll. "Les Essais", 1956, p. 117.

1日。我在上议院前第89路车站等车：两个妇女，带着一个男孩；一个穿着一件白色宽松的衬衣。她迈步大大咧咧，左右摇摆。但在我看来，此偶然场景成为值得随记的对象，在某种意义上，它应当通过一种迂回。我必须承认，为了表达这种动作的过分性，我应当说：如果一个男人这样迈步，就会被说成是：像是一个女人！称其为具有值得随记的美学性，因为它含有一个原则：为了说出（一个姿态的）真理，应当设法表现其效果：在一个姿态的过分性中，揭示了该姿态的本质。参见波德莱尔："在主要生活场合内姿态的夸张性所涵蕴的真实性。"①

4）象征的。其决定作用与功能—语义学的（它指涉着一个所指）决定作用对立。可随记者：它可被视作一个记号（所指仍然在阴影中）。我只引述与卡夫卡有关的这段轶事：

**可随记者（亚诺克：《与卡夫卡的谈话》，153）**

突然，卡夫卡停住脚步，伸出手来：
——看，那边，那边，你看到了吗？
我们边谈话边走到圣·雅克路，从那边一幢房屋里冒出一条长满丝毛的小狗来，挡住了我们的路，然后又消失在教堂街拐角。
——一只漂亮的小狗，我说道。
——一只狗？卡夫卡用怀疑的语气说，继续开始走路。

---

① "永远是躁动不安的群众，武器的喧啸，衣装的华丽，人生重要场合中姿态夸张的真实性！……因为，自莎士比亚之后没有任何人能够像德拉克鲁瓦那样使戏剧和梦幻达成神秘的统一。"波德莱尔在评论德拉克鲁瓦的《十字架》（1855年，《德拉克鲁瓦全集》，970页，巴黎，伽利马出版社，1961）的话。波德莱尔这段引文，巴尔特自从1952年撰写《神话学》起直到1978年"长久以来，我早早上床"论文讨论会期间，曾不断加以引用。

——一只小狗，一只年幼的狗。你没有看见吗？

——我看见了个东西。但它是一条狗吗？

——它是一只卷毛犬。

——一只卷毛犬！它可能是一只狗，但也是一个记号。我们其他犹太人，有时就是怀有这种悲剧式的妄想。

——它只是一只狗，我说。

——正是，卡夫卡说，但"只"这个词只是适用于使用它的人。对一个人来说是一堆破烂，对另一个人来说就是一个记号。①

这一切都是意向性的决定作用，可随记者由某种目的性决定。但是，在俳句的延长线上还需要回到量的问题上：可随记者与简短形式的关系→一切都实际上在随记作用的组合段层面上起作用：组合段的量被随记作用约束。

瓦莱里很好地表述了形式的决定作用：关于俳句——或者关于类似的小诗——他对翻译者山田说："你们提供给我们的小品诗作，属于一种思想的伟大层次。"瓦莱里没有说这相关于一种思想（＝格言≠俳句），但其立场是独创性的：根据组合段的量来思考一种思想；对于当时来说，非常违背时趋（瓦莱里的独创性表现在对文本形式的看〔voir〕上：其诗学讲座的意义之所在②）。

---

① Janouch, Gustav, *Conversations avec Kafka*, traduit de l'allemard Bernard Lortholary, Paris, Maurice Nadeau, 1978, p. 153. 这段引文抄自标有"可随记者"字样的卡片，巴尔特将其贴在讲义手稿上。我们在复原时将某些被涂掉的字句恢复了。

② 瓦莱里于1937年（自12月10日就职讲演始）到1945年在法兰西学院任教。巴尔特常说，他曾参加过瓦莱里的几次讲课。参加瓦莱里的《诗学导论》（巴黎，伽利马出版社，1938），它搜集了1937年2月的讲义计划，题为"法兰西学院诗学讲课"以及关于"诗学课程"的就职讲演稿。巴尔特自己也说："我有一种病：我看着语言"，见《罗兰·巴尔特自述》，《全集》，卷4，735页。

我们可以以一种更"技术性的"方式来定义随记作用（作为一种简短形式）：不可能加以归约〔résumer〕的东西→自然，这个标准是纯"信念的"〔endoxal〕，因为它已经是对该文本（不论长短）的一种意识形态立场的持有。相信它是可归约的，即相信存在一个内容上的本质核心和一种愉悦的而非本质的形式之充实。"意识形态"似乎是正确的，因为，在文本压缩〔contraction〕的委婉方式下的被归约者〔résumé〕，是技术性大学的一种教育武器（作为"表达技术"的科目）。无论如何，一首俳句（一个随记）是不能被压缩的。应当注意，对"被归约者"的抵抗，同样也刻画着现代文本（《天堂》①）→被归约者：是对（社会性的）整合的最佳检验。

当然，我们所谈的远不限于随记作用：而是与简短形式相关的一整套资料（我常想将此作为课程主题）。——作为一种准备，需要在两个轴上构成资料：

1）一个简短形式清单。在文学中：格言，讽刺诗，小诗，片段，私人日记——以及，或者，尤其是在音乐中：变奏曲，巴格太尔小品（贝多芬直到晚年都被出版商拒绝的形式），间奏曲，叙事小曲，幻想小曲（特别是舒曼于1849年的作品第73号，单簧管和钢琴的幻想小曲，然后是大提琴和钢琴的幻想小曲），所有这一切都与个别化的捕捉（像俳句一样）相关。——但是最明显的简短形式音乐家是韦伯伦：他的超短作品＋他对贝格的献词："Non multa, sed multum"〔量越少，质越好〕，他的极端沉默艺术，他的沉默缓冲艺术（＝间〔ma〕，间隔）。勋伯格在《关于钢琴和小提琴的小品作品》中说："全部小说存在于一声叹息之中。"一位批评家梅斯热

---

① Sollers, Philippe, *Paradis*, Paris, Seuil, 1978.

谈到"每当听众听到韦伯伦音乐中的沉默时,连一切不可压制的声音都被压制住了"①。

2) 对投入于简短形式中的 价值 的检验;因此就是对 抵抗 的检验:现代性中很少有简短形式,实际上几乎都是冗长辞章(受到阻碍将其说出的观念的缠绕)→言语 丰富性 的高评价来自西方古代:西塞罗(公众信念〔doxa〕的最佳代表)。特拉斯马克和高尔吉亚非常细密地将话语切分成韵律因素;修斯底德对此探讨得更多:巨细无遗→伊索克拉特:第一位给予语言表达以丰富性和使短语具有更流畅的韵律的人。②

→我再重复一下:考虑(我们始终应该关心的)文学理论和现代性时,应该关注(一切艺术中的)话语性〔discursivité〕的 量化 现象:长度(拉长),简短性,缩短,冗长,细微,贫乏,"空无"(与此相对应的神话是:此一信念对写出"微不足道"文字者的轻蔑)→长度的准则(书籍,电影)→密度现象:rarus(稀薄),参

---

① 韦伯伦(1883—1945),与同学贝格(1885—1935)一起,自 1904 年起师从勋伯格。韦伯伦,作为现代性的象征,通过其对音乐结构设计的深刻研究,彻底革新了维也纳学派的基本原理。简短性(其作品的较长例子是《康塔塔—作品第 31 号》,仅长 11 分钟),间隔的拉长,默声的使用,均作为音乐材料,并成为其美学的特征。"*Non multa sed multum*(量越少,质越好),我希望这句名言适合你,先将其奉献予你",此献辞于 1913 年献予贝格的《5 个管弦乐小品—作品第 10 号》。巴尔特将韦伯伦的音乐与特沃伯利的绘画相比较。参见《特沃伯利或者"量越少,质越好"》(《全集》,卷 5,703~720页)。关于德国音乐批评家特沃伯利,参见 Cage, John, *Pour les oiseaux*, entretiens avec Daniel Charles, Paris, Befond, 1976, p. 31.

② 所有这些作者,可参照本讲演集系列前两卷的参考书目:*Les Sophistes. Fragments et témoignages*, Paris, PUF, 1969.

见"间"：此概念可用于描述特沃伯利的绘画以及东方人绘画。①

②（3）**短语〔phrase〕形式中的生命**

除了关于简短形式的讨论外，我也有另一批关注的资料，并将其纳入课程主题：这就是"短语"③。——为了将其限制在随记理论范围内，我拟主张：随记的产生就是短语的产生→随记的冲动和喜悦＝产生一种短语的冲动和喜悦。

这是关于短语课程的对象：必须为"对象—短语"〔objet-phrase〕下个定义。——我以鸟瞰方式——即飞快地——概述此对象之坐标：

a）同时是语言学的和美学的（风格学的）实体，同时引生了一门信息〔message〕的科学和一门陈述作用的"科学"。

b）直到新的批评检验之前：短语构成着论题〔thétique〕（主语＋谓语）。论题是短语存在的充分和必要条件。

因此，短语是逻辑的、心理学的对象（因此含有从婴儿到达成年模型的意思）和意识形态的对象（社会实践着"形式短语"〔forme-phrase〕的规范性：检查"非短语"〔non-phrase〕、检查对

---

① 参见巴尔特的《特沃伯利或者"量越少，质越好"》，以及《艺术的智慧》（《全集》，卷5，688～702页）。巴尔特发展了"rarus"〔稀薄〕的概念，作为解释"特沃伯利艺术的关键……稀薄产生了密度，密度产生了神秘"；他在有关特沃伯利艺术的两篇文章中，援引了《道德经》。

② 此处是本课程讲义的最后部分：由于时间所迫，他选择将原稿部分缩短，并对听众解释说："这些也许是以后讲演的主体，因而不必对此遗憾。"

③ 1973年时，在其《文本的喜悦》（《全集》，卷4，250页）中写道："我们生活于短语之上。"关于巴尔特在其作品中对此主题的不同论述，也可参见下列文本：*Sade, Fourier, Loyola*，1971；*Le Style et son image*，1971；*Flaubert d'un discours amoureux*，1977；*Tant que la langue vivra*，1979。

短语的抵制和脱离；认定人的"能力"就是制造短语的能力——乔姆斯基①）。

c）短语，作为对象，可能是能够以元心理学描述的精力投入〔investissement〕场；在此可能存在一种"短语崇拜"。

d）此一精力投入可能如此彻底，以至于能够出现一门"短语形而上学"：绝对短语（最高善）。在此主要的相关作家是福楼拜。

e）撇开以上所谈种种，仍可能把短语看做一种<u>人造物</u>〔artefact〕（参见后面讨论的最后问题）。

我们再回来看随记作用→拉丁语作家们：三个连续的运作：1）*notare*（采取随记）。2）*formare*（草拟〔rédiger〕，甚至只是初拟，或只是一种详细的拟制）。3）*dictare*（永远必须当众阅读的文本）→在<u>随记作用</u>中（如我所想的那样），存在着 notare 和 formare 的压缩式：随记的唯一确实性在于设想（想象、捏造、虚构）一种（制造精良的）短语。（*dictare*：成为一种改正阶段：通过过渡到打字的形式以使其客观化。）

笔记本的概念（例如，想象中的小说家的笔记本）：直接意味着：重要性，它不相当于眼睛（我引用过摄像笔的例子，但那是一个错误的隐喻），这就是他的羽毛笔：羽毛笔—纸张（手）→笔记本＝"观察短语"：它产生于一种单一的运动，如<u>被见者和被制为短语者</u>〔vu et phrasé〕。

现在我们遇到一个"哲学的"问题：人类主体只被规定为"说

---

① 美国语言学家乔姆斯基（1928— ）发展的语言结构理论是建立在一种语言结构的普遍主义基础上的；每个人内在地具有一种一般的语言能力〔compétence〕，它由一种个别的语言行为〔performance〕来运作。参见《句法结构》（1957），巴黎，色易出版社，1969，同时参见《句法理论问题》（1965），巴黎，色易出版社，1971。

话者"〔parlant〕（现代认识论），有言语能力者：这意味着他只能说话，只能不断地说话；生存，就是说话（外在地，内在地）。在无意识层次上，把生活和语言对立起来是可笑的：我说话因此我存在（某人说话，因此我存在）→但是在各种类型的人群中，由于教育、敏感性（还有社会阶级）的不同，一些人接受了文学的印记，短语的层次→生命，在其最积极、最自发、最真诚的层次上、（我要说）在其最野蛮的意义上，这就是接受在我们之前存在的各种短语的生命形式——在我们之内、由我们所制作的绝对短语的形式→区分：像一本书一样说话≠作为书本、作为文本来生存。

因此，有可能研究（这是广阔的领域，并不限于"好的"文学）我们可称作文学的或文本的想象界〔l'imaginaire〕的东西：它无关于"想象"〔imagination〕（按照儿童历险方式或家庭小说方式所虚构的），而是通过短语的中介形成的"自我之形象"〔images du moi〕→幻想式和短语的关系：例如，色情的（或肉欲的）文本的一切问题，（幻想式化〔fantasmée〕实践的）色情幻想式〔fantasme〕的短语：萨德和短语，从属句。

→角色之原型，即包法利夫人。角色的生存，在最危险、最具毁灭性的意义上，是由（文学的）短语所形成（formée）、所塑造的〔façonnée〕（远距操控的）；她的好恶来自短语（参见有关她在修道院读书的段落及以后），她因短语而死亡（这一场面整体可以说即是一种短语学〔phraséologie〕构成的场景，不是指词语的演说修辞学意义，而是指在词典范围内最终形成的精致短语系列）。

我们多数人——即使不是全体——都是《包法利夫人》：其短语像一个幻想（往往也是一种诱惑）那样引导着我们。——例如，我可以按照如下短语决定一种空闲〔vacances〕之类型："14天里，在平静的摩洛哥海边,我品尝着鱼、番茄和水果。"地中海俱乐部,除了其饮食计划,正是文学性的(伊壁鸠鲁主义)。作为诱惑,短语把其他一切都废弃、否认了:天气,厌倦,海边小屋的忧愁,傍晚的空虚,周围人的庸俗,等等。尽管如此,我买了票→可以说:作为短语生产者,作家即是制造错误的大师〔maître d'erreur〕;但是作家是具有免疫力的;他意识到诱惑;他被鼓舞但不被迷惑;他未将现实和想象〔image〕加以混同,读者则为他这样做了;普鲁斯特可能因拉斯金关于威尼斯和教堂的短语而被"幻觉化";但是按其所说:拉斯金只是激发了他→而同时,在此幻影中,文学短语发挥着引导的作用:它引导着、教导着,先是欲望(欲望是经学习而得者:没有书籍,就没有欲望),然后是色调变异作用。

我就短语构拟的这份资料——绝对性短语为文学之仓储——如不提出其未来的问题,就不会是完整的。因为短语不可能是永恒的。从分解〔effritement〕的征象中已经可以看到:a)在说出的言语中:结构的丧失,从属句的掩盖、重叠、移位→为了描述说出的法语,也许需要一种新的人为策略〔artifice〕;b)在文本性中:"诗的"文本,先锋派的文本,等等:论题的消除(中心化意识的消除),语言活动"法则"的消除→福楼拜,绝对短语的艺术家和形而上学家,知道其艺术是会消灭的:"我写作……但不是为今日读者,而是为一切未来可能出现的读者,只要语言存在着。"① 我喜欢这个词,因为它含义谦逊("可能出现的读者"),而且与其说是悲观的,不如说是现实的:语言不再是永恒的,而且,语言,对于福

---

① *Préface à la vie d'écrivain*, ou Extraits de la correspondance, présentation et choix par Geneviève Bollème, Paris, Seuil, coll. "Le Don des langues", 1963. 巴尔特曾在《新观察》上他的专栏中发表过福楼拜的这份宣言。(《全集》,卷5,643页)

楼拜来说，不是一种风格（如人们所相信的：福楼拜不是一位优秀风格的理论家），而是一种短语→福楼拜的"未来"不是由于他所描写的内容的历史的、过时的特性而受到威胁，而是由于他使自己的命运（以及文学的命运）与短语联系在一起而受到威胁。①

短语的未来：这是一个社会性的问题——但另一方面任何未来学对此均不关心。②

(4) **实质性**〔quiddité〕，**真实性**〔vérité〕

*151*

我们将接近小说（乌托邦，幻想，至高至善）的，也就是接近讲课的末尾了：上一"转换"（如果不是从俳句向小说的转换，至少也是向现代 nota 的转换）是最重要的，它关系到一些与真实有关的东西→为了"转换"〔passer〕，需要"转换者"〔passeurs〕。我们在此有两位转换者：乔伊斯和普鲁斯特。

1) 乔伊斯：实质性〔quiddité〕

（借助莫列斯的笔记），参见艾尔曼的传记③。

a) 传记：从 1900 到 1903 年（乔伊斯大约 20 岁，他生于 1882——他发表《尤利西斯》在 1922——普鲁斯特的死），乔伊斯所写的作品被称作是"散文诗"，而他不愿意这样来称呼它，而宁肯称之为"Épiphanies"〔灵感显现〕；我稍后将解释其意义。

b) 定义。Épiphanie〔灵感显现〕＝一位上帝显示（phainô

---

① 关于此主题，请参见《福楼拜和语句》，该文献予马丁内（*Word*，1968），并发表于《新批评文集》，《全集》，卷 4，78～85 页（中译本见罗兰·巴尔特：《写作的零度》，124～133 页）。

② 最后一段，巴尔特在讲演时删除了。

③ 莫列斯，作家，批评家，曾经是巴尔特的学生和近友之一。艾尔曼是《乔伊斯》卷 1—2 的作者，由 A. Cœuroy 和 M. Tadié 从英文译成法文，巴黎，伽利马出版社，1962（"Tel"丛书版，1987）。

〔希腊词〕:"显现");它与乔伊斯没有关系——此外,乔伊斯的经验始终(由于其耶稣会教育)与中世纪神学和宗教哲学,特别是与圣托马斯("最伟大的哲学家,因为他的理性有如一把锋利的剑")和邓斯·司各特有联系。① 乔伊斯的 Épiphanie="一种事物的实质(whatness)的突然显示"→不需强调它与俳句的类似性:我称作的"就是那个","就是那个"的触发(实质:"决定一个特殊存在的条件总和")。或者是"最普通的事物的灵魂对我们显露光芒的时刻"。或者是"精神的突然显现"。②

c) 显现样式:1) Épiphanie〔灵感显现〕显现于何人?艺术家:他的作用是在那儿,在人中间,存在〔se trouver là〕,在特定时刻。(作家的一个美好而奇特的定义是:"在那儿存在",好像他是被偶然选中的;某种特定"显示"的神秘中介者,某种精神"报导者"。)——2) 什么是这个显圣的时刻呢?——不是由美、成功(在阿波罗、歌德的意义上)、多元意味〔sur-signifiance〕来定义的→偶然的、平常的时刻,它们也能够是充实、激情的时刻(在下面有关"真实的时刻"论题时再讨论),或者庸俗的、不愉快的时刻:一种姿态、话题的庸俗性,不愉快的经验,应当谴责的事物,"在两三句交谈中易于抓住的"愚蠢或迟钝的例子。3) 乔伊斯本身的功能呢?——工作的功能:保持其抒情性倾向,使其风格永远更为精细。4) 乔伊斯"灵感显现"的例子:

---

① 托马斯·阿奎那(1228—1274)对乔伊斯作品的影响是基本性的,在其《英雄斯泰芬》(1904)中已有显露。引句由艾尔曼做出,前引书,406 页。邓斯·司各特(1265—1308),哲学家和神学家,优秀辩论家,亚里士多德和圣托马斯派的批评家;苏格兰人,也有人考证其为爱尔兰人⋯⋯

② 关于支持乔伊斯的 Épiphanie 的定义的种种引文,参见艾尔曼前引书,107~108 页。

老房子内昏暗窗子的上方，小屋内的光亮，屋外漆黑一片。一位老妇人正忙着烧茶——我从远处听见她在说话——"是玛丽艾伦吗？——不，爱丽斯，是吉姆。——啊！晚安，吉姆。——你想要什么吗，爱丽斯？——我相信这是玛丽艾伦。我相信你是玛丽艾伦，吉姆。"①

d) 这个"灵感显现"的意义是什么？有一个相关的作品集，是纽约巴法罗大学的 A. O. 西维尔曼编辑的；但人们不知道此作品集是否经乔伊斯处理过——因为，关于这个 *Épiphanie* 乔伊斯表达过清楚的思想：1904 年，乔伊斯拒绝再原样使用这个片段，并决定把它放入小说《英雄斯泰芬》内；这关系到"处理这些孤立的心理痉挛〈痉挛〔spasme〕：这个词造成了触发：俳句，悟，偶然场景〉，将其放入由诸时刻组织成的链条内"，"由此产生了灵魂"……"以及，代替这部短作品的作者的是，那个〔他〕〈他，乔伊斯，说着 Davin〉将把它们毫无损失地纳入长篇巨制之内"。② 这就是在本讲以及以后课程中所提问题的准确表述。

乔伊斯关于"显现"的经验，对我十分重要，它与我对一种类似的、称作"偶然场景"的形式所做的个人研究，非常一致：那些在以下作品中以片段方式实验的形式：《文本的喜悦》，《罗兰·巴尔特自述》，《恋人絮语》，一部未完成的作品（《在摩洛哥》），以及在《新观察》上的连载作品。③ 这就是说，我断断续续而坚持不断地回到这个主题上来——因为我体会到这个问题的困难和魅力

---

① 关于"显现"的片段取自康奈尔大学资料库，由艾尔曼引述。参见前引书，108 页。

② 这是艾尔曼的引文，同上书，158 页。

③ 所提到的这些作品都写于 1973—1979 年，参见《全集》，卷 4、卷 5。

所在。

　　与俳句的近似性——显然，俳句不属于同一"哲学"或同一"宗教"（一个是异教的，另一个是神学的）→显然，我对俳句的关注，不像我对"偶然场景"的关注（灵感显现，落在……上〔tomber sur〕）那样长久。

　　在俳句、灵感显现以及我所构思的偶然场景中的同一意义问题：均为直接意指性事件〔événement immédiatement signifiant〕（参见尼采：《权力意志》："不存在事实状态'本身'，反之，必须在能够具有一种事实状态之前，首先引入一种意义"①）以及同时不具有关于一般性、系统性、教条性的任何意义要求→当然，这就是：拒绝话语，返回〔repli sur〕"隐秘"〔pli：褶皱〕（偶然场景），不连续片段——参见乔伊斯传记作者艾尔曼所谈的"灵感显现"及其与现代小说的同态性：这种技法"既傲慢又谦逊：它因不对任何事情提出要求而显示出重要性来"②。严格的结论，但也是俳句、"灵感显现"、"偶然场景"的特性（实质）和困难所在，这就是：一种无评论〔non-commentaire〕的制约性。就乔伊斯而言：（灵感显现的）技法，"探索着如此尖锐的一种呈现，以至于作者的一次评论会成为一种干扰"→极端困难（或勇气）：不给予意义，不给予一种意义；取消一切评论，偶然场景的琐细性赤裸裸地展现，以及，强调此琐细性，这几乎相当于一种英雄主义。（同样，在我的

---

①　参见《生存和真实》，见《尼采文集》，81页；引文取自《权力意志》法译本，巴黎，伽利马出版社，100页，1947。

②　同上书，108页。

连载文中①——一份大周刊，读者达 50 万——我似乎不可能不赋予每一"偶然场景"以一种<u>道德性</u>；因此，按此观点，这是一种失败→但我也学会了忍受失败和理解失败："这是一种在追求胜利中所遭遇的光辉失败。"②→再说一次：对于一切所报道的事实不给予解释的西方之巨大条件作用（conditionnement）；祭司文明；我们给予解释，我们不耐于短的〔courtes〕（在 tourner court〔急转弯，突然变化——中译者〕、"年轻人，这些急了"的意义上）语言形式。对我们来说，简短形式应当是多元意指性的：格言，抒情诗→俳句（或其替代物），这对我们而言是不可能的。

也许由此产生了乔伊斯的失败，以及这种失败的转化：将诸"灵感显现"<u>注入</u>小说，将简明的、简短的不可容忍的因素淹没在记叙中；具有平静和安稳效果的中介作用，一种宏伟意义（命运）的升华。参见列维-斯特劳斯关于能容忍此悖谬性神话的辩证功能之论述。

2）普鲁斯特：<u>真实</u>

作为"过渡者"，普鲁斯特给我们引出了两个问题；问题已存在于乔伊斯那里，但是另一种经验风格：

1）普鲁斯特从来不关心简短形式，他的"自发"写作正好反向行之："飞速地"书写。<u>不可穷尽</u>的方面：加写，附笺贴条，等等；他的方法侧重于催化作用方面，而非侧重于省略作

---

① 从 1978 年 12 月 18 日到 1979 年 3 月 26 日，巴尔特在《新观察》上每周连载文章，参见《全集》，卷 5，625～653 页。

② 引自《蒙田文集》，卷 1，31 章，由 Albert Thibaudet 编注，250 页，巴黎，伽利马出版社，1950。

用方面（催化式作家即是，其改正活动即为增加写作的活动；但这样的作家很少，如卢梭、巴尔扎克）。——但是，长久以来，他只写作即使不是简短的至少也是篇幅有限的文本：中篇小说，文章，连载作品，片段→普鲁斯特的问题（或者"马塞尔的问题"，因为它与普鲁斯特的传记有关），我将在本讲的第二部分讨论——虽然不免有些延误，我只是在会议上和《文学杂志》的短文上提到过①：在某一时刻，这些文章的头尾被连接了起来：一部长篇写作在运动中，从那时起《追寻逝去时间》被不停地写作着→这就是"ça prend"〔《成了》〕文章的主题。我想，这篇文章的决定性时刻可能是：《驳圣伯夫》1909年8月被《费加罗》拒绝连载和《追寻逝去时间》1909年9月令人惊异的发表之间的极短时间→因此《成了》这篇文章发表的神秘月份是1909年9月——按照简单化的和戏剧性的观点，这是正确的，因为这是本讲座提出的（个人性）问题：在一种简短性的洪流中，如何、何时使大量的随记以成型呢？——事实上，普鲁斯特手稿研究组（现代手稿历史研究中心，在Ulm路②）的看法是：写作的较早决定，使人们难以确定《追寻逝去时间》动笔的准确时间。这是正常的，"开端"当然不取决于一种传记的整体状况；我想，《追寻逝去时间》的传记性基础就是母亲的死（1905）→价值的转换——但是，其效果是长期性的；在1909

---

① 会议是指法兰西学院在1978年10月19日举行的，题目是"长久以来，我早早上床"（《全集》，卷5，459～470页）。文章指1971年1月《文学杂志》第144期上的"ça prend"。

② 此机构后来变为"现代手稿和文本研究所"（ITEM）。

年 9 月，显然，还没有发生任何特别的情况，成熟期的到来，不是由于传记性的而是由于"制作性的"〔poïétique〕若干决定作用→我提出如下假设：a) 发现了一种正确的说我的方式；b) 设定了一种专有名词系统；c) 改变所设计作品的篇幅的决定，过渡到长的、非常长的篇幅的决定（整部长篇作品在其完成前充满着死亡的强迫观念）；d) 来自巴尔扎克方法的结构性发现：人物的重复登场，以及"压条法"①。

这一切还应予以验证（对此而言，博学多识就很有用了）。——我强调和主张：普鲁斯特，作为写作历险中非英雄式的英雄；正像《尤利西斯》的主角实际上是语言活动〔langage〕（彩色版小 Larousse 词典就是这样说的），普鲁斯特讲述的故事就是写作的故事。

2) 我们将普鲁斯特予以"过渡"〔转换〕的第二个问题是非常不同的——在某些方面，不是与从"灵感显现"过渡到小说的乔伊斯之决定有关（《英雄斯泰芬》），而是与"灵感显现"本身的存在有关："本性"（whatness）的显露、恢复。但是，就普鲁斯特而言，至少在主要方面，不是与事物的本性相关，而是与感情的真实相关→因为，正像在俳句中那样，类似的、相关的或显示的问题，即是"就这样"，即是触发〔tilt〕→俳句：对我来说，是一种我称之为真实瞬间的（对此我已说过）"预科教育"②。

---

① 压条法〔marcottage〕是一种园艺名词，指一种植物繁殖法，按此法埋下的根茎，可以从其他地方长出。巴尔特称其为"飞越构成法"："小说中开头不重要的细节，最后会成长、发芽、开花。"参见《全集》，卷 5，656 页。

② 可参照前述会议"长久以来，我早上床"（《全集》卷 5，459～470 页），巴尔特在此重复和发展了该论点。

*156* 　　最初的方法→"真实瞬间"＝一种阅读事实，而不是一种写作事实。因此，不属于一种写实主义技法。一种故事的、描述的、陈述行为的时刻，阅读过程中的突兀的纽结，具有一种例外的特性：一种涌出的情绪（直到泪流，直到撼动）和一种明证的结合，此明证将读解中视为真实（曾经真实）的确信刻印于心。

　　真实瞬间：在一种阅读中，在我〔moi〕这第一级主体身上所发生的，因此只可能通过援引自身来进行说明——即我所做者。——但是，可能出现的情况是：一本书成为一个角色与一个得自另一本书而深埋入第一本书内的真实时刻遭遇的场所。举两个例子：a）但丁的《地狱》，第5篇：在第二圈（色欲圈），法郎赛斯和保罗：他们一起读郎赛罗和奇妮佛的恋爱故事（在特鲁瓦的克雷蒂安的故事中：湖水中的郎赛罗为"圆桌骑士"之一，由妖精维维尼娜在湖底养育，爱上亚瑟王之妻奇妮佛；加勒豪特欣赏郎赛罗的爱情故事）。

　　但丁《地狱篇》的第5篇①。

　　真实时刻：其证明性在于它决定着一种转换，一种朝向行动的过渡。

　　b）拉马丁的《葛莱齐拉》：可以看到真实时刻之投射的，或者毋宁说同态的特性。

---

　　① 本注引自法译本《地狱》第5篇内大量相关语句，中译本从略。关于本段和其他段落内有关但丁作品讨论中涉及的人名翻译，中译者主要引自王维克的译本《神曲》（人民文学出版社，1987）。关于《地狱》第5篇的内容和语句，参见该译本22～26页。——中译者（法译本参见 Dante, *L'Enfer*, traduction d'André Pézard, Paris, Gallimard, coll. "Bibliothèque de la Pléiade", 1965, p. 911－913.）

在《葛莱齐拉》第 96 页和 99 页①。

$$\frac{保尔}{维吉妮} = \frac{N}{葛莱齐拉}$$

(应该强调:同态性〔homologie〕≠ 类比性〔analogie〕。它相关于形式、情境、布局〔configuration〕,而非相关于性格的、内容的结构性关系。)

我已经说过,对我来说,两个阅读时刻注定成为真实瞬间:1)《战争与和平》中法军顷刻迫近公爵旧领地时老保尔康斯基公爵的死——对他女儿玛丽所说的最后几句温和的话(他似乎与女儿永远处于彼此抱怨连连的关系中):"亲爱的,我的艾米";前一整夜玛丽小心地不去打扰他,即使当他叫她时。(就像下面的例子:"真实

---

① 《葛莱齐拉》〔Graziella〕最初由拉马丁于 1844 年为诗篇《最初的遗憾》进行注释时所构思,1849 年时成为其《自白》的片段之一。正像在《保尔和维吉妮》(圣彼埃尔的贝尔纳丁,1788)中一样,《葛莱齐拉》的叙事也是在天国岛和人间社会、地狱的张力之间展开的,以及在双胞胎爱情的暧昧性、女主角的英国背景上展开的。两部作品,都关系到一种忧伤的、预示着死亡的精神爱,它把两个看起来是纯粹的、兄妹爱的情人结合起来,彼此的分离必然导致死亡的结局。这正是一种"取自深埋在另一本书中的真实瞬间"(巴尔特前引句),它在深部组织着两部书之间的"同态关系"。因为叙事者那晚使青年在入睡前阅读《保尔和维吉尼》时,正是葛莱齐拉的激情被唤醒之时:"维吉尼的姑妈在法国回忆道,当我到达时,维吉尼可以说感觉像是自己的存在分裂为二,并努力安慰保尔,让他返回到把他带来的大海上,我合上了书,第二天继续读着。这个故事感人至深……葛莱齐拉跪在我的面前,也就是在我的朋友面前,要求我们讲完这个故事。但这是没有用的。我们想延长她对故事的兴趣以及证明我们的魅力。于是她从我手中夺走了书,打开了它,很像是她能够凭借意志来从中理解角色。她对书本说话,拥抱书本。又把它郑重地放回我的膝上,握起双手,恳求地望着我。在暗中,她的面容如此清秀安详,但有些严肃,却突然充满激情地、使人对此故事充满同情期待地,引起读者悲剧性的亢奋、困惑和悲壮之感。人们说,一种突然的变故使这美丽的大理石般的肌肤,变成了肉身和眼泪。女孩至此一直沉睡着的灵魂在维吉尼的灵魂中苏醒。"这可能是巴尔特引述的一段,虽然有页码,但我们不知道该书的版本为何。

时刻"并不复活一位亲爱者的死亡；它并不是对自己的遭遇进行的写实主义复制；使悲痛发生效力的是前面的可能阅读行为）。2) 实际上，第二个真实时刻（对我来说）才是典型的：祖母的死（普鲁斯特，《盖芒特》，第 2 部，第 1 章，314 页以下）。这个死亡，并无戏剧性：不是格勒兹式的绘画；它不再是"写实主义的"（对一个所指者的严格摹写）；当然，从传记上说，有若干根源：1890 年 1 月 2 日维尔夫人之死，（1903 年）父亲之死，（1905 年）母亲之死。我只想从两个强烈的——直到难以忍受的——决定作用中引出真实时刻：

1) 关于死亡〔mort〕所写出的东西就是死亡行为〔mourir〕——以及，死亡过程可能很长。普鲁斯特令人惊异地叙述了关于死亡的片段、阶段、过程。我要说，在每一时刻，他都提供了一种由具体物提供的补充，好像他一一触及诸具象物之根部似的：香榭丽舍大道上的轻微发作：夕阳的红色，嘴边的手；在病中时，弗朗索瓦斯〔为祖母〕梳头时的痛苦情景，等等。为什么这是真实（而不只是实在的或实在主义的）的呢？因为具象物具有的这种指示着正在死亡者的彻底性：越具体，也就越生动，也就越加表现出是在走向死亡；这就是日本语的"utsuroi"〔虚空〕之意→某种由写作给予的神秘的附加值〔plus-value〕。

2) 死去的是祖母。她的死亡，在话语中占据中心地位，实际上与此前写作的东西相连：所有一切在构成祖母死之画卷时相互竞争，自考姆布雷的花园以来，都参与了这种突显的具象、激动的情绪、怜悯和"同情"，它们共同实现了此真实时刻→在《追寻逝去时间》，第 1 篇，第 10 页以下；我们可以据此制作一幅心理学肖像：她热爱自然，她具有教育观念，在家族中她是一种独立存在，她

"心地谦逊",等等。但是,这一切都是(曾经是)令人乏味的,它们无关于我加于其上的无与伦比的那种联系;这种联系＝特别微细,但对我来说是令人悲痛的。仍然是绝对的具体性,当和她的丈夫喝白兰地酒时:"撩起她的散乱而灰白的头发";"我可怜的祖母走进来,热切地祈祷着";"我的祖母走出去,悲哀地,颓丧地,然而微笑着";"她的满布皱纹、皮肤褐色的美丽脸颊,变回成淡紫色了,就像是秋天麦场上的颜色变换",等等。在我们起初提到的意义上,所有这一切都表明(第12页)她将要死去,而且,花园中身体的具象表现和病者与死者的身体具象表现是相同的:脸颊和头发,都是同一种素材。

这两种真实时刻是:死亡时刻和爱情时刻。大概,对于产生真实时刻来说,二者都是必要的→我想到另一种真实时刻(对我来说,按照我的阅读经验):纪德,《她在你之中》:马德莱娜的手,需重新对时的钟楼,永远是可记忆的具体物。——我在别的地方说过,费里尼的《卡萨诺瓦》的机器人:它的化妆,它的单薄,羽饰,它不合适的白手套,上扬的手腕动作,等等。①

因此,真实时刻是:a) 在主体层面:感伤的诀别,发自肺腑的哭泣(没有歇斯底里的表现);此时身体与形而上学结合在一起(形而上学系统企图超越人类的痛苦);在真实时刻,(阅读着的)主体触及人类的"丑陋":死亡和爱情同时存在("上帝未曾同时创

---

① 在《明室》中,巴尔特提到了费里尼的《卡萨诺瓦》:"我的眼睛被一种凶暴而甜美的锐利感所动……我清楚地看到和赏玩着每个细节,可以说,透入骨髓地感到全身震撼。"(《明室》,前引书;参见《全集》,卷5,882页)

造死亡和爱情：他或者创造其一，或者创造另一，而不是创造二者"①）。b) 在写作层面：真实时刻＝情感和写作的连带性、密实性、坚固性，是难以处理的整体〔bloc〕。真实时刻，不是对不可解释者、意义的最后阶段、<u>无可言说的最终事态</u>的揭示〔dévoilement〕，而是，相反地，是它们的<u>突然出现</u>〔surgissement〕：由此，俳句和"显现"就发生了"血缘关系"→两个层面（感到痛苦的主体层面和阅读的主体层面）在概念的层次上成为一体：pitié〔怜悯，宽恕〕。我知道，这个词并不好：今天谁敢说（例如在报纸上）<u>怜悯</u>呢！大家都承认这个词用在对动物"有怜悯心"的意思上。但是，<u>怜悯</u>这个词来自古代：这是一种被书写的感情〔affect écrit〕，因为它导致<u>净化</u>〔catharsis〕，即悲剧变得正当化了。

真实时刻＝当事物本身被感情触动时；不是模仿（写实主义），而是感情的结合；从历史上说，在此我们处于前苏格拉底主义阶段，处于<u>另类思想</u>之中：悲哀和真实是处于能动性状态〔l'actif〕中的——不是处于反动性状态〔le réactif〕中（怨恨，罪，抗议）→真实时刻＝<u>难以处理的</u>时刻：人们于此不可能解释、超越、倒退；爱情和死亡在那里，这是我们所能说的一切。这也是俳句的情况。

为了结束关于<u>真实时刻</u>的讨论，再谈一些方法论方面的情况，后者将提出为什么真实时刻不只是一种主观的、任意的印象，而也可能与一种一般性概念联系起来——这是为了弥补一种极端轻率的意见：必须在系统之外谈论真实，此系统告知如何为真实奠定基础。→当然，在分析的、理智的层面上，这与两个在前的概念有关：a) 狄德罗，莱辛：<u>感受强烈的</u>〔prégnant〕瞬间，为观者带来

---

① 在"长久以来，我早早上床"的会议中，巴尔特问道："为什么恶魔同时创造了爱情和死亡？"（《全集》，卷5，468页）

情绪和信念的意义压缩。① b) 布莱希特：社会姿态：社会图式处于一切被表现的行动中。→我们看到：道德的姿态（狄德罗），社会的姿态（布莱希特），感情的姿态（真实时刻）——使人感受强烈的形式；雷尼·托姆，灾变论数学家，在谈到言语活动时说（*Ornicar*，Nr. 16，p. 75）："一个形式是使人感受强烈的，如果观察主体，在某种程度上，能够在象征的意义上自我同一化的话"，或者"一种形式是使人感受强烈的，如果它激起的反应以及其强度，从量的观点看，与刺激物的强度完全不成比例的话"。

在结束本部分讨论时，让我们再回到写作来，回到这个透视性的〔projectif〕以及展望性的〔prospectif〕复合体来。我企图把两个轴向结合起来，一个轴向随着课程清晰地展开，另一个轴向也是不停地呈现，但却是以一种间接的方式，即通过随记作用（俳句、灵感显现、偶然场景以及真实时刻）和小说。

首先可以说，不是不可能把一种"阅读作用"——以及一种分析、一种方法、一种批评——加以理论化，此阅读作用关心着或参与着作品的时刻：强烈时刻，真实时刻，或者，如果不怕使用这个词的话，悲壮〔pathétiques〕时刻（我们知道此词与悲剧的联系）

---

① 这个概念对于绘画理论是重要的，如狄德罗在《回答 Delachaux 夫人》一文（《致聋哑者书简》，1751）以及在《百科全书》的《构图》一文中：绘画，为了处理它的主题，按照狄德罗的看法，应该选择可将过往事件加以压缩的瞬间和时刻，此时刻还包含着未来事件。莱辛在《拉奥孔》中为此时刻命名，称其为丰富的瞬间。（Courtin [1866] 翻译，巴黎，Hermann，1990）Roger Lewinter 为《狄德罗全集》写了导论，称此瞬间为"人为的、混同的瞬间，反映着过去，展示着现在，预告着未来"；他指出狄德罗对莱辛的影响，与其说丰富的瞬间〔Courtin〕，不如说使人感受强烈的瞬间。巴尔特参照的版本，见：Diderot, Denis, *Œuvres complètes*, Paris, Club français du livre, t. Ⅲ, 1970, p. 542.

→悲壮式批评：不是从逻辑性单元出发（结构分析），而是从感情因素出发→我们可以按照时刻之力量——或一种时刻之力量，来区分作品的诸价值（价值本身）：费里尼的《卡萨诺瓦》（我一点都不喜欢）整部影片显然因机器人对我造成的"触发"效果才具有了价值，因此就无关于文化趣味的好恶了：我说过，《基度山伯爵》中的悲壮性因素使我能够重组该作品（我想到关于这部小说的一次课程）→好像是我们贬低了该作品，不再重视其全体，废弃了这部作品的诸部分，并将其毁灭——为了使其复活。

小说，实际上（因为所讨论的正是小说），在其漫长的洪流中，不可能支持（时刻之）"真实"：这不是它的功能。我把它表现为一种织体（＝文本），一幅庞大而绵长的画卷，上面绘制着虚幻、诱惑、虚构或者说"虚假"：灿烂的、彩色的画布，玛雅人的画布，上面稀稀疏疏地分布着"真实时刻"，后者才是绝对的正当性；这些时刻是：rari〔稀薄〕的（rarus，稀疏）、偶尔显露的〔apparent rari〕（nantes）→当我做随记时，它们完全是"真实的"：我永不会说谎（我永远不会虚构），但准确地说，我并未接近小说；小说不是从虚假开始的，但当人们不加防范地把真与伪混合时：真实成为明确的，绝对的，而虚假成为艳丽的，它来自欲望界和想象界的层次→小说成为一种"织锦"〔poikilos〕，色彩斑斓，光点闪烁，覆盖着图画和场景，有如刺绣的、复杂的、复合的衣装；词根 pingo（绘），用不同的丝线刺绣、刺纹；参见 pigmentum〔绘画工具和材料〕印欧语的 peik，在写作或涂色时的装饰→小说的锦绣＝一种真与伪的混合物，一种真与伪的异质性合成物〔hétérologique〕。

因此，情况也许是：完成一部小说（此为本课程之展望，也即本课程透视线之"消失点"），从根本上说就是同意说谎，完成说谎

(而说谎可能是很困难的)——二次性和倒错性的说谎,则是把真与伪相混淆的说谎→最后,于是,对小说的抵抗,小说的(在其实践中的)不可能性,也就成为一种<u>道德性</u>的抵抗。

# 迷园的隐喻

跨学科研究

1978—1979 年度研究班讲义

# 1978年12月2日研究班导论

**起源**

1968年过后不久,有几年间人们在探讨一种理论,即多元权力和权力网络理论,以及重新提出各种中心化结构的问题:一种"去中心化"网络的思想。此一思考(德勒兹,福柯,也许还有德里达)中的"印象机能式宣传"〔publicité impressive〕[①],在其形成的时刻——特别是在哲学家中间——某种

---

[①] 雅克布森在其《普通语言学论集》(巴黎,Minuit,1973) 中提出语言活动的6种功能,其中一种功能是印象式的〔impressive〕(或者说"促动式的"〔conative〕)。它表示一种方法论总体,其目的不是提供信息(表达功能),而是含有一种目的性。各种信息接受形式的读者或观众都属于语言活动的此种印象式功能。宣传性信息就是这种用法的典型例子,因为它首先建立在相关公众的认同上。

意义上是在一切流行意见之外，在一次跨学科研讨会上被慎重地"证实"了。此研讨会是在一位数学家罗森斯提尔[①]（在研究班结束时，我们将接待他）的倡议下举办的。研讨会围绕着"蚁窝"概念进行，此概念来源于数学和动物生态学，但它对于那些必须考察权力网络和权力去中心化问题的一切学科来说，似乎也是一种有效的隐喻→我对这种交叉现象很感兴趣：1）人文科学所借用的概念来自形式科学、物理科学或精确科学。2）人文科学使那些已经是一种隐喻的概念再被隐喻化（我们知道，数学、物理学具有使用良好隐喻的才能和勇气：香味／色／数型／束／渐进自由／灾变论，等等）。我对这个隐喻（在其比较具有形象性的普通意义上）和科学话语的关系问题一直非常敏感——因为在人文科学中，在科学和写作（小品文）之间的规范性分隔，是围绕着对形象的否定或接受而定的。但是，精确科学诉诸隐喻，并进一步更好地发明一些隐喻→由此产生探讨隐喻的——自古以来就有的——如下欲念（一种隐喻过程），选择隐喻，以使其看起来先天地呈现于各种各样的学科中→存在着三个"关键点"〔enjeu〕：1）在每一学科内部探讨此字词；2）探讨"隐喻"的概念；3）探讨"学科"的概念→当然，此"关键点"是通过一种"游戏"〔jeu〕来呈现的：迷园这个词是在直接意义上被理解的，"隐喻"和"学科"则是在间接意义上加以理解的（这并不意味着我们对这两个概念的兴趣减少了）→因此出现了本研究班的原则：一种字词和来自种种学科的借用词，它们在某种

---

[①] Pierre Rosenstiehl，数学家和Oulipo派成员，法国高等社会科学院社会数学分析中心研究员，从事人文科学模式化研究。我们参照他在研究班提出的会议论文，该文发表于以下展览会资料集：*Cartes et figures de la Terre*, paris, Editions du center Georges-Pompidou, 1980, p. 94–108.

意义上是此字词的见证→注意：我自己并没有任何理论，并几乎没有任何"迷园"观念。我不强迫自己拥有任何理论或观念，却愿意倾听其他人的理论和观念，并打算逐渐地呈现出围绕着字词所形成的某种新〔理论〕风景线；因此我的作用只是在此过程中主持（从今天）开始和（在最后一次研究班上）结束，并在 11 次讨论的每一次之后做几分钟总结性发言。

**字词，事物（一种基本知识的汇集[①]）**

一个词具有一个由各种"反响"〔résonances〕组成的系列：它在文化上发声→存在着一种字词的直接现象学，某种意义上即文化的现象学（如果可以这样说的话），因为它依赖于主体的（模糊的、暧昧的、被身体化了的）文化。按此现象学，字词迷园对我来说在两个极端上起作用：

1）流行的、几乎是通俗的"隐喻"；例如，由女性报刊读者的一封来信（《解放报》，1978 年 11 月 15 日）构成的迷园〔labyrinthe〕：主体在其（标准性的）疏离化职业〔接线生〕、神经质、精神病诊所内感受到的挫折感轨迹→诸明显的意素是：转动，迂回，不可能脱离的空间，但在其内部设法发现一种解脱之道。

2）在相反一侧：在希腊韵文传统中的希腊词"传说"："费德尔〔Phèdre〕与你深入迷园/ 与你同生共死/阿里亚纳，我的姐妹，

---

[①] 一本法文书：Santarcangeli, Paolo, *Le Livre des labyrinthes. Histoire d'un mythe et d'un symbole*, traduction de Monique Lacau, Paris, Gallimard, coll. "Idées", 1974. →这本书内容混乱，主要是考古学和民族学的资料，很少有象征学方面的内容，相当普通，我们还会谈及它。（巴尔特在余白边页用 s 字母标示着此书的页码。）

为爱情所折磨/你在自己被抛弃的边缘上悲伤。"①

　　虽然我们在下周六将和德田尼一起思考希腊神话。我想先回忆一下神话故事并非是无益的，因为对我们来说，迷园在文化上就是：希腊的（而不是埃及的），梅诺斯，代达罗斯，阿里亚纳，法西菲神。因此：变为白母牛的宙斯所诱拐的欧洲，连带着克里特岛，在那里生出了梅诺斯，他把统治扩展到基克拉泽斯，并扩展到伯罗奔尼撒的一部分（文明，海洋国家）。梅诺斯娶了法西菲神，太阳神赫利俄斯的女儿。梅诺斯由于受到法西菲神嫉妒的刺激，患了重病：与别的女人做爱，从身体中生出了可厌的动物：蛇，蝎子，蜈蚣。梅诺斯的孩子们：辉煌的费德尔，光辉的鹰，圣洁的阿里阿德尼（Ariadne）→梅诺斯要求海神老老实实地交出权力。海神接受了，但条件是梅诺斯把自己献给神：白母牛，从海底升起，面对着克诺索斯。但是梅诺斯把母牛留给了自己：违反了誓约。海神的愤怒和复仇：他使法西菲神与母牛恋爱。但是，如何做爱呢？代达罗斯（语源是 dalléin，良好建筑之义），雅典宫廷出身，梅诺斯王宫的建筑师（他是锥子、角尺、穿孔器、水准器、曲板、自动机的发明者）；他来帮助海神，制作了由柳木造的假母牛，把海神放入其中。母牛违反了本性，怀了孕，从此产生了怪物米诺陶里。梅诺斯把怪物放进由代达罗斯制造的迷园。其结果是，在梅诺斯和雅典人之间引起了战争，梅诺斯获得了胜利。和平条件：每年向米诺陶里供献7位少男、7位少女。圣泰雷兹为了使雅典人从供奉中解脱出来，与米诺陶里战斗；他到达了梅诺斯王宫，阿里亚纳爱上了他，给了他一条著名的绳子；他杀死了妖怪后返回，连带救出了阿

---

①　拉辛：《费德尔》，第一幕，第三场，第二次引用。

里亚纳，但又把她抛弃在纳克索斯岛。——按照另一个版本：迷园的危险，与其说是道路歧曲，不如说是道路晦暗。于是，阿里亚纳伴随着圣泰雷兹，用其皇冠上的金子的光照明了道路。

对我们来说，迷园＝希腊。但这是一幅带有埃及印章的迷园设计。埃及迷园：永远与法老陵墓相联系，陵墓本身就是一个迷园（在里面有被守卫着的国王遗体）→或许：克里特迷园和埃及迷园之间的关系；公元前2000年，米诺斯文化期的第一批建筑师，几乎与哈瓦拉①的迷园和斯芬克司神殿同时。——不要再忘记下述情况：在一切文化中都有"有意建立的"迷园：克里特人，埃及人，巴比伦人，史前洞穴人，斯堪的纳维亚人，美洲人，祖卢人，亚洲人——现代人（舍瓦尔邮递员，超现实主义者）；起始性迷园。1947年Maeght画廊展览会。②

**词源学**

不确定点：

1) *Labrus*：双头斧；克诺索斯宫的常见主题，神圣标志，具有威胁性和残酷性；权力的武器和象征；格杀野兽的武器；左右同时代表正义：母牛的两角？人的形象？

---

① 哈瓦拉位于埃及法尤姆，以第二金字塔著名，该处为第12王朝的法老阿蒙涅姆赫特三世死后建造的另一世界居所。金字塔的神殿墓地，按照希罗多德所说，由若干大院内的几千间房屋构成。这是按照一个巨大综合体的设计图建造的。这个广大的迷园给予希腊人以强烈印象，他们称之为"哈瓦拉迷园"。

② 1947年的超现实主义展览会。"国际超现实主义展览会"由布雷东和迪尚〔Marcel Duchamp〕撰写导论，该展览会于1947年7月7日至9月30日在巴黎Maeght画廊举办。

2) *Labra*，*laura*：洞穴，回廊坑道（可能是起源于小亚细亚安纳托林地区的词语）＋*inda*（亚利安词根）＝儿童游戏，"Basilinda"＝假扮国王→洞穴游戏，坑道游戏→人们宁肯倾向于第二语源说。

物〔chose〕

这是一个具有基本知识论的问题，如果迷园可能被结构化的话，这里似乎存在着悖论，因此这可能被视为一种定义条文：一种意图性和系统性构造的因素的存在。我们将保留这个问题，在以后的论述中处理。我在此只提醒：

1) 对某物知性掌握的初步行为＝将其可能形式进行分类——视之为迷园（桑塔尔坎格里①）；例如，自然的迷园（南斯拉夫的 Postumia，靠近的里雅斯特：石灰岩块内的回廊），/ 偶然的迷园（坑道画廊）/ 人为的迷园→可能令人生厌的其他的分类：几何的迷园 / 直角曲角的不规则的迷园 / 无中心的圆形迷园 / 单中心或多中心的、单分岔或多分岔的迷园，等等。→所有这一切，至少在此最简单的论述水平上：毫无用途，没有产生一种现象的可理解性。

2) 事实上，存在一种制造迷园的简单原则：一位德国学者指出，一种米诺斯迷园（没有系统的高低不平），可以通过用一两条连接线切分一系列同心圆来得到。②

但是，我们可以通过引出迷园的结构功能使迷园方法精细化（以免过早进入象征界〔le symbolique〕）：迷园对应着什么基本的功

---

① Santarcangeli, Paolo, *Le Livre des labyrinthes. Histoire d'un mythe et d'un symbole*, traduction de Monique Lacau, Paris, Gallimard, coll. "Idées", 1974.

② 桑塔尔坎格里曾提到此事，参见 W. H. Matthews, *Mazes and Labyrinths*, Londres, 1922.

能？——显然（大致说），解释学的功能。布里翁说："迷园的特征是……绝路和岔路的结合，绝路未提供任何出路，岔路中行路人应该在呈现于面前的无数可能选择中不断地进行选择"①，这就是说，一方面，道路并未留下选择的责任（道路尽头），另一方面，保障我们有自由的十字路口：障碍将是由我们的选择而非由命运所造成的。

在结束关于此词语的讨论时，我们看一下词汇学。利特雷说：1) 作为古代词：拥有大量房屋和通道的建筑物，其构造导致一旦进入就不可能找到出口。2) 放置在花园里的小树，其排列方式使人进入后易于迷路（如植物园）。3) 解剖学：内耳。4) 采石场迷园：在长时期开掘之后形成的坑道混乱。5) 考古学：各种马赛克形态的构思，等等（花瓶，钱币，铺石）。6) 转义〔figuré〕（注意，对于利特雷，这个转义概念出现较晚）：极大的混乱，错综复杂的事件，困难，困难问题，思想混乱。

注意：迷园的句法修辞格（参见弗洛伊德的句法修辞格，例如物恋〔fétichisme〕中的"是的，但是"："我清楚知道，但当……"②）似乎是"*tellement que*"〔非常……以至于……〕：如此标示良好，以至于找不到路途了；换言之：进行如此完美，如此精心雕饰，反倒接近于失败＝先强后弱的修辞格。

---

① Marcel Brion，"Hoffmannsthal et l'expriénce du labyrinthe"，*Cahiers du Sud*，Nr. 133，1955.

② 参见弗洛伊德的"否认"〔Verleugnung〕修辞格，它否认现实的存在，特别是在弗洛伊德的《精神分析学引论》（1938）一书中。同时参见：Octave Mannoni："Je sais bien mais quand même…"，*Les Temps modernes*，Nr. 212，janvier 1964，repris dans *Clefs pour l'Imaginaire ou l'Autre Scène*，Paris，Seuil，1969.

## 隐喻的存在领域

　　我断断续续地想到的（未经记忆或书籍的研究）迷园隐喻：建筑物（当然），城市（巴黎，从豪斯曼开始的中心迷园和周边迷园；迷园和游击战：<u>堡垒</u>），花园（修剪造型艺术：topiaire〔园艺〕的字源为 topia 和-orum，幻想花园；修剪艺术：花园艺术家）。——舞蹈：Géranos 舞（鹤舞），从阿里亚纳传说中产生的提洛岛人的舞蹈，都呈现为<u>交替和回旋</u>的样式；旋转运动，有时向前，有时向后，模仿着克诺索斯迷园的曲折，鹤舞（少男少女牵着手或绳子，像是鹤群在密集飞翔）。——<u>游戏</u>：例如酒杯迷园，噩梦；想与对象接触而不能接触；镜子迷园（集市）。——自动播放机，投币机（slot＝裂开；自动售货机）：轮盘赌具，投币电唱机。特别是，赛鹅棋：诞生于1650，逐渐演变而成；"第42号"，非常危险＝迷园建筑。——当然，一切语言的"艺术"：a) psi〔魂〕世界（尼采："如果我们想探索一种符合灵魂结构的建筑，就需要设想迷园形象。"①）; b) 作品，就其涉及游历、历练过程而言；例如，《神曲》：环谷→越来越加重的炼狱过程→与至善的合一；c) 风格，短语；普鲁斯特（《莫朗短篇小说集》〔*Tendres Stocks*〕的序言②）说，他具有作为想象花园的"阿里亚纳线"作品风格；d) 叙事：叙事学；实际上，叙事的展开是通过分岔进行的

---

　　① 尼采：《曙光》，格言169。
　　② 在序言末尾（Morand, Paul, *Tendres Stocks*, préface de Marcel Proust, Paris, Le Sagittaire, 1920.）普鲁斯特谈到自己时说，他的风格是他的"阿里亚纳线"见 L.-P. Quint 的《普鲁斯特：生活和作品》(Paris, Le Sagittaire, 1925)。

（proairésis〔行动学〕①）；的确，作为导引者的作者，选择各种岔道；但是有时向后走，采取另一条道路；错综，复杂，迷失在故事中的感觉；把叙事当做迷园加以研究可能是有用的（能够容忍的复杂程度）。——再回到希腊的传说：在语言的适宜性方面，迷园的神话似乎与两个<u>违反誓约</u>、两个言语的"错误"相联系：1）梅诺斯对海神祭献母牛的许诺；许诺未遵守。2）忒修斯和阿里亚纳。

因此，乍一看："隐喻"（被置入引号内，因为，研究班的目的之一大概就在于看出此词如何成为难题）的扩充和应用领域非常广泛。在一系列邀请的安排下，我企图处理这个领域的一个部分（因为，实际上领域是无限大的）。在每次研究班上，我都会宣布下一研究班的客人。目前，谈述的是"学科"（"话语"，话语的类型）：

1）希腊神话。

2）尼采（众所周知，在末期的尼采思想中有一个重要的修辞学形象：阿里亚纳）。

3）造型艺术形式理论的历史。

4—5）文学总体的历史：俄国的和西班牙的（还有其他各种）。

6）电影。

7—8）城市地势学，建筑/城市计划。

9）花园。

10）数学。

---

① 行动学是决定一种行为结果的能力。巴尔特对其如下定义："对于亚里士多德来说，实践科学并未产生行动者的作品（与 poiésis〔制造〕相反），实践〔praxis〕是建立在两个可能的或行动的成分之间的理性选择之上的。"（《萨德，傅立叶，罗犹拉》，《全集》，卷3，722页）在其有关巴尔扎克的小说《萨拉辛》的讲演《S/Z》（1970）中，巴尔特提出5种大阅读代码，特别是"行动的代码"，"关于行动和行为的代码"，它是"围绕着自我研究或自我肯定的命名节奏"展开的（《S/Z》，《全集》，卷3，133～134页）。

11) 精神分析学。

→11 位客人①（如果无缺席的话）；我负责最后一次研究班（3月10日）→经常出现的悖谬现象：我从中引出有关迷园观念的学科，最后，无人来代表的学科是：民族学。实际上，我没有找到任何人，至少在我的朋友中间——而你们知道，我将通过在各种话语之间的某种先在的（甚至是模糊的）一致性原则，来平衡纯粹知识、纯粹学科带来的风险。（此外，有趣的形象是：某种事物的起源在此事物的发展中被抛弃时，通常情况是：稍后"扔弃"的运载火箭形象→"起源的放弃"。）

**象征学分析**

我不知该如何说明。在此论述中，我的作用是陈述关于迷园的信念的基础（或许为了使我们最终将其摆脱）；但是，存在着一种关于迷园的基本的、信念的象征学。

隐喻材料：a) 洞穴，内里〔penetralia〕：弗洛伊德（《精神分析学引论》）："迷园历史被揭示为肛门产生的再现：弯曲的道路就是肠子。"② 洞穴：死亡（朝向再生："出路"），朝向启示（真实生

---

① 讲演日程表：1978 年 12 月 9 日：Marcel Detienne 德田尼；12 月 16 日：Gilles Deleuze 德勒兹；1979 年 1 月 6 日：Hubert Damisch 达米施；1 月 13 日：Claire Bernard 贝尔纳德；1 月 20 日：H. Campan 康庞；1 月 27 日：P. Bonitzer 博尼策；2 月 3 日：H. Cassan 卡桑；2 月 10 日：F. Choay 肖艾；2 月 17 日：Jean-Louis Bouttes 布特；2 月 24 日：P. Rosenstiehl 罗森斯提尔；3 月 3 日：O. Mannoni 马诺尼。——在《法兰西学院年鉴》的研究班报告中有每位客人的头衔和相关领域介绍，参见本书 460 页。

② 弗洛伊德："Révision de la théorie du rêve", in *Nouvelles conferences d'introduction à la psychanalyse*, traduction d'Anne Berman, Paris, Gallimard, coll. "Idées", 1971.

命）存在之内部道路。但是，户外的迷园：费里尼的《爱情神话》被制作成主体（摄影机）看着搏斗中的他者：降神术的位置。b）线：忒修斯让他的同伴留在入口，把卷曲的线的一端打结；接着他放线；在杀死野兽后，又把毛线卷起→因此，放线的动作（＝自我迷失）≠ 卷线，再绕线（＝重新找到路）→在此线上连接着一切有关方向的神话（代达罗斯）；特别是关于动物的。c）中心：在此有怪物或宝物；这是某物，带有神性的某物；隐藏的、神圣的、在受阻行进的末尾发现的东西→中世纪：向耶路撒冷行进的困难；发明了其他行进之路：罗马，孔波斯特拉——还有当行不通时在教堂土地上象征地描绘一条曲折漫长的朝圣路："耶路撒冷之路"。因此目前的象征分析：迷园对应着一整套复合的主题：内部，中心，秘密，怪物——启新礼仪，完全的道路〔iter perfectionis〕——受阻的行进，烦恼之梦，不可弥补的错误（因此不可能返回）——方向决定，方向丧失，连带着生死之决。

## 隐喻

在某种意义上，"迷园"或许使（对我来说）更重要的问题间接化，因为它含有一种像是"道德"似的语言理论：隐喻→庞大的"科学的"文献（特别是20年来出现的）。我并非对此加以综合——为了结束这个内容说明（此说明特别不拟干扰研究班内所表达的、所显示的以及所不了解的问题）我只提出关于此隐喻的几点思考，即刚刚谈过的这个迷园隐喻。

1）隐喻"无限"：相关能指的清单是开放的。我们永远能够找到一个对象，与其相关的迷园成为隐喻的能指→一位朋友（马蒂）

对我说，他刚读完一部小说，其中的家族谱系被看做一个迷园①→无疑存在某种非常简单的形式，它们具有一种永恒的隐喻能力，<u>但是仍然有着质的制约</u>，后者事实上是复杂性的制约。例如，一切突出的东西都可能是"阴茎隐喻"，从埃菲尔铁塔到笔杆，但这并没有什么意思→"无限隐喻"：一方面意味着存在着能指的某种具体特性（不论是什么），而另一方面，<u>在时间里</u>，对象迷园永远能够出现。换言之，"有效的"隐喻：按此隐喻，语言结构运作着、斗争着，而不是无所作为→此种论述引出一种"隐喻谱系学"（尼采：意义力量的差别）；一种"蜂巢"，已经是陈俗化的以及将要进一步陈俗化的隐喻≠说"蚁巢"更好→归根结底，在一种形象中，应当对这个<u>力量抵抗之格式化</u>程度加以分析。

2) 迷园：原始对象是神秘的。参见"酒神"→相当于没有指示词的隐喻类的问题（≠"夜行者"＝老人）→这或许是姓氏的例子。中世纪：哲学家＝亚里士多德；试想他别无姓氏，"哲学家"可以说成为了他的"指示词"，成为某一种隐喻（他成为哲学家的代名词——参见：Lebrun, Charpentier, Lefebvre②——或者"Barthez"）。这一切意味着，象征的修辞格是一种特殊的隐喻：曲喻〔catachrèse〕（椅子的扶手，风车的翼）③。一种修辞学悖论是：我们可以明确说，一个"隐喻"是被给予的（因为<u>迷园</u>，从起源说，是隐喻），几个世纪以来的发明，不无悖谬地发现这个隐喻具有种种不同所指者：花园，房屋，游戏→对此我们应当参照维柯的说

---

① 马蒂推荐巴尔特阅读的书是马尔克斯的《百年孤独》，法译本由色易出版社出版（1968）。

② 我们想起，"Lefebvre"是 fèvre 的变体，它是古法文中"forgeron"的意思。

③ 曲喻是一种修辞格，按此，一个词被隐喻、换喻、提喻应用来指示一个在语言中无直接表示该物的词。

法：隐喻作为语言的原初形式；隐喻存在于起源处①。

3）这种隐喻"谱系学"的（应予提出的）另一种观点是，询问一下是否存在（在世界上，在世界的无数事物中）"隐喻生成的特征"（隐喻发展的丰富性：总之，这是以上论述中的共同问题）。我记得，在北非，人们经常可以看到白色小长腿鸟，长久以来我都错把它称作 ibis，它属于牛鸦类，立在牛身上，随着牛移动，捕食害虫（随其保护者友好地同步移动）；同样的一种隐喻生成特征例子：寄生，粗俗，友善，洁白的鸟与其功能的对比。此外，可以作为隐喻的隐喻→再一次出现有效隐喻的问题：意指形式应当是充分复杂的，但是，其复杂性仍然应当是按照片段、时间、相位来形成的；换言之，形式应当（这是一个假设）包含一个轶事性结构（隐喻和神话的关系正是迷园）。

4）最后，（对我来说）不是隐喻（它是无限的）的最后的变形，而是迷园—隐喻的变形：假定一个迷园没有中心的 quid〔东西〕（不是怪物，也不是宝物），因此它是非中心的，即总之没有可发现的最后所指→但是，它可能是具欺骗性的意义的隐喻→解释（迂回，研究，定向）作为一种死亡游戏，其中可能没有中心；在此，道路意味着目的——在走出的条件下（罗森斯提尔：迷园的唯一数学问题为走出）。想象一下忒修斯，在中心没有找到米诺陶里，于是走向……阿里亚纳，爱情，不忠，"虚无生存"。

不用说，我将不预判未来 11 周内将说些什么。下周，12 月 9 日：德田尼，高等社会科学院第六部研究员，将莅临讲演："希腊神话：米诺陶里"。

---

① 关于维柯论人类的诗学起源，参见巴尔特在课程中的论述，本书 119～120 页。

# 1979年3月10日结束的讲义

### 迷园：结束语

Ⅰ.没有"结束"。<u>结束</u>意味着，为了以回溯方式做出一种"综合"，操作一系列"发言"〔interventions〕；它将把"诸同时存在"〔co-présences〕转换成一个有机的、合理的整体之诸成分。简言之，它将把迷园归结为一种元语言的话语→多年以来，我都一贯反对元语言的处理方式——为了我不拟重述的"哲学的"理由，以及绝不压制主体的必要性→此外，迷园特别拒绝成为一种元语言综合的对象：

让我们来看梅洛·庞蒂：服装是一种"假的好主题"。① 我常想到这个词：它虽对我有帮助（对于人们想要研究的东西进行精细的判定），但也使我困惑（如何知道这<u>真的</u>是一个好主题，特别是，什么时候知道的呢？）→假的好主题？＝耗尽自身或者从一开始就已耗尽；把"展开"限于一种主题词的重复（迷园就是迷园）或者限于一种主题词的否定（不存在迷园）→实际上我相信，在元语言的水平上（在综合的水平上），迷园＝一种假的好主题（此主题并不排除被呈现的诸迷园效力〔rendement〕之真实性——就研究班具有的条件而言，它提供着连续的报导和呈现着简单的"诸同时存在"）。迷园就是一个"假的好主题"，理由有二：

a) 迷园：如此有效形成的形式，容易呈现在形式本身之<u>内侧</u>；特定主题〔topique〕比一般主题更丰富，直指者比涵指者更丰富，字词比象征更丰富。参见马诺尼在《文学》（诗歌）中之所论②。这种迷园的力量，即叙事〔récit〕的力量：强烈、狂热的叙事性〔narativité〕→一种模糊的叙事：良好的象征的（记号生成的）领域，但是，一种强烈、清晰组织的叙事，阻碍着象征界→应该有一个"叙事学"〔narratologie〕科系来研究<u>叙事强度微分学</u>→迷园（参照德田尼）＝muthos＝<u>独一性故事</u>（无分岔）：绝对可记忆的→记忆过剩：它将凝固、迷惑、阻碍元语言的转换——这就是马诺尼所说的"理解"→迷园＝什么也不可能理解（不可能被<u>概</u>述）。

---

① 巴尔特在讲课时说明"1963—1964 年期间，以个人名义"，"我有过一个研究服装符号学的计划"。这个计划纳入了 Georges Friedmann 领导的、开始于 1955 年的研究领域，后成为"服装符号学"的组成部分；此项工作于 1967 年并入其《时装系统》一书。

② 马诺尼被邀请参加前一次研究班（1979 年 3 月 3 日），他使"不相干于任何可能转换的"文学与以下这样一种理解相对立：该理解被定义为"文本可能被谈论同一事物的另一文本所替换的可能性或幻想"（据录音整理）。

b）是否像隐喻呢（我们也能希望得到有关于隐喻的信息）？也不是。到处都是迷园：在建筑物、花园、游戏、都市、策略诸领域内，在精神内；因此它失去了一切隐喻的特殊性。当然一种单纯的隐喻可以通过一种复杂的转换游戏而被丰富地扩增与分化（例如"父亲隐喻"）；在这里，隐喻的力量既可以应用于一切事物，又可以使自身被弱化（由于叙事、神话中涵蕴的隐喻力）。

在一种关于隐喻的研究中（修辞学研究，而非精神分析学研究），我们可以先开始把记号生成〔sémiogenèse〕分化为两种对立的运动：1）引生非常多的隐喻对象和存在：法文中关于"性"大概有 450 个词（多多少少是俗语性的隐喻）＝隐喻的呼唤〔appel〕。2）用作一切隐喻的形式：迷园＝隐喻的供给〔offre〕（但是我们已经看到，这种供给在某种意义上被叙事阻碍了）。

归根结底，迷园的真实性属于游戏一类，也就是属于"微不足道"事物一类。它只是一种游戏，仅此而已！→祖鲁族：迷园游戏。在竞赛终结时所说：wapuka segexe，迷园亦如是！

Ⅱ. 在元语言学中（被阻断或被阻隔之路）需要与尼采的问题相对比：这对我的意义是什么？迷园对我意味着什么？我的回答有二：一个是感情的，另一个是理智的（但是肯定有一个区域，在其中二者可以连接起来：我对此区域一无所知，我还不能为其命名）。

*179*     1）迷园。在我内心的唯一回响是：希望达到（处于中心位置的）被爱的存在，但又不可能达到。噩梦的典型形式，幼年的形式：不可能追上母亲；丢失的、被抛弃的儿童的主题→这是一个入口的迷园→但是其歧义性是：可能使迷园之不安性逆转，使其成为一种安全的闭封状态。人们可能以古典方式与〔希腊神话中的〕忒修斯同化 ≠ 也同样可能和梅诺斯同化：停留于被封闭、被保护的

状态（睡眠）；我们永远不会把迷园称作保护者。

2）我想回到马诺尼的报告来→令人惊异的是，这个与迷园没有任何明确关系的唯一的报告是由精神分析学家做出的（到底是由于遗忘，还是特意如此，其实并不重要）。我要说：a）关于迷园，精神分析学无疑（或者）什么也没有说——弗洛伊德文本的欠缺涉及如此多的对象；b）精神分析学永远不谈人们想让它言说的：这是其黄金律。而马诺尼是一个很好的分析家。

但是，马诺尼的报告没有引导我朝向迷园，却朝向相关于迷园的一种新问题。我在终结此问题讨论时，将使其解答具有开放性。

马诺尼：文学（它与一种可能的转换无关→"难解性"，诗歌）≠理解（这就是可转换者，散文）。也就是，马诺尼谈到了可读性和不可读性的辩证法——或者也是可读性的<u>消失</u>（在该词视点主义〔perspectiviste〕的意义上）。但是这个棘手的问题涉及语言的排除、疏离：如何决定一个陈述是可读解的还是不可读解的呢？问题就是：可读解性从何处开始？对我来说，这就是发现迷园的问题：而不是"这是什么？"的问题。这有什么差别呢？也不是"如何从中走出？"的问题，而是"<u>一个迷园从何处开始？</u>"的问题。我们把各种渐趋一致的、各种界限的、各种强度的认识论思想，都结合起来：各种形式的<u>黏结性</u>〔viscosité〕。

# 小说的准备

## II. 作品作为意志

### 法兰西学院课程讲义（1979—1980）

# 1979年12月1日讲义

## 前言

如果愿意，我们可以把现在开始的课程看做一部电影或一本书，简言之，看做一个我们进行叙述的故事。在每次两小时的十次讲课中，原则上，我是唯一的叙述者。因此像大多数电影或书籍一样，讲课有如下部分：

**梗概**

这类摘要、梗概、说明性简介等被置入出版物、（电影的）印刷页或书籍的背面（＝"褶页"）。这是人们首先看到的部分，虽然往往甚少具有信服力和吸引力，但多多少少能使我们对产品首先进行分类；不能进行分类才是一个社会遇到的最大麻烦。一个社会——以及被委以责任的社会人（socius）——如不能分类，就会趋于疯狂：分类就是一种强化整合作用，一种规范化行为。影片、书籍的梗概或褶页因此就是这样的陈述：从去年以来，我就在你们面前，和你们一起，探讨一部文学作品的准备条件的问题，此文学作品被简便地称作小说。我首先检查了该类作品和某种最小限度写作之间的关系，后者即"随记"，主要是通过随记的一种典型形式：俳句。今年，我想继续此计划中的作品，将其完成：换言之，从"写作意志"到"写作能力"，或者，从"写作欲望"到"写作行为"。

**题词**

题词〔épigraphe〕或片头字幕〔générique〕。我更愿称为题词，因为我不知道怎样拍摄电影——这证明电影并非万能：例如，它不能够拍摄感受，而文本则对此胜任有余（与我所能够说的相反：萨德[①]）。这个引语实际上具有某种香气：我在引语中植入了一种香气。

夏多布里昂，《墓畔回忆录》：1791 年，在家庭友人 Malesherbes 的鼓励下，通过西北航线动身到美国去。他在圣马洛上了船（将在巴尔的摩下船），船中途停靠在圣皮埃尔岛：

---

[①] 在《萨德、傅立叶、罗犹拉》内标题为"不可能事"的片段中，巴尔特谈到书籍不可能谈述真实："……一切都被纳入话语的能力之内。人们甚少思考的这个能力不只具有唤起作用，而且具有否定作用。语言活动具有否定、忘记、脱离真实的机能；写作时不可能感觉粪便；萨德能够以此浇灌他的对手，我们则不可能感受到任何臭气，除了一种不愉快的抽象记号外。"（《全集》，卷 3，820 页）

## 夏多布里昂:《墓畔回忆录》

我在总督家吃了两三次饭,他是一位彬彬有礼的军官。他在堡垒下面的斜坡上种植了一些欧洲蔬菜。饭后,他引导我去看他称作花园的地方。

天芥菜芬芳的香气散发在小花坛上。香气不是由祖国的微风而是由纽芬兰的野风吹来的,它与远离故国的植物没有任何关系,丝毫未能引起回忆和感觉的共鸣。这香气不是来自美人的呼吸,不是自其心胸升华,不是随其踪迹扩散,而是从朝霞、植物和世界中散发,连带着一切来自悔恨、不在和青春的忧郁。①

(我将马上说明这段文字中的哪一部分能够在课程中,或至少在课程开始,用作引语——或片头字幕。)

**纲要〔plan〕**

就电影、书籍、课程本身而言,其结构特别类似于一部戏剧的结构——或者一种仪式(与讲义的亲近性和联系性)的结构,甚至一个(家庭)小悲剧的结构,这意味着,将会有:

a) 一个序幕:<u>写作欲望</u>,作为待完成作品的出发点;

b) 3 章(书籍),3 幕(悲剧或喜剧),或者 3 次试炼(仪式,启新礼)=为了写作作品所需要越过的障碍,需要解开的纽结;

---

① 我们在此把巴尔特对听众朗读的《墓畔回忆录》片段录译出来。(Chateubriand, Frannçois-René de, *Mémoires d'outre-tombe*, t. I, édition établie par Maurice Levaillant et Georges Moulinié, Paris, Gallimard, coll. "Bibliothèque de la Pléiade", 1951, p. 210-211. 注意,这一段也被普鲁斯特用在其《追寻逝去时间》里,当叙述者离开盖芒特公爵的图书室之时。)

c) 一个结尾？一个尾声？不，在严格的意义上没有结尾：宁可说所有的是一种中止，一种最后的"悬念"，对此我自己也并无答案（悬念，只是对我自己，因为我清楚地想象到，从叙事学观点看，你们对作品是如何构成的并不关心）。

**领唱独白〔parabase〕**

我有意在序幕和严格说来的叙事作用（书籍，电影，仪式，悲剧）之间插入一个关于说明方法的简短论述或题外插叙。相对于我们的比较课程＝戏剧（或电影），这种插叙不能说是过于离题；在希腊喜剧中（或许我们的课程就是一种悲喜剧），有一个插入场面，在其中演员代表着作者走到台前并像作者本身一样对观众说话：领唱独白。因此，在我们的课程中会有一个短暂的领唱独白时刻，在其中我将作为课程的作者而不再作为一部待完成作品的假定作者来说话。

参考书目？＝文学全体——至少是元文学全体：也就是那样一些书写物〔écrits〕，作者通过它们在待完成的作品中表达其纲要、计划、关切：也就是通信，私人日记→因此我只提及若干我常引用的书籍→我宣读一下：

**主要引用作者书目**[①]**（作者和评论者）**

夏多布里昂：《墓畔回忆录》

福楼拜：《通信集摘编，或作家生平序言》

卡夫卡：《日记》

---

[①] 巴尔特在课程中提出的引用作者的全部书目，参见461页。（此处仅列作者及书名，详见书后总目。——中译者）

马拉美：谢雷：《马拉美的"书籍"》

莫龙：《马拉美》

尼采：《看呐，那人》

兰波：《兰波文学生涯通信集》

卢梭：《忏悔录》

托尔斯泰：《日记和笔记》

**综合工科大学报告**①

【十年前我能够就文学批评的现状发表论述→文学批评多种多样，丰富多彩：马克思主义批评（卢卡奇，戈尔德曼），主题批评（巴舍拉尔，萨特，理查德），结构主义，或最好说符号学（因为就结构主义而言，严格地说，只有迪梅齐，本维尼斯特，列维-斯特劳斯属于该派），其中涉及两个学术分支：叙事学和修辞格分析（往往带有精神分析学的强烈影响）→这些批评流派中的一些今天已经消失，另一些流派幸好还保持着创造性——但是，最常见的情况是，就个人而言：每人都进行自己的工作，而不再有集体的、系统的力量来提供一种有关作品评述的有意义的综合，像在今天法国文化生活的其他领域内明显所见那样。因此，我放弃了对文学批评的讨论——因为文学批评只相当于一个平庸而过时的著作列表（而我并不知道你们在什么程度上承认这一事实）：关注<u>最近过去</u>（≠过

---

① 此处转录的30行文字书稿纸片，后来被巴尔特插入讲义的笔记栏。估计是两个月后，1980年2月20日，在孔帕尼翁邀请下在巴黎综合工科大学一次讲演中使用的材料。这个短文可能被巴尔特用作"写作欲望"课程第一大部分的开场白，后来一部分再用于综合工科大学的讲演。鉴于他细心将此纸片插入全部课程手稿（新的页码，联系箭头等等），我们按照手稿次序将此文转录于此。

去，现在）是最困难的；关注过往的〔rétro〕样式，但不是关注1970年的样式＝"过往"永远不是最近过去。

实际上，文学批评——如果排除属于媒体而不属于书籍的流行批评＝文学理论（存在于德国和美国 ≠ 在法国被文学史弄得模糊不清的那些著作）→我谈过的一切（严肃的）批评都包含着不只是一种意识形态（流行批评）的东西：一种哲学，一种认识论，一种有关人类主体、社会、历史的系统概念→因此我提议，在此简短的对话中我们只置身于非常小的文学理论领域；而且，对这一点，我也将以主观的方式加以处理。我将以自己的名义谈论，而不是以科学的名义，我将对自己进行质询，而这个我，是热爱文学的→这个角落，实际上就是"写作欲望"。】

## Ⅰ. 写作的欲望

### 起源和出发点

为什么我要写作？——在若干理由之中不可能是出于义务：例如，服务于一种事业，满足于一种社会的、道德的、教育的、教化的、战斗的或消遣的目的。这些理由虽然并非无足轻重，但就其从属于社会的或者道德的（外部的）写作要求而言，我把它们多少看做是一种正当化和合理化的托词。但是，为了能够尽量表达清楚，可以说我写作是为了满足一种欲望（在此词的强义上）：写作欲望→我不能说欲望是写作的根源，因为它并未使我一点一点地认识我的这个欲望和使我穷尽此欲望的决定作用：一种欲望可能永远是另一种欲望的替代品，我这个掩埋在想象界中的盲目主体，不可能阐明我的欲望，直到它以原初方式呈现出来；我只能说，写作欲望具有某种可以让我定性〔repérer〕的出发点。

## 喜悦〔jubilation〕

这个出发点是喜悦，是愉快、欢乐、满足的感情，这些感情是通过对他人所写的一些文本的读解所产生的→我写作，因为我阅读（而在这个链条的开端，谁是最初的写作者呢？这种一般性的问题我不可能也不打算解答。请参考：谁是最初的说话者呢？言语活动的起源在哪？我提出了存在论的而非人类学的问题）。为了从阅读快乐〔plaisir〕过渡到写作欲望，需要插入一种关于强度的"微分装置"〔différentiel〕（波纹〔moires〕科学，强度科学）；不是相关于"阅读娱乐〔joie〕"这个俗语，后者可能用于书店宣传（应该有书店用这个词作为招牌[①]→这类娱乐产生了读者，他们始终是读者而未转变为书写者≠写作的生产性娱乐是另一种娱乐：这就是一种喜悦〔jubilation〕，一种沉醉〔ex-tase〕，一种变化〔mutation〕，一种启示，我常将其称作一种"悟"〔satori〕，一种振动，一种"转化"〔conversion〕。例如，夏多布里昂的这个短篇（《墓畔回忆录》）[②]，我绝对不想对其说明和评论（这显然是可能的）；它在我身上产生了一种语言的惊叹感，一种快乐的激情；它爱抚着我，而这种爱抚每当我重读时都产生其效果（最初快乐之更新）；像是一种永恒的、神秘的激情（不可能对其彻底阐明）；一种爱的欲望的真实满足，因为我清楚知道，我的欲望对象——这篇文章，在无数次可能的出现中，符合了我的个人欲望。不可能保证其他人像我一样对其怀有这种欲望：爱的欲望可因符合主体的需要而扩散，使得每个人都拥有机会，因为如果我们大家都对同一对象有爱情，那该多

---

[①] F. Maspero 创建的书店确实带有这个词，书店坐落在 Saint-Séverin 街，在巴黎第 5 区，但 1978 年时已经关门。

[②] 巴尔特此处暗示的是在课程开始时朗读的引文（本书第 184 页）。

痛苦，不管对我们还是对被爱者来说！对于书籍和书籍的片段来说，情况也是一样：存在着"欲望"的散播，正因如此也存在着对生产其他书的呼唤和机会；我的写作欲望不是来自自身的阅读行为本身，而是来自个别的、特定的读书行为：我的欲望的"特定性"〔topique〕→①好像是在一次爱情约会中：决定着约会的是什么？是希望〔espoir〕。从与被阅读的某些文本的〔精神〕约会中，诞生了写作希望。

**写作的希望**

②希望

特别是在好读书的青少年欢乐的阅读时期内——但同样也是在作家的生命中，当其阅读时一无所求而又不断地产生欲望时，写作呈现为一种希望，一种希望的色泽——让我们记起巴尔扎克的非常美丽的词句："希望是一种实行欲望的记忆。"一切美丽的作品，或者甚至一切使人印象深刻的作品，都相当于一种被欲望着而未完成的作品，相当于被遗失的作品，<u>因为我并未直接将其写出</u>，而且应该通过将其重新制作以便发现它。写作就是再写作的愿望：我愿意对那种既美丽又为我所<u>欠缺</u>、所<u>需要</u>的东西<u>积极地</u>增添些什么。

沃卢皮亚〔Volupia〕/ 波索斯〔Pothos〕

记忆——希望、快乐——欲望的这种辩证法：可由两个古代词（一个希腊文，一个拉丁文）加以说明：沃卢皮亚，欲望被充分满足的、充实的女神 ≠ 波索斯，对"欠缺物"〔chose absente〕的痛

---

① 此句写出后被划掉，最后在讲课中又宣读了。
② 这一段被巴尔特删除。

苦欲望。① →三种快乐样式：

a) 阅读中充实的快乐，当读者没有受到作者同样多的扰乱时：沃卢皮亚。

b) 阅读的快乐，当读者被一种欠缺所扰乱时：写作欲望：波索斯。

c) 写作的快乐：当然含有不安（困难，大量的危险），但这是一种"做"的不安，不是一种"存在"的不安→某一种不安，而不是不安本身。不是沃卢皮亚本身，而是围绕着沃卢皮亚的不安。

阅读和写作：在相互激活的运动中。或许是全体创造力，甚至全体生殖力：我在被养育的幼年，为我所爱者做了什么呢→阅读和写作的关系：相当于一种婚姻式的关系→创造和生殖的结合：已做过无数次，但这是不可避免的；因此需要赋予它以人类学的定义：生育和创造＝严格说来，不是对死亡的胜利，而是一种辩证关系，个体和种属的辩证关系：我写作，我"结束"（作品），以及我死时，由于有此作为，某种东西在延续着：人类，文学→因此，压在文学上的灭亡和消失的威胁，相当于对人类的一种灭绝行为，一种精神性的种族灭绝。②

**模仿**

在欲望的轨迹中，从阅读过渡到写作，显然只能以一种模仿实

---

① 有时化身为宙斯和普勒阿得斯之一的后代塔宇革忒，拉斯地蒙的未婚妻和希美洛斯的母亲，有时化身为阿佛洛狄忒的儿子，Pothos 是爱情欲望的拟人化，更经常与爱罗斯〔éros〕和希美洛斯〔himéros〕相联系。巴尔特在《恋人絮语》中引述了"pothos 代表对欠缺存在物的欲望，希美洛斯更炽烈，代表着对存在物的欲望。"（《全集》，卷5，43页）Volupia 是充分满足的欲望的拟人化，甚至是，按照迪梅齐，充分满足的意志的拟人化（《古代罗马宗教》，341～343页，巴黎，Payot 出版社，1974）。

② 最后一段被巴尔特删除。

践为中介。但是这样表白后，这个词就需要马上加以抛弃：因为从阅读到写作，就产生出了一种如此特殊的、受制约的、歪曲性的模仿，以至于需要另外一个词来表示被读的（以及诱惑性的）书籍和待写的书籍之间的关系。

在严格的意义上，<u>模仿书籍</u>只可能包含两种实践，它们相当于写作的漫画表现；二者都在《布瓦尔与佩居谢》中有所表现：

1) 模仿书籍＝应用书籍：拿一本书，并在生活中，直意地，一点一点地对其"实现"；这就是布瓦尔与佩居谢对一系列书籍所做的。我们知道这种模仿带来何种灾难以及何种荒唐感，至少是从此模仿中滋生了"狂热"感（参见《堂吉诃德》）。→这种模仿的一种原初形式＝应用＝"按照……模仿"，例如按照耶稣—基督（但是也可按照萨德）模仿。

2) 模仿书籍＝照录书籍：始终停留在写作的内部并直接抄录；这就是布瓦尔与佩居谢所做的。我相信——但怎会有社会学关心它呢——存在由于爱好而抄录书籍者；无论如何，从前有诗歌爱好者抄录着自己喜爱的诗篇（→由此产生了抄录诗篇的手抄本）。"抄书者"的隐喻性用法＝仿作者〔pastiche〕→我是指热奈特的研究①→老实说，我对这个题目有点厌烦了；我只喜爱普鲁斯特的模仿之作，因为它们实际上是一种爱的行为——而且在此意义上它属于因欲望而进行的模仿；我对出于讽刺、愚弄进行的模仿之作从无兴趣

---

① 特别是参见：G. Genette, *Mimologiques* (Paris, Seuil, coll. "Poétique", 1976)，以及特别是 *Palimpsestes, la littérature au second degré* (Paris, 1982)，巴尔特所了解的是第一部书。

(我还遭到过一些人的这类捉弄①)。

灵感〔inspiration〕

应该舍弃直接的、呆滞的模仿,因此应该放弃这个词本身,而建议用另一个词来表示从"情爱的阅读"到产生作品的写作的辩证性过渡;我将此过渡称作:灵感。我不是按照罗马神话学的意义理解这个词的(缪塞的缪斯),也不是按照热情这种希腊字的意义来理解它的,对此复杂概念孔帕尼翁曾做过研究②,而是按照这样的意义="受到……启示"〔s'inspirer de〕。对此概念我将给予下面的说明:灵感=

1) 一种自恋式的变形

为了使他人的作品过渡到我这里,我需要在我这里将它定义为为我的写作,而且在我将其歪曲的同时,由于爱情的力量(对文献学"真理"的挑战)我将其做成了"他者"。一种比较:我偶然听到(1979年7月11日,"法国音乐"台播放)一位羽管键琴演奏者演奏的(通常都以这种方式在羽管键琴上演奏巴赫,因为这更具有历史"真实感")一首我特别喜欢的巴赫库兰特舞曲(组曲第4号),我于是自己也慢慢地弹奏着(理由如下)。一旦开始弹奏,乐曲在我耳中感觉如此深沉、柔和、如歌如泣,充满感性和抒情性;但是演奏者(Blandine Vernet)比我弹得快三四倍,以至于我需要花时间对乐曲加以辨别(我永远与作品的节拍冲突,因此我的解释会有一致或不一致

---

① 在此指 Michel-Antoine Burwier, et Patrick Rambaud, *Roland Barthes sans peine*, Paris, Balland, 1978.

② 指 Antoine Compagnon 的报告,题为"热情",于1977年3月2日在巴尔特于法兰西学院组织的研究班"听一段话语"范围内所做。关于研究班的导论,参见《如何共同生活》。

问题）→前面的一切特征都消失了；它们失去了，像是掉进洞穴里；那个如歌式的"小乐段"不再发出歌曲式的声音；它不再可识别了；歌唱沉默了，随之欲望也沉默了：由一位职业演奏家引生的悲伤出现了（但这是经常发生的事：多么遗憾，多么具有欺骗性！这不是由于业余演奏家的迷恋而是由于他的真实性，因为他的欲望是确实的）。库兰特舞曲自行演奏（当然按照一种历史的真实），而非被我演奏：它不具有一种对我的意义（尼采）——因此什么也未发生，什么也未创造（什么也未被转换）。但是，在我所欲望的作品内部，我探索的东西，我愿望的东西，就是某种发生的东西：一种历险，一种"爱情性结合"的辩证法，在这里每一项都由于爱情而使另一项变了形，并因此创造了第三项：或者是此关系本身，或者是由旧作品所启示〔引发灵感〕的新作品。

2）一种符号学

悖论性在于，虽然在原则上我用了"符号学"〔sémiologie〕这个词，但我说的"符号学"（sémiotique）是在非常不规范的，严格说是在尼采的意义上来理解的。我是指尼采的论述（《看呐，那人》）：他谈到了他和叔本华、瓦格纳的关系，他把他们指定为他自己的记号："这正如柏拉图把苏格拉底用作代表柏拉图的一种符号学"① →上帝才知道尼采有没有"模仿"瓦格纳和叔本华！因此这种关系正出现在这里：具有重要性的（不是说被爱的）作者，在这

---

① 在回顾论述叔本华和瓦格纳的两节"不合时宜的考察"中，尼采也说："我抓住两个有代表性的名人的头发……为了表达某种东西，为了再掌握某些公式、记号、表达手段。这正如柏拉图把苏格拉底用作代表柏拉图的一种符号学。今天我以维持某种距离的方式回顾所有这些写作为其作证据的情况，我不否认，归根结底它们所谈种种无非我自己而已。"（《看呐，那人》，收入《哲学作品全集》，卷8，Giorgio Colli et Mazzino Montinari 编，Jean-Claude Hémery 译，Paris, Gallimard, 1974，p. 294）

里是为了想要写作的我,好像是一个我自己的记号——而我们知道,一个记号不是一个类比物〔analogie〕,而只是一个同态〔homologique〕系统的成分,在这里我们按照列维-斯特劳斯的说法,相像的是诸系统,诸差异关系的系统。

3) 一种抄录的抄录

这显然与纯模仿性抄录不是同一种东西(布瓦尔与佩居谢,巴赫组曲)。我是指普鲁斯特关于巴尔扎克的极富睿智的看法(在《驳圣伯夫》中):让我来读其中的一段,这有些离开了我们的题目,但这一段的确十分优美(而且对我来说非常正确):

### 普鲁斯特:《驳圣伯夫》

但是,巴尔扎克无意模仿这幅简单的绘画,至少在绘制忠实肖像的简单意义上,巴尔扎克无意这么做。他的书籍是由诸多美丽的思想、美丽绘画中的思想中产生的(因为他往往在一种形式的艺术中设想另一种形式的艺术)。而在此种情况下,思想中的美丽的绘画效果,是在伟大的绘画形式中产生的。他想象着一幅令人惊叹的画面。其中有一种强烈的独创性。今天我们想象一类文学家,他把同一个主题,用种种不同的光线加以处理,他有一种感觉,要创造出非常深邃、细密、强力、硕大、原创性、强烈性的东西,就像是莫奈完成的50幅大教堂作品和40幅睡莲作品那样。作为热心的绘画爱好者,他有时也会想出一个美好的绘画观念,一幅使其入迷的画面。但这永远只是一种观念,一种构想,而不是一幅圣伯夫认为的那种无预先构思的绘画。[①]

---

[①] 我们在此抄录的是巴尔特对听众朗读的普鲁斯特著作的段落,《驳圣伯夫》,"圣伯夫和巴尔扎克",Paris, Gallimard, coll. "Ides NRF", 1954, p. 262-263.

我们清楚理解，在前之书籍和在后之写作二者的关系间：a）有一种意义含混的模仿，按照需要把若干喜爱的作家混合在一起，而不是一种独一无二的、狂热的模仿；它<u>激发</u>了读者—作家（希望写作者），他已经超越了所喜爱的那位作家，成为一个整体对象：即文学（或如普鲁斯特所说：绘画）。b）<u>灵感</u>〔激发〕是以<u>接替性</u>〔relais〕方式出现的；存在着美学概念（我称之为<u>幻想</u>）的接替："美丽绘画的观念"，"绘画的一种美丽效果"，等等。c）这种被抄袭的"观念"（而不是它所再现者）是<u>预先构思</u>的：在写作之前需要对其构思，在<u>阅读和写作</u>之间对其构思→这种<u>第三类</u>关系（按阶段）与简单模仿的灵感激发脱节，我们可在小林一茶的一首俳句中的 9 个或 10 个字内对其加以阐释：

孩子的仿作<br>比真鹧鹕<br>要更好①

→这里有鹧鹕，有孩子，有诗人：他没有模仿进行模仿的孩子，他将其<u>读出</u>，将其陈述，将其表达：文学不是产生于一种直接的模仿，而是产生于作为镜像运动之世界的增殖和陈述行为。

4）<u>一种无意识的谱系</u>〔filiation〕

最近收到一篇短的"诗的"文本——我们称其为"诗的"，因为它不是叙事类的、不是思想类的文本＝诸形象的混合或独一形象，没有支持或指示性目标：我<u>认出</u>了这段文字来自兰波，或者更准确地说，来自兰波以前不可能产生、兰波以后有可能产生的那种话语的语言活动，来自一种样式；但我相信可以断定这篇短诗的作

---

① 小林一茶（1763—1827），Roger 米尼耶引录，*Haiku*, Paris, Fayard, 1978, p. 79.

者没有读过兰波，或无论如何不是经常阅读兰波→因此：彼此的谱系关系是模糊的，作者的接替关系是未知的；应该使此一非父系的谱系概念精细化，在其中"父亲"是未知的→一些作者相当于写作的母胎：兰波肯定是属于（当前现代的）"现代派"文本，今天仍然称作"诗的"文本即位于此谱系中→就名字而言，这是一个曲折的谱系：涉及互动文本〔inter-texte〕方面。

在我看来，有两件事是肯定的：a）没有什么文本是无谱系的。b）（写作的）一切谱系都是无指示性的（例如实在的文本，"文本的"文本：它们不可能是"野生的"，不可能自动生长的；那么从何而来呢？我不可能回答。最正确的、最谦逊的、最不具傲慢性的表述是：它们是由在前写作的变换〔mutations〕所认可〔autorisés〕的）。

5）一种仿真〔simulation〕

这个词可能使人惊诧，因为我坚持使其区别于模仿，后者是非常严格的、非常文学的概念，而仿真是一种强化的模仿。根据"仿真"的意义本身，我想解释如下：将"伪"渗入"真"，将"异"渗入"同"。萨尔迪在其近著中思考了（古典）绘画[①]，他用"仿真冲动"概念取代通常的"摹写"〔copie〕概念：这个冲动不是促使成为某一他者，而是促使成为他者本身，不论他者是什么：从我自身把"他者"取出的冲动＝基于同一性、在同一性内部的他者性〔altérité〕之力→从"爱的阅读"过渡到写作，这就是从对文本、对所爱的（对我进行诱惑的）作家的想象性同化中的升扬、脱离，不是因为不同于他（朝向独创性努力的瓶颈），而是因为在我之内

---

[①] 可能是在 *La Doublure* 书中收集的关于艺术的文章，这本书1982年由Flammarion出版社出版。巴尔特了解此书内容，因为他是该作者的朋友和崇拜者。

者不同于我：被崇拜的生疏者推动着我，导引着我去积极肯定在我之内的生疏者，为我而存在的生疏者。

这些就是"创造性影响"的某些样式，或者，可以说，"欢乐阅读"（如人们所说：欢乐女孩）向写作的若干转换之途径。

**写作的欲望**

因此，存在着主体，它首先被"写作希望"所刺激和迷惑，写作希望假定着写作欲望并安居其内。

*偏执*

写作欲望作为唯一欲望：卡夫卡认为他的夜间"涂鸦"是他唯一的欲望；福楼拜谈到"我必须写出不可抑制的幻想"[1]（1847年，时年26岁）。在提出"文学绝对"的浪漫主义以来的文学中[2]，所要强调的是写作欲望的诸极端的特征——或者此欲望只能是以极端的方式存在着＝也就是使作家具有拉布吕耶尔肖像那样的极端特征。——夏多布里昂，在一次谈话中，向他的（伦敦）大使馆秘书 M. de Marcellus 主动说，他发现了一个很"好"的句子："夏多布里昂先生在其伦敦文学座谈会中刚对我们说了这个句子，就马上中断谈话把它写了下来"[3]：像是尿频症发作似的！我有过这种疯狂

---

[1] 福楼拜1847年11月致 Louise Colet 的信："幸而，一方面我对大师们的崇拜增加了，但不是因此而要拼命与之进行沉重的比较，而是产生了我必须写出不可抑制的幻想。"（参见福楼拜前引书，46页）

[2] 未曾明言的参照书是 Philippe Lacoue-Labarthe 和 Jean-Luc Nancy 的《文学的绝对——德国浪漫主义文学理论》，Paris, Seuil, coll. "Poétique", 1978. 当浪漫主义提出"文学的绝对"时，它开创了这样的历史时刻，在此文学被看做是它自身理论的产物，而它自身的"绝对性"也同时到来。

[3] 夏多布里昂：《墓畔回忆录》，1148页。

性，当我和一位朋友在一起时，我掏出笔记本并草草地写下一句感觉或者一句观察，而不顾任何礼仪（但我这样做也正是因为彼此的友谊使我解除了对细微礼仪的注意，解除了上流社会的小小超自我）→因此，在写作欲望之内存在着一个偏执狂方面。

作家（我暂时把作家定义为具有写作欲望者），<u>看起来</u>是好笑的人物："他有下流欲望"；偏执欲望中含有荒谬的一面（但是，在更高的层次上，与笑者相连的是某种伟大的东西，因其与排除、与孤独有关）。施莱格尔（在《片段》中）说："在神圣使命支配下和在嘴边泛着微笑时，只要稍微克服了作家的荒谬性，只要不再存在这种附带的荒谬性，我对此也就不再关心了。"

我究竟在哪里感受到了写作欲望呢？——不是在书籍中——而是在收到的匿名手稿中，在手稿附带的热切信件中，在担心手稿遗失的不安中（提醒信件），等等。→但是，反过来，在手稿中证明了存在写作欲望，呈现出来的、紧张的、处于其纯粹状态的、即还未通过出版之中介作用的那种欲望——其证据就是手稿，不论其价值如何，哪怕是令人厌烦的，<u>令我厌烦的</u>；因为非常难于（这是"不可能"意思的委婉表达法）与他人的欲望沟通，难于关注他人的欲望→<u>所有的手稿都是令人厌烦的</u>，因为对这一团纯欲望——不论是但丁的还是大仲马的手稿——对置于我面前的这一系列欲望表现，我并无兴趣 ≠ 写出的和<u>出版的</u>作品＝调节"作家的欲望"，对其加以某种排除，以便使我这类读者能够对其加以接受。

**不写作的人**

我曾在写某个短语时与夏多布里昂发生"同化"（与其同化，不是与其比较）。我通过引证我自己的"作家"感情（一个主体的感情，这个主体立于成为"作家"的位置上）以延长这种"迷恋"：

我的生活，在某种意义上，是属于"写作"的，我一直关心着如何拥有时间和力量以从事写作；关心＝在未达目的前存有欲望和存有责任。但是我经常具有此奇怪的（神经分裂症式的）感情：看着我周围的人们，他们往往是朋友（他们因职业关系而有时间写作），忙于杂务和有闲暇，简言之，打发着时间，在该词严格的意义上，但<u>不写作</u>，不思想，或者说，在其与生活相关的范围内<u>不写作</u>，我对此极感惊异和<u>不可理解</u>；我不理解他们是如何度过时间的，他们能够朝向<u>什么样的时间</u>，此种不透明性正是一种偏执性格的标志；对我而言，写作的对立方不可能是一种简单的偶然：我只能视其为一种哲学（参见下面关于"无所事事"〔oisiveté〕的论述①）→此种不理解（或此种单纯性）的另一形式，即我试图谈述的关于<u>阅读</u>和<u>写作</u>辩证关系的问题：如果写作来自阅读，如果在二者之间存有一种约制关系，人们如何能够阅读而不受写作的约制呢？换言之，奇怪的问题是：为什么读者的数量能够比作家的数量多得多？何以能够幸运地阅读、甚至于成为伟大的阅读家而永远不需过渡到"写作"实践？是出于压抑么？我不能回答这个问题；我只知道这个问题根植于心；归根结底，我永远惊奇地发现自己<u>有这么多读者</u>，而<u>这些</u>读者都不写作。我的永恒问题是，不可沟通的本质是什么（不是"信息"不能传达，而是）：如何理解他人的欲望（如何同化这种欲望，同化这种快乐）？这种类型的问题被一种<u>自由主义</u>掩盖着（假装理解了那种实际未曾理解的欲望）。

### 不安的欲望

写作欲望＝忧心的欲望。关于此不安感，可以举出两个大证人

---

① 见213页及以下。

和一位演示者。证人是：

1）福楼拜：我在此指的是他的全部通信，这些通信把写作热情地呈现为一种欢乐，或更准确说，一种<u>甜美</u>〔douceur〕——福楼拜（1873 年，时年 52 岁）："长久以来（几乎一年间），我什么也没写。而遣词造句对我来说如此甘美"①（这说明了活动的持久性）——以及一种残酷的"受难"经历（制作短语过程中发生的这样或那样的避难经历）——福楼拜（1853 年，32 岁）："写作这件事，真是要命！何等神圣的妄想！但痛苦成为祝福。没有这种痛苦，就会死亡。生命只要延续着就是难以承受的。"②

2）卡夫卡：写作是生命的唯一目的，是与生活的冲突（世人，结婚，对此我们还要再谈）；他不断从其分离的"至善"；但同时，发生了写作的恐惧——1907 年的通信："……这不仅由于怠惰，也由于恐惧，对写作产生的一般恐惧，被交付给这个可怕的职业，而我的不幸正发生于此职业被剥夺的时刻。"③

3）写作欲望的演示者，普鲁斯特：我多次说过（因为这永远使我感到惊异）：《追寻逝去时间》：作品中只有一个叙事（在古典的意义上：历练，中止，最后胜利）：一个想要写作的<u>主体</u>的叙事：《追寻逝去时间》：关于<u>书写</u>〔scripturire〕④ 的小说→此外，也许这部伟大的关于"写作意志"的戏剧，只能够在文学后退、衰亡的时刻被写出来：也许事物的"本质"似乎正出现于其本身正将消亡之际。

---

① 福楼拜致侄女的信，1873 年 5 月 20 日，《作家生平序言》，258 页。
② 福楼拜致路易斯·柯莱的信，1853 年 3 月 6 日，同前书，104 页。
③ 瓦根巴赫在其《卡夫卡》一书中引述，收入"永远的作家"，1968，74 页。
④ 关于<u>书写</u>概念，参见本书 32~33 页。

### 综合工科大学报告[①]

【为了暂停（而不是结束）关于写作欲望的讨论，我们在此需要在两个方向上延伸这个主题：

1) 从写作欲望过渡到作品：一系列<u>运作步骤</u>之全体：每日时间的组织（＝保护），程序化，对各种困难、怀疑、障碍的治疗（参见我今年的课程）。

2) 写作欲望（我试图讨论其力量）和社会文化机制之间有时令人痛苦、有时甚至令人狂乱的那种对决，在此机制内写作欲望通常被加以整合，也就是此时<u>文学</u>变成了机构或商品→但是，实际情形似乎是：文学的行情在下降（这将是另一个主题）→写作欲望：相当于一种社会的"分离作用"，比文学似乎已成为过时（即将落伍之时：过渡终结之时）现象之假定更严酷的分离作用→写作欲望是：怀古主义的〔passéiste〕，古典主义的。——但是，也许写作欲望本身就该这样呢？——而过去永远是更难确定的，在一个把"革新"（自18世纪以来：嗜好新奇）当成一种神话美梦的世界里。】

### 写作作为倾向

**倾向**

在这里让我参照弗洛伊德的一个<u>区别</u>概念，但我未能找到相关出处（我不想花一个上午时间去翻阅弗洛伊德的全部作品来找到此概念的出处。这有如到干草山上捞一枚针似的：在这方面我是<u>轻率</u>的，体验到我的教养只提供了一种不完善的记忆库）：被其对象

---

[①] 巴尔特将这段差不多20行的纸片插入课程讲义稿内，但在讲课间未宣读。这是巴尔特于1980年2月20日在巴黎综合工科大学讲演结尾部分的内容（同一讲演的序论部分，参见本书220页）。

（例如，男人≠女人）所定义的性≠被其倾向所定义的性（对象的非差异化；例如，对于弗洛伊德来说，古希腊人的同性恋）①。按照倾向概念，对象被推至背景位置，它不是一种"范畴"或"道德"的创立者，例如，欲望与其对象分离，因此与增殖和种族分离≠对对象的考察引出了更多规范、分类法和排除法→但是——我现在想指出——"写作"似乎首先被归并入一种"对象欲望"（写作某种东西），不过在某一时刻，存在断裂，脱节；"对象"成为第二位的，让位于"倾向"：<u>写作某物→写作</u>，简单点说，就是通过<u>写什么</u>这个中间项的书写本身。我将马上回到这个简单形式：动词<u>写作</u>；但是首先注意到，"写作"像倾向一样，显然符合于一种自然性、生理性欲求的形象，后者独立于主体的思虑和意图→福楼拜，是"写作"的这种"内脏状态"的最明显证据（关于其作品中食物的重要性，参见里查的著作②）；1847年26岁的他写道（在《通信》中）："我为自己写作，正像我吸烟和睡眠一样。〈这完全不同于今天的情形：如作家会被反烟草联盟处罚，像我这样，当我参加抗议禁烟运动之时；《新观察》③〉写作几乎是一种动物机能，同样地具有个人性和私人性。"④ 以及（同一年）："我并无习惯非要使自己获得成功，没有什么才能使我想要去追求荣耀，我注定了只为自己写作，为我自己的个人娱乐写作，就像我抽烟一样，或者像我骑马一

---

① 巴尔特此处所指可能是弗洛伊德的《精神分析引论》，特别是第20章和21章。
② Richard, Jean-Pierre, *Littérature et sensation*, préface de Georges Poulet, Paris, Seuil, coll. "Pierres vives", 1954. 特别是对包法利夫人婚礼食品的批评读解；巴尔特可能也想到里查的论述"食桌的快乐，文本的快乐"，曾宣读于前引1977年关于巴尔特的研讨会：*Prétexe*：*Roland Barthes*。
③ 参见《全集》，卷5，637页。
④ 福楼拜致路易斯·柯莱的信，1847年8月16日，见《作家生平序言》，45页。

样。可以肯定,我将不会把任何一行字印出来……"① (我们往后将要再谈的另一个题目)。亚里士多德:阅读和写作,人之本分;但是,在此,写作与阅读分离,与手的机能分离,由于一种历史性"扭曲",它成为一种自主机能:对某些(福楼拜类型的)人来说,此即身体的机能。

---

① 福楼拜致路易斯·柯莱的信,1846 年 10 月 23 日,《作家生平序言》,43 页。

# 1979年12月8日讲义

**无区别/织锦式**〔poikilos〕

当对象消失或变弱以让位于倾向（"写作"）时，对于区分写作的对象、也就是区分文学的"样式"〔genres〕而言，显然更加无足轻重了。样式的区分：在此就是性的问题，即修辞学问题；修辞学在19世纪期间逐渐失去作用；对由编辑范畴所限制的写作，出现了不加区别的倾向。

这种未决定状态的特权场域，可通过小说的分裂或至少通过其变形（像是一种地势空间的变形）所知悉→有待构成的一种资料。让我们设想下面情况（我此时刚想到的）：a) 普鲁斯特<u>最后期间</u>

〔1909年那个有名的夏天①〕表现出来的在从事论述写作(《驳圣伯夫》)和从事小说写作之间的犹豫,他欣赏自己喜爱的作家们有过的这种犹豫,这些作家都同时使用多种写作样式(内瓦尔,波德莱尔②),他辛苦地尝试着写一部非常规的作品,似乎"写作"(倾向)长久以来均为"对象"的法则所限制(写什么?一部小说?一部论说?参见布瓦尔与佩居谢的滑稽的犹豫:写什么?一部悲剧,一部传记,等等③)。b) 小说被设想为对其规范形式进行的样式超越,类似于一种隐形字迹法〔palimpseste〕现象:小说类〔romanesque〕范畴,随着规范型小说〔roman〕失去吸引力而增加了迷惑力:《趣味先生》,《人造天堂》,《娜底雅》,《艾德沃妲夫人》→所有这些努力完成的作品,都不能用一种一般性的语言描述,在此所指的作品,其样式是不可定性的:此即为"文本"。

历史上最接近"文本"的作品,或者无论如何,在某种方式上,可从理论上预见文本的作品,要求着诸样式的混合、"混杂"〔bariolage〕④:这是(德国的)浪漫主义小说理论→小说(诺瓦利斯,施莱格尔)=样式的混合,欠缺任何等级区分,欠缺任何高低

---

① 此时普鲁斯特埋首于《驳圣伯夫》的写作,拟从小品文过渡到小说写作。普鲁斯特的通信也证实,那年夏天他完全致力于这部大著,但此后有迹象显示,在比1909年夏天长得多的一段时期内,此一计划大为改变。

② 参见关于普鲁斯特的《驳圣伯夫》的两篇文章:《内瓦尔》和《圣伯夫和波德莱尔》。读者也可回想起,他们的作品曾由《追寻逝去时间》叙事者在盖芒特公爵的图书室里提及。

③ 特别是《布瓦尔与佩居谢》的第5章。"最后,他们决心写一部作品。而困难在于主题。"

④ 关于德国浪漫主义文学理论中的"混杂"概念,参见施莱格尔的《批评片段》(103页):"许多优秀的作品,其优秀与其说因其具有统一性,不如说由于其成为一种新构思的混杂集合,后者受到同一精神的激发,朝向着同一目的。"也参见巴尔特关于小说的素描,《全集》,卷5,999页。

区分＝浪漫主义小说或者绝对小说。诺瓦利斯（《百科全书》，第 6 部分，第 2 卷，第 1441 节段和 1447 节段）："小说艺术：小说难道不应当在其按共同精神以不同方式连接的一系列表现中包含一切样式？"① "小说艺术排除一切连续性。小说应当是在其各个阶段内连接起来的一种建筑物。每一个小片段都应该是某种被切分的——被限定的——东西，一种自身有价值的全体"②，"真正的浪漫主义散文——特别富于变化的——标新立异的表达法——剧烈跳跃的——彻底戏剧性的。它与短篇文章并无不同。"③ 作为小说的"片段"〔fragment〕的一个明确定义是：我们看到，在这里对象如何被分隔以释放出一种写作能量；<u>写作作为倾向意味着写作对象的出现、闪耀和消失；归根结底，剩下的只是一种力场</u>。

同样正常的是，我们记起被尼采加以分隔和混杂的写作问题。——尼采诊断出了柏拉图的风格多样性（《悲剧的诞生》）："由于纯美学的需要，应该创造一种艺术形式，它与所否定的艺术形式内在地相结合。如果悲剧吸收了在它之前产生的一切样式，我们可以同样不无悖论地说，来自一切现存形式和风格之混合物的柏拉图对话录，摇摆于叙事、抒情诗和戏剧之间，构成了诗歌和散文之间的一种中间样式，而且也瓦解了以前规定着风格统一性的严格规则……"④→柏拉图的对话：其用词应该按照巴赫金的现代意义来理解，对话性〔dia-

---

① Novalis, Friedrich, *L'Encyclopédie*, texte traduit et présenté par Maurice de Gandillac, Paris, Éditions de Minuit, 1966, p. 322. 本节段取自"文献学科学"一章。
② 同上书，323 页。
③ 同上书，309 页，1372 节段。
④ 尼采：《悲剧的诞生》，14 段；也参见法文《尼采全集》，101 页，1977。

logisme〕即声音的混合。① 尼采，对于混合式的观点，持一种条件论立场；他依靠力量的强弱来挽救织锦式写作论（风格的混合和不能决定性）；前苏格拉底的混合性：强 ≠ 柏拉图的混合式：弱→织锦式：重要的概念，我忘记了给出希腊词：poikilos，意思是，杂多的，多姿多彩的，有斑点的——我们在现代希腊语中看到 pikilia 这个词：种种附加情节——也可以说是断片缝接的〔rhapsodique〕②，缝合的〔cousu〕（普鲁斯特：文学作品像是一个裁缝的作品）→断片缝接远离了对象，却突显了倾向，即突显了"写作"。

这与我在题为"小说的准备"课程中所思考的"小说"概念相比，多少有些话题扩张或话题偏离了：小说应当逐渐被扩张为"绝对小说"，浪漫主义小说，织锦型小说，"写作—倾向型"小说；换言之，一切作品。

**不及物动词**

因此，在某一时刻（应该研究的时刻；历史研究：可能在浪漫主义那里，但也可能在较早的某处：蒙田和作为亲子的作品，参见孔帕尼翁③），写作不再是，或不再只是一种"正常活动"：目标＋对象，适合于对象的、将其纳入一个唯一运动的目标，但是同样地，无论何处写作都是一种倾向，其对象的重要性远不如"倾向

---

① 巴赫金（1895—1975），文学理论家和批评家，他认为语言和文学的创造，与其说是一种代码，不如说是一种主体间的作用过程；作品是一种复合声部〔polyphonie〕，对话性是一切文学的共同原则。

② Rhapsodique〔断片缝接〕，来自希腊词 rhaptéin，意思是缝合，缝合调整，巴尔特在此指他的讲演"长久以来，我早早上床"，《全集》，卷 5，459~470 页。

③ 孔帕尼翁：*La Seconde Main*，Paris, Seuil, 1979, p. 284‑287. 如果带有纹章和铭句的筹子〔jeton〕是蒙田选择的标章，"亲子"〔rejeton〕，书籍（像是孩子）反过来则是被产生而非被发明的对象，一种"可始终延存的完美标章"，它作为"其生命的部分"不断地逃离其作者。

于"〔tendre-vers〕本身的丰富性重要，后者是一种力量，它以官能的和戏剧性的方式寻求它的作用点。

这一（在动词意向性〔intentionnalité〕内产生的这一微小革命性的）出现的可能形迹、语法的形迹是："写作＋目的补语"向"无目的补语"或"绝对"补语的过渡→"今天你为我们写什么呢？——我写作"，或者"你在生活中做什么呢？——我写作"，等等。→可以说这就是：不及物动词写作。① 因为自此以后动词的规则构造没有补语（在日常用法中，这一情况自18世纪以来已出现，特别是在夏多布里昂及以后）；但实际上，以动词为结束的补语出现了：不再写任何东西（"我写了《帕吕德》"②）；奇怪的语法：补语始终具有中止性，或者在未来，或者在其无区别状态，也就是在对所写者进行区分、命名的不可能性中。同样在语法层面，在语言学层面，我们发现了一种绝对写作的典型形象：不是在法语中而是在印欧语中（本维尼斯特③）：语态〔voix 或 diathèse〕。diathèse＝主体在穿过（dia-）过程的动词中所占据的基本位置。我们认为在法语中有两个基本语态是自然的：主动式和被动式。但是，在希腊文中有第三种语态，希腊语法称之为中动式〔moyen〕（中动：在主动和被动之间）。实际上，比较语言学学者知道，被动式只是一种中动式语态。在印欧语中有两种基本语态：主动式/中动式。要了解二者之间的区别就要知道印欧语动词的特点是，它不指示对象而

---

① 关于在巴尔特作品中动词写作的不及物性原则，参见本书35页。
② 这是《帕吕德》的叙事者对质问者的答复："他说'呀！你做的？'他回答：'我写了《帕吕德》。'"（Gide, André, *Paludes*, Paris, Gallimard, 1926）
③ 本维尼斯特：《普通语言学问题》，卷1，168页及以下。巴尔特此处主要引述该书第14章开头部分，题为"动词的主动式和中动式"，并沿用了本维尼斯特所举的一些例子。

是指示主体（≠ 美洲印第安语或高加索语中指示词标示着过程的终点）；在印欧语中一切都是参照主体来呈现和安排的→如果我们是"主体性的"，如果我们的哲学从主体出发而且有关主体的议论如此之多，如果我们如此频繁地回到这个主体上来，这或许因为主体深深嵌在语言的（我们语言的）基础之上→因此，主动式/中动式涉及主体在此过程中的两种不同位置：为他人做某事，在他人立场上 ≠ 为自己做某事，在自己的立场上。（Pånini①）

梵文 yajati：作为司祭，→ yajate：作为奉献者，为自己献祭
为他人献祭

=主动式　　　　　　　→中动式

=过程从主体出发和　　=过程在主体内完成，主体是基底完成
在主体外　　　　　　→（多年来并不理解，我们学习把 luomai 作为"我为自己解开绷带"。我为自己解开靴子的纽带？当然！翻译成"我自己"，是荒谬的，是危险的）

主体实行　　　　　　主体通过自我作用来实行

nomous tithénai　　　nomous tithésthai "通过自我纳入
"提出法则"　　　　　而提出法则" = "约束自己的法则"

polémon poiéi　　　　polémon poiétai
"引起战争"　　　　　"作战或参战"

----

① 帕尼尼〔Pånini〕是公元前4世纪的印度语法学家，伟大的梵文（印度教的圣语）理论家之一。他特别重要的贡献是在吠陀梵文和梵文中建立了音位学体系和词法学体系，此外，提出了"为己词"（中动式）和"为他词"（主动式）之间的区别。

（例如发出开战信号）

注意：这样说明之后，可以清楚理解：

1）中动式可能有一个目的〔对象〕补语；

2）在主动式中，不要求主体的参与。

这样，对于印欧语来说，似乎悖谬的是，主体不要求参与存在，不要求存在中的自我作用：存在是主动的（正如走、流动），虽然在中动式中，主体是过程的中心和行动者。

本维尼斯特提出，与其以主动式/中动式区分，不如以外语态/内语态区分①。这一分析对于写作论也十分重要，写作，在绝对的意义上，显然是一种中动式：我在"对自作用"中写作〔j'écris en m'affectant〕，使我自己成为此行动的中心和行动者；我在此行动中确立自己，不是像祭司那样朝向外部，而是基于一种内部立场，在此立场上主体和行动形成了同一个过程：

1）"书写某物"：几个世纪以来都是这种情况；一般来说，它取代了一般性的或者虚构性的某人，其作家只是简单的代理人；我拿起献祭的屠刀、刀剑、羽笔，为了一种事业：为了进行指示，为了使人信仰、使人转化、使人欢笑；制作一部现实主义小说，这就是为了大众而成为代理人，成为祭司≠"写作"，这就是手持祭刀，为自己而献祭。当然，可能有目的补语（某物），甚至是必要的，但永远不是作为主体人格之写作主体，而是作为"书写作用"〔écrire l'affecte〕之写作主体：这样就产生了一种作家的"主体性"，而不是人格的主体性。实践的平面对应着这种被作用的行动的主体

---

① 相对于主动式和中动式之间的可理解的和令人满意的著名对称，这一替换（用外语态/内语态取代主动式/中动式）使本维尼斯特能够发现两项之间强对立的传统特征。参见本维尼斯特：《普通语言学问题》，174 页。

性,这就是现在所说的<u>陈述作用</u>→古典作家(为了简单化这样说)为了一种事业,为了一种外在的目的(例如宗教)拿起了羽笔:他处于一种主动式语态≠福楼拜,作为<u>写作型作家</u>(他并非创始者:之前有夏多布里昂,而毫无疑问,特别是还有蒙田),不再是存在于他的羽笔之外:"我是一个握笔人。我通过羽笔,借助羽笔,相对于羽笔,以及特别是握着羽笔,来进行感觉。"① <u>绝对写作</u>成为一种本质,作家,在某种"写作的纯粹性"的神秘性内,为之燃烧、与其同化的本质,这种本质没有任何目的性可以将其损毁。福楼拜说(1860年,39岁时):"在一切作品中我最感兴趣的艺术作品是<u>艺术在进行超越的作品</u>。我所爱好的是绘画中大写的绘画;诗篇中大写的诗篇。"②

2) 作为中动式(内部语态)的<u>写作</u>对应着一个历史时期,大致说是浪漫主义(我是按学界限定的意义上用此词的)时期,也就是从夏多布里昂(或者甚至于包括后期卢梭)到普鲁斯特。<u>写作</u>,作为中动式本身,是可能超越的,人们试图超过它,试图使其彻底化。它甚至是一种有关描述现代文学种种尝试、种种失败的适当性〔pertinence〕原则(不过此类描述迄今未出现)。我将按照以下的分类法来遵行——如果这就是我的意图的话,但我只是一个按照"浪漫主义"方式来叙述其写作决定之人——此适当性,以描述我适巧获得的文本,描述人们打算送达给我的文本(我不说"书籍"):

a) 写作是一种极强的中动式活动:写作对主体有着非常重要的作用;超出内在性的语态=内脏态〔intestine〕;对象于是成为不可分类的,不可指示的,也可以说,不论好坏,是不可称名的;它是

---

① 福楼拜致路易斯·柯莱的信,1852年2月1日,见《作家生平序言》,64页。
② 福楼拜致阿美迪·邦来耶的信,1860年9月6日,见《作家生平序言》,214页。

一种文本，一种活动的痕迹，一种"字迹"〔graffiti〕，一般来说，在可读性的规范之外：不是叙事，不是论证，甚至不是"诗歌"；这是一种"无论为何"（在读者眼中），由此出现了"出版可能性"层次上的张力。

b）另一条途径：从逻辑上推进直到否定了主体，辩证地将其化解在写作的普遍性内，写作（按照浪漫主义方式）不再是最后的基础：它像主体一样被废除了→人们不再停留在书籍上，不再停留在被视作亲子的文字作品上，而是使书写物极端地"社会化"了→匿名写作"和/或"集体写作的现实诱惑：1）在写作〔writing〕的一般化实践内，写作不再是一种动词中动式，而毋宁说是一种被动式：书写是按照一定的技法进行的；2）在匿名的或集体的写作尝试内；"作者的名字"以一种类似黑格尔的方式被用作普遍项的平庸形象（特别是"观念"的普遍性：因为"观念"是非人称性的，关于文学所有权的资产阶级法则这样说）。①

这些形式，由于阅读行为的抵制，还没有显示出效力来（当然除了"写作"以外）。我所谈的人物，提出了既具可读性又具绝对性的写作问题——浪漫主义写作的问题。因此我们重新回到了我们的论述，它有关于中动式动词的写作：在写作的同一过程内，我在对自作用中写作。

**结束**

写作作为绝对，是一种特殊的存在运动：为了重新开始而结束（作品）＝"结束"作为一种幻想式〔fantasme〕。人们狂热地书写作

---

① 黑格尔的唯心主义把绝对看做主体，使作者消失在动词的普遍性中。对于文学所有权的法规而言，不应该要求对任何观念加以保护。

品，<u>为了将其结束</u>——但是当结束后人们重新开始另一作品，在同样的虚幻条件下（乔治桑在一个上午的两小时内结束了一部小说，在三个小时内又开始了另一部小说）；"倾向"实际上是永不休止的。

"结束"的愿望在每一阶段出现：素材的收集、编辑、改正、清样、出版；在每一阶段：热情，越过此阶段的焦躁不安，之后，当完成之后，某种欺骗性失望，对象最终的平庸性：<u>瞧！就只是这个！</u>——可以说（我想说）：一旦开始，我只为了结束而写作。——我将说一本书给我带来的唯一快乐就是将其结束——完美的结束；其他问题（读者接受问题）：形象方面的满足，而不是行动方面的满足——因此是可疑的满足，因为形象不可能是精确的（出版的书写物是给予我的唯一的真实满足，按照某些未知读者的来信，当我能够相信<u>他回答了一个被忽略的要求</u>＝现实存在的书籍的定义）。

在一个最终目标被幻想式化后，一个确定目标的计划〔pro-jet〕（向前投射〔jet〕，一段一段地）之逻辑是：在达成后，人们不再写作，最后开始休息，与其说是写作，不如说是不断地重新开始欲望运动；卢梭幻想着一种彻底的无所事事（圣彼埃尔岛[①]）→由此产生了作为其最终遗言的最后作品之特殊幻想式：仍然是一部作品！这是我将在其中谈论一切的最后作品，然后我将沉默，等等。"遗言幻想式"，永远要改写的"遗言之现实"。

<u>做完了</u>这个概念，或者更谦逊地说，这个幻想式，也许能够产生一个新的、今日的"<u>写作</u>"类型学；帕万斯的例子：他的手稿不

---

[①] "无所事事对我就足够了，而且，只要我什么也不做就好，与其做梦我更喜欢醒着，"卢梭写道，在其《忏悔录》中回忆起1765年9月他在圣彼埃尔岛的日子。参见《忏悔录》，631页。

属于第一类型：非"文本的"（不可读的〔illisible〕），非匿名的；他最初的小说是通过精致书写完成的叙事小说。① 我问他这类问题（总是私下里，根据自己的需要）：他是否一直有将来成为一名作家的想法？他是否想象过以自己生活为原型构筑一部作品（即一部由无限多作品组成的集合）？他回答说否。他的愿望就是在（他生活中）某一段时间里埋首于一部作品，仅止于此。换言之，并无固定情结促使他——在螺旋的另一段上——"写某种东西"。我认为，也许错误地，凡属年轻者（如这位年轻小说家的例子）就是属于现代的。因此，我有了"落伍"之感，由于我对"写作"有着一种绝对的感情（它不以作品为结束而是使作品重新开始）或者终生的（与我的生命同始终）感情→"写作"，至少我的写作，是以未来为志向的〔protensif〕：它以未来为根基而构成，而未来是并无内容的，是永远不会被充实的，其本质是"出血症式的"〔hémorragique〕，因为它不断地重复起动时间（以及时间所传输的对象）。让我以蒙田的说法（夏多布里昂所引述的）为例："人类渴望着未来事物。"②

在结束"完成了"概念的讨论时，我想起普鲁斯特的一个极端的例子。《追寻逝去时间》＝一种对抗死亡的斗争，在死前完成，因此具有一种不可避免的"遗言作品"之性质；一种"做完了"的行为被死亡限制，一种强未来性的志向（一种全面限制，一种生活禁欲），但是同样具有着一种最终闭锁的圆环。于是出现了延缓〔sursis〕的问题：如果普鲁斯特不死，作品差不多完成了，那他将写什么呢？他能够写什么呢？一种延缓，却永远不可能被完全充

---

① Jean Pavans，作家，也是亨利·詹姆斯作品的重要翻译家和评论家，他对巴尔特谈起手稿《纯洁的断绝》〔Ruptures d'innocence〕，Différence 出版社，1982。

② 夏多布里昂：《墓畔回忆录》，157 页。

实：这是一种多余的时间，一种厌倦的时间（米舍莱和作为大革命的"延缓"的19世纪，参见《千年以后》①）。在某种意义上，普鲁斯特只能死亡；否则，或许他将不会重新写作，而只是按照一种"压条法"〔marcottage〕不断地对作品进行添加②：纸片，还是纸片；蛋黄酱的无限增加。他写在一张沾有巴比妥安眠药的纸上的最后字样是：弗舍维尔〔Forcheville〕③。

## 题外插叙——不写作

因为，"写作"在此被视为"欲望"，被视为激情（同样，我开始对此谈论），必须提出与此欲望、激情断绝或中止的原则——换言之，必须唤起如下的诸可能性：一种反写作和一种非写作，一种准书写〔para-graphie〕（背离对写作以外对象之欲望）或一种非书写〔a-graphie〕（驾驭或削弱激情，以拥有智慧，因为写作不是智慧）。以下情况不是一种逻辑的结论：我有时——并非经常地，当我经历着一种对其须加以适应的东西产生的巨大恐惧之时——感觉

---

① 米舍莱的作品，特别是《法国大革命史》前言，大致使纪元千年之后的基督教和大革命作为恩惠和正义的两大形象，在书中同时出现。在千年之后和大革命之后，厌倦时代到来，此即"历史的停滞"："明日确实的厌倦向今日部分地显现，对接下来的厌倦的日子和年月的展望，预先沉重地压迫着今日，此即生存的厌恶。"（米舍莱：《法国史》，1871）

② 巴尔特将小说开头给出的无意义细节的最后成长、发芽、开花"称作"这种飞越式的构成。"（《全集》，卷5, 654～656页）

③ 弗舍维尔这个名字在《追寻逝去时间》一书中经常出现（在《斯万的爱情》中，涉及弗舍维尔伯爵，他是斯万在威尔杜家的对手，其后，在《阿尔贝蒂娜消失》中，斯万夫人成为弗舍维尔夫人，直到后来G. 斯万在成为圣卢夫人之前成为弗舍维尔夫人……）。在其死前修改了《阿尔贝蒂娜消失》手稿的末尾部分，但关于普鲁斯特手稿的这些论述，实际上包含着巴尔特所谓的压条法原则，按此原则，一段新叙事得以围绕着弗舍维尔这个名字展开（关于压条法，也参见本书155页，注29〔即中文版165页注①〕）。

到非写作之翼落于自我之上：这是不幸的黑色之翼，但也是智慧的美好之翼。因此，不可能提出下列奇妙的问题（我们已经看到另外一个奇妙问题：如何能够不写作？）：如何能够中止写作？如何打断写作实践和作家的职业？让我们来看两种情况：1）欲望的偏离；2）对欲望本身，对作为欲望的欲望之设问。

(1) **自沉**

在法国文学中，一种关于"写作"的戏剧性自沉：兰波（1854—1891；魏尔伦的击炮事件：1873）。

全面的断绝：一方面是各种阅读、通信、诗歌、理论（预言家的理论），然后，突然的，一切归之于无：虚无中的文学，彻底的、突然的、决定的谋杀者→为什么？我相信，对此没有说明，而且老实说，我们清楚地感觉到，移动〔mobile〕概念本身是空洞的，无关紧要的：就像这样，就这样，没什么可说的。兰波，在处境困难中，将其决定的绝对晦暗性留给一切注释者（因为存在着一个兰波神话）：类似于克尔凯郭尔所见的那种信仰的不透明性（参见亚伯拉罕①）——"自沉"，自我沉没，是极为彻底的。1879年返回罗舍时，当友人德拉艾问他是否永远把文学这个完全暗淡的、无感情的词，看做一种欲望的中性状态时，他说："我不再关心它了。"② 自沉引起了与过去友人沙勒维尔关系的断绝，这个友人代表着过去和

---

① "亚伯拉罕拒绝中介性；换言之：他不可能说话。我一说话，我所表达的就是一般性，如果我沉默，谁也不理解我。"（Kierkegarrd, Søren, *Crainte et tremblement*, traduction de P.-H. Tisseau, préface de Jean Wahl, Aubier-Montaigne, coll. "Philosophie de l'esprit" s. d. p. 93）

② Carré, Jean-Marie 引述，载于 *La Vie aventureuse de Jean-Arthur Rimbaud*, Paris, Plon, 1926, p. 166.

文学——而且肯定是书籍的彻底灾难；他对友人皮埃坎说："购买书籍，特别是'莱美尔书店出版的'那类书，是十足愚蠢的。你的头在你的肩上，它应当取代一切书籍。排列在架子上的书籍，只应用于掩盖旧墙的破迹！"①

议论中的唯一要点是此自沉的时期问题：

a）长期公认的说法（卡雷②）是，1870 年：《诗集》；1871 年：《诗集》；1872 年：《启示》；1873 年 5 月：《地狱一季》→1873 年 11 月：不再有文学观念。

b）新的说法，在布雅纳-德-拉科斯特的研究之后③：《启示》写于《地狱一季》之后。1873 年：《地狱一季》→1874 年：《启示》→1875 年：文学活动中止。

如果我们发现了一种创造"逻辑"，并可判定《地狱一季》是否写于《启示》之后，这当然是重要的。但是对我们来说，我们满足于确认和惊异地思考一种欲望的绝对"灾难"。我们将其大致置于 1873 年到 1875 年之间，也就正好是兰波 20 岁时→他还剩下 20 年好活：另一个兰波。

值得注意的是：兰波抛弃了一种欲望（"写作"欲望），却代之以另一种欲望，同样的激烈、彻底，甚至可以说狂热：旅行。

a）这确实是疯狂之举；少年时代已经有过难以置信的徒步旅行：向前走，向前走，身无分文（如果是今日，他会搭便车旅行

---

① 参见《皮埃坎的回忆》（1856—1928），载于《兰波文学生涯通信集》（1870—1875），Carré 编注，Paris, Gallimard, 1931, p. 161.

② 参见 Carré, Jean-Marie, *La Vie aventureuse de Jean-Arthur Rimbaud*, Paris, Plon, 1926, 并参见前述《兰波文学生涯通信集》, 221~231 页。

③ 参见布雅纳-德-拉科斯特〔Bouillane de Lacoste, Henri〕, *Rimbaud et le problème des "Illuminations"*, Paris, Mercure de France, 1949.

么？再者：他愿意只身旅行么？）。然后，狂热地学习语言：英语，德语，西班牙语，荷兰语，印度语。特别是在 1873 年之后：英国（在魏尔伦之后，与努沃一同），德国（斯图加特），经由瑞士去意大利（米兰），回返查尔维尔，来往于欧洲，爪哇岛（森林中脱队），澳大利亚，塞浦路斯（采石场监工），红海：这一切都发生在 1875 年至 1881 年。这充分表现出一种偏执狂性格。

b）最终取代这一旅行欲望的是第二个力比多〔libido〕：探险，殖民（埃塞俄比亚）；在此时期，正是我的外祖父班热生活的时期，1887—1889 年①（他却毫无诗人气质，连一点都没有！），探险和殖民是密切结合在一起的；我想说，今天仍然是结合在一起的。兰波意识到他的探险计划是重要的；他确定了进入埃塞俄比亚的一条大通道，它后来成为埃塞俄比亚第一条铁路路线，并很快促成了吉布提的地理和经济开发区的建立→另外一个角色取代了诗人和旅行家（仍然是浪漫主义的形象）：殖民者和地理学家（正好是诗人的对立面）。他不再写诗："幼稚荒唐，令人讨厌"②；在此阶段，我们只看到他的两份写作：关于 1887 年赴哈拉尔旅行的两页报告（为地理学会），完全是枯燥的散文体，以及在开罗一份法语小杂志《埃及波斯佛尔》（1887）上刊出的一封信。

我说过，这种自沉现象对我来说永远含有某种令人惊异和难以评述的方面；它不可能构成一种文化模型，因为一切显然都表现在

---

① Binger, Louis-Gustave，巴尔特的外祖父，曾是 Faidherbe 总督的老副官，曾于 1887—1889 年期间探索尼日利亚河的水源：Kong 国和 Mossi 国。巴尔特在课堂上评论道："你们知道，两个日期的接近对我来说有一种幻想的效果，而且我对于有一位祖父曾在兰波于埃塞俄比亚探险的同时也在黑非洲的同一个地方探险一事，不断地感到惊讶。"

② 前引 Cavvé, Jean-Marie, *letters de la Vie littéraire d'Arthur Rimbaud*, Paris, Plon, 1926, p.181.

欲望的平面上：存在着欲望的频繁更替、杂乱和循环；使其自沉者，永远不是欲望，或准确说不是意志（在尼采的意义上）——而无疑是"对他者的欲望"，这甚至是<u>不可评述的</u>——是<u>惹人非议的</u>。对此只有两点评论：

a) 我们自然倾向于——因为兰波对我们来说是一种文学存在——对如下事实惊异：兰波从成功的文学家<u>开始</u>而变成殖民者和商人（咖啡和枪）。但是，问题正好被完全颠倒了：鉴于实情，在某一时刻他如何能够<u>写作</u>呢？——必须忘记进化图式（"命运"）：不要赋予人的一生中某一时刻以任何特权；一种基督教传统特别赋予末日以特权，在人死之时对其进行审判（"善终"观念）。帕斯卡反驳蒙田说："但是，他只能在临死时懒散地、无力地，通过其全部著作进行思考。"①

b) 兰波是现代的（现代性奠基者），不因其作品——或者，与其说因其作品，不如说因其"断绝"行为所引起的惊异、<u>冲击</u>。成为现代性的不是此断绝的彻底性、纯粹性、自由性；此断绝现象使我们看到主体——语言活动的主体——被分隔、分裂，好像两条前伸的铁轨彼此平行伸展着；好像兰波内部浸透了两个"条件"：一个是通向诗歌的条件（通过中学），另一个是通向旅行的条件（通过对母亲的拒绝？由于平庸？谁说的？）；他说着两种不连贯的语言：在诗人、旅行者、殖民者和最终信仰者之间（贝瑞松，克洛代尔②），二者之间并无<u>连接点</u>，而且此一分裂相当于一种现代性诱

---

① 帕斯卡：《思想录》，Ⅱ，Michel le Guerne 版（巴尔特讲课中参考的版本），Paris, Gallimard, coll. "Folio"，1977，fragment 574，p. 133.

② 参见 Rimbaud, Arthur, *Œurres*, texte établi par Paterne Berrichon, préface de Paul Claudel, Paris, Mercure de France, 1912.

感：马基雅维利谈到了罗沆德麦迪奇（严谨的和享乐的生存方式），而且说在他体内有两个不同的存在，二者"不可思议地结合在一起"①。

（2）"无所事事"

面对着这一段——写作欲望偏向另一种欲望——仍然有一种纯<u>失写症</u>的可能性：写作中止关系到一种欲望的自动中止。与<u>事务</u>（negotium），即与工作、活动、行动等相对立的是<u>闲暇</u>〔otium〕，余暇，或者<u>无所事事</u>，如果将此词视作一种成人的"力"，而不是视作一种被贬低的、轻浮的工作形象，或者视为一种充实的（也是困难的）哲学。

（完全）<u>无所事事</u>的观念，作为生命体系，会深深触动作家，如果他感觉到写作——不管写什么——相当于具有一种（隐蔽中的）热烈的"<u>生存意志</u>"时，后者相当于一种"拥有意志"，相当于一种对他者的<u>欲望操弄</u>（不论其意图的纯粹性如何）。于是出现了中止一切作品的诱惑，这些作品，不论内容如何，照例都是对读者的一种"侵犯"、一种"攻击"、一种"支配"；于是出现了不再说话的欲望，取消了一切野心、一切社会力比多的欲望→在其不安、斗争、迟疑中，<u>写作</u>可能看起来像是一种"痛苦职业"（卢梭②）。对此，我们可以想象出来是可以放弃的→从此出现了幻想性的解决方式：<u>写作</u>（因为这是一种快乐），但<u>不发表</u>（因为发表是

---

① 引自米舍莱：《法国史》，卷8，巴黎，1871。

② 卢梭在居留于莫捷期间对自己的衣食颇为忧虑："我要逐日减少我的有限资源。余下的应足数两三年之用，如果没有任何其他办法，至少可以重新写书；这是我已放弃了的痛苦职业。"（Rousseau, Jean-Jacques, *Les Confessions*, texte établi et annoté par Louis Martin-Chauffier, Paris, Gallimard, coll. "Bibliothèque de la Pléiade", 1947, p. 597）

一种焦虑，我们特别在福楼拜那里将再次发现这一主题）；当然，从生活层面说，这并不可行。——此外，当然还有"生存"问题，但相对来说今天已少有作家，特别是"研究型"作家，还靠他的书籍为生了：他可以中止写作而不必中止生活。

无所事事之路＝一种"启新"〔initiatique〕之道，它从自由自在之单纯的"闲暇"（不再受制于写作劳动的严格法则）通向一种有关善与恶、权力与非权力的深刻哲学。让我们标记出它的几个阶段。

知识

"无所事事"的、最具一体化的形式（我们遍历一个等级结构，它应当导致我们最具争议性的无所事事，即<u>彻底无为</u>〔pour rien intégral〕）：学习，阅读，"为己"，没有转换性的利益。让我们看一下《驴皮记》中这个美丽的句子："<u>意愿</u>使我们燃烧，<u>供应</u>将我们摧毁；但是，<u>知识</u>使我们软弱的机体处于永恒的平静状态……"① 显然关系到一种"哲学的"<u>无所事事</u>（因为这正是我们关心的概念），因为，就相对立的<u>知识</u>与<u>意愿</u>和<u>供应</u>而言，它并不是一种"善"。我们可以回忆圣奥古斯丁的三种<u>力比多</u>〔欲念〕观：<u>感官欲</u>，<u>知识欲</u>，<u>支配欲</u>。知识欲是与感官欲（欲望）、支配欲对立的，它辩证地展开了<u>平静</u>的，即<u>无欲</u>的可能性。

修补匠〔bricolage〕

<u>充分的</u>（充实的、完全的）<u>无所事事</u>：它取代了<u>职业性任务</u>，退休修补匠类型。卢梭的诱惑性描述：1）无所事事＝被幻想式化

---

① 《驴皮记》中的这句引文被巴尔特置于巴尔扎克戏剧《牟利者》的前言内，该剧1957年5月在夏约宫国家大剧院上演，由让-维拉尔导演。该前言重印于《文艺批评文集》，见《全集》，卷2，348～351页。

为一个伟大计划,一种新的生活——《新生》①(我们在写作本身中将再看到这个概念,确实,写作劳动和写作无所事事为同一幻想式的两面)。1765 年,卢梭,52 岁(1778 年亡故),具有一个定居圣彼埃尔岛(比安湖)的计划:"浪漫性计划的年龄已过,虚荣烟雾与其说使我快乐不如说使我麻木。残留的最后希望,即是在永久闲暇中的无拘无束的生活。"② 他访问了这个岛,深受吸引,并留了下来:"这样我将差不多要在此向我的世纪和我的同代人告辞了,我将在剩余的日子里把自己封闭在这个岛上,以此来向世人〈因此向一种严肃的归化主题〉告别;因为这正是我的决心所在,在此我打算最后完成关于这个闲暇生存的伟大计划,对此而言,上天分配给我的任务,我一直徒劳地奉献至今。"③ 2)此一无所事事充满着各种琐细的活动(我谈到了修补匠)。卢梭描述得很好:"我喜爱的无所事事不是一个游手好闲者的无所事事,后者一直双臂交叉而彻底无所作为〈我们马上会看到此种无所作为〔完全无为〕在东方可能以一种高尚方式被幻想式化〉,并不再认为他无所作为。同时也像是一个孩子,他不停地走动而无所事事,以及像是一个饶舌者东拉西扯,虽然他的臂膀一动不动。我喜欢忙于无所事事,开始动手做上百件事而不完成一件,随意来来去去,不断改变计划,追查一头苍蝇的千姿百态,探寻一块岩石下面的秘密,热情地从事一项长达十年的工作而在十分钟的犹豫后毫无遗憾地将其放弃。总之,

---

① 关于巴尔特与《新生》的关系,参见本书开头第 25 页以下,也参见他对题为《新生》的一部新作品的素描(《全集》,卷 5,994〜1001 页)。
② 卢梭:《忏悔录》,631 页。
③ 同上书,633〜634 页(下画线为巴尔特所加——中译者)。

*216* 要毫无秩序地随兴度日。"① →因此，所否定的不是"工作"〔劳动〕（这一神圣不可侵犯的价值），而是限制→卢梭想要无所事事，因为它是"自由的"（这就是我们目前对无所事事给出的定义：<u>社会的</u>而非形而上学的"非异化作用"〔désaliénation〕）。

无

再来看任务和职业的消失→作为一种纯形式的活动绝对不生产任何东西：绝无收益，即使是内在的收益。——你们肯定看到，在北非诸国家和希腊，一些人无所事事，却不停地制作着假玉念珠：这就是<u>孔伯洛伊</u>②；两手不假思索地摸弄着念珠，其中不含任何宗教意味；它不是一种工具，不是一种工艺品。可以说，它是<u>无所作为</u>的积极象征。——因为，否则或许不会有<u>无所作为</u>；"存在"和"虚无"的微妙辩证法：为了看到、知道、感觉到无，需要有一种存在的支持；否则就没有定位基础，没有意义；<u>虚无不是无</u>！它经不住思考。

无为

因此应该在"无所事事"的全部（及最终）经验中寻求<u>支持</u>：将一种即使不是虚无〔néant〕（这个词强调过度了，太过形而上学化）至少也是零无〔nul〕的确定经验的幻想式化。我们可以给出两首禅诗的铭句，它们总是使我感动，而且尤有甚者，我不合自己习惯地将它们默记下来了：

平静坐着，无所事事

---

① 前引《忏悔录》，633～634页（下画线为巴尔特所加——中译者）。

② Komboloï 是一种大玻璃念珠，希腊人以串珠为消遣。巴尔特在其题名为《新生》的小说素描中提到过此物。参见《全集》，卷5，1009页。

春天来了，草木自生①

（此处的错格法特别迷人：不再有主语，除了"坐着"什么也没有）。我充分体验着这种状态，但可惜不是自己直接体验的——问题正在这里——而是通过第三人。在摩洛哥，某日我独自驾车沿着干线旁边的小道，朝本苏莱曼方向缓缓驶去，看见了一个坐在旧墙上的孩子——这表明春天来了。

存在三种形式：

1) 最明显的是："无为"（不行动）形式②，一种生存欲望，它没有外部行动，不想斗争，不倾向于任何变化。为了理解此灵魂升华的意义，需要借用较不文雅的形象比喻。这就是"堆积"〔Tas〕的形象：作为一个堆积的存在——为什么不是牛粪？一种堆积的哲学？一种堆积物学〔sorologie〕③，soritophilie〔堆积爱好〕（sôros：连锁推论、三段论的语源），或者一种 bolitologie〔土块学〕④（boliton：牛粪）？——或者像是一个幼虫，可以说，在某种意义上是一个有感觉的幼虫——事物的回转：内在性成为绝对，成为其纯自我肯定。我们看到，这就是"无为"："某种谦卑的被动性"，远离一

---

① Zenrin Kushu（日译者未将此日本人名译成汉字。——中译者）的诗，参见 Watts, Alan W., *Le Bouddhisme zen*, traduction de P. Berlot, Paris, Payot, "Bibliothèque scientifique", 1960, p. 149. 巴尔特在本课程的第一部分曾提到过这首诗，30 页，并在其他作品中多次提到它，特别是在《恋人絮语》内，参见《全集》，卷 5，287 页。

② 无为，即"无目的的存在"，即"没有意图"。参见 Watts, Alan W., *Le Bouddhisme zen*, traduction de P. Berlot, Paris, Payot, "Bibliothèque scientifique", 1960, p. 165. 巴尔特在《中性》中用了整整一章谈论无为，参见该书 222～233 页。

③ 从古典拉丁文 sorites〔连锁推论〕形成的新词，作为逻辑学和修辞学的专门名词，借取自希腊文 sôreitès，意思是"经聚积而形成"，它本身是 sôros（堆积）的派生词。

④ 根据希腊文 bôlos"土块"构成的新词。

切暴力的和竞争的欲望（显然，尤其不可能有写作），而归根结底是一种"自发的和不可穷尽的活动"状态。堆积，作为可感觉的幼虫，思考着"堆积"与外界的唯一接触：大气的压力，气压计的感觉性。

2）我们也可以按照一种更西方化的方式说，彻底的、本体论的也是幻想式化的无所事事（反"写作"：幻想式对幻想式），这就是"自然"。我们来看海德格尔的一段引文（《文集》，卷27，《超越形而上学》）："大地隐蔽的法则在节制性中保持着大地，此节制性满足于各种可能事物被分配于其内的循环中。一切事物的生生死死，一切事物都适应此循环而对其并不认识。桦树〈注意：树木！〉永不可能超越其排行。蜂群居住于其可能的地段内。只有意志，处处藏于技术之中，摇动着大地，使大地卷入于巨大的疲劳、消耗以及种种人为的变化之中。意志迫使大地脱离其可能的循环，以至于使大地围绕着意志来变化，它迫使大地进入不再可能的、因此也就是不可能的领域"① →我想，这就是有关"写作"（意志，巨大疲劳，消耗，变化，任意妄为，人为，简言之，"不可能之事"）和"无所事事"（自然，可能事物在循环中的展开——"感觉性"）之间斗争的一种极好描述。

3）"无为"的第三个例子：尼采自我描述道（《看呐，那人》）：他把"怨恨"〔ressentiment〕（祭司型的反动力量）比喻为一种躁动，一种束缚，一种病态："摆脱一切怨恨……摆脱病态，这已经是一种怨恨。——对此，病人只有一种治疗法——我称之为一种俄

---

① Heidegger, "Dêpassement de la mê taphysiqye", *Essais*, XXⅦ, Paris, Gallimard, 1958, p.113. 此引文多次出现在关于《新生》的小说研究中，参见《全集》，卷5，994页及以下。

罗斯宿命观,这种无抵抗的宿命观是如此塑造一个俄国士兵的:当士兵感觉战斗过于艰苦时,就躺在雪地里。不论在直接的意义上,还是在比喻的意义上,都不再忍受一切……不再进行任何反应……一种冬眠意志……没有什么比怨恨情绪更快地使人消耗殆尽……这是那位生理学家佛陀所清楚了解的……"① →卓越的、超越的被动性,始终与自然一致:"道家"的色彩更大于佛教的色彩→显然包含着一种可以在托尔斯泰处发现的对恶无所反应的道德性困难(至低限度,现实世界对此似乎还无以回应;我们处于一般怨恨时代:祭司、教皇、阿亚图拉、政治道德主义者等等的时代)。

---

① 尼采:《为什么我如此聪明》,见《看呐,那人》,《哲学作品全集》,252页。此处巴尔特做了许多删节和强调。

# 1979 年 12 月 15 日讲义

为了使人理解那种受更炽烈、更顽强写作"欲望"驱使而想写作的人如何能够懂得过渡到另一种欲望，即什么也不做的（无为的）欲望——然而二者可能属于同一类现象，具有同一性质——为了让我自己也能理解这一点，我必须对其进行亲身感受（规则＝提供的不是私人的〔privé〕体验，而是内在的〔intime〕体验）：

1) 细微而经常重复的事实是，在生活中必须永远为最琐细的事情而斗争（我们不讨论巨大冲突的问题）；在最普通的一日中，生活实践中的细枝末节数不胜数：停车须要斗争；在餐馆占位，须要斗争；把钱包从被硬币卡住的裤后口袋掏出时，扣上了一枚纽扣。看一下这些斗争的内侧（或者外侧），你会获得一幅田园式的——而不再是英雄式的文明景象；或者是绝对贵族式的，或者是绝对"禁欲主义的"：没有汽车、没有外套纽扣、没有钱包、没有口袋、没有手枪的文明！→一种平滑运行的文明？在这里一切都是平滑的？——同样的，巴黎夏季的那个早上，望着日程簿上的纸页＝喜悦，解放，欢乐，对一种生活真理的感觉，因为严格来说，它们都是空洞的：没有约会，没有外部事务→这就是不期而至的无为（因此：为何而做？——当然是：什么也不为）。

2) 这个无为＝绝对非社会性的；就是说，不可能让人理解，或者更朴素地说：它不可能用于理性和借口；脚伤足以作为拒绝邀请的借口，不必通过无为欲望的程序。今年夏天，在我的村子里有过一次晚餐邀请：我被套住了，因为我找不到任何拒绝的借口，大家知道我不会被任何约会"套住"。我含糊其辞，因为我不知道如何解释而不伤人，此时我的欲望像是一个堆积，它一动不动：在家里或在乡间，使我下沉，使我躺倒，就像是使我锈住了一般；它呈现为一种非活动性之精髓，摆脱了此令人可怕的（如按此无为哲学来理解）主动性〔l'initiative〕（担心成为具有"主动性的人"）。

此种感觉，某一晚，具有一种"浪漫的"形式（因为它与"自然"相联系着）：7月14日的晚上，晚饭后，开车驶向乡间；沿着只通向农场的高原道路（在 Urt 和 Bardos 之间），我们走下汽车；我们被一片山谷景色笼罩着，一侧是阿杜尔河，另一侧是比利牛斯山。气氛静谧，万籁俱寂：远处巴斯克人（没有恐怖主义！）的某些白色和茶色的农庄清晰可见，切割干草的味道四处弥漫。我交叉着双臂，眺望景色。此情此景，均在不言中，就像是面对着巴黎的拉斯蒂涅〔巴尔扎克小说中的野心家。——中译者〕的感觉："我们两个来对决！"正相反，我延存于一种"欲望"的零点中；内心的一切正像此处之风景一样平静：〔感觉到其中的〕力量、光辉、真实，与"写作意志"同样的崇高。

3）较少具有"浪漫性"，而因身在大都会而具有较多的"概念性"：我称此为"巴黎 8 月 15 日的幻想式"：空洞的一日，空洞的庆祝，无〔历史〕接续性的庆祝；社会的（不是气候上的）夏季高峰；次日，重新下降（走向人群）；空旷的街道像是在战争期间那样静寂无声——而今年云雨甚多，人行道上没有车辆（比交通量减少更重要）；我感觉到 8 月 15 日像是两个年头之间真正交替之时；中间的、缓冲的、空白的日子，分水岭，荒芜至极：无接续性的特殊一日，无为的节日。

4）关于"无所事事欲望"作为"写作的反欲望"的最后评论：此一幻想式，此一哲学，或此一实践之敌，如果实行的话，即成为"厌倦"（厌倦之危险）。充满了"写作欲望"的福楼拜，对此有过清晰的说明（在 1873 年 52 岁时）。他在给乔治桑的信中说："我不能赞同你的轻蔑，而且我完全不了解你说的'无所事事的快乐'。当我不再有一本书或我不梦想写一本书时，一种厌倦会使我惊呼。如果不能摆脱厌倦，生活似乎无法忍受。或者必须屈从于过当的快乐……也许还要不堪！"① ——我们将在另一场合再谈厌倦，因为它的意思十分含混；它意味着，或许意味着：1）驱使写作离开写作者（福楼拜）；2）厌倦出现于"写作"中，并对其进行腐蚀：既存在一种不写作的厌倦，又存在一种写作的厌倦。

相对于"写作"，"无为"也是意思含混的：写作的拥有意志，面对着无为时将消失，但无为也可能存在于"写作"本身之内，作

---

① 参见前引书 Préface à la vie d'écrivain, 258 页。

为一种工作中的勤奋力量，此种力量从外部看似乎是稳定的，这种无为对立于一种人世之喧嚣→福楼拜没有用堆积这样的隐喻，而是使用了一种平常的隐喻："我完全像是一只牡蛎似的生活着。我的小说是把我捆住的岩石，我不知道在世界上发生了什么。"（卡夫卡在《日记》第 249 页中这样引述）

**"我比自己的写作更有价值"**

因此，我所谈到的人，有时不仅感受到<u>无为</u>（绝对"无所事事"）的诱惑，而且也感受到它的正当性。那么人为什么要坚持写作意志（至少按照我的论述如此，众所周知，从我自己的生活来看如此）？为了理解这个问题，我们需要进入"写作"和"想象界"的辩证关系问题。

**自我理想 ≠ 理想自我**

为此我将返回长久以来未谈过的精神分析学，至少是它的两个概念。我们来看由弗洛伊德提出并由拉康发展的一对概念：Ichideal＝Idéal du moi〔自我理想〕≠ Idealich＝Moi Idéal〔理想自我〕[①]。

---

[①] 弗洛伊德于 1914 年创造了名词<u>理想自我</u>（《自恋狂导论》），它表示"实在的自我"，自恋狂第一次满足的对象；同时他并未在自我理想和理想自我之间做概念的区分，认为二者具有同样理想化的检查功能。弗洛伊德之后的一些作者，特别是拉康，明确了精神内部两种不同的构成。参见 Laplanche, Jean, et Jean-Bernard Pontalis, *Le Vocabulaire de la psychanalyse*, Paris, PUF, 1967, pp. 255-256. 同样参见巴尔特在书稿边页提到的作品：Freud, *Essais de psychanalyse*, Paris, Payot, 1927; coll. "Petite Bibliothèque Payot", traduction de Jean Laplanche, 1981, 特别是其中的《自我和超我》，240～252 页；Lacan, Jacques, *Le Séminaire*, livre I, Paris, Seuil, coll. "Le Champ freudien", 1975; Safouan, Moustapha, *Études sur l'Œdipe*, Paris, Seuil, coll. "Le Champ freudien", 1974.

a) 自我理想：各种要求之场所；因此这一"心理层次区分"〔instance〕在语言活动中是无法想象的。超我只是相对于自我理想的二次内射〔introjection〕：超我具有约束性 ≠ 自我理想 = 昂扬作用〔exaltant〕。它属于象征界一侧。

b) 理想自我：按此形式，主体根据自我理想而出现或想要出现。它属于想象界一侧→理想自我对自我理想的依赖性，有如想象界对象征界的依赖性。

自我理想和理想自我之间的平衡：此平衡是微妙的和一贯的；如果平衡被扰乱，主体就会失去平衡；例如：a) 周期性情感状态（弗洛伊德）= 自我理想对自我施加非常严格的控制之后，被自我所吸收，融入了自我；b) 爱情状态：所有情境均可归结于此公式下：对象取代了自我理想（这或许意味着写作不可能与爱情相互一致 = 写作出现在后）。

"写作"：显然属于"象征界"一侧，"自我理想"一侧。但是另一个心理层级为："理想自我"某种程度上是被支配者。某种"微分机制"〔différentiel〕确立于自我理想（写作）假定和理想自我（写作外的想象界）假定之间，它推动着主体朝向于写作，无限地约束着主体去进行写作。

简言之——我先简述一下后面将展开的论述——我们可以说，作家在推论中（或在"前进"中，或在发挥作用中）也说道："我希望是一名优秀典范（'理想自我'），而且我希望被这样称道，被这样认识（'自我理想'）。"

*"写作和理想自我"的微分机制*

我想从反方向看微分机制概念，并首先谈一下写作，因为它不能完全满足理想"自我"（写作/想写作之主体的"想象界"）。

1)"写作"

对于作家而言,写作首先(首先并不断地)是一种绝对的价值立场:以一种本质语言活动的形式对"他者"进行的内射。不管这种感情的变化如何(而且它不是简单的),作家拥有一种初级自恋信念并为其所构成→不管情况如何,我写作,并因此是绝对有价值的。按照古典的说法,这种信念被称作"自负";存在着一种作家的自负,而且此自负是<u>原初性</u>的。例如,看一下夏多布里昂:他同时拥有政治生涯和文学生涯;他的政治生涯对他来说极其重要,他的《墓畔回忆录》对此有充分流露→无数处表现出对政治活动的自我满足(自身自由主义立场的正确性以及活动的忠诚和严谨,等等);然而,对他来说,原初的东西〔le primitif〕是作家的绝对自负;他于 1822 年作为路易十八的大使回到伦敦:"但是,在伦敦,另外一种烦恼使我心情黯淡。我的政治地位掩盖了我的文学名气;在'三王国'〈指大不列颠〉没有一个蠢材对路易十八的大使的重视会超过对《基督教精义》作者的重视。"——这种"自负"(这个老旧的词并不一定过时)可能具有更温和的、较少傲慢性的表达法。卡夫卡:"今晚,我重新感觉到充满着一种因不安而被遏制的才能。"① 这种自负,实际上不无悖谬地可能表现为<u>谦逊</u>,因为它不一定与某一偶然作品相关(对于任何作家来说,对作品表示怀疑的意思随处可见),而肯定是、永远是相关于"<u>写作</u>"本身:"<u>写作</u>",作为"自我理想",是崇高的,昂扬的;写作是一种"创作价值"〔faire-valoir〕→这种"创作价值",当然会因人们针对琐细作品产生的怀疑而不断被侵蚀,但不会被取消;存在一种永恒的策略,它

---

① 卡夫卡:《日记》,同前,1911 年 11 月 19 日。

使此怀疑本身返回到创作价值：例如，我能够写一部作品（一本私人日记），在其中我悲怆地假定和宣布我的才能的丧失和衰退[①]；但是如果我写道自己的价值较小，而同时又宣称我的价值较大。但是，悖谬性在于——在此出现了促使作家发挥作用的辩证关系，使其陷入一种无穷尽的写作中，比"无为"的梦想，比我企图写的更为强烈——"写作"的"创作价值"，内在地被一种欺骗的感情、一种价值丧失所浸透：我写作，因此我肯定着我自己（自我理想），但同时我证实：不，我所写的不全是我自己，存在着与写作同范围的其他东西，后者我未说出，它构成着我的全部价值，而我应该不惜一切地将其说出、传达、"树碑立传"，并书写出来："我比我所写者要更有价值。"此一残余或者剩余，此一写作应予回收的写作之剩余，此一我在反复、无限写作中应予探索的迟延〔sursis〕，就是"理想自我"，就是加于"自我理想"之上、加于"写作"之上的未来志向〔pro-tension〕。

2）（作家的）理想自我

这样就起动了一种相互竞争：与写作之精细感觉相对立的，是对一种对未来写作（在我的命运中）的炽烈愿望，此一写作将是一种完全写作，一种使我能够完全表达的写作，它把我的全部"想象界"投向语言活动舞台。让我们听一下卡夫卡对此完全性要求的描述："此时此刻，以及今天整个下午，我感受到一种强烈欲求，想要将我的焦虑完全〈下画线编者加〉描写出来，这种焦虑似乎来自我的生命深处。同样的，也产生了一种似乎在穿透纸张、使我所写

---

[①] 巴尔特在有关私人日记写作文章的《反思》中提到"对于作品价值的不可解答的怀疑"（《全集》，卷5，668页）。

者能够完全地表达我之可能的一切欲求。但这不是一种艺术的欲求。"① 艺术的欲求位于"自我理想"一侧，而我们在此要走得更远些，也许到达了广阔"想象界"的、"理想自我"的区域之外。因此这涉及一种外延性的假定——所以这就是为什么我提出的公式不是"我比我所写者价值更高〔mieux〕"，而是"我比我所写者价值更大〔plus〕"→因此作品永远没有一种纯粹、单一的艺术目的——除非，例如像在福楼拜那里一样，作为一种理论性借口——而有一种存在的、或特定的目的性：此时涉及的问题是，要汲尽空间中的一切——而这实际上是不可能汲尽的（我们马上再谈这个问题，因为作家的运作〔marche〕存在于此一可汲尽/不可汲尽之对立中）。

那么，需要完全说出的东西究竟是什么呢？我将说出我自己的感觉；而且，如果在这里换上我自己（而不是卡夫卡或福楼拜），从逻辑上说，仍然符合在我们课程起始时提到的感情和假定。这种感情和假定，是我在去年初宣布的，它说明了我理解的"小说的准备"是什么意思：一种爱情作品，可以表述某种人间之爱的作品。②

1) 一般的，我提到的理想自我以及作为面对着"枯燥性"写作中未表现的剩余理想自我，从非枯燥性一侧朝向着情绪、敏感、宽大、"心情"，就如我们以前说过的那样。马拉美自己关于写作说道："一种非常古老、非常模糊、但十分贪婪的实践，这种感觉处于心的神秘性之内。"③ 这就是爱的灵魂具有的原则上无限的空间。写作＝我想谈自己，但是我想谈作为爱者的自己。被压缩在写作的

---

① 卡夫卡：《日记》，1911年12月8日。
② 参见本书40页；也参见《全集》，卷5，468页。
③ 著名的"Villiers de L'Isle-Adam"讲演的开头部分，见《著作集》，482页（下画线为巴尔特加——中译者）。

"自我理想"之内的"理想自我"之运动，就是超出自我主义，与其说是为了一种（欺骗意识形态的）一般性，不如说是为了一种一般之爱，例如使爱罗斯〔人之爱〕变为神之爱〔agapé〕。文学与爱情之间永远存在着某种关系，在我看来这似乎是因为：在约束"写作"的自我理想内永远存在一种始终在不断扩大的理想自我。→帕斯卡："应该使那些具有人性温情的人们感到欢乐。"① ——而且，归根结底，在我看来作家不是为了被称赞、被认可（或被批评）而写作。对我来说，我不喜欢人们谈论我，不管是说好话还是说坏话；我写作是为了被爱：被某个人、某个遥远的人所爱。

2) 理想自我，永远是作为一个人的自我、一个主体的而不是一个作家的自我而具有价值，在他看来写作应该是服从于个人的人性表现，对此而言写作只是附属品。再说一次："我的价值比我所写者的价值更大"→像纪德这样的作家，以非常巧妙的方式利用着人与作品之间的这种辩证法、这种旋转门式〔tourniquet〕的关系：他不停地面对着作品，相对于作品，对其中人们所珍视者（或所感兴趣者）进行写作：《日记》，朋友的作用，证词，等等。问题是，理想自我的自发写作是否成为写作，它可能因被物化、枯燥化而失去了自己的"价值"（就纪德的例子而言，这是明显的），因此应该不断地重新开始。

3) 理想自我感觉比写作"更伟大"（"我更有价值"），希望能够自我证实：证实自己的各种意图、资质，自己是一良好典范的事实。理想自我希望，某人持有证词，证明自身的正确，成为自己的保证人、证人、作家；理想自我希望是自己的作家，希望自己的写

---

① 《思想录》，659 节，167 页。

作证实了自身之内具有超越写作的一切。同样，为我自己——我不使用下列修辞学的公式："请允许我谈自己"，"我不想显得自命不凡"，等等，我想到帕斯卡的话（《思想录》，Ⅱ）："我并不喜欢这类恭维话：'我给你带来这么多麻烦；我怕使你生厌；我怕耽误你太久'。人们或者引生什么，或者激怒什么。"①——因此，就我关心的事情而言，我可以悲伤地确认，我的写作引生了如下责备：唯智主义，欠缺本能、热情，朝向一个过于沉静的〔feutrée〕人（我清楚地知道 feutre 和 pleutre〔臆病者〕一样，是与 neutre〔中性〕的韵脚合拍的少数单词之一），而且我能够梦到一种"反写作"，它涉及的我正相反，这个我感觉到内心的激荡，如感动、同情、愤怒等等；我的理想自我与我的写作不相符了；（有时）我为此痛苦，而且我希望通过最终产生一种新的、我非常感兴趣的正确的写作将此断裂缩小、消除。

4）于是这个过程重新开始：如果我不将其扩展到他人的话，我不可能满意于我持有的证词，因为如果我不对他人评价正当，我自己能够有什么价值么？而创造他者和知道如何创作，这就是小说的作用。由此产生了将小说纳入计划的期望——以及在 1978—1979 年间课程开始时宣布的决定。小说，当然是我所说的小说，而不是历史上决定的那种小说样式。是一切含有一种自我主义超越性的作品，不是朝向普遍性的傲慢，而是朝向对他者的同情，在模拟意义上的某种同情。"共同感情"〔compassion〕：卢梭哲学要素→"小说"作为理想自我的一种展开。

他者的作证，关于什么？在何处？大致来说，在我看来，作证

---

① 《思想录》，469 节，96 页。

涉及：

a) 他的"悲惨"（我用了这个十分古典的词，因为它具有相当的普遍性；"悲惨"同时包含着疏离和悲哀）。例如，在卡夫卡的《日记》中，有一件琐细的事情，它非常有"小说性"，因为它被赋予了作者慷慨性而未予以标明：正确的描绘而不琐碎（卡夫卡《日记》，第16页①）；b) 为其力量作证。仍然是卡夫卡：致Max Prod的信，收在《一场斗争的描述》中。这是一种灵感显现（参见去年的课程②）：

当我短暂午睡后睁开眼睛时……听见我的母亲在阳台用她习惯的声调问道："你做什么呢？"一个妇人在花园答道："我在享受着碧绿的花草。"我对人在坚持自身生存时具有的那种丰实性感到惊叹。③

**一个无限的机制**〔mécanique〕

<u>从人们开始写作的时刻起</u>（我强调），在"写作"和"理想自我"（想象界自我）之间就确立了一种再投入〔relance〕、"再跟进"〔rattrapage〕或"再增加"的机制，它导致了永远写作，永远不断写作，永远向前写作，以及使得人们难以停止写作，或者通过自沉，或者通过"无为"转化（除了严重心理变化之外）。"再跟进"

---

① 巴尔特在讲演中未提到"a"点，也没有提到有关片段。它可能指作家Bernhard Kellermann的朗读会，卡夫卡于1910年11月27日曾参加此会：大厅听众走完后，只剩下卡夫卡一人在继续聆听。

② 在本课程的第一部分中，巴尔特使乔伊斯式的灵感显现与他所说的"插曲"〔incident〕发生关系，参见本书151～152页。

③ 巴尔特向听众朗读了卡夫卡致Max Brod的一封信的片段（1904年秋，载于《通信集》，42页，巴黎，1965），其内容用于《一场斗争的描述》（1904—1905）。参见Wagenbach, Klaus, Kafka, Paris, Seuil, coll. "Écrivains de toujours", 1968, p. 52.

可以描述如下：1) 请爱我，因为我比表面看来更有价值：请看我所写的东西。2) 请爱我，因为我比我所写的东西更有价值：请看我的新作品，待完成的作品→"自我理想"和"理想自我"彼此处于相互调解的关系之中：当理想自我在其爱的运动中想要说出"一切"、表达"一切"时，却受到障碍物阻塞（这是写作失语症的主要原因），自我理想介入了并加以一种可持续进行的"形式"：写作≠当自我理想走得很远并使写作主体感觉到他能够更多、更好地说出他自己时，就将理想自我再投入、再激活。"写作"就这样进行下去。

1) 我根据精神分析学概念对其进行素描，但是我也能够按照萨特的用语，并以更具耸动性的方式（我谈到此机制本身，而不是所使用的词语）来表达。对萨特而言，人一旦死亡，就对他人不再存在（或者：存在已然虚假）。对于萨特，他人就是你客观地予以确定者，他永远不知道你的主观性，你的自由→写作是不明智的（我开头已说过），因为从他者的眼光来看（＝阅读行为）写作完全是自我重复活动〔se remettre〕（"写作"＝自我理想，象征界，语言活动）；当我写作时，在我写作的终点，"他者"将我的主观性予以客观地固定化，他否定了我的自由：他将我置于死亡的位置上。但是，当然，写作者很难以明确的方式接受这个由"写作"产生的必然立场：立即接受巨作〔monument〕，因为巨作是自恋性的。但是，写作有如在作品中添加防腐剂，作家却努力将其摧毁；作品在写作，作家在死亡，他永远要反对一种主观性和自由性的替代品；他想再次生存：他想要完成的就是书籍。但是这样完成的作品被重新固定化，并会一直持续到本身的死亡、肉体的死亡。因此，尽管不明智，人们还是决定写作并继续写作；因此实际上极少有作家选择自沉。

2) 按照这种分析——按照这种分析的主张——可能出现一种（以往的）作家类型学（非严格的）：

a) 作家的"作品意志"包含着、整合着"理想自我"的未来工作，因此他继续写作以肯定自己的自我，按照我所描述的模式，其典型为卢梭和夏多布里昂（显然表现于他们的"日记"、"忏悔录"和"通信集"的写作倾向中）。这种类型包含着多种不同的强度：可以说福楼拜和普鲁斯特是这样的作家，他们并未与理想自我断绝或切割，而是通过一种伟大的小说写作而将其辩证化。

b) 对于想成为作家的人而言，作家是承认理想自我、个人、大师之已死观的，他们都把作品看做死亡，看做不朽之作。此类作家的原型就是马拉美（他没有谈死亡，而是谈虚无；参见黑格尔在其思想中的作用）。马拉美在回答莫克莱关于自己祖先（这是他的个人性"自我"）的问题时说："没有人说过，因为没有什么值得说的。我只存在于（而且如此单薄地存在于）纸上。幸好它还是空白的。"① 今天，此一类型的纯粹形象就是布朗绍："——当艺术家比作品更受喜爱时，这种偏爱，这种对才能的赞扬，就意味着艺术的堕落，在艺术固有力量前的倒退，补偿性的梦幻的探索"② →我对这段话很欣赏，但在我看起来它使人称的/非人称的对立关系过于固定化了→在文学中有一种真正的辩证法（而且我相信它也是未来的辩证法），它使得主体能够存在于一种艺术创造之中：艺术能够存在于个人的形成过程〔fabrication〕中；人与作品的对立将减弱，

---

① Henri Mondor 引述，他在自己的注解中记下了马拉美的这个回答。参见《马拉美生平》，Paris, Gallimard, 20 页。

② 参见前引书，"永远的作家"丛书，5~6 页。

如果人成为自身的作品的话。

c) 可以想象，在与作为想象界的代名词我相关的方面（我们已经看到，它接近于"理想自我"），我们也以对一种写作的历史类型学进行描述：

1. 我是可憎的→古典主义的
2. 我是可爱的→浪漫主义的
3. 我是过时的→"现代的"
4. 我设想一种"现代古典的"观念→我是不确定的，虚假的〔triché〕

这样，我的序言就在这份"课程—书籍"讲题中，或者"课程—戏剧"讲题中结束了：我试图在"写作欲望"中为作品（我想谈的作品）的准备奠定基础。现在我必须谈谈我所依赖的说明方法。我现在就像古代喜剧中的主要演员那样停止演出，走到幕前，幕布迅速升起，此时我所要做的就是扮演所谓领队独白〔parabase〕的角色。

领队独白，方法，叙事

①今年我想思考这个非常奇妙的、有关"精神事物"（cosa mentale）的问题，这个问题使得我这样一个不要说亿万人中间的、就算是百万人中间的一人，能够如此狂热地投入对称作——或将称作——一部作品〔une œuvre〕的此实在事物〔chose réelle〕的写作中去。

本课程开始于与业余爱好者及其实践与价值有关的一般性讨

---

① 此段被巴尔特删去。

论，其中有关音乐和美术的部分已经写出。

业余爱好者＝那种模拟艺术家者（艺术家也应当不时模拟业余爱好者）。

## 方法

### 模仿

方法？在去年课程开头提出的方法是：模仿；我模仿想写作一部作品的人。①〔我〕不是方法论式的专家；我假定在一个方法论论述中能用整整一章来谈"模仿"，因为，作为方法，它存在于实验科学中，相当于研究之媒介：人们建立一种机制〔dispositif〕，设定原因以便导致结果，并研究二者之间的联系（例如：人造小水池作为暴风雨的模拟器）→模拟法产生的和模拟法使用的对象：一种模型（machietta），微型图，蓝图；哲学家将会具有把作品、把某些作品视为待修正的斑点（macula）的观念，参见达·芬奇②的"墙点〔tache〕"（≠ tâche：taxare，"在固定时间内要完成的作品"，于是〈tache〉tèche〔中世纪〕"作为区分标志"，非常复杂的语源学：哥特语的——但我只关注（读者马上会知道其原因）拉丁语的、南法印欧语的语源学。）

请注意：

### (1) 例子和比喻

在认识论层次，存在着类似于模型的，即类似于人工物模拟法

---

① 参见本书 48 页。
② 关于斑点在绘画创造中的作用，参见达·芬奇的《绘画论》，他说明一种"支持创造的新方法"："如果你注视一些被各种斑点或斑驳石子污染的墙壁，你就能够看见种种风景的类似物……以及数不尽的其他事物和完全新颖的主题"（A. Chastel 编辑，巴黎，1960）。

的证明形式，后者给分析运作的思考提供了各种方便：

a) 例子。例如，语法的例子（或者语言学的例子，因为转换语言学可用作例子）是一种短语模型，从中可以导出或者说明一种"规则"。

b) 启示性的比喻。例如，当狄德罗（在《百科全书》中）描述制袜机时，就是在运用比喻，即在运用推理模型（机械中的可触面）。

### 狄德罗

制袜机是我们曾经有过的最复杂、最具本身一致性的机器之一。可以把它看做一种独一无二的推论机制，其产品的制作则相当于结论；在其各个部分之间存在着如此广泛的相互支配关系，如果取消其一或者改变其中人们以为最不重要的部分之形式，即将损害整个机制……那些并非为了发明而是为了充分理解此类机制的才能之士，惊异于组成制袜机的无数弹簧及其大量的多种多样的灵巧运动。看着制袜机运作时，我们会惊异于工人双手的柔软和灵巧，虽然他一次只织一圈。因此当看见机器一次织几百圈时，这就意味着机器片刻完成的各种运动要花费双手的几个小时。多少个小弹簧从中抽出丝线，使其先离开再返回，并以不可思议的方式使其一圈一圈地完成步骤。这一切，转动机器的工人并不理解，并不懂得，而只是专注于操作。就此而言，可以将其与上帝制造的最优秀机器相比拟了。[1]

---

[1] 可参照巴尔特为《〈百科全书〉世界》撰写的前言《形象，理性，反理性》，《狄德罗和达兰贝尔的〈百科全书〉的130幅插图》，巴黎，1964；重印于《新批评文集》(1972)内的"《百科全书》的插图"（《全集》，卷2，41～54页）；同样参照《袜子和观念》，1967（《全集》，卷2，1243～1244页）。

（多么令人惊叹的有关心理现象的比喻——模型：大量的零件，多种多样和极不一般的运动。拉出〔tirer〕→使离去〔laisser aller〕，以不可思议的方式使线圈通过〔faire passer〕。主体的无意识。）

(2) *套接*〔abyme〕*和模型*

在文学的、文本的层次上，有时会发生这样的情况，作品本身，产品被公认为、被认可为作品，即被公然视为对其本身的模拟：所涉及的作品展示着自身的制作→区别套接结构≠模型作品：

a) 套接结构：作品中的作品，就像绘画中的绘画（瓦托的《绘画画廊》）。例如：《帕吕德》（书名出现两次）①，在《恶心》中罗昆廷写的小说②；对绘画的参照（纹章学，"套接"③）明确表示，它有关于一种平的、静态的关系，作为一种挫折关系的特有形式（《帕吕德》没有被写出：仅只以《帕吕德》中的《帕吕德》被写出来结束）。

b) 模型作品呈现为其自身的实验；它表现了一种生产作用，或者无论如何表现了一种有效生产的机制（不只是生产的微弱愿望）；例如，但丁的《新生》：叙事引生出诗歌（虽然实际上似乎是

---

① 纪德的《帕吕德》中的叙述者所写的书也称作"帕吕德"。

② 萨特小说结束于对英雄小说的欲望。罗昆廷在《恶心》中对 Rollebon 侯爵的历史研究，梦见了"另外一种书"。"当然，首先这只是一部使人产生厌倦的著作，它既没有妨碍我存在，也没有妨碍我对存在的感觉。但是它正好在我写书时到来并隐浮于我身后。我想它的光亮照彻了我的过去。"（《恶心》，"Folio"丛书版，1996，250页）

③ 作为纹章学用语的 abîme 的特殊化表达，意思是指盾形纹（1671）的中心图形，纪德用其指套接作用〔*mise en abyme*〕（语源学的复原），当他于1893年9月关于"主体对自己的反作用"发表了一系列论述时（前引《日记》，1887—1925，卷1，171页，1996），这个词指主体或其行动在镜子中的一种重复过程。

事后写出的），而诗歌在回溯中修饰着制作（生产）它的修辞学论述。再来看纪德，《伪币制造者》＋《伪币制造者的日记》；或者再来看爱伦坡，《乌鸦》及关于生产过程的评论（事后写的，因此是伪造的）。一个特别扭曲的例子是《追寻逝去时间》：潜在地，既是套接作品〔œuvre en abyme〕：叙事者想要完成的小说，但又承认其挫折（写作意志的挫折）＋又是"模型作品"，因为最终这部小说就是《追寻逝去时间》本身。似乎这个模型溶解了，消解了，以有助于它的疏导和清除：一个世界（或者一个三重世界：爱情世界，社群世界，艺术世界）。在套接和模型之间存在着不稳定性，不稳定的流动性——其焦点就是生产过程（行动）。例如，色情电影，在银幕上的一个场景：在电影院人们放映一部色情影片＝"套接"；一切动作只出现在被放映的银幕上→"模型"（进入第三阶段，如果实在的观众成为色情参与者的话）。

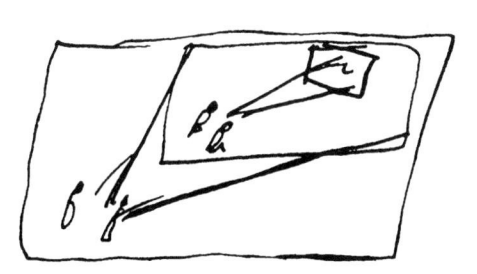

我请你们来完成关于套接作品和模型作品的这个小资料吧。

（3）*情境/立场*

在批评、文学理论、教育的层次上，我将不诉诸作为方法的模拟法。然而我在此看到一种优点：理智分析和作为欲望力的主观性之间的新结合；这不是说准备设法模拟作品时，我处于对其生产的情境中；最好说：我处于立场中；"情境"：制作作品的经验条件（情况并不完全如此：我将不生产任何作品——除了课程本身，但我不处理课程的"准备";也许一年后会这么做?……)≠"立场":我梦想到一种作用,我实践着和呈现着一种想象的事物;一位带来一次消费的咖啡馆男孩处于做事情境中;但如果他想到自己的作用,有些夸张地滑步、跑行,轻松地摆弄托盘(参见萨特在《存在与虚无》开头的描述),他就处于<u>立场</u>中:他具有(关于自己职务的)一种想象物并对其加以利用(生活较不悲惨,人们似乎能够应付劳动的异化)→我同样可以这样理解小说的模拟,我作为"教师",即联系着一种有报酬的职业,我承担此事有如<u>一种置身于立场</u>(而不是一种<u>置身于情境</u>,后者,不管如何,只可能在工作室的隐蔽性中进行):我任凭我的想象物驰骋,我"适应着我的本性",<u>我关心着这个课程</u>——唯一的希望是你们大家都如此关心。一般而言,模拟(方法)成为<u>虚构性</u>的〔fabulatrice〕:它处于小说性〔romanesque〕的门槛。蒙田:"<u>我没有在教导,我在讲述</u>。"① 在此出现了"叙事"的主题。

**叙事**

　　这十周的课程(因为最后三次用作一个关于另一主题的研究班)实际上相关于一种故事,一种<u>叙事</u>:具有松散叙述分界的理智叙事,它当然不是一种<u>惊险故事</u>,因为它是有关一个人的内心故事,这个人想要写作(写一部作品,或干脆就是<u>写作</u>?我们将看到这部作品)并且思考实现此欲望的手段,或者这种意志,或者,再有就是这种<u>使命</u>:思考不管称作什么的东西→因此,相关于一种<u>思考</u>,以前修辞学所熟悉的样式(夸示的,判断的,思考的:实际

---

① 前引《蒙田文集》,卷3,第9章。

上，政治的)①→思考步骤的诸片段大致为：1) 写作：从我内部产生的写作"力量"，写作"意志"？2) 为了完成作品我应该进行的试炼＝一种启蒙作用。

这个人——我的主人公很少具有英雄性格——显然是一种合成的人物，一种带有"伪名"的人物，因为他有若干不同的专名；他随境而异地可称作福楼拜、卡夫卡、卢梭、马拉美、托尔斯泰、普鲁斯特——而且为了不让这些名字代表的<u>最终成就</u>过于显著，也可称之为：我→我如何能或将如何能敢于使我自己与这些名字相连，并擅自利用这些名字？你真的把自己当做一位作家了吗？——是的，在某种意义上，我把自己当做一个名作家，其意义是，为了工作，为了生活而<u>奋力</u>（"采取立场"的优势）；为了<u>敢于生活</u>而致力于一切（除了恶、暴力、傲慢）→<u>与人相比</u>，岂非自命不凡；但我没有进行比较，<u>我在自我同化</u>：我的想象物不是心理学性质的，而是欲望的、爱情的；这正是一种想象物，而不是一种偏执狂，而且它还是一种工作的想象物，而不是存在的想象物；我与一种实践同化，不是与一种社会形象同化，此外，这种实践不再如此具有威严性：去询问霍梅尼、卡特、马歇、德斯坦呢，还是去询问我的鸡肉店老板呢？我知道她在进行思考，因为她很健谈，但他们是否也在思考卡夫卡呢！

叙事开始的这个人，将相关于所有这些名字：他们，我。但他也将是<u>你们</u>，或者甚至是你们中间的一人吗？——这不是一个修辞学问题，一种抗议呼吁，一种经由 *excusatio propter infirmita-tem*

---

① 关于巴尔特对此问题的进一步论述，见《古代修辞学，记忆术》，《全集》，卷3，527～601页。

达到 captatio benevolentiae①（在此涉及我的计划的个人特殊性）的过程。具有历史丰富性的问题是：如果关于<u>写作意志</u>的思考能够引起兴趣并使<u>不写作者</u>产生关切。但是，在此讲义深处，将浮现出文学传达（通过文学途径的传达）的一切不确定性所引起的不安：或许渐渐地，听众人数会减少，当一些人对我们的好奇心减弱而另一些人的兴趣降低之时。

对于有些<u>想要写作</u>的人——我将对他们的"路径"有所描述——来说，是否离开希望和欲望的空间，或者是否离开<u>有意愿而无行动</u>的时间（某些人永远不会离开：例如阿米耶尔②），是否从<u>写作过渡到写作某物</u>等等，成为痛苦的困难开端：各种各样的思考，各种局部的、困难的决定，各种意志和欲望的苦恼，怀疑，胆怯，试炼，终止，晦暗→全部的"朝圣历程"从此开始了；作为启新仪式的道路：作为<u>待克服的各种事物</u>。我将尝试为<u>三种试炼</u>定义和进行描述（我说过：课程＝像是一出戏：参见《图兰朵》③）——打算写作的人在其征途上要经受三次试炼：

**三次试炼**

1) 一次抽象的（心智的）试炼：决定<u>写什么</u>，此即<u>选择</u>，也

---

① 一种修辞学程序，它从听众处吸引宽容，通过事先请求原谅其弱点或其欠缺之处。

② Velléité〔弱于行动的意图〕是文学史上称作"阿米耶尔主义"的诸征象之一（意志欠缺，迟疑，无法判断，自恋……）："我模糊预感，我略微开启，我开始着手，但我没有进入"，阿米耶尔在其《私人日记》中写道。

③ 《图兰朵公主》，戈齐（1720—1806）于1762年在威尼斯创作的寓言悲喜剧。公主向每一求婚者提出3个谜语，并将失败者斩首处罚。韦伯于1809年，布索尼于1917年，普希尼于1926年，分别将其改编为歌剧。巴尔特也熟知布莱希特的《图兰朵或者洗衣工会议》，这是由席勒根据戈齐作品改编的。

就是对象试炼。"倾向"("写作",参见前面①)应当固定在对象上,也就是排除其他对象:对象应该加以优选,因为之后需要与此对象长时间共同上路,而在途中将其抛弃并选择另一个对象,则将是源于一种软弱,一种可能的精神衰退。

2)一次具体的试炼,实践:"写作"(写作选择的对象)行为,渐渐的进行;因此为了完成写作劳动的功能和克服无数内外障碍以实现目标,必须组织其生活;这是"时间"试炼:耐性。

3)一种道德试炼:预测社会对作品的判断,这是作品和社会的(社会历史的)一致性问题;或者,如果人们假定存在有一致性的欠缺(一种特异性,一种孤独性),这就是一种社会分裂试炼。
→因此,存在有三种试炼:"怀疑","耐心","分离"(脱离)。

---

① 关于写作作为倾向,见本书199页及以下。

# 1980年1月5日讲义

Ⅱ. 第一试炼：选择，怀疑

对于想要写作的人，在其作品中应该使哪些东西成为幻想式呢？他将以何种形式来看待其作品呢？在作品中，引起其欲求的又是什么，以至于使这种欲求能够（因为一切已存在于此）在实践上转换为具体的（以及能持存的）作品呢？换言之，他在自己的规划中想选择何种引导形象〔image-guide〕来"设定"〔poser〕其待完成的作品呢？

内容？

通常是首先来设计"内容"（主题＝quaestio，英文的 topic)。内容：对于这个不再流行的词，我将不对其采取立场，不予以定义；我认为需要的，我将继续感到需要的，是某种别的东西："形式"，它被视作迅速指示某种对立事物的复合体（聚合体）。→但是，不能肯定被幻想式化的、按照"欲望"设计的即是"内容"。

### 作品的哲学

很多过去的作家（我主要关心的是写作的"浪漫主义"时期），可以说，都信奉着某种哲学。但是，在阅读完成的作品（作品群）时，人们往往产生这样的印象，这种哲学是非创造性的，它在作品的起动〔branle〕中（我们关心的是这种起动性）没有发挥推动的作用。哲学：诚挚的信仰，存在于一种隐蔽的意识形态水平上；作品的某种"后做性"〔après-coup〕；加在作品上的正规印玺以消除其身份的无据性（作品主要是在社会之外的）：

——左拉和遗传：如果你阅读并喜欢阅读左拉，这不是因为他的遗传哲学。

——夏多布里昂和宗教：同上。

——福楼拜和艺术：同上。

——普鲁斯特呢？更为复杂。普鲁斯特似乎预见到我的保留，预见到我对其宣称的哲学、对其薄弱的可信性欠缺兴趣；他说，他特意不谈述他的真理哲学（时间的相互渗透）。1914 年他对里维埃写道："我认为作为更诚实、更优雅的艺术家是不必让人们看见，是不必明示或宣告自己所追求的真理的，不论此真理对我意味着什么。我如此讨厌那些意识形态作品，它们的叙事始终只是作者意图的一种失败，对此我宁肯不说。在阅读结束时，当生活的教训被理解时，我的思想就会被揭示出来。"[①]→普鲁斯特当然意识到了自己

---

[①] 普鲁斯特致里维埃的信，1914 年 2 月 7 日，前引《书信选》，198 页。

的哲学；但是，在开始写一本书时知道是否应当将此种哲学置于自己之前，并设法依据计划铸造小说叙事，则是另一个问题→作品的哲学可能是与作品同时存在的，但不一定成为作品的推动力（此外，我们会真的在普鲁斯特小说中分享其哲学么？）

**作品的主题**

此外——而且这是一个方法问题，或者文学理论的问题——构思作为主题（quaestio）或作品内容的标准，是变化的，任意的→作品中存在着若干可能的"主题"（内容）；例如（让我们十分快速地列举）：

1) 托尔斯泰的中篇小说《主与仆》①。人们可能说：一切都是根据故事中的伦理完成观建立的：仆人瓦希里的仁慈，在风雪之夜主仆迷路时，他睡在主人身上以体温防止主人冻死（他仍然死了）〔日译者指出，此处巴尔特有误，小说中主人的名字才是瓦希里，是瓦希里用自己的体温保护了仆人尼吉塔，结果主人死了，仆人保住一命——中译者〕；但是我可以同样有理由说，作品的主题是"风雪"，"黑色之雪"。

2) 普鲁斯特，《追寻逝去时间》。人们可能赋予其如下主题：a) 一种高贵主题：时间哲学（见前面②）；b) 一种戏剧性主题：我想写但未达目的；c) 一种"素朴"主题：为什么不把《追寻逝去时间》看做一个简单谚语"世界如此狭小"之多彩多姿的、细致而坚定的展开（读者不断"发现"同一批人物）；d) 一种"神话的"主题：睡眠、半睡眠或半睡醒状态，被设定为巨大作品的<u>出发点</u>，运

---

① 作于1895年，参见 *Maîte et serviteur*, in *Œuvres complètes*, traduction de Jacques Bienstock, Paris, Stock, 1920; Gallimard, "Folio"丛书版, 161～241 页.

② 本书42页、155页及以下、209页.

作着一种一般知觉状态——而且，按照换喻法，一种有关世界的道德的和形而上学的状态：消除阻隔→在此存在着对于作品的全部可能说明：a) 极具独创性的睡眠；导入的不是梦幻状态，而是一种虚假意识（实际上为诱导真实的意识）；免除了叙事组合逻辑和时序关系中错乱的、动摇的意识（消除了各种时间和叙事者年龄间的阻隔）；这并不是弗洛伊德理论的任何"深层"位相学〔topologie〕，而是一种关于位置的扩张和置换的心理学（房间主题）；需要在此（迅速）加上一件重要的事实：睡眠与母亲的初吻，也就是与整个的感情域联系在一起了；吻：能够导致睡眠，"发现"自然（夜眠）；不要忘记安眠药在普鲁斯特生活中具有引导性作用。

3) 一般来说，这部作品不能使人发现其出发点，它的<u>起动形象</u>＝在作家之前的形象，他欲望着此形象，此欲望使他能够从<u>写作</u>过渡到<u>写作某种东西</u>。

4) 我们在课程中提出的问题是一个<u>实践家</u>的问题：想要写作的人，也想要具体地达到一部待写作品的<u>实践</u>。但是，"内容"（主题，quaestio）当然不是，或首先不是一种诗学〔poétique〕范畴（poïétique：\"做\"），它是一种"元"〔meta〕范畴：批评家、教师、理论家的范畴→我们也可以将此问题扩大，重新发现尼采的大分类法：<u>祭司/艺术家</u>；什么也不做：内容的、主题的问题就是祭司侧的问题，而我们则在"做"的一侧（"做一部作品"，而不是说明一种观念，一种信仰），也即艺术家的一侧：阿波罗或狄奥尼索斯，而不是苏格拉底①；通过<u>另一种</u>道路达到的<u>另一种</u>真理→为了使用

---

① 尼采指出，苏格拉底是理论思想和权力予以正当化的生命之代表。艺术家和祭司的形象被纳入尼采的主动性/被动性大分类法之内，可支持巴尔特在课程中提出的科学和技术之间的区别。

一种马拉美术语，应该从形而上学过渡到生命物理学。

### 240 作品作为被幻想式化的形式

*幻想式/"卷册"〔volume〕*

当我谈过很多被幻想式化的作品后，我想到了精神分析学关于幻想式的定义（即使我只是在某种比喻的方式上采取该定义）："主体在其中出现和表示着一种欲望想象性的满足的剧本〔scénario〕"（意识的＝幻想式/无意识的：幻想〔phantasme〕）→当想要写作的人（我讲故事的对象）将一部待写的作品幻想式化时，他应置身于何处——为了自己的快乐么？他想象的剧本是什么？在我看来——因为在此我几乎只有自己的证言——我所幻想式化者即一个对象的制作；我把自己幻想式化为这个对象的制作者，像一位匠人那样将诸制作阶段纳入计划：朝向在其物质的整体性中被幻想的一种最后对象，来思考作为无与伦比作品的杰作；对于一位艺术家，至少对于一位浪漫主义艺术家而言，这个对象就是书籍么？是的，在某种意义上；但是，当我需要用此词对比另一种写作形式时，我将一般地称之为"卷册"：写作的纯表面，它是在形式上而非仍然按照内容被结构化的→因此，在开始时，我所幻想式化和"幻想化"〔visionne〕者，不是任何内容、任何主题（即使内容和主题已经活跃于我的脑际）；而是一种表面，一种被组织的展开过程〔déroulement organisé〕（卷册①）——于是，制作我的剧本、产生我的快乐的，

---

① volumen：volvere（转）的派生词，指示"一种展开，一种卷圈，一种皱褶"。le volumen（公元前3000年）指莎草纸页的集合，它们被人们用木棍和象牙棍并排地连接起来。按照一种扩大义，"volume"指被装钉的或被捆扎的纸束的集合，相当于一本书的构成。

就是此写作空间的组织。因此，按照我的解释（或者为了我自己），这就是被幻想式化的一种形式（而不是内容）。在此主题上，可举下列两种最重要的明显证词，它们或者与某个时代相联系，或者似乎已经成为过去（这个问题将构成我们的第三个、也就是最后一个试炼）：

a) 马拉美：谢雷关于书籍收集的资料[1]（我们将再谈）。马拉美所设计的"书籍"：关于笔记和素描的资料。但是，按此资料，马拉美思考着他的作品的结构，并思考着全体文学的抽象条件，然后才知道哪些是他在准备的书籍中打算谈的；该书应该谈的内容，很少出现在草稿中——马拉美对于爱伦坡的《乌鸦》和《构成的哲学》（波德莱尔：《诗的诞生》）极感惊讶。后者是事后写出的，但它讲述了该诗是如何根据一种形式而非根据一种内容来完成的。[2]

b) 福楼拜：有些不同，因为他所幻想式化的（至少在初期，31～32岁时）不是一种结构，不是一种结合关系，而是一种写作，一种纯风格学行动——但对他来说也是一切内容的欠缺。1852年时（31岁）他说："我感觉美丽的，我想写作的，是一本没有内容的书，一本书，它没有外在的关联，只是由其风格的内在力量支持的书……这本书几乎没有主题，或者至少在书中主题是几乎不可见的，如果可能的话。"而1853年（32岁）时他写道："我想完成的

---

[1] Scherer, Jacques, *Le "Livre" de Mallarmé*, Paris, Gallimard, 1957；巴尔特使用的该书版本为1977年的，必要时我们参照该版本。

[2] 在《爱伦坡的诗篇〈乌鸦〉》中，马拉美写道："……一种奇妙的思想从那些事后写出的篇页中产生（除此处引述外，没有任何佚事的根据），仍然不减其天然和真诚。也就是，一切偶然性都应当从现代作品中排除，除了装饰之用，不得存在。持续震颤的羽翼，没有遮蔽其凝视着自身飞翔吞没长空万里时的炯炯目光。"（前引《马拉美全集》，1945，230页）关于谢雷编辑的资料，参见《马拉美的书籍》，126页。

书中除了短语的写作之外什么也没有（如果可以这样说的话），正如为了生存只需要呼吸空气一样。让我生厌的是计划中的算计，效果的拼合，背后的计算……"①

在这两个例子中我们看见，"形式"（按照幻想式的理解）是卷册的各种可能展示〔présentations〕的变化总图〔éventail〕＝从写作的"结构"（马拉美）到写作的"种子"（福楼拜）——如果我敢于将自己加入两位巨人之间的话（但我说过，他并无任何自我认同的自负，因为自我认同不是相互比较，而且归根结底我在此按照我的快乐、我的写作欲望来定义自己——像他们一样），我所幻想的形式既不是结构也不是风格：它宁可说是卷册的区分节奏，即属于连续/不连续关系的形式→我在其中进行选择的诸形式（如果我将制作卷册的话）因此将是某种类似于"叙事"、"论述"（论文）、"片段"（格言，日记，尼采式的短语），如此之类；这就是我的写作幻想式所朝向的那些形式类型，因此这就是我应当进行选择的；因为，欲望并不必然立即认识自身；我的幻想式可能犹豫，同时想着若干形式，而这种选择就是我面前在处理的第一个试炼！因为一种"形式"的幻想式、诱惑、食欲就是那种起动作品制作的东西——形式在此非常接近于公式〔formule〕：药物处方、建筑蓝图、魔术的操作法；它释放着、松解着、解放着想要写作的人。

**一种书籍类型学**

可能存在许多书籍的（卷册的）类型学。使我感兴趣的是由有待写作者们加以幻想式化的形式之类型学。在描述这种幻想式类型

---

① 福楼拜致路易斯·柯莱的信，1852年1月16日，1853年6月26日，见《作家生平序言》，62、129页。

学之前（主要借助于马拉美），我想提醒注意，在书籍中存在着跨越历史的广大领域→作为卷册的作品之诸种巨大神话功能。

**普通书籍**

我想说的这些神话的巨大功能隐藏在一种不清楚的基础上：<u>书籍</u>；聚集性复数形式〔pluriel grégarire〕，商业物品的总合；书籍所聚合的人为空间：图书馆和书店内的书架；被堆积的、被陈列的书籍（如在 La Hune、PUF 这类书店内的）→普通书籍：普通书〔liber communis〕，通俗书，一般流通书籍。

在我们的现实社会中：由于<u>重复、复制、堆积</u>，作为对象的书籍几乎不再存在（例如，爱书习惯的衰退：用光洁纸包书皮的人几乎被视为怪僻；一般来说，也不再存在皮面精装本书籍了——少年时代我的母亲靠此职业勉强养活我们）。人们谨慎地将社会的一般特征称作<u>消费</u>的，但是更直截了当地说乃是<u>宣传</u>的社会（在此词的广义上：不只是广告和布告，而且也含有为了销售与否而提出的批评）→令人惊奇的是：在《世界报》上，某些宣传与新闻用同一文体编写，记事也就与宣传没有区别了。但是，宣传的效果是使对象消失以突出其话语反映者：<u>对象不过成了与其相关的两三件事物</u>→一切都成了作为商品的语言活动：所卖的东西就是语言活动的东西；一台洗衣机首先是由使其存在的电视按钮操纵的（语言活动成为一种污染现象）→书籍，语言活动的神圣场所，被去神圣化、被庸俗化了：的确，书籍像冷冻<u>比萨饼</u>一样被购买，但它不再具有<u>严肃性</u>了。在我看来，卷入这种<u>世俗类"物化"</u>〔réification〕的作家们也不再相信书籍了：他们不再把书籍看做"伟大的神圣物"（我从收到的手稿上感觉到这一点：大部分"很潦草"）。例如，"<u>入祭文</u>"〔introï〕概念。今日有谁还能像卢梭在《忏悔录》中那样有勇气、有狂气地给出其伟大的入祭文："我计划着一种没有先例的活动，这种活动的实行没有模仿者。我想向我的同胞显示一个在其全部自然真实性中的人；这个人，难道不就是我么？"我现在谈论的神话功能，当然可能永远延续下去（按照定义它们是超历史的），但是它们不会被重新起动了——或者说，对于它们的更新、对于继续将其丰富化，将出现越来越多的抵制→关于书籍的这些伟大形象，我们在此提出三种神话功能：

1)"元始书"〔ur-livre〕："原型—书"，"原初—书"，相关于一种宗教，以及因此相关于一种文明。——a) Ahel el Kittabi，"书之人"：圣经，福音书，〔古波斯教圣典〕阿维斯塔，可兰经→研究圣书的迷惑作用——或者圣经的创造性浸透——对我来说是有趣的。Ta Biblia①，因为称作"诸书"的作品集具有若干样式，由 9 世纪基于口语传统的两三种语言写成→Bible：作为若干伟大文学作品的集合，圣经在此起着在内容和形式两方面的复杂的作用，而且在结构上起着原初基础性作用：参照对象，<u>原型</u>；我显然想到深受圣经鼓舞的但丁的作品（无标题的作品，<u>神曲</u>是后加的名称），因为但丁企图达到"圣经写作的意义深度和文字的多义性"②；但我也想到罗贝尔所说卡夫卡的书是圣经式的书。受到圣经的迷惑作用（在宗教性联系之外）的作家为数肯定极多，你们可以继续补充材料。——b) 一个作家把一部作品想象为、设计为本质性的、预言性的，即书的本质，我们只能认为他把自己的作品看成了圣经：尼采关于《看呐，那人》，在他发疯之前不久的基督教演剧症时期，

---

① 希腊文"诸本书"，作为《圣经》语源，因《圣经》由若干书卷构成。

② Gardair, Jean-Michel, *Les Écrivains italiens*. "*La Divine Comédie*", Paris, Larousse, 1978, p. 47.

他判断自己的作品《查拉图斯特拉如是说》说:"在我的作品中,《查拉图斯特拉如是说》占有特殊地位。它是我赠予人类的礼物中最伟大的礼物。这本书,其声音不仅将回荡于数千年之间,不仅是占据最高位置之书,而且是山巅大气下之真书……它也是真理最深宝库中出现的最深之书,一口无穷无尽的井泉,如果向井内放下吊桶,必将吊起装满的黄金和礼物"①;而在 1888 年的一封信中,他谈到《看呐,那人》,"此书第一次照亮了我的《查拉图斯特拉如是说》,几千年间的第一书,未来的圣经,人类才能的最强迸发,它涵蕴着人类的命运……我的《查拉图斯特拉如是说》应当像圣经那样来阅读……"②马拉美在其后半生中思考着一种"全书"〔livre total〕,至于相关对象,则时有变动:这部"全书"应当在公共场合朗读,诗篇(以及场所)则不时更换;因此相关对象不是(不可动的)书,而是仪式、剧场上变换的书("戏剧具有最高的本质"③);因此对于马拉美来说,"元始书"不是圣经,而是,可以说,弥撒。

2)"引导书"〔le livre-guide〕:引导一个主体生存的或秘密或非秘密的"唯一书";这种类型的书显然是宗教书,圣书,也就是常见的"元始书",原始书,但不必然如此:《基督的模仿》(15 世纪,拉丁文)→应当也(但在此只能是快速的题外之谈)检查"俗世的"引导书之例。例如:

a) 但丁:法郎赛斯和保罗发现他们彼此相爱,并希望一起读盖

---

① 前引《哲学作品全集》,241 页,1974。
② 尼采致 Paul Deussen 的信,1888 年 11 月 26 日。
③ 马拉美:《马拉美全集》,312 页。也参见 Scherer, Jacques, Le "Livre" de Mallarmé, Paris, Gallimard, 1957, p. 43-45.

尼埃芙洛和兰斯洛的爱情故事。《地狱篇》，第 5 章，第 115 页及以下（第二圈：色欲圈）①。

b) 为了《在火山下》，我们的朋友中一些人往游墨西哥。②

c) 看一下对书籍的附和态度加以嘲笑的例子，当它是盲目的、机械的时：如《布瓦尔与佩居谢》全书。布瓦尔与佩居谢持有一种关于书的绝对性观念：他们读书极多，而且他们的轻度癫狂使他们每读一本书就立即直意地将其诉诸应用。（"引导书"：不只是书的价值提升。卡夫卡说："……如果我们没有书，没有使我们感到幸福的书，我们也将很幸福，我们将可在必要时写我们自己。相反地，我们需要有书，它们对我们会产生影响，当不幸带来了痛苦，当我们对其所爱超过对己所爱的人死去时，当我们被放逐而生存于远离人群的森林中时，当濒临自杀之际——一本书应当是斩碎内心冰海的利斧。"③）

3) 最后，应提一下"关键书"〔livre-clef〕：这种书似乎开启了对一个国家、一个时期、一位作家的理解之门。马拉美称之为："作品中的作品"。在他看来，就莎士比亚而言就是《哈姆雷特》。就全体意大利文学而言，就是《神曲》（元始书）。在法国文学中没有这类书。在古希腊有《伊利亚特》和《奥德赛》。在西班牙有《堂吉诃德》（萨尔迪对我说，遗憾的是，如果是《塞列斯汀》〔Célestine〕一书就更好了：一个国家可能"搞错她的书"）。

---

① 本段巴尔特在本书第一部分引述过，156 页。

② Malcolm Lowry 的著名小说（1948）。Maurice Nadeau 在此书法文版（"法文读书俱乐部"丛书，1959）的序言中提到："那些到墨西哥去的人，特别是为了追随 Quauhnahuac 领事足迹者。"

③ 1904 年致 Oskar Pollak 的信，瓦根巴赫在《卡夫卡》书中所引，51 页。

这一切——对此我所提到的这些内容——对于书写者，都指示着<u>我注视的书空间</u>。我确信，始终存在着这样的空间，它们往往是非常隐秘的；批评家没有发现，因为他们一般只关心影响，而它关系到一种具模型意义的、具公式意义的幻想式之介入→我自己或许有我的空间，或至少是我的空间——对此我要回到主要的话题——我在脑海中有若干空间，我应、我将在其中进行选择。

**反书**〔anti-livre〕

（当然，不要忘记矛盾的情况：与服从"导师书"〔livre-maitre〕、服从作为导师的书相对应的，可能是对于书的一种反叛：洛特雷阿蒙，阿尔托；赌业，杂技，都是通过书来否定书的；这些对我永远都是不无困扰的自欺行为，而只有兰波能够通过将心中一切书坚决地坠沉，甚至通过对此行径不予说明的方式，来避免自欺。因为人们会在否定书籍的口实之下将其重新纳入。）

**两种被幻想式化的形式：书/相册**

可以说，这是文明的幻想式，书是一种集体神话：起源，引导，或反思（意义）→须要返回更谦逊、更实际的那些形式：对于我想要进行的作品，我所欲望的是哪种形式呢？我说过，就我而言，这种形式是相对于话语的连续性/非连续性关系来定位的。在此我发现了马拉美提出的两类作品之间的一种对立（相关于理论，不只相关于一种经验分类）：1）<u>书</u>："建筑学性质的，而且是预先策划的"，"一本书就是一本书"或者"这样的<u>书</u>，在不知此书为谁所写时自己尝试写下的，确信只存在一本的书"。2）相册："偶然灵感的汇集，它们应该是令人惊叹的"[1]。我将逐一谈论这两种类型：

(1) **书**

因此是"建筑学性质的，而且是预先策划的"。

a) 马拉美。"全书"

马拉美（1842—1898）：除了《掷色子》外，马拉美只完成了"相册"式的书→因此，对他来说"书"的观念像是一种对照性幻想式。全书：1866年左右的思想；1867年时，朝向一种综合性作品的思想（《希罗底亚德》，序曲，关于"虚无"的4首散文诗[2]）：他说，参见炼金术士的伟大作品。但这并不是"全书"：马拉美于1873年左右开始写作"全书"；1873年至1885年间对此深入思考；稍后松缓下来；在1892—1893年间重新开始。1894年时退职：每天上午致力其事→留下了200页手稿：不是"书"的手稿，而是谈论"书"的手稿；我说过，关于内容，人们并不知道很多，而只知道仪式：有偿朗读会（演出和出版的全部财务计划），在各朗读会上更换或组合诗篇或圣诗，扩大着书的散播→这种"全书"的性格：客观的（不是个人的），不是随境而异的（＝存在事物全体，本质的总和），按照一种结构排序的（≠相册式）→由此产生了这种矛盾的立场，特别是马拉美的立场：书是形而上学的（它是一切优秀书的"夸张式"），它构成了一种精神的爆发（书以外无爆发），

---

[1] 关于这些引用句和评论，参见马拉美：*Œuvres complètes*, édition établie et annotée par Henri Mondor et G. Jean-Aubry, Paris, Gallimard, coll. "Bibliothèque de la Pléiade", 1945, p. 663.（下画线为巴尔特所加——中译者）也参见 Scherer, Jacques, *Le "Livre" de Mallarmé*, Paris, Gallimard, 1957, p. 18 - 21.

[2] 参见马拉美致 Henri Cazalis 的信中关于这一主题的部分。

它是一种纯作品（直至疯狂的界限），同时它是一种散播工具（在朗读会上和按照组合分配方式，"可以说，我把这两个完整卷册分十次散播在各处"）——但是，悖论在于，这个形而上学是完全由一种生存物理学构成的→此外，我们应称这种对幻想式化的形式的思考是一种生存物理学→这种马拉美的物理学是具有革命性的；它当然构成了关于纯"对象"的书，但是这种对象是无限的；这是一种无限的机制，一种可更新的"仪式"："一本书未曾开始也未曾结束：至多是假装如此。"①

→马拉美的"全书"：经验的界限，因为此书既是"空的"（我们在此状态中认识它，但肯定是无限的失望运动：25 年间相关于此单一形式，此一纯幻想式），也是非常具体的：朗读会场地的支出，书籍售卖价格的计算，等等。参见《错乱》和具有强自我的"狂人"，他能够带着账本旅行，如此之类。参见下面②关于"阻碍幻想式"的论述。

→在此经验性质之前，在我看来，可能有两种被欲望的（为了更有可能说明其理，不再过多地说"被幻想式化"的了）"全书"形式：

b）总合书〔livre-somme〕

在生活的某一时刻（我没有决定是哪个时刻，它并不一定是老年），在对一本书的欲望中投入了一切：他的生存中、痛苦中、快乐中的一切，以及因此，当然，他的世界中的一切，或者整个世界的一切→知识的总体：被人们赋予世界和赋予自身劳作的一种意义

---

① Stéphane Mallarmé, manuscrit du "Livre", feuillet 181, édité par Jacques Scherer, Le "Livre" de Mallamé, op. cit.

② 见本书 265 页。

所超越的百科全书,这就是,对我来说,被一种写作所超越的百科全书;这个<u>意义</u>,像是书的颜色——因为一切知识都是有色的(一切话语都是有涵指的〔connoté〕);或者是,例如:

1) 知识的冲动(存在一种知识满足——一种知识的快乐?→福楼拜:对于每一部小说,"我必须学习我自己不知道的大量事物"①);例如,对于写作《萨朗波》,必须具备大量考古学、历史学的知识;恍惚的,狂乱的,偏执狂的(作为美学手段并不重要)→我主张,我想说:我隔离这种冲动,因为,我不时地,有时强烈地感受到这一点。我对新的或者未被充分探讨过的知识的欲求(例如,彻底研究语义学和语源学的欲求);最初,这种欲求与写作发生了冲突;之后,由此产生了强烈悖论和将知识与写作混合的欲求,这就是去创作一部"小说"(我提醒注意,这个词对我具有<u>非同寻常</u>的意义②),为了写小说我需要学习大量事物,而且在某种意义上开始去"学习"世界(Audrey:病毒性肝炎和黄疸③)。——这种冲动命名的创始者:福楼拜;在其晚年,此种欲望变成了行动并在实际上进行了(读了数百册作品),但后来因一种嘲讽机制〔dispositif de dérison〕的作用而与此种欲望保持了距离=这就是《布瓦尔与佩居谢》。

2) 另一种颜色:一个完全的"<u>我</u>"具有他所体验到的全部历史:《墓畔回忆录》;计划的正当性在于夏多布里昂熟知两个世界:

---

① 福楼拜致乔治桑的信,1874年12月2日,见《作家生平序言》,263页。

② 巴尔特在此向听众说明:"小说是具有模糊轮廓的一般性作品,但它正是要解决世界认知和写作之间的、知识和写作之间的悖论。"

③ 巴尔特提到他最近读到的一份手稿,他对听众说明道:"主人公Audrey感染了一种病毒性肝炎,即黄疸病,在接受治疗。我想到,这不是一回事……作者使我产生欲望,因为如果我处于他的位置,我将查找一下究竟。为了能够写一部小说,必须对整个世界有所了解。"

旧的和新的，这是"大革命"的两侧，因此归根结底，他发挥着两种作用：政治家（参与者和证人）和作家（一个更具才能的马尔罗，一个更具风格的马尔罗）→《墓畔回忆录》：一种总合，但是，按照夏多布里昂的艺术，一种具体事物的总合：历史人物，地点，服装，象征事物（士兵的毛瑟枪，旅人的手杖，朝圣者的手杖），等等。——因为时间不允许我朗读，请你们参见那篇杰出的遗言序文。

3）另外一种颜色：知识的总体在"全书"中被展现为朝向一个新世界；例如，拉伯雷；对此可称之为一种倾向于未来的、朝向未来的百科全书（如同再往后的狄德罗的集体百科全书）：进步主义之书。与此对称地：知识总体是末世论的。历史终结和人类轮回转世的神学预言：但丁＝关于修辞学、诗学、道德、政治、科学、神学的知识。——资产阶级的末世论，无未来朝向的：巴尔扎克。

4）今日呢？今日的知识总体——一种可驾驭的、可记录的总体——似乎是不可能的：a）由于知识的扩展和增加；b）因为认识论的变化：存在着各种科学，不再有单一的科学；c）知识是立即被分隔的，被意识形态染色的（普遍性的断裂）→这或许就是为什么最后的百科全书计划成为一出笑剧（《布瓦尔与佩居谢》）。——普鲁斯特？在某种意义上：心理学知识的总体（就其有关恋爱、社交、美学诸侧面而言）；在某种意义上，这是一部总体书，不过是在较高的意义上这样说的。它基本上是一部启新礼之书〔livre initiatique〕，关于一次"启新过程"〔initiation〕的故事——其不同处在此，因为它关系到一种灵魂的知识。

c) 纯粹书

此一总体书规模盛大（厚重卷册，卷数众多）：其特色为<u>积累式</u>〔accumulations〕。在全书的另一端存在着短小、浓密、纯粹、本质之书的可能性：小书，纯粹书，或者像马拉美所说（1869）：在伟大计划旁边有"一种极小书、极神秘、已经成为教父样式的〈永远是宗教书原型的〉、充分蒸馏的以及简洁的书……"① 我作为例子，按照我的趣味，举出一种纯粹书：瓦莱里的《泰斯特先生》，密实的书，某种意义上为"全体式"书，因为它以省略方式聚积了全部意识的经验本身。

因此，关于被幻想式化的"卷册"初级形式的若干思考是："建筑学式的和预先策划的"<u>书</u>；或者是无限式"书"（通过置换法达到的：马拉美的<u>全体式书</u>"），或者是总合式"书"，或者最后是被凝缩的和本质式"书"（《泰斯特先生》）。

(2) 相册

与书对立的形式或者聚合体的形式——因此产生了一种选择的必要性——这就是像册形式→与作为"建立在事物性质上的结构"之<u>书</u>相对立了。②

相册：马拉美所实践的以及被他所谴责的形式："这个词是应该受到谴责的"③→两种成分，两种判准规定着相册形式：

即时状况

1) 随境而异的事物。相册形式＝状况记录。2) 非连续性事物。或者是逐日进行的纺丝（一切日记的形式），或者是散乱的选

---

① 马拉美：《马拉美全集》，851页。
② 前引谢雷：《马拉美生平》，18页。
③ 马拉美：《马拉美自传》，见《马拉美全集》，663页。

集（诸诗篇的文集）→欠缺结构：诸成分的人为集合，它们的次序、出现不出现都是任意性的→一个<u>相册页</u>偶然地被置换或增加；与"书"绝对对立的程序：不时收集的文章、十四行诗＝"向活着的人送出名片"①（还有：为某人写一篇序言＝将其名片移入另一个人的书中）→相册类型：马拉美的《漂泊》："这样一本书的到来，当我对大批零乱而欠缺建筑理法的书都不喜欢之时"；与新闻业同样的缺点："一定不要躲避新闻业"②→实际上，今天我们都被新闻业吸引，都受其制约。

*251*

### 断片缝接式〔rhapsodique〕

对马拉美来说，相册概念不免含有轻蔑义（由此产生了他关于"书"的幻想式思想；或者宁可说，书的野心迫使他后来贬低了相册式书的价值；或者还可以说，这并非同样的问题或同样的哲学选择，参见以下③）→当然，人们可以持相反的态度，因此而将相册式抬高到与"书"同等的地位：这就产生了对断片缝接式书的热烈的——并往往是革命性的——维护（关于<u>缝合</u>〔cousu〕、<u>缝纫</u>〔apiécé〕、<u>拼合</u>〔patch-work〕的观念）；在波德莱尔翻译的爱伦坡的论述中读到："由无秩序的、幻想式的诸思想组成的华丽而色彩缤纷的行列。"波德莱尔说："<u>断片缝接式</u>这个词〈rhapsodique〉明确地定义着这样一串思想，它们为外在世界和环境的偶然性所呈现

---

① 马拉美：《马拉美自传》，见《马拉美全集》，663页。
② 这两段引文，参见《马拉美全集》，1538页。
③ 本书255页及以下。

和支配"① →在相册式一侧出现过许多大创造家：例如，舒曼→相册式并非包含着较少的思想性。相册式：或许可作为非本质性世界的一种代表。

日记/ 结构 / 方法

因此，〔文本〕"片段"〔fragments〕不必然在相册式一侧；"片段"概念容易成为似是而非的观念→去年一位听众正确地对我指出，《追寻逝去时间》实际上是诸片段的编织品，但存在一种建筑学构造〔architecture〕（在音乐学的意义上），它不属于设计〔plan〕的层次，而属于返回〔retour〕、压条法〔marcottage〕的层次：普鲁斯特预见到的返回（"书，建筑学性质的和预先策划的"）。尼采：片段式的写作（他的格言式），但是（见德勒兹②）具有诸构造的复杂重叠→实际上（对片段式将予讨论，因为问题正在于此），感性（拒绝，吸引，不宽容）朝向着随后〔suivi〕之样式：一种环境的、时序的随后，毫无构造的，本质地实现于日记中的，可能引生作为创造的问题（这可能具有另一种功能）；就此而言，普鲁斯特拒绝了日记（人们会多么惊异地发现他不写日记？）；他对朋友吉什（我们将在以后研究班的讨论中看到他的精彩照片③）说："特别是，不要费心思回我信。对一些人来说，这将是连续的〔suivie〕通信的

---

① 波德莱尔：《爱伦坡，他的生平和作品》，此为法译本《非凡历史》的序言，巴黎，1856。《幻想式》一文，参见该书 203 页。（日译者指出，此注有误，引文实载于波德莱尔的《人造天堂》，《波德莱尔全集》卷 1，428 页。"〈〉"符号内的文字为巴尔特所加，但他在不同文本处使用着两种拼写法。）

② Deleuze, Gilles, *Nietzsche et la philosophie*, Paris, PUF, coll. "Bibliothèque de philosophie contemporaine", 1962.

③ 参见本书"普鲁斯特和摄影研究班"讲义，428 页。

开始，多么可怕，而更糟的是在'逐日写自己的日记'之后。"①（普鲁斯特：大量的通信，但非连续的：从斯特劳斯夫人到几位管家，对话过程都是"中断的"。）关于片段式和相册式的这个微妙问题，我们可以借用卡热在谈到有关勋伯格问题时在结构和方法之间所作的区别：a) 方法：勋伯格关心声音之间的运动。"这不是一个结构的问题，这是一个我称作方法的问题。方法在于先迈右腿再迈左腿向前走；我们也能够用12个音这样向前走，不是吗？或者用对位法。勋伯格的路子基本上就是方法性的。"②在此意义上，日记属于方法类型：日记从一日向下一日进行，正如音乐从一个音向另一个音进行。b) 结构：勋伯格的结构＝一部作品划分为诸部分。"当使用调性时，结构取决于节奏〔cadence〕，因为只有节奏才能够把一部音乐作品划定为诸部分"③→这样的话：结构不是设计图〔plan〕，结构是调性〔tonalité〕（一种统一的系统，其统一性最后才实现）→"相册式"：无调性，没有节奏 ≠ "书"：存在一种节奏（想一下引述过的书：《神曲》，《追寻逝去时间》，《墓畔回忆录》）。

"言语"〔parole〕/"写作"

当人们对"相册式"（主要是日记）的观点有所怀疑时，这种怀疑（对我而言：这将是不适感）实际上是针对"言语"（≠"写作"）的。——"言语"的主要问题在于，它的价值是脆弱的，随着言语的实现其价值则降低了；"言语"的状况 ＝ 紧缩作用

---

① Clermont-Tonnerre, Élisabeth de, *Robert de Montesquiou et Marcel Proust*, Paris, Flammarion, 1925, p. 21.

② Cage, John, *Pour les oiseaux, entretiens avec Daniel Charles*, Paris, Befond, 1976, p. 28.

③ 参见卡热与 Daniel Charles 的第一次会谈，同上书，63~75 页，在文中谈到他师从勋伯格的经验。

〔déflation〕≠"写作"＝无疑，对想象界的枯竭性"出血"进行的中止作用（在此"治愈"点上，出现了缺欠，对此我不断地指出：写作是费力的〔dure〕，困难的）→但是，如果"相册式"立基于随记〔notation〕（就日记而言），那么在"言语"和"写作"之间就出现了一种容易引生误解的中介式〔intermédiaire〕：随记已经是写作，却仍然是言语→卡夫卡谈到随记时说："它的价值消失是很迟才被认识的"①（言语的典型欺骗性〔失望?〕）；而马拉美令人惊异地谈到此失望过程，此紧缩作用："或者其他的连篇空话，只要将其〈相册式、日记式的写作〉如是平实地展示出来，就成为有说服力的，深思熟虑的和真实的。"② 有（"言语"：在此一极短内在瞬间里它仍然具有一种价值）→当然，并未失去什么，存在着一种可能的辩证法；再看卡夫卡："当说什么东西时，这个东西立即而明确地失去了其重要性〈言语的诅咒〉。当我把它记下时，它也同样失去其重要性，但有时获得了另一种重要性。"③ 机会，偶然性，写作的奇迹；但并非必然如此（"有时"）。

---

① 《卡夫卡日记》，1911 年 1 月 12 日："……但是，这些意图不同的诸随记，由于被固定下来而具有的力度，它们取代了以纯一般方式体验到的感受，以至于真实的感受消失了，虽然在随记的价值丧失很久之后才被认识到。"

② Variations sur un sujet，见《马拉美全集》，107 页。

③ 《卡夫卡日记》，1913 年 7 月 19 日。

# 1980年1月12日讲义

**利害焦点**〔enjeu〕

至此一切探索都相关于书的"诸<u>形式</u>"问题。在这些形式中我需要选择我想完成的作品。但是,除了不予考虑的"内容"之外,还有不同于"形式"的东西介入。可以说,这就是属于意识形态层次的某种东西以螺旋线方式又返回了,它在另一个层次上取代了内容:形式的<u>责任性</u>;每种形式,书或相册,都有其利害焦点,而且需要明确地选择此利害焦点;"形式"选择的全部戏剧化过程清楚地构成了一种(初次的)试炼,重大的试炼,因为此试炼证实了<u>我相信的东西</u>。

1)"<u>书</u>",在其最高的概念中(但丁,马拉美,普鲁斯特），是一种宇宙的再现，书与世界同构。对"书"的欲望，对"建筑学性质的和预先策划的"书的欲望，就是设想着和欲望着一个<u>单一</u>的、<u>结构化</u>的、<u>层级化</u>的宇宙→但丁＝借助超越性再现着实在和历史的整体。马拉美："我的作品〈阳性名词＝全体式书〉是如此充分准备的和被组织化的，它尽其所能地再现着我并不了解的<u>宇宙</u>，而未损害我的多层次印象中的任何部分，什么也未消除。"①

2) "<u>相册</u>"，按自己的方式，相反地再现着一个非单一化的、非等级化的、散乱的宇宙，它是诸偶然因素的一种纯织体，不具有超越性→其可能性包括：

a) 或者，拒绝这种细分法，并因此甚至于厌恶"相册"和"日记"类型，因为"相册"属于"就是这样"〔comme ça，comme cela vient〕层次，并实际上意味着人们相信世界的绝对偶然性。托尔斯泰于1851年说："长期以来使我苦恼的，是没有一种单一的思想或内心感觉，可决定我的人生方向——一切<u>不过这样，就这样</u>。"② 而马拉美认为：西方传统强烈地影响着他；传统永远在教导着他：与整体的任何切割都是一种背叛和堕落。

b) 或者，你赞赏此零散表现的思想闪光，而拒绝与表层对立的深层神话——尼采（显然）："须要将宇宙细分，要丧失对整体性

---

① 前引《马拉美通信集》，393页，1868年7月18日致Henri Cazalis的信。
② 1851年2月28日，托尔斯泰所记，参见前引书《日记和笔记》；Tolstoï, Léon, *Journaux et carnets*, t. I: 1847—1889, traduction et annotation de Gustave Aucouturier, préface de Michel Aucouturier, Paris, Gallimard, coll. "Bibliothèque de la Pléiade", 1979, p. 69.

的尊敬"① ——以及，如卡热所说："不管如何，整体将是一种无组织状态。"②你可以感觉到对断片缝接式写作的需求，有如对一种世界真实的需求。

简言之，你不可能选择作品的形式而不决定你自己的哲学→"书"的观念包含着一种一元论哲学（结构，等级结构，理性，科学，信仰，历史）；"相册"的观念则涵蕴着一种多元论、相对主义、怀疑论、道家的哲学，等等。→"我信仰什么呢？"你可将写作欲望粗暴地直接诉诸这个问题；而这种粗暴性就是你必须克服的一种试炼！

### "书"和"相册"的辩证关系

你们当然想到，"书"／"相册"的这种对立、这种二中择一的关系的说法有些生硬或勉强；按照课程的方法论习惯，我是根据自己的体验这样说的。但是我们可以使此说法松缓些，一般化些。也就是不在写作的水平上，而在故事和作品发展的水平上思考这个问题。这样我们将看到，如果在"书"和"相册"之间存在着冲突，最终是"相册"成为较强者，会留存下来的是"相册"：

a) 笔记和零散思想的堆积形成了一个"相册"；但是这种堆积可能是在参照着"书"来构成的；于是"相册"的未来就是"书"；而作者在此期间可能死去：留下来的是"相册"，而且这个"相册"，按其潜在意图，已经是"书"了；你们都了解帕斯卡的《思

---

① 引自德勒兹的《尼采和哲学》，同时可参照尼采的《生命与真实》，85页，此书保存于巴尔特藏书内。引文取自《权力意志》，法文版，Gallimard，1948年。

② "在音乐中，可以有许多组织，或很多无组织，一切都是可能的。同样的，森林包含着树木、蘑菇、小鸟等各种各样的东西。在音乐中有可能进行大量的组织，甚至使各种组织成倍增长。不管怎样，整体将是一种无组织状态！"（卡热前引书，45页。）

想录》→显然它就是一本"书":(基督教的)辩护,人类方向的表象,超越性,等级结构,"建筑构成"(我们所不知道的:围绕着设计的论争①)和"预先构想";此外,它正相关于一种"相册"。帕斯卡的姐夫佩里耶说:"在他的文件中发现的东西……几乎只是一堆为其构想中的一部大作所构思的零散思想。这些思想都是在他的其他工作的余闲或在他与朋友的谈话中产生的"②→"相册"战胜了"书":死亡战胜了"书"。

b) 在时间轴的另一端,完成的"书"又变成了"相册":"书"的未来就是"相册",正如废墟的未来就是纪念碑→瓦莱里:"令人惊异的是,时间流将一切作品——因此一切人——变成断片。什么都不会延存——正如在记忆中永远只有碎片,所呈现的只是虚幻。"③"书"实际上注定成为碎片,成为移动的废墟;它就像在水中软化的砂糖:有些部分已沉淀,而另一些部分还挺撑着,仍然晶莹剔透并闪烁光亮。这就是人们称作的(地理学上的)喀斯特台地现象。④

存留于"书"内者为引文〔citation〕(在相当一般性的意义上):片段,突出的部分,被转移至他处。《神曲》,"你们进来的,放弃一切希望吧",等等。——废墟,实际上不在死亡一侧:废墟就是作为"废墟"而存在着,并如是被欣赏着,它具有美学的含义并具有精神生殖性→我们花费时间(通过我们的记忆活动,参见瓦

---

① 巴尔特在此提到《思想录》中围绕着其确定断章分类构想所产生的论辩:帕斯卡死后发现的手稿页数次序可能因出版关系有其不同的分类方式,此一问题至今仍然引起激烈争论。
② Michel Le Guerne 引述,载于《思想录》序言,卷1,10页。
③ 瓦莱里致珍妮-瓦莱里的信,1909年7月,《瓦莱里全集》,卷1。
④ karst 是由于巨大塌陷引起的地下水强烈侵蚀而形成的石灰岩台地:深坑、洞穴和盆地形成了喀斯特台地。

莱里）创造废墟并从中获得滋养；并据此来滋养我们的想象和思想。这个在"书"内的我们之中的存留者即是"相册"："相册"是<u>生殖</u>；"书"，看似如此伟大，只是<u>躯体</u>〔soma〕而已①。

一种冲动引导我们对"书"进行分解，将其做成一个花边物。此冲动中出现了日常的和嘲讽的痕迹：a) 1979 年 7 月 8 日，在拥挤的 21 路公车上，周日晚 9 点左右，在我旁边无法挪动的位置上，一位四十多岁的妇女，用小尺和黑圆珠笔几乎把一本书（我不可能看见是什么书）的所有短语都画上了强调线。b) 夏多布里昂所绘茹贝尔肖像："当他读书时，他扯下书籍中不喜欢的书页，这样，他自己使用的图书室中的图书多被掏空并放在很大的封套里。"

这样，"书"和"相册"就离开了（exeunt，退场了），彼此相互参照——但在我面前滞留，有如一个困难选择中的两个待选项。

**不决定和必然性**

写作实践基本上是由种种"不决定因素"编织而成（因此，扩大和超越了"书"和"相册"的〔选择〕不决定性）。我们把不决定的奇迹性的欠缺称作一个有标的〔marqué〕名字：灵感——对这个词我打算说几句，因为它被放入第一试炼（实际上，它遍及一切写作活动）。为了提醒一下，让我们来看"不决定"的诸场所：

*否决定*〔Indécisions〕

1) <u>在诸一般形式之间</u>："书"/"相册"，或者，像普鲁斯特的例子，在"小书"/"小品文"之间。1908 年，他对诺瓦耶伯爵夫

---

① sôma 是希腊字，意思是"躯体"。它在生物学上指不产生有机体的细胞之集合物，与种质（有再生能力的细胞）对立。

人说:"虽然身体不适,我想写一部关于圣伯夫的研究。这个问题在我的思想中有两种不同的方案有待选择(或者是一部论文→《驳圣伯夫》的片段,或者是一部小说 →《追寻逝去时间》)。不过,我欠缺决断力,欠缺眼力。"①

2)提醒注意:<u>在"字词"之间</u>→"风格的各种苦恼"。我谈这些是<u>为了提醒注意</u>,因为这并不是本年讲课重心;当然,也许是明年的讲课重心。

3)在诸随记之间:什么是<u>应该记下</u>的(这大约是去年课程中处理的②)?为什么记下这些而不是那些?什么是<u>值得记</u>的,什么应是<u>被记物</u>〔notandum〕?——通常,人们记笔记是因为看到了一种意义(而并不想马上将其告人),或者因为它具有了一种<u>短语</u>形式(但什么是一个短语的动因呢?)但有时,也是纯粹、无偿、不可解释、谜一般的所谓犹豫性本身,成为值得记下的东西:例如,在圣日耳曼广场第 48 路公车等车时,我看见一对男女走过,年轻妇女的鞋子后跟尖而高,她摇摇摆摆走过。我自己问道:她们为什么要那样走路呢?在某种意义上,没有任何意思;但同时,引起了随记的兴趣,因为这不就是表现在其琐细片段中的"生活"吗?

4)最后,特别与小说(或电影)有关:<u>为什么是这样的故事而不是那样的故事</u>?在大多数流行小说和电影前我都有极其强烈的感情反应,即使是不无沮丧的感情:故事"很好",但我看不到有讲述它、选择它以作为制作重要作品对象的<u>必要性</u>→从逻辑上说:世界为我提供了"诸词项",它们由无关系性或非相关性的关系所连接:vel...vel;但是作品在实现时应当加入 aut...aut 这样的关系,

---

① 普鲁斯特致诺瓦耶的信,1908 年 11~12 月,《普鲁斯特书信集》,165 页。
② 参见关于"<u>随记</u>"的一长段论述,本书 137 页及以下。

即排他性选择，也就是"现实"的选择。为了使故事在我眼中成为必要的选择，它须要有一个比喻性的密度：一种"隐迹纸本"〔palimpseste〕的存在，另一种意义的存在，即使不知道是哪一个。

*没有必然性？*

因此一切写作实践都建立在一种被一般化的价值未定性上→不决定并不意味着人们不满意自己所写的东西或所构思的东西；实际上，它意味着我们不知道：人们不具有任何确定的判准来决定好与坏；例如，卡夫卡重读自己的日记时说："我并未发现我至今所写的东西特别有价值，也未发现什么不再有价值而应该断然抛弃的东西。"①→欠缺判准，不可能为一个判断提供根据并因此将其设定为判准：这就意味着文学不是"科学"。仍然是卡夫卡，他认识到这一点并说道："'在此悲惨的冬季我用火取暖'。这些隐喻是在写作时使我绝望的众多原因之一。欠缺独立性的写作，有如依存于生火的女仆，依存于靠近炉边取暖的小猫，甚至依存于取暖的可怜老人。这一切都是自然而然、有着自身法则的事物，只有写作是无助的，它不安居于自身，它既是游戏也是绝望。"②这种独立性的欠缺，这种一切可能的自我保证的欠缺，源于文学是语言活动，完全参与语言活动诸样态的纯语言活动，它是无证据的领域；投入大海而没有浮漂；帕斯卡说："语言的每一侧都是等同的。需要有一个固定点来对其判定。港口可以对船中的人们进行判断。但在道德世界哪里是我们的港口呢？"③ 对我来说，语言活动＝被一般化了的道德。

---

① 《卡夫卡日记》，1911 年 12 月 31 日，193 页。

② 同上书，1921 年 12 月 6 日，525 页。（中译者在比对德文原文时，偶然发现法文本将"写作"译为"文学"，本段遂据德文原本译出。——中译者）

③ 《思想录》，卷 2，591 节。

坐标的不在＝必然性的基本欠缺；叙述这个故事而不叙述那个故事，保留这个词而不要那个词，构思一本《相册》而非一本《书》，其必要性何在呢？一方面，并不存在必要性，而另一方面对作家来说，对其所欲读、所欲写的东西而言，一种不可抗拒的吸引力都相关于或者是具有必要根据的作品，或者是被保证的〔garanti〕（auctor，保证人）作品。

**事后理由**〔après-coup〕

但是，作为某些作品的读者，我们确实体验到了它们的必要性；我们认为，作者不可能犹豫，他们不得不接受此必然性结果；要讲述的必然得是这个故事而不是那个故事，要选择的必然是这个词，如此等等。→此一必然性在音乐中比在文学中更易说明；某些曲调，某些装饰音（例如《卡门》或《欢乐颂》）如此适合听觉，如此"受欢迎"，似乎它们不是被"作者"创造的，而是被大自然创造的；这不可能是别的样子：这就是"必然性"→显然，就消费者（读者）而言，"必然性"是一种"事后理由"；错觉，事后理由，帕斯卡在论述圣者时写得很清楚：

**帕斯卡：《思想录》卷 2**

妨碍我们把以往教会里所出现过的事和目前在其中看得见的事加以比较的，便是我们通常都把圣阿达那修斯、圣德丽撒和其他人看做是冠戴着光荣并看做是神明。现在时间已经弄清楚了这些事，它看来是这样的。在他被迫害的时候，那位伟大的圣者只是一个名叫阿达那修斯的人；而圣德丽撒只是个修女。圣雅各说："以利亚只是一个像我们一样的人，受和我们一样的感情所支配"，借以破除基督徒要使我们摒弃圣者们的前例（仿佛它与我们的状态不成比例似的）那样一种谬妄的观念。我们说："他们是圣者，是和我们不同的。"可是当时又发生了什么呢？圣阿达那修斯只是一个叫圣阿达那修斯的人，被控以许多罪行；所有的主教们一致同意这些，最后连教皇也同意了。人们对于反对这些的人又说些什么呢？说是他们搅乱了和平，说是他们制造了宗教分裂，等等。①

书写者：一位未被封圣之前的圣人，<u>他不知道此"必然性"在哪里</u>。

由此产生了在其个人语法中的"判准"研究——诸判准往往是模糊的，不可能抱有必然性感情，诸判准相当于不确定的诸补充项，它们在最后均可加以拒绝。→例如：

**可终结性**〔finissabilité〕

在一定时刻，作品强加于我们一种感觉，它已完成：不可能再对其增加和继续（不同于怠惰）；对于建筑学式的"书"，这是自然的，结构化就意味着预见在某时刻作品将完结：用逻辑性终结取代因怠惰、死亡而导致的终结（参见短语的悖论，短语是结构化的并潜在地无穷尽的；参见《追寻逝去时间》）。但是对于"相册"来说，它是非结构化的吗？人们可能"感觉到"（或模糊或强烈）是这样的，即<u>不应当再需要结构化了</u>（这种感觉无疑来自一种美学的<u>文化</u>；明显的例子是绘画，人们可以决定绘画作品的完成 ≠ 未能完成的或相信不会完成的画家所有的焦虑和挫折→摧毁创造者，使其才思枯竭＝"完成不了了"）。

---

① 我们录译了巴尔特对听众朗读的片段，510 节。Michel Le Guerne 说明了这里所指的不是圣彼埃尔而是圣雅各；圣德丽撒是个疯女（其他版本实际上用"疯女"代替"修女"）并谈到此节 510 的众多不同文本。（本段中译文录自何兆武译《思想录》，436～437 页，北京，商务印书馆，1980。——中译者）

### 需要

写作者可能将自我投射至可能读者的感觉之上,其写作似乎至少是为了某一位对此文本有需要的读者。一部作品的必然性〔此处或译"必要性"。——中译者〕,在世界的某处对应着(在"对应"的数学意义上)某一位读者的需要→相反的证据是:"拒绝"一个文本、一本书、一部手稿(由于厌倦或不快),相当于宣布对它没有需要,它不对应我的任何需要→"你送来了你的手稿。但此时我对它无需要。此时我需要帕斯卡,如此等等。"→必然性:在某一时刻某人对其有需要(=相对于一切可能的书籍"市场化"观念,此种观念含有纤细性、短暂性和个人性——但它对于证明写作正当性来说是充分的)。

### 偶然

归根结底,在设法理解作品必然性这个困难概念时。我只能满足于对必然性之要求加以描述,而不是对其进行证明。例如,(马拉美所说的)真正文学须废除偶然性的感觉①:作品是一种反偶然(这正是必然性的意义所在)→当我感觉某些作家或某些人,以偶然方式谈述着知性的、肯定是知性的事物时,就会感到不快。

### "证据"

马拉美强烈地感受到"书"的必然性……作品的必然性→换言之,必然性的强形式——证据;这种证据不可能具有意义:它并不具有一个文本的真正意义(马拉美,瓦莱里);人们不可能对意义

---

① "以偶然的方式撕去、替换、增加相册的一页——真正文学的功能也正是这样偶然地进行着废弃动作",谢雷在《马拉美生平》中如此写道,该书 19 页。

进行证明：意义不可能来自一种与现实的类似性，因为"书"是非现实主义的（非具象的〔a-figuratif〕），至多与现实是同构的〔homologique〕，但不是具类比性的〔analogique〕——对于马拉美来说。这种证据无疑取决于对峙和比较的过程，在"书"中需要有两个相互联系的"方面"：主观性方面是独一的≠人们通过至少两种不同方式所获得者才是客观的：客观性是一种结合作用〔jonction〕（例如，对于普鲁斯特而言，《追寻逝去时间》的证据——此外，这种证据或许使其确实起动——就是开始的事物出现于末尾：这就是〔蜜蜂般〕分巢法和〔植物般〕压条法）。同样的，此"证据"不可能存在于细节（现实主义〔vérisme〕）内；它应当是整体性的。1867年马拉美的"作品"观是："我回顾此书时，既无恐惧也无陶醉，闭上双目，感受到的只是如此存在而已。"① 最后，作品的必然性＝存在的结论：它存在的确定性以及来自两个不同方面的叠加（或交遇）的确定性；总是普鲁斯特：可以说，当这两个侧面结合时，作品就存在了②（这样作品就能够终结了）→因为"必然性"＝存在性，不存在程度的问题，不存在过多或过少（这就是"必然性"）：对或否；作品完全地存在，或者根本不存在："我们知道某事物存在或不存在"→总之，逻辑的路向是：从因果性（它是存在的一种理由〔motif〕，作品必然存在，此作品具有必然性）到证实性〔constat〕：作品存在着（神秘的运动）。

---

① 《马拉美通信集》，349页，1867年5月27日致 Engène Lefébure 的信。
② 所提到的两个"侧面"是盖芒特和梅塞格里斯，他们构成了讲述者幼年的风景；他在《追寻逝去时间》中发现他认为互不协调的这些道路结合在一起了。

## 自我评价：才能

**才能**

达到待作作品或完成作品的必然性感觉＝一种不确定的、直观的工作，它多多少少依赖着各种临时策略的滋养：并不存在处方〔recette〕。但是，可以想象存在一种对此感觉的预备教育〔propédeutique〕：为了使此必然性浮现（以及作品与其一同出现）需要在自身之内遵循的规则和倾向。一般来说，这就是对自身才能的自我评价。才能＝一种界限，如果超越此界限即将发生挫折，不可能对其超越：一种力量的界限。

**不认知**

有一种不断具有威胁性的危险：作家（也包括打算写作者）对自己不认知。福楼拜（1852 年，31 岁）："但是归根结底让我苦恼的是我不了解自己的能力。这个人谈论得如此平静，却充满着对自己的怀疑。他想知道自己能够攀升多高以及自己的力量到底有多大。"① （表述如此精妙；可惜，在文学中没有"测力机"）→可以试图对此界限（其上限）命名如下：仍然是福楼拜（1853 年，32 岁，写作《包法利夫人》期间）："如果我想在其中安排人物行动因而根据一个系统进行安排时，就会搞坏一切。必须用事物本身的声音歌唱；但是，我的表现将永远既不是戏剧性的也不是引起兴趣的。"② →当然，当我们在说一个作家成熟了、作品成功了并通过了"处女秀"阶段时，并不是指一种力量的增长（生理学形象），而是指发

---

① 福楼拜致路易斯·柯莱的信，1852 年 2 月 1 日，见《作家生平序言》，65 页。
② 福楼拜致路易斯·柯莱的信，1853 年 1 月 15 日，见《作家生平序言》，100 页。

现了通过经验历练而获得的微妙而精细的正确作用点；卡夫卡说，人们可以"欣赏一个人滥用自己才能的那种精力"①；这往往是作家的初期手稿给人的印象，一种双重精力：语言的和不自知的→〔文本〕"驾驭"毋宁说是一种有管理的贫弱化，一种强加快乐感的伊壁鸠鲁式节制，而此快乐感本来是在写作中赋予人们的（也是赋予自己的）。

**真实——小说**

才能（＝对自己所做何者为好的认知）也是一种道德机制〔instance〕；对我而言，它仍然在"我的真实"之内，也就是在我的写作中，拒绝对肤浅的、次要的刺激（来自时潮、流行、纵情、奇想或者自我幻想式）予以顺从，简言之，拒绝似是而非者〔semblant〕或貌似者〔semblance〕（围绕着我的形象压力）。例如（我在去年课程末尾提出过的），我可能有过写一部小说的固执的欲望（由此出现的一般性标题是：小说的准备），之后证实我并未达到此目标，理由是我不会撒谎（不是我不想，而是我不会）；这也不意味着我知道如何说出"真实"；在我本身界限之外者乃是对谎言的发明，巨大谎言，引起世人不安的谎言："虚构症"，"神话癖"→这是一种文化特么？宗教特征？加尔文主义特征？看一下是否有过伟大的加尔文主义小说家→这种特征不是一种道德证书；因为虚构的"想象力"是一种丰富的力量（创造他者），而拒绝"说谎"可能意指着一种自恋癖：在我看来，我只有一种幻想式的〔fantasmatique〕（而不是虚构式的〔fabulatrice〕）想象力，也就是一种自恋癖式的想象力。

---

① 《卡夫卡日记》，1910 年 12 月 16 日，18 页。

### 困难/ 不可能

（作品的）必然性的另一种声音——这一切都是一种正确性〔justesse〕的问题——可能在"才能张力"一侧听到：将"才能"伸展至其最大限度，而不至于在似是而非的表现中，在"木偶戏"中瓦解和折损→此一待写作品应当既不容易（例如，"新闻体"是一种容易的样式，除了事后使其扭曲的作品之外），也非不可能：因此应当存在于困难和不可能之间→你们记得海德格尔的一段引文：在大自然中，每一事物始终停留在被指定的可能性循环中；只有"意志"能使人超出此可能性[1]。我说过，"写作"同"意志"一样，是一种"不可能之事"（于是我将其与无所事事相对立，像自然一样）。——现在可以说：在写作意志内部，即在其不可能性之内部，才能的任务不在于超出其可能性：而在于在此"写作"的"非自然性"之内去正确地描绘"自然"。

## 结论

### 进行阻碍的幻想式

到此我们结束了这个第一试炼，但未结束对其相关问题的解决（问题仍然如旧），而是结束了对其所作的说明。在一切层次上，它基本处于写作之操作的二中择一组织中：在每一层级上——而且从一开始：大规模地（例如"书"/"相册"）——都需要选择，而且没有（"写作"之）神强加选择或者甚至为选择定向→"写作"：令人产生错综复杂之感的自由。此一实践自由进入与作品之幻想式的冲突中，作品的幻想式乃对欲望的肯定：幻想式"起动"作品，使

---

[1] 参见本书217页。（此处为前段引文的摘述，非直录。——中译者）

其从远处"看见"类似海市蜃楼的东西"闪烁着光辉";但是当然,因为这还只是一个幻想式,人们看到的还不是一部实实在在的作品:从远处看,它是一个整体形象,一个声音,或者是作品的段落、方面、变化(我在此指巴尔扎克的中篇小说,它处理的正是这个问题:未知的杰作)→幻想式起动作品,但也对其进行阻碍:因为它不停地重复着一种未来快乐却并未实际将其纳入实现的程序中;它并不成功地面对着在其本质形式下的"实行之实在界"〔Réel de l'effectuation〕,面对着选择、面对着自由运作的责任→"作品的准备"可能也是一种不动的纯幻想式,对此,作家只掌握一些碎片(一些笔记),茹贝尔对此说道:"我像一台伊奥利亚竖琴,发出一些美丽的声音,而未弹出任何曲调。"①

**"课程的余白"**

那么如何解决呢?——我对此什么也未说,因为这种状态正是我自己在准备此课程时的实际状态:我渴望着一部"作品",但我不知道如何选择它,规划它(甚至于当我选择了待写的作品时,我将对它无所言说,参见下面:隐秘性②)→因此,在课程的此一时刻,在这里,出现了一处余白〔blanc〕→我没有解决第一试炼(实际上对于他人多半会具有参考价值),但是我的行动应当像是决定了待写作品的样子,我应当谈论等待着我的其他试炼,就像第一个主要试炼已经解决了似的。

---

① 引自夏多布里昂:《墓畔回忆录》,卷 1,450 页。茹贝尔的这段笔记被布朗绍重印于《文学问题》,载 *Le Livre à venir*, Paris, Gallimard, 1959, p.88.

② 本书 314~316 页。

## Ⅲ. 第二试炼：忍耐

**忍耐**

于是我们假定，给我们谈论故事的这个人（"想要写作的人"）选择了、确定了他已着手的作品之形式。原则上，现在能够对以下问题予以回应了："现在你为我们准备了什么？"但是他遇到了一种隐秘性责任（参见以后）→可怕的试炼：他将从幻想式——在某一时刻，确有必要——过渡到其实现，即过渡到一种<u>实践</u>（praxis）；因此他现在不再必须面对一种不决定性（几乎是强迫观念的立场）问题，而是必须面对时间、面对一种<u>时延</u>的问题：作品制作的时延。这个时延颇长：a）一方面，它必然紧贴生命存在的同一时延——而且生命，甚至于一个作家的生命，只由写作组成：在存在时延和写作时延之间存在着潜在的冲突；b）另一方面，<u>实践</u>本身，即使我们能够理想地假定将其与一切其他时间分离以使其纯化，包含着种种内在的困难、障碍、意外事故→因此，第二试炼是一种关于（写作之）忍耐的试炼。此一忍耐包含两个"领域"：外部忍耐（相对于世界，相对于人世）和内在忍耐（相对于任务本身）。于是，在此第二试炼内我们看到两个部分：

A）写作生活的物质性组织，我们可称之为<u>方法</u>的<u>生活</u>。夏多布里昂在罗马大使馆内写道："罗马人如此适应我的方法的生活，而我则让他们等得着急了。"[①]

B）写作<u>实践</u>：它的障碍。它的抵抗，它的内在威胁，它的缓

---

[①] 夏多布里昂致 Récamier 夫人的信，1829 年 1 月 3 日，见《墓畔回忆录》，卷 2，285 页。

慢化（因为关系到忍耐）。

## A) 一种方法的生活

**作品≠世界**

为了有时间写作，必须与威胁此时间的敌人作殊死斗争，必须从世界中夺取此时间，既通过一种决断的选择，又通过一种不断的监督→在世界和作品之间存在着<u>竞争性</u>；卡夫卡是此斗争、此张力的主要人物：他永远悲伤地，有时接近疯狂地体验到世界与文学的敌对；世界对于他是"父亲"、"职场"、"妇女"的形象。世界是什么？可能是什么？

**职场**

对于卡夫卡，世界（部分地）就是职场："只要我还没摆脱职场〈保险公司法律顾问职位〉，我即茫然若失，对我来说一清二楚的是，问题就只在于，只要有可能，把头高高抬起以免被溺毙。"（由此产生了他的日记）→看下面的文字：

### 《卡夫卡日记》

（卡夫卡写下的或口述的关于职场的文字，怀着极大的厌恶）

……最终我不得不心怀巨大恐惧地说出，我的全身心都准备好了从事诗作，诗作对我来说有如天意的解决和一次生命的真正投入，而我却须在职场内，面对着一堆可悲的文书，从能够享受幸福的躯体中，夺取一片肉下来。①

---

① 《卡夫卡日记》，1911年10月3日，65页。这段文字草拟于一张卡片，巴尔特用胶条把它贴在他的手稿边页上。

职场在这里意味着一切形式的日常疏离化（"每日去职场"）：必须做的一切就是，为了生存向社会支付代价；写作＝我自己的血→这就是血的代价。——注意：通常，任何心理学原则都不是确实的，普遍的。我想凯诺能写得更好，因为他必须将书从职场中夺取出来。

### 社交生活，社交

"社交"或世间，在"世俗交往"的意义上：晚会，接待访客，约会，"招待会"，私人放映会，等等。→人物：普鲁斯特，1909年之前/1909年之后①，或者是阿尔太兹的理想人物："阿尔太兹的生活全部奉献于工作。他只勉强参加社交，社交对于他有如梦魇……"②——注意。这里仍然具有歧义性（或"辩证性"）："世界/作品"的选择难题不具有冉森教派选择的充分严格性（房间≠娱乐，即显然地相当于说：善≠恶）

1) 对世界的扭曲攻击：在种种形式下，他对世界的观察、与世界的频繁交往，对于作品的提炼都是必需的＝素材和刺激的储存：社交环境（普鲁斯特），阅读媒体出版物（索莱尔斯?），甚至通过写作来参与反对"世界之所无"的意志：作品作为"反愚蠢"，"反恶"。对此可能存在按照下列循环所表现的不堪负荷的摇摆：为了完成写作采取退隐方式的必要性：周围人愚蠢的攻击→反应的需

---

① 1909年实际上是普鲁斯特走上小说写作道路的关键一年。巴尔特也许强调，1908年到1910年之间《驳圣伯夫》的写作，是普鲁斯特从论文向小说的重要过渡。

② 巴尔扎克：《卡迪央王妃的秘密》，见 Balzac, Honoré de, *Études de femmes, Les secrets de la princesse de Cadignan*, Paris, Gallimard, coll. "Folio" (1971), 1980, p. 225. 同时参见 Picon, Gaétan, *Balzac*, Paris, Seuil, coll. "Écrivains de toujours", 1954, p. 92.

要和义务→参与世界（例如，《新观察》的专栏文章）①→通过"忧郁"进行的精力再投入〔réinvestissement〕，内省〔repliement〕，退隐的欲望→新的进攻（泰奇尼的影片②）→进行重新反应的欲念（"创作"—"评论"），等等。

2）"世界"不只是一般社会性的；它也是关系性—私人性的：约会，招待会，朋友的电影会→但是，"私人"的、"私人感情"的特点，不可能被一般化、综合化；这是一种<u>不可能还原的</u>各个种类的集合；你们于是陷入一种不可解决的悖论中："人际关系"为反对"作品"而斗争，因为它不断重复；正是<u>约会</u>阻碍着你进行写作；但是如果你想知道此集合的诸个案例，每一种人际关系都是有价值的并希望被保持的——这些将重新开始，因为 a）友情属于"不可比较者"领域；b）但为了增加"不可比较者"，你产生了一种一般的制约性。一种代价非常高的"<u>全或无</u>"的强烈诱惑由此产生了。

**贪欲**

"世界"的另一形式："对生命短暂被造物的执著"（帕斯卡），或者如人们在 18 世纪时所说，<u>贪欲</u>→在现代语言中，一切形式的<u>探寻</u>〔drague〕；探寻＝对各种快乐的不可抑制的搜索，对欲望的探索、寻求、步步的屈从：<u>丧失时间</u>的同一形象：在此，放弃作品引起了最直接也最平凡的罪恶感；无疑因为在"作品神圣性"的违反之上（作为绝对目的被假定的）添加了继承自宗教的文化性违反：

---

① 巴尔特在《新观察》上写的每周连载专栏，从 1978 年 12 月 18 日到 1979 年 3 月 26 日。在该系列终结篇内巴尔特谈到对此专栏的"窘迫"和"不满"之感（《全集》，卷 5，652～653 页）。

② 泰奇尼导演的《勃朗特姐妹》（1979），巴尔特曾解释萨克雷在影片中的角色。

肉体的过错、过失。"贪欲"（"探寻"）/"写作"的冲突：尖锐的——即使是歧义的——冲突，因为"最小区别"（弗洛伊德概念）的参加者：a) 彻底推进的"探寻"，相当于一种生命的写作：它通过一种书写〔inscription〕能量来施加"刻痕"、刻记、素描和占据时间领域，此种书写（比"写作"更加）形成全面倒错，因为它什么也不生产（它"不生孩子"）。b) "探寻"可能被体验为——可能具有同样的比喻性意涵——一种探索〔quête〕，一种启新仪式〔Initiation〕：这就是"写作"→两种同构力〔isomorphes〕之间的冲突。

爱情

爱情，或者毋宁说（为了指出它相关于不同于贪欲平面的另一平面）被爱者→浪漫主义的神话：被爱者，基本上作为接受奉献者，乃是进行激发〔inspire〕者，也就是使作品有可能产生者；存在着作品和被爱者的融合≠"现实"：或许比现实更为坚实；在被爱者和"作品"之间存在着几乎不可调和的竞争关系；对于被爱者，作品就是嫉妒的对象，而对于写作主体，它就是心爱的财富（因此与"自我主义"具有相同的罪恶性）→卡夫卡，在其（当时的）未婚妻和文学之间的裂解；它甚至无关于该作品：这是一种竞争关系，一种永恒的张力。当然，卡夫卡对此具有明确意识并感到痛苦，他在致 Felice 的信中引述了一首他所熟悉的袁枚的诗：

**深夜**

寒夜读书忘却眠，
锦衾香烬炉无烟。
美人含怒夺灯去，

问郎知是几更天。①

嫉妒，对一本书的嫉妒？这种情况往往出乎意外地发生（我听到过一些例子）。——这种对立，在卡夫卡就具有纯粹性，并引起痛苦感——因为他尝试过结婚而不敢接受，由此对订婚产生强烈的犹豫并因而中断，因为他永远也不能走到婚姻这一步→对此再加上想象界的各种悖谬；例如巴尔扎克：一方面，为了完成作品，作家这种职业应该逃避并与爱情决裂，而另一方面又真诚相信他的真实目的不是文学，而是爱情的幸福（≠青年雨果："或者成为夏多布里昂，或者什么也不是"）；他将爱情置于作品之上；将韩斯卡夫人安置在 Fortunée 大街对他来说比写完若干杰作还重要："如果我未因《人间喜剧》而伟大，我将因成功地使她到来而伟大。"（1849）→对于爱情而言，这成为一个可怕的试验，一次严肃的和戏剧性的考验："你可能为了我而牺牲你的作品么？"显然，这是真实的瞬间。而实际情况是，不管是谁对作家进行这种勒索，都将立即失去一切价值，变得不值得被爱了——只能揭露出他人被异化的欲望。（作家在爱情真正威胁其作品的未来时，最后岂非只能听任其爱情失败？）

### 真实生命

对作品的献身，为此作出的牺牲，如果不是作为一种诅咒，至少作为一种极其边缘化的、空想的、反常的、疯狂的生命，可能有浪漫主义味道。例如，梵·高宁要"真实生命"：但此处的真实

---

① 瓦根巴赫所引卡夫卡熟悉的诗（引自 Hans Heilmann 的中国诗选），111 页。（此七言绝句法译本译为七行，现据中文转录。原诗见《袁枚全集》，南京，江苏古籍出版社，1997，卷 1，106 页。中文读者在此会发现巴尔特对此通过翻译表达的"异国诗情"不免产生某种"审美性误读"。——中译者）

生命不是一种孤独性的真实生命（作品的性质倒是会如此），而是不无悖谬地被某些人判断为一种人为的生命；"真实生命"＝全体的生命，正常的生命，有家庭，有妻子，有孩子，有职业，受到一般尊敬的，而这正是必须以作品为代价的那种幸福。

**自我主义**

大致而言，世界与作品处于竞争关系之中→对于写作者而言，这种"竞争性"会引起痛苦的感觉，其理由不仅是实际方面的（阻塞爱和牺牲时间），而且也是心理方面的：

1) 我可以把待完成的作品体验为一种反常物，一种错乱，一种狂热，一种使我与世隔绝的偏执，一种"精神分裂"。卡夫卡于1913年7月写道："我憎恨一切与文学无关的东西，会话（甚至是关于文学的谈话）使我厌倦，访问使我厌倦，我的家庭成员的喜怒哀乐使我厌倦到深入骨髓。这些谈话夺走了一切我认为是重要、严肃和真实的东西。"

2) 献身于作品（对立于世界）将痛苦地感受为一种心灵的枯萎，一种制约，一种束缚感。巴尔扎克描述了文学囚徒的残酷生活："思考中产生的人的自我主义是有些恐怖的东西。为了离开他人，必须实际上开始置身于他人之外。这样一来，人岂非在受折磨：他通过吐露感情而生活，他只表现出温存，而且他需要在周围不断发现灵魂的避难所，不断地思考、比较、发明、探索，在思考空间内漫游，当他喜欢去爱时？"①

3) 实际上，最令人痛苦的莫过于对自我主义的谴责或自我谴

---

① 巴尔扎克1831年11月21日致Zulma Carraud的信，载前引《通信集》，617页。巴尔特此段引文可能来自皮康的《巴尔扎克》，巴黎，1956。

责（我不知道此词是否还在使用）；因为，为了相对于世界以确保自己的"自我主义"，作家必须：a）无视不被理解，没有人理解他似乎只是为了"工作"而生存，对此极少有合理的、智慧的判断，等等；b）通过为作品——更坏的是，为自己的作品——增加一种超价值，一种异常价值，一种获得越来越少社会认可的剩余价值，以克服对这种价值的贬低。

**解决办法？**

那么应该怎么做呢？——我不是纯粹的作家，也不是社交家——但是我也做不到或很难做到使工作和世界协调一致，并不断地为世俗夺去我的工作而懊恼——我不知道解决的办法——因为尝试过，但不成功，虽然也未放弃。我只能引述卡夫卡的话，它虽美好却遗憾地流于一般化了："在你与世界的斗争中，站在世界一侧。"[①] 这意味着什么呢？——在我看来这就是：作家——至少是我所指的作家："浪漫主义"作家，他写出自己的专名（也就是既非匿名的也非集体的）——作家被迫肯定自己的"特殊性"：于是，与世界的斗争不可避免（或许对于一切坚持特殊性的人均如此）→对特殊性的确信直接来自另一种确信："真实不存在于个人之内，而存在于集体和声之内"[②]；在某种意义上，世界，不管怎样，都在真实之内，因为真实存于人类世界的不可消解的一体性中→因此，特殊性是错误的→怎么？站在世界一侧意味着：

1）在"合唱"中认识真实，而且，对于作家来说，某种意义

---

[①] 《格言集》52，茹贝尔在其为《卡夫卡日记》写的序言中所引用，7页。
[②] 茹贝尔：《卡夫卡日记·序言》，9页。

上将世界置于音乐之中：充满情爱地使世界转换到自己的作品中（这或许也是某种报复的方式）；减少或"转化"其自我主义的压力（世界 ≠ 自我）；例如，利用世界中似乎妨害对作品献身的因素以完成作品。如果被爱者是"作品"的障碍，即颠倒此公式：使被爱者成为引导、引生"作品"的灵魂；这就是但丁对贝亚特丽斯所做的，他向她展开了时代的三个世界：罪的世界，罚的世界，赏的世界（顺便说，——我无任何嘲讽之意，而宁可说怀有一种痛苦的感情；我们不大肯定《神曲》是否在贝亚特丽斯生前使她喜欢；她也许因成为其中一个角色形象而感到<u>不快和恼怒</u>，对于如此美丽的她来说，这是失去其本然声音的一个角色形象。因为人们总是自以为是自己本身，而不是自己的形象；我的实在自我，即使平庸，也比其他的即使伟大的形象要更有价值→同样，我们将了解我指的是什么①：写一部关于"爱情"的书以便接近被爱者，以便将其纳入作品，但此作品<u>正是</u>被爱者所不喜欢的，因为作品没有让被爱者说话；即使勉强读了，也是心绪不佳，心怀怨怼；此爱情"作品"使两位伴侣分离了，"作品"获得胜利：它使两人<u>分离</u>，却可能使读者大众中的其他人接近了。）

<u>站在世界这一侧</u>，意味着使作品朝向世界的存在，使世界与"作品"同在：世界，简言之即我关于写作之世俗障碍所说的一切：交际，社交，贪欲，爱情，规范。

2）但同时，当我们努力将世界纳入"作品"（以感情的方式，以知性的方式）时，与世界的关系必定是<u>艰难的</u>；不可能允许世界

---

① 指《恋人絮语》（巴黎，色易出版社，1977）。

的实践（它的"日常性"）像是一种癌症似的，窒息和扼杀写作的实践；为此无疑必须要承担一种严酷考验，这意味着，要在其中承担一种不自由的、疏远的、不宽容的存在形象→"支持世界"和"献身作品"之间的悖谬性，可以表达在这样一个微妙的短语中：不要做<u>自我主义者</u>，但认同<u>自我主义者</u>。

# 1980年1月19日讲义

**生命作为作品**①

在世界（生命）和作品的竞争性和冲突性间，可能存在一种迂回性，一种辩证的解决，我将以有所偏离的方式指出：对于作家来说，这就是将其生命做成一种作品，他的"作品"；这种解决的直接（无中介）形式显然是<u>日记</u>（我将在此展开论述的末尾说一下为什么这是一种暂时的解决办法）。

*作者的返回*

在法国文学史中，有许多"<u>作者的返回</u>"，其类

---

① 巴尔特的麦克风故障扰乱了1月12日讲课，他打算在下一次讲课开始时再扼要地概述一下。这或许可以说明为什么他没有时间朗读题为"生命作为作品"的三页稿纸，而直到第280页才接续上。

型和价值各异：

1）在一种文学的发展过程中，"孤立的"返回，某种不规则的纪念碑，这种文学，"正式而言"（即按照学校教育的说法、教科书的说法），不相信受格的我〔moi〕（或毋宁说不相信主动式的我〔je〕）：蒙田的《小品文集》，夏多布里昂的《墓畔回忆录》。以及另一方面，还有影响更广泛、更曲折的司汤达，对此我们可以说他毕生在写作，并以写作为生命（《自我主义的回忆》）≠ 巴尔扎克，他通过压制自己的生活和为别的目的而写作（按照一种超强力的想象）。——我舍弃了这类返回，因为它们都是某种长篇故事的一部分。

2）当文学史按照一种实证主义精神（19世纪末，在大学里）构成时，学者关心的是作者，因此作者"返回"了；但是，由于残酷的和错误的变形，在此研究中返回的作者是外在的作者：他的外部传记，他接受的影响，他能够认识的源泉，等等，此种回归在任何一点上都与创造的前景、创造的适当关键没有关系：返回的既不是受动格的我，也不是主动格的我，而是某个"他"：写出杰作的"大师"：事件的"历史"中的特殊区域。

3）我想谈的作家的返回，这就是今天应当观察的现象；我谈到观察，因为我对此并不太肯定：这或许是我自己做出的、我投射于实在界的一种想象。事物的运动如下：某种现代性（60年代）重新唤回了马拉美以及他与文学的关系，在此情况下出现一种倾向：抹削作者以突出"文本"。文本，或者被当成指涉着写作身体而不再指涉着形而上学的或心理学的主体的陈述作用之纯过程（阿尔托样式的文本），或者，在理论层面上，被看做是超越作者的结构，文学结构主义、符号学的最积极时期；我自己，作为我所说过的事物的标志，当时写了一篇文章，概述了这一倾向："作者之死"①→新批评派压制作者，或至少使其"脱意识化"；贝勒曼-诺埃尔的小书开头部分证实："一切〈他的书〉都来自对作者欠缺一种好奇心。对我来说，这属于事实领域，我不会被作家的生活和个性所触动、刺激，更不会被其所鼓动……"②极好的引述（即使今天我已站到这种态度的对立面了），因为正确的说法是：对于作者欠缺好奇心→死亡，"欠缺好奇心"→好奇心的返回，作者的返回。

### 返回传记

对我来说（再重复一次，我不知道我是否有权利将此主题予以一般化），这一摇摆态度实现于《文本的喜悦》之际③：理论超我性的摇摆，所爱文本的返回，作者的"压抑化"或"脱压抑化"→在我看来，围绕着〔受动的〕"我"，这里那里同样呈现出对可称作——为了不处理定义问题而称作——传记系列（日记，传记，个人化访谈，回忆录等）的偏好。这种方式，无疑是对一般化、集体化、群体化的"冷漠性"之反应，以及将一些"心理学的"感性重新纳入理智性的生产作用中：让我们谈谈〔受动的〕"我"，并永远不要谈"超我"或"本我"〔ça〕→传记式的"好奇心"于是可以在受动我之内自由地展开：

a) 悖谬：我有时对阅读一些作家的生平比对阅读其作品还有兴趣；例如，我对卡夫卡的《日记》比对他的作品更了解，对托尔斯

---

① 参见《全集》，卷3，40~46页。
② Bellemin-Noël, Jean, *Vers l'inconscient du texte*, Paris, PUF, 1979, p. 5.
③ 参见《全集》，卷4，217~264页。同时参见巴尔特关于此书、特别是关于其中"形容词是欲望的'dire'"所作的一系列访谈，《全集》，卷4，465~468页。

泰的《笔记》也比对他的其他作品更了解（这种态度似乎很"camp"①）。

b）另一种悖论的形式：我有时想象一位倒错的作者，他写作只为了有朝一日有权利写自己的自传。

c）最后，我有很强的欲念写一部传记，但当我想写的是一位音乐家的传记，特别是舒曼的传记时，我就放弃了，因为我不懂德文。当然，应当超越个人的事例，并根据五十年来若干重要作品看一下"传记"的种种变化如何正在发生——这只不过是一次快速的题外之谈，主要是关于纪德和普鲁斯特的。

### 纪德

纪德，他的《日记》，一部伟大的作品，它比他的其他作品更受喜爱（我自1942年以来就非常喜欢：我最初的几件作品之一就是关于这部日记的②）。为什么？很难说，因为文本很特殊；但实际上<u>现代</u>的理由指的是陈述作用网络的复杂性，即<u>我</u>的作用之应用的复杂性，分层的复杂性：1）<u>我是真诚的</u>。2）我具有一种人为的真诚性。3）真诚性不是恰当的，它成为一种置入括弧的文本之性质。——可以换言之，对于纪德的《日记》而言，显然《日记》的作者不是一个<u>证人</u>（如龚古尔兄弟那样的证人），而是一个<u>写作的行动者</u>（欺骗性在于，这个写作是古典式、怀旧式和"矫揉造作

---

① camp这个词由苏珊·桑塔格于1964年在美国提出，指"令人扫兴"，一种在潮流中反潮流的态度。此词在法国被莫列斯加以庸俗化，他发表了 *Second manifeste camp*, Seuil, Paris, 1979。

② 《关于纪德和他的日记的笔记》，载于 Existences, 1942年7月第27期，参见《全集》，卷1，33～46页（此文中译本见罗兰·巴尔特：《符号学原理：结构主义文学理论文选》，李幼蒸译，北京，三联书店，1987。——中译者）；巴尔特平生的第一篇作品是《文化和悲剧》，发表于《学生笔记》春季号，1942。

的")→无疑,是《日记》产生了一种"纪德整体"〔l'ensemble-Gide〕的意义:正是日记制造了"生命"+"作品"的一个创造性整体;作品并不特别伟大,生命并不特别具有英雄主义(领年金的人,喜欢写信而且有"好"朋友);但是,其生命沉浸于阅读,正如其生存整体朝向于作品的构成:正是这种紧张关系,这种坚毅性,这种持续性,导致了成功。

### 普鲁斯特

普鲁斯特:我们会逐步地发觉——因为"普鲁斯特风景"是随着历史而改变的——普鲁斯特,这就是作者,作为<u>传记作者</u>的写作主体,大规模地、大胆地进入了文学;不属于传记类的作品("日记","回忆录"),它是完全由他自己、由他的位置、由他的朋友、由他的家庭编织而成;实际上,他的小说中并没有这些东西——尽管有一切理论上的借口:压缩,欠缺线索,诸如此类。这是正常的,因为他的问题就在于发现他所失去的时间(而并无一般性的时间)→他的作品:不是一种哲学,而是一种<u>救赎</u>,一种个人的"极力拯救":<u>"在我所爱者死亡之刻我如何能够再活下去?"</u>(回答:在写"时间凝缩"〔contraction〕时,正好是母亲死亡前后)我们可以说《追寻逝去时间》="一部关于他的生命的象征性历史"[①],一部象征性传记;不是一部时序性叙事;这不是一部时序性生活大事记→在马塞尔和叙事者之间进行区别(或混同)是无意义的→"生命"/"作品"关系的更新,作为作品的生命之位置,似乎以后退方式逐渐显现为诸价值、诸文学偏见的真正历史移动;今天,普鲁斯

---

[①] Painter, George D., Marcel Proust, t. I, 1871—1903: *les années de jeunesse*, et t. II, 1904—1922: *les années de maturité* 〔1959—1965〕, traduction et présentation de Georges Cattaui, Paris, Mercure de France, 1966, p. 25.

特作品中引起诱惑和狂热的东西,正是传记的强度和力量(传记,相册,肖像照;Pléiade 版的书中已经看不见了)→普鲁斯特神话向传记主体神话化〔apothéose〕的移位→我称其为"马塞尔主义"(不同于"普鲁斯特主义")。

### 生命的写作

普鲁斯特的经验——他的作品——按其新的观点,引导出不同于传记的一种生命写作,于是此生命之写作(在使"写作"这个词发生转化的较强意义上)导入了一种"传记素的东西"〔biographématique〕①(它也跟在普鲁斯特那里一样必然地是一种死亡记述学〔thanatographie〕)。使这种新写作成立的新原则=主体的区分化、片段化、也就是碎裂化。普鲁斯特已经看到:"〈圣伯夫的方法未能理解〉一本书是另一〔受动〕我的产物,这个我是我们在我们的种种习惯、社交、恶习中显露的"②→这种分化是为了发现一种适合性而必需的迂回和曲折,此适合性不发生在写作和生命之间(简单传记),而发生在种种写作和种种片段即生命的诸层次之间。夏多布里昂清楚地看到了这一点,他的《墓畔回忆录》(生命写作之典范)替换了生命和写作的作用:"在我的时代的现代法国作者中〈说得极妙:这比说'世代'要较少空洞性〉,我也是唯一一个生命与作品相似者〈说得极妙:不是作品相似于生命;写作在引导的

---

① biographème 是巴尔特创造的新词,其后成为著名的表达式:"如果我是作家并且死去,像我希望的那样,我的生平,在一位友好而随和的传记家的照料下,可被归结为一些细节,一些爱好,一些曲折,可以说是归结为'诸传记素'。诸传记素的区别和活动性可以飘荡在一切命运记叙之外,并按照伊壁鸠鲁原子的方式将触及某些未来的身体,并预期着诸传记素的类似扩散。"(《萨德·傅立叶·罗犹拉》序言,1971;《全集》,卷3,706 页)

② 《驳圣伯夫》,157 页(下画线由巴尔特所加——中译者)。

是沙吕斯，他在诗学的、超越的意义上是孟德斯鸠的序幕〉：作为旅行家、士兵、诗人、政治评论家，我在森林中讴歌森林，在船上描写大海，在营地谈论军旅，在亡命途中谈亡命，在宫廷、办公室、议会研究君主、政治、法律、历史。"① → "生命"的"写作" = 写作和生命越被片段化（不再企求任意地统一），每个片段就越具同质性；这样，浪漫主义小说就越显露出织锦式的绚丽多姿来。

我们可以——但我只顺便提一下——描绘一种由生命写作所清除的诸作用的分类法，也即实际上进行接续性写作的〔主动〕我之类型学：

a) persona〔人〕：不写作、只"生活"的人，市民的、日常的、私人性的人。

b) scriptor〔拉丁文"作者"——中译者〕：作为社会形象的作家，谈论和评论对象，在学校、流派、教科书中被分类者。

c) auctor〔拉丁文"作者"——中译者〕：自觉为自身写作之保证人的我；作品之父，承担着自己的责任；在社会上或在神秘学层次上，自认为是作家的人。

d) scribens：处于写作实践内的我，正在写作中，并以写作为日常生存之道者。

如在阅读中所见，所有这些都是我按照不同的支配性关系〔dominances〕在写作中编成的某种波纹状织体 → 但是，生命写作显然蕴涵着：某种特定创造性价值是归属于 persona 的；此种写作是从未在"生命写作"的部分中浮现的，它不停地触及写作之外的东

---

① 《墓畔回忆录》，1046 页。夏多布里昂的《遗言序文》，写于 1833 年 12 月 1 日，发表于《双世界评论》(1846)，为《墓畔回忆录》前言的诸稿本之一。

西，并与此非被写作的部分保持着一种变形的或比喻的类似关系；这肯定就是普鲁斯特的情况，他完美地实现了济慈的话："具有某种价值的人的生命，就是一种连续的比喻。"

Persona 和 scribens 可以直接结合；"生命"成为"直接的"（无中介作用的）作品：这就是"日记体"、"相册体"→巨大的危险是自我主义：人们不适当地"站在"世界一侧→或者在这里需要加工〔工作于〕"日记"①：我们于是通过写作发现了工作法则，转换法则，"书"（≠相册体）的法则（蒙田的《随笔》，《墓畔回忆录》，普鲁斯特）→同样的，在此离题论述之后我们发现，作为彻底实践、疯狂工作、生命样式的这种写作活动的问题：也就是"方法的生存"的问题。②

## 新生

### 断绝

在我的叙事线索中（想要写出、完成"作品"的这个人的故事），（被严肃化的作品之）"作品"观念是与一种"生命断绝"、一种生命样式革新、一种"新生活"组织的观念联系在一起的：《新生》，*Vita Nova*（或 *Vita Nuova*）（我们知道有两部《新生》：但丁的和米舍莱的）③→我将再说明一下这个《新生》的观念。

我相信，你们每个人都已了解或周期性地体验到"断绝幻想

---

① "我能够拯救日记，唯一的条件是对其加工直至死期，直至疲劳之极限，像是一个几乎不可能完成的文本似的：加工的意思是指，因此加工而使如此单薄的日记书写根本不再像是一部日记了。"（《全集》，卷5，681页）

② 最后一段，巴尔特删除了。

③ 巴尔特在本课程的第一部分中已详细阐释了《新生》的起源和定义，特别参见本书25～32页。

式":生命样式的断绝,习惯的断绝,人际关系的断绝(这仍然是一种经常发生的幻想式)(读一下《解放报》的"改变生活"专栏就够了)→在此幻想式内有两个成分:从过去、从不良现在……的解脱(=自由,从人际关系束缚中解放的断绝:各种神话形象:脱皮,表皮的剥离,新的诞生,通往不朽之路)+<u>重新创造</u>:完全的,宏伟的,辉煌的。为了停留在文学领域:

1) 巴尔扎克:在《幻灭》的末尾,吕西安在自杀之际遇到埃雷拉,他发现自己的生活可以在另一基础上重新开始:他和埃雷拉一起"写作"一部辉煌的小说。

2) <u>断绝意味着</u>:我将以一种全面的诀别为代价,彻底而毫不退让地产生另一<u>自我</u>(我将在本段末尾谈一下此一变动的<u>宗教</u>性质);兰波确实体验过一种具有典型严格性的——甚至于令人吃惊的——断绝(以及一种"新生"),这就是通过完全放弃文学并转向旅行、经商,但这并不是我想指出的断绝,因为它仍然发生于作品意志的内部(因此是文学的内部)。兰波在《预言者的信》(致伊赞巴尔德,1871 年 5 月 13 日)中描写过这种断绝:"现在,我尽可能地放纵度日。为什么?我想成为诗人,并努力使自己成为<u>预言者</u>:你根本不懂〈今天上帝是否知道人们懂么!兰波造就了多少'预言家'呢!〉而且我几乎不能够对你解释。问题在于通过对<u>一切感觉</u>的扰乱才达到未知事物。痛苦是巨大的,但必须坚强,必须生而为诗人,而且我认识到自己是诗人。这根本不是我之过。这样说是错的:我思考;应该说:我思考我……我是一个他者。"①

断绝幻想式可能转换为若干"亚幻想式"〔sous-fantasmes〕;不

---

① 《兰波文学生涯通信》,55~56 页。

要忘记，幻想式是一种"剧本"；因此存在着人们上演、再上演、并深怀于心的"诸场景"（永远同样的，有如不动之物；幻想式是一部场景固定的影片）。例如，隐遁于一种绝对"孤独"之内（在此词的地理学的、风景学的意义上）；塞南库尔①说：主人公，在不幸生活之后，描述了"伊门斯特罗姆"理想地，前往隐身的静谧田园。能够增加此隐遁地价值的是其无人相遇的特点，却又非常靠近一个喧闹的"世俗"场所：卢梭（"第七漫步"）在山中发现一处绝对无人的隐遁地——满怀幸福感地加以描述——但发觉这个地方离一家工厂很近（山中可能的意外发现）②；卢梭对此不能满意；但是对我而言，我持有这样一个幻想式：在一个大都会中心与人隔绝的隐蔽处。我不喜欢乡村，也不喜欢外省地方；我的理想是在一个大都会内的几乎绝对隐秘的场所；对此目的而言，巴黎是最为适当的地方；这个城市在中心区和郊野区之间存在着迅速而尖锐的变调；在圣日耳曼-德佩和我的（郊区）街道之间，圣苏尔彼斯方场（大约几公尺）相当于一个既艰难又成功的变调，从大调 do 过渡到小调 fa。——或者，与此幻想式非常接近的幻想式"沉潜"〔plongée〕：没有比在大都会内"沉潜"，并发现突然进入一个自己熟知的小角

---

① 《奥伯曼》：法国作家塞南库尔（1770—1846）的小说，讲述一位年轻主人公的内心探索历程，他对生活感到绝望，把自然理想化，并企图逃避人类社会。出版后〔1804年〕不受重视，但却深受浪漫主义作家们的赏识。

② 卢梭在提到孤独和植物采集给他带来无穷欢乐之后，发现在瑞士阿尔卑斯山一处永难忘怀的散步地："我孤身一人没入山中深谷，沿着一处处树林、一段段岩石走去，获得了一处如此隐蔽的住处，这是我一生中从未见到过的最原始的风光……在这个世界上无人知道的隐蔽之处我随兴梦想和思考，在这里迫害者不会再发现我了。"一阵熟悉的声响打破宁静后，他突然在靠近山谷处发现了一个制鞋工厂，遂惊呼道："但是，实际上，谁会期待在这样的断崖深处发现一个工厂呢！世界上只有瑞士会呈现原始自然和人类工业之间的这种混合物。"（《孤独散步者的遐思》，725～726 页）

落，更具有感官愉悦性的了（东京最适于引起这种快感）。同样的，来看这样的幻想式，没入巴黎另一地区内的一家旅馆内两周：消失了，而其实<u>就在附近</u>；因为，对于住在圣苏尔彼斯方场（即圣日耳曼地区）的人，到另一区的某一咖啡馆内走进柜台要一杯咖啡，这就足够了。例如在等电影院开门时，比如在靠近共和国广场的"圣殿骑士"电影院，为了享受一种完全改变环境的感觉；这一晚，周日 8 点左右在咖啡馆，两个普通青年人，一个脖颈间挂满饰物，另一个满脸胡须；一个旧式手风琴；在柜台另一端，两位管理员模样的老妇，一个戴鸭舌帽的老人，三个人略带醉意，心情愉快（喝过几杯 pernod 酒）；在一旁，一个父亲和儿子玩游戏→赋格曲主题，这就是一幅"新生"的速写。

"生命断绝"的另一个亚幻想式：告别情境；这是普鲁斯特在选择退隐以便专注于其小说以前所做的；1909 年 11 月 27 日，他和费多和克鲁瓦塞共同创作的喜剧《回路》上演，他租下综艺剧院内三个包厢，以告别人世的形式招待朋友；为了进入一部书——却不是为了它的出版——而举行<u>庆祝会</u>。

"新生"的这种断绝幻想式，当然与年龄无关；但是，最有趣的是进入老年的时刻；一切"隐退"（在该词的社会的意义上，并由此在工会的意义上）都包含着"新生"幻想式的萌芽；极其平常，但我想指出，这种幻想式，如果不经社会性缓解，其"依赖家宅式"的生活模式会使其成为某种激烈的、颠覆性的事物；在我看来永远不幸的是，听到一位"老人"感慨地说，<u>他过得很好，他继续做着将要做的事</u>（例如打网球、散步或恋爱，像雨果）；但是，<u>继续</u>并不是一种表现生命力的行为；老年人所要求的，在力所能及时，所应采取的正是一种"断绝"，一种"开始"，一种"新生"：

重新诞生。米舍莱在 51 岁时有其"新生"(此词来自于他),为了与一位柔弱的 20 岁少女阿泰纳伊斯约会(但是遗憾的是,阿泰纳伊斯在他死后成为任意妄为的寡妇,窜改了他的手稿);他于是完全改变了"作品",写作着关于自然的书(而不再关于历史):《鸟》,《海》,《山》,其中大多数篇章虽美丽动人却不免有些古怪。

我稍微再谈一下"继续"(毫无变化地像以前一样生活)的对立面≠断绝,改变,重新诞生,成为另一个,一个不同的我("新生")→存在有两种"不朽"的类型;不朽意愿,在每人心中呈现为两种对立形式:1) 不死生存(或者:为了成为不死的):不变动(继续);这就是一种堆积〔tas〕哲学("sorophilie"①);但我想把这种哲学联系到绝对的无所事事、禅诗以及摩洛哥儿童的"无为"上去②;因此这不是在献身于新作品时所意想到的不朽,后者应该是力量、劳作、斗争。2) 不死生存,绝对重新诞生;待完成的作品是达至这种不朽的媒介物→结果,这种奇妙事物无论如何对我发生了,我很难忍受把我封闭在所谓第一种不死性之内——永远在同一个地方的不死性——如果那仍然是一种不死性的话。而这是一直在发生着的:人们,特别是准备论文的学生们,几年间都不露面,然后突然出现,对你一点都不关心(不关心你可能有什么变化),并按照他们从前见到你时的情况向你提出要求——而实际上,你已不再关心那些问题了("肖似性结构主义",或一种"玩具"神话学,或"时装"神话学);当然,对于他们而言,我似乎完全不移动,不改变位置,待在那儿,一动不动,像尊雕像似地,等待着供其所

---

① 参见本书 217 页。
② 无所事事、无为、摩洛哥儿童都可充当不同的幻想式,围绕着它们组织起巴尔特设想的小说《新生》内之种种素描。

用。实际上我改变了位置,我探讨着重生之策;我不知道你们在哪儿等着我→因此存在着这样一种令人不快的"不死性","新生"对其表达出抗议。

*扰动/平和*

"新生"的若干可能习性〔ethos〕(可供有关断绝类型"论文"的恰当主题!):通过历险、改变环境、行动等达至的"新生"≠通过待写作品而向望的、幻想式化的"新生"=封闭中的、平和的"新生"(准修道院模式);我相信,这是围绕着"扰动"〔agitation〕概念所发生者 。

*扰动*

日常生活的"平和"="侵犯"的不在(在此词的完全意义上:"恶人"的介入,卢梭的语言,参照下面①+ 一切层次上的"扰乱"〔dérangements〕)→其中可看到 3 个主题〔motifs〕:

1) 写作作品一定不能被扰乱。夏多布里昂:"在地球的一个孤独角落待一两年就足够完成我的《回忆录》了,但我除了在母胎里睡过 9 个月外〈说得多好〉就没有休息过;也许我将不可能再找到这种诞生前的休息,除了在死后我们共同的母胎之内"②("作品"一词的开头大写字母"Œ",就像是至福生命、生前生命的"母腹"吧)。

2) "无扰动"对于思考是必要的。卡夫卡说:"我很少有时间和安静环境让我的才能潜力充分发挥出来"③→对此我的说法要更极

---

① 参见本书 286 页巴尔特所提出的卢梭引语。
② 夏多布里昂:《遗言序文》,见《墓畔回忆录》,1047 页。
③ 《卡夫卡日记》,1911 年 11 月 5 日,122 页。

端：（对我来说）很难忍受一种没有深刻思考的生活（自我陶醉增加不幸）。但为了深刻思考，必须有时间；由此产生了一种超负荷的生命之不安，因为人们没有时间"思考"生命、意义，也就是没有时间提升一种慰藉：对作品的劳作与为了思想而休息是同时发生的。

3）但是，一切相关的问题具有含混性、辩证性：归根结底，我能够痛苦地感觉到自我扰动的不可能性（因为，自我扰动〔s'agiter〕也是自我激活〔s'investir〕，即一种肯定价值）；我可能把安静体验为一种对"欲望"的排除，一种"Acédie"〔厌倦，慵懒〕→于是我决定承受对扰动的这种不适应性，决定返回我自己的固有能力（或无能力）：扰动使我产生恐惧，它好像是一桩我对其无能为力之事。

### 平滑的〔lisse〕时间

在与"作品"相联系的"新生"内所欲望者，即某种时间。某种日常的时间性；作家应该，几乎违反己意地，与一种无凹凸不平的、无"扰乱"的时间相联系。福楼拜（1853年，32岁）说："为了写作，我必须有不被扰乱的可能性（即使我自己想如此）。"① 作家应该按照一种超越时间的法则，按照一种"自然"来与"时间"相联系——因此，作家的"新生"所朝向的时间性，如果他想对其进行某种实践的话，相当于一个哲学性范畴；他实际上向往的——类似神秘的、乐园般的欲望——乃是一种平滑时间：不受制约的，没有期限的，例如，没有约会，没有此类"要做的事"，它会破坏〔真正〕要做的事→接近于这种平滑时间的形象是"漂流"〔dérive〕形象。卢梭在圣彼埃尔岛（比尔湖）：他常常冲向一只小

---

① 《作家生平序言》，125页。

船,"税务官教我用单桨划船;我划向水中央。当我离岸之时,全身颤抖般喜悦,却不可能说清原因,不可能完全理解,也许一种内心的欢喜源自逃脱了恶人魔掌"(卢梭已然高龄,经历甚多,在此年龄上人们首先期待的是"人们不再打搅他":<u>纯净</u>时间,对应着儿童时代的"无危害"时间;对于儿童不需要去危害)→这样的平滑时间不应当被破坏,但应加以划分,使之适应一种"节奏",适应一种劳作的节段;规则的时间:"<u>规则</u>"之时间(参见下面①)→反之则发生"扰动"=<u>无节奏</u>。

### 管理

从"时间性"观点看,这就是从"作品"、作品的制作,从待完成作品的平滑时间分离 =<u>管理的任务</u>(≠ 创造的任务):一切生活,特别是社会生活,要求努力和尽责,以便继续下去,维持下去。

### 被书写物〔écrits〕

被书写物的管理:翻译,再版,打字,校样。这种管理是辛苦的,因为作品一完成,对于作家来说,就立即变得不重要了,并转向另一待完成作品→完成的"作品"成为<u>伪造品</u>〔factice〕。福楼拜(1862年,41岁):"当一部作品完成时,就需要思考完成下一部作品。至于刚完成的作品,对我来说立即无足轻重,而且如果我要使其面世,这是由于愚蠢和由于<u>必须出版</u>的一种固定观念,此事对我来说却并非必要"(我认为此言不免夸张;参见下面关于"不出版"的论述)②→简言之,管理的一切任务都是"拷贝"〔copie〕(=重抄〔recopier〕)的任务;我花费几周时间来<u>重抄</u>:打字,报告,在

---

① 本书 317 页及以下。
② 福楼拜致 Ernest Feydeau 的信,1862 年 1 月,《作家生平序言》,222 页;参见本书,343~344 页。

前言中重述已说过的内容，重做已经做过的事≠创造：非重复活动；一种作为起源的写作之创造：在"复制活动"之前。

信件

社会环境的管理：不一定是"社交的"（对此可简单地加以克制，不对其想望就够了），但仍然是人际关系的：环境关系（例如知识分子环境的关系）和感情关系在其中缠结的人际关系，往往难以解脱。例如，给其他人复信就是很麻烦的事→信件，实际上，是管理中的麻烦任务，真正的磨难〔crux〕：对我自己而言么？是的，肯定的，但也是——虽有程度的差别——对福楼拜而言；1878年（57岁时），他对侄女卡罗琳写道："关于信件，我讨厌写信！我想在杂志上宣布，我不再给任何人回信；今天是4封，昨天是6封，前天同样多！我的时间都被这些愚蠢的涂写吞噬掉了。"（他没有说的是：正是这些真实的信最终成为其作品的重要部分；但这是一种事后观；他所体验到的则是通信使其与待完成之作分离所产生的痛苦。）——而卢梭（在圣彼埃尔岛，1765年）说："早饭后，尽管不乐意，我还是匆忙地写了几封没意思的信。真希望会有根本不需要再写信的幸福时刻。"→为什么信件会成为"磨难"？正因为它表达着一种感情的束缚，也就是表达着来自好的方面的、来自感情方面的束缚；我被两种需要分裂：一个是满足我所需要的、弥足珍贵的感情，另一个是导致我希望摆脱一切束缚的"狂念"：作品是不宽容的（此即"狂念"之意）；正像一种消化不良（莱奥妮姑妈）在严重时不能经受一杯维希地方的水①那样，在情绪极端波动时，我甚至于不能承受给一位朋友写张明信片的义务——更别说写一天的

---

① 《追寻逝去时间》中的莱奥妮姑妈患严重胃病（消化不良），她"14个小时内仅喝下两口讨厌的维希地方的水"（《在斯万家那边》，68页）。

信了。

### 时间计算法

要了解"管理"的分量，仅需稍加计算。在作家的一日中（在没有其他职业的理想情况下），含有四个部分：1）〔生理〕需要部分：吃，睡，洗浴（已经文化化了）。2）创造性工作部分：书籍（讲课？是的，但其创造性已经低于真正的写作，如写书）。3）管理部分：信件，手稿，打字，必要的访谈，看校样，购物（理发？），友人的展览会和电影试映会。4）社交，亲友聚会，友谊交流。所说的这一切尽可能的简约和压缩。24小时：10个小时用于生理需要，4个小时用于亲友聚会（如晚会等），5个小时用于创造性工作，5个小时用于管理工作。管理工作花费的时间巨大，纯粹维持性的管理与创造性工作占有同样的比重。→这种时间计算法是否有些低俗（特别是它将"友谊时间"〔le Temps de l'Amitié〕也计算在内）？是的，但是我说过：一种"作品"自我主义很快就成为必要，因为在某种意义上世界对其并无需要，"作品"的劳作在世界看来似乎既是<u>值得尊敬的</u>（按照人本主义信仰），又是<u>不可欲的</u>（反常的）。被扰乱的他者所进行的抵抗，源于一种恶劣情绪：有如<u>自然</u>（＝无标记者〔la Non-Marque〕）即是"扰乱/被扰乱"状态——而且打乱这一秩序就相当于反常；对此应该加以说明。

### 奢侈物

因此需要不断地从一种属于"自然"的或社会性"自然"的秩序中的敌对力量处夺取"作品"，因为"作品"是一种纯<u>个性体</u>〔individu〕存在；因为，在人类生活中，至少直到目前为<u>止</u>，<u>正常的是</u>——而且其意义与社会主义相同，后者要<u>改变此</u>"自然"，改变此"正常性"——生命的管理吸收了生命的同一时间;人们生存只为了延续此生存;需要夺取的是多余物,是剩余物,是奢侈物(不是在炫耀的意义上)→管理的诸任务,对于一种社会个人的、也是智者派的作家来说,他只是生产着"生命维持过程",而非生产这种被视为重要的剩余物→在社会生活中,一切都迫使作家朝向管理;当他老了,例如,老年人关心对以往所作所为进行管理,人们会认为这是正常的(人们="舆论","神话"):重复、继续其作品,并成为学会的主席等(相反地,我说过<u>自然</u>的运动,在个人、老年的意义上,这就是"新生")。①结果,万不得已时,那些只为剩余物工作者就处于一种雌蜂王的(道德上,神话上)含混的境遇:极度无所事事(至少直到现在为止)却参加着社会运动的结构化过程:维持性的和生产性的,但[此处不能辨识——原编者]。拒绝管理的存在=失去信任的边缘性存在。我们可称之为"<u>反管理</u>"幻想式(比起"<u>自管理</u>"幻想式来其价值较低):流浪者,寄生者,以及在一种更具哲学性的方式上,"道家"。

**防御**〔protections〕

<u>拒绝</u>

作家(我所谈到的人,想写一部作品的人),在面对"管理"过程中(在此词相当广泛的含义上,在比单纯职业性管理更广的意义上)的种种侵犯、种种攻击和种种生活要求时,如何能够保护自己?→人们说:<u>拒绝</u>,<u>拒绝</u>(要求,邀请,欲望)→当然,不管如何,<u>防御</u>是一种解决的可能→米舍莱说过,古代一个民族由于不知道说<u>不</u>而灭亡了→按照一种幻想的小说观想象一下,一个害怕〔对

---

① 巴尔特将此句删除,其中最后一个词极难辨识:我们猜测应是 relais。

他〕拒绝因此而不能〔对他〕拒绝之人（英雄或圣人），想象一下其生活的既滑稽又戏剧性的发展（这或许是伏尔泰的短篇小说中的一种良好趣味）→拒绝：是生还是死的问题→那么，为什么如此艰难？可以说，源于语法性问题：refuser〔拒绝〕被归类为及物动词（接直接目的补语）：人们拒绝某事；实际上，重要的是行为归属对象：人们永远拒绝某人；不可能存在不被拒绝的人；真正的及物性不使主体联系于一个（被拒绝的）客体〔目的对象〕，而是使主体联系于另一主体（被拒绝者）；拉丁文说的好："向某人拒绝其门"＝prohibere aliquem janua（或 domo），"拒绝、禁止某人于门"。于是，当然，一切都开始出现了：主体间关系，形象游戏，恐惧，欲望，野心，等等→对于作品来说，具有如此不稳和危险的倾向，作家（我所说的作家，scripturus，那些打算并正在进行写作的人）不断地企图找到抵御（自我防护）"管理"之要求的办法→防御＝某种中继项〔relais〕，它迅速完成此类要求而无须直接承担"不"〔no〕的最终攻击→我没有谈到各种情况下的谎话，这是每个人在生活中拒绝某种讨厌事物时说出的：疾病，旅行，以及各种精巧的虚构≠我谈到的基本防御，后者能够用于超越各种偶然状况——因为，一次说谎容易，而多次说谎将失去一种意义，它将正好是：我说谎（在普鲁斯特作品中可看到所有这些手法的运用）。我特别要引述下面的例子：

不动性

顽固的不动性（与一切相违逆）：我所谈的关于无所事事、堆积状态等，都是为了转至"作品"〔话题〕的；不回复任何信件（除了账务信件，以避免更多的外在干扰），不赴任何约会，切断电话，等等。福楼拜（1846年，25岁）说："我每日用8小时到10小时来有规律地读书、写作;如果有人来打扰,我将非常苦恼。我已很多天没有出过阳台了;我的小船还未着陆呢。"① 〔试想〕我自己在 Urt ②)→毫无疑问,这是不可能实现的姿态,但在必要时有利于设想种种"扰乱"、"运动"、重要的或不重要的角度,这就是摆脱琐细事物、习惯、"形象"的模糊压力;人们往往因轻率、习惯或担心损害自己形象而听任自己被扰乱(于是拒绝扰乱往往没有结果)。人们可以——某一天,另一场合——思考一种退隐类型学,或者<u>不动时间类型学</u>→这样就有:

1)修道院时间:深刻内在性③;

2)伊壁鸠鲁时间:普朗坦(《退隐》)④;

3)缺乏成果的时间,不是自给自足的而是自我封闭的时间:自恋主义的时间,甚至毫无成果;由马拉美的(以及瓦莱里的)诗中出现的鸟类加以冰冻的、形象化的离舍世人的时间:《天鹅》;参见十四行诗《纯净,活泼,美丽的今天》。其中最后三句是:

它的纯净光辉在此变为幻影

一动不动,冰冷的梦流露出轻蔑

披着轻蔑的是,徒徒流放中的天鹅⑤

---

① 福楼拜致 Maxime du Camp 的信,1846 年 4 月 7 日,见《作家生平序言》,46 页。

② Urt 在阿杜尔河边上,离巴约纳几公里,巴尔特在那里度过假。

③ 巴尔特在法兰西学院的第一个课程系列"如何共同生活"中详细讨论了修道院时间;该课程讲义由 Claude Coste 编注和引介,Paris, Seuil, coll. "Traces écrites", 2002.

④ Christophe Plantin (约 1520—1589),著名排字家和出版商,业余诗人;最知名的作品为《此世的幸福》,巴尔特曾对听众朗读过,参见本书 302 页。

⑤ 《马拉美全集》,68 页。

### 待完成的小说

待完成的作品本身可能是一种拒绝的明显理由；矛盾的返回真实："原谅我，我有一部小说要写"（因为我们是在"小说的准备"之中）→"我写《帕吕德》"。不幸，真实从来不使人相信，无论如何，往往还不如谎言（这就是修辞学的基本原理）；由于这个理由导致"拒绝"（这就是既不怀疑也不反对），于是，或者一个社会，或者一种环境，必然把作品看做重要的，不可欠缺的。——如果我们能够希求此不可欠缺者，它也越来越稀少了→无论如何，一种新闻式的悖谬是：作品似乎只能为了在访谈、序言等之中浪费时间而存在（具有一种价值）。——似乎作品是自己完成的，没有花费任何时间；人们要求你充实作家的形象（对于一种新闻业来说也是必要的），而不认为这需要花费时间。

### 原创性

也许最强的抵御手段（但是为此需要有才能）就是〔追求〕<u>原创性</u>：强迫世人承认，由于什么理由，我是一个"原创者"，人们也就放弃了要求将其角色加以认知和分类→对普鲁斯特来说，很可能，不是他自己所愿的，他的原创性（不说是异常性）保护了他，并支持他完成了自己的作品，通过把主体封闭在一种被他人关注但不被攻击、跨进的套子内。甚至于一种单纯服装的原创性都会使<u>他人</u>远离自己并在某种意义上免除了被人要求。（普鲁斯特，豪斯曼大街：不整齐的唇须，紫色睡衣；衬衣领下的棉护胸，<u>丝织手套</u>，拖鞋。——阿默兰路：床上的头巾；有客人来时，身上盛装包裹，戴着黑白色木棉手套、长袜和有皱折的护胸[①]）当然没有谈到（而

---

[①] 全部引文引自 Pierre-Quint, léon, *Marcel Proust, sa vie, son œuvre*, Paris, Le Sagittaire, 1925.

我们将会回到这个话题）日与夜的颠倒→此外，在这一切里，在今天一个国家越来越被扰乱的环境里，存在着某种困难的个人主义自由：一种自我完全幽闭是很难实现的；普鲁斯特，虽然视力变弱却不愿意看眼科医生，因为只能夜间出去。今天人们会用救护车强迫他去（社会安全保险，等等）；同样的，1914年宣战时他受困家中，因为想要<u>夜间</u>就医（不可能白天出门）：今天看来，如此愚蠢简直不能想象→有时，普鲁斯特，作为一种防御手段，运用一种过分的和不自然的有礼的方式（永远是在其原创性掩护下）；在阿默兰路，他对噪音十分过敏，工作受到妨碍（房屋嘈杂），他陷入绝望：孩子们在楼上跺脚；于是他送给他们毡鞋作为礼物。

"<u>共同作坊</u>"〔ouvroir〕

为什么"管理"提出了一个如此沉重的问题？因为这是一些永远不可能结束的、反复出现的、被分隔开来的各种任务——这就是西西弗斯的努力——并且它将切断创造性劳作的连续性→但是，这种连续性被体验为必然和不可或缺；作品在社会上是无报偿的：封闭于其内而不可能对其产生信仰，不可能为之献身，不可能在自身内创造一种精神分裂，一种自闭症→管理的任务（信件，约会，约稿）：同样多的小恶魔来扰乱和分隔正在完成的作品的统一性→经常选择的解决法是：中断管理，例如，一周一日用于管理，以便其他时间不必再想到它＝进行肿瘤固定疗法，牺牲一天，以便使一周的其他日子获得平静心情→和一位有同样问题的朋友一起，我们想着（当然是玩笑，因为我们还没有进行）共同旅行一周，以便取消管理任务的实行，可能使其较少厌烦，如果我们将其一分为二；我们就这样创造了一个每周一次的"共同作坊"〔ouvroir〕模型（〔拉丁文〕operare，"工作"），在此我们共同工作（具有"慈善的"含义),对某种良好的社会内时间分配法的预见:一日劳动,六日梦想或狂想——只要对他人无害。

### 疾病

作为世界内"防御手段"问题,存在着一种反对管理任务,特别是反对罪恶感(它在你不能完成时侵蚀着你——因为每个人都为其存在于世负责)的最高而又悖谬的防御方式,它使你从一切过错中解脱并在一种无穷无尽的日常写作面前独立而自由:这就是疾病。

1) 卡夫卡,于 1917 年 8 月返回匈牙利:咳嗽和咳血;9 月,查出肺结核。卡夫卡对此几乎感到喜悦:"这几乎是一种宽慰";摆脱了一切责任(我称之为管理责任):办公室,家庭,未婚妻(费丽斯)。"自由,首先是自由。"动身去菊芳,波希米亚的小村庄。他对布罗德写道:"无论如何,今天我和肺结核的关系,有如孩子和他紧抓着的母亲裙子的关系……我试图继续解释这个病,因为到头来我来不及了。我有时感觉,我的大脑和肺部在我不知情的情况下结成同盟了……"[①] → 我知道这种感觉:我得过两次病(肺结核):a) 第一次,在 5 月,17 岁的哲学科学生;是疾病帮我摆脱了个人困难的处境→但是须迁至贝杜斯自由疗养[②]:青春期特有的孤独、忧郁、挫折。b) "德国占领"期间肺病复发(1941):岂非使我解除忧虑的方式?→疗养院:生活是快乐的;友谊和大量古典阅

---

[①] Wagenbach, Klaus, *Kafka*, Paris, Seuil, coll. "Écrivains de toujours", 1968, p. 138.

[②] 1934 年巴尔特第一次感染肺结核(咳血和左肺损伤),不得不迁至比利牛斯山地贝杜斯地区疗养一年。回到巴黎后,他在索邦大学文学系注册。肺病再发后,他于 1942—1946 年居住在 Saint-Hilaire-du-Touvet 疗养院,之后,1945 年至 1946 年,住在瑞士法语区的 Leysin 疗养院。那时巴尔特在疗养所刊物 *Existences* 上写出了平生最初几篇文章(关于纪德的和关于加缪的),参见《全集》,卷 1。

读（但无写作）。我常想——简单的精神分析法——我得肺病，是为了使我隔离于其后变为全国悲痛的熟知情境而保护了我。然而，我在生病期间没写东西——只有一些阅读笔记→等到开始写作时（1946，《战斗报》，《写作的零度》①，等等），我已返回社会。→显然，疾病的抵御作用的意义是相当含混的，它被体验为危险；在卡夫卡和我年轻的时代，肺病是会死人的；最终会如此——或者无论如何一种养病生活稳定下来，但不会"痊愈"，期待着在山中度过一生：成为疗养院图书管理员或成为医务员（我想到过）。

2) 普鲁斯特的疾病应该也（就是说"不止"）解释为一种抵御方式：普鲁斯特抱怨的话语极多=从世界退隐的话语→他的疾病（临床学上极其复杂，甚至于带有神秘性；有一本书专讲这个问题②）：既妨碍他的工作又使其有可能写作。←——对普鲁斯特来说这是一个可怕的信号：当作品完成时，他也濒临死亡→"作品"/"疾病"（及"死亡"）这一对偶合，从来没有这样更具有辩证性地或更有如婚姻般地结合在一起。

3) 菲利普："疾病是穷人的旅行"（博凯夫人，从来也不嫌弃去医院：旅行的<u>准备</u>)③→疾病对于作家来说，也许不是〔多次〕度假，而是幻想式化的〔唯一〕度假，是虚空的人世，在此幻想地

---

① 在 Maurice Nadeau 建议下，巴尔特于1947年8月在《战斗报》上第一次发表了一个关于文学的长篇连载文章系列。这些文章全体以《写作的零度》为名结集出版，色易出版社，1953（《全集》，卷1，169～225页）。

② Rivane, Georges, *Influence de l'asthme sur l'œuvre de Marcel Proust*, Paris, La Nouvelle Édition, 1945.

③ Charles-Louis Philippe (1874—1909)，法国作家，接近象征主义，其后为自然主义，为以下二书的作者：*Père Perdrix* (1902) 和 *Marie Donadieu* (1904)；一生贫病交加，其作品亦如是。博凯夫人是巴尔特巴黎住所的管家。

居住着"作品"。

在进入"新生"的实践细节之前,我想指出(或不检视)"新生"这样的观念(为了写作"作品")显然与宗教性有关系:作家使作品"神圣化"(我将再谈这个问题),专心为其服务和向其"皈依",并想经营一种人生样式的戏剧性断裂。

主体,相对于人世/世界,接受、承担一种"舍弃"(经常被看作恶的东西)→我想到诗人艾略特的妙语:"一种瞬间屈服的可怕的大胆"①→一部作品的写作,如果事后来看,在欲望力量或罪恶感之前包着一种屈服的外表,这种欲望和罪恶感在世界上显得像是神圣的、正义的和自然的力量。这种屈服:用一种道德机制取代另一种,即承担一种皈依〔转化〕作用。这与神秘主义运动具有类似性,因为神秘主义者经常选择"脱价值化"和"晦暗"手法。但我们再问一下,为什么要有"作品"?为什么这种热衷、这种牺牲具有绝对性?我们再回到马拉美的回答:"我们知道写作到底是什么吗?一种古老、含混而贪婪的实践,其意义存于心的神秘处。谁全面地实现了它,谁就巩固了自己。"②

## 自我主义的决疑论

现在我们回到与"作品"必然相关的自我主义问题上来:

### 自我神圣化

我说过,作家应该愿意使作品神圣化(使作品变得神圣)。——我们提出的问题不是完成的作品——不是为了他人的作

---

① 艾略特:《荒原》,403 行。
② 马拉美讲演(1890)的开头词,见《马拉美全集》,481 页(下画线为巴尔特所加——中译者)。

品（此时作品是否神圣无关紧要，甚至于：完成的作品在作家的眼里已不再是神圣的）；我们的问题是有待完成的作品，opus agendum，因此是我应当完成的作品；这样，通过一种意志性的和临时性的人为方式而加以神圣化的就是作家自己；他应该将自己做成一个神圣化实体〔être sacré〕，只要他做了〔fait〕（而非只要他是〔est〕），以至于世界对作为劳作者（运作者）的我的攻击变得严重（它并非这般奇怪和谬误，在世俗生活中有很多神圣化作用的痕迹和片段；看一下政治语言：例如，按照当前共产主义的——我想说非理性主义的——观点，对工人的攻击隐含着"亵渎"之意）。

例如，必须"自我形象化〔se figurer〕"，必须在我自己心目中投射出一个形象：我将推动自己向前成为一个角色，其力量有助于做我想做的事。福楼拜对此指出（1878 年，57 岁：因此这不是一种青春期的特征）："必须在面对自己时充当强者；这就是成为强者的方法"①→在最广的意义上，在角色的一切神圣性含义中，我自视为作家，以有助于我成为作家。

这种神圣化的另一种手段或另一种痕迹：将写作行为——开始和结束作品的行为——予以仪式化；试想地基或建成屋顶上的旗子→再看福楼拜，在其《圣安东尼的诱惑》末尾："1849 年 9 月 12 日下午 3 点 20 分，晴，有风。1848 年 5 月 24 日 3 点 15 分开始。"（仪式化是如何属于象征领域的；现实中所引起的痛苦否定；这部大力宣扬的华丽作品比他的所有其他作品更具有不确定性；受到友人 Maxime du Camp 和 Bouilhet 苛评〔他们提出来一个更俗常的主题→《包法利夫人》〕），1856 年改写，1874 年出版，在完成仪式化

---

① 福楼拜致莫泊桑的信，1878 年 8 月 15 日，见《作家生平序言》。

的 25 年后。我再次说明，与神圣化相关的是要去创作〔fait〕的"<u>操作者</u>"，不是已做完了的"作家"〔scriptor〕。由此产生了有趣的误解，某些人相信作家的自我神圣化，即自炫为作家，并致力于以不恰当的（或多或少攻击性的）方式来脱神圣化→亨利在卡堡火车上的片段①：表面上他相信我把自己看做一个著名的作家，而他借由把我"去神圣化"以自娱。我于是理解，实际上是他在把我神圣化，而且他根据某一错误的立场对我表示怀疑：我并未把自己当做一名作家，但我应当把自己当做某个想写作的人。我看到他沉溺于一种我知道与我并无关系的运作：他的目标落偏，但我却对一个可疑的否定进行抗议→真正的回答是使其相信，他所进行的神圣化是存在于别处：待完成的工作，时间分配，约会，等等。

关于这个被幻想式化的"形式"，我们应该注意：

"……一部作品的观念和最初形式，应当是一个空间，一个简单场所，在这里安置着、安排着作品的题材，而不是一种应待安置、应待安排的题材。"（茹贝尔）②

---

① 巴尔特在此指 Fabrice Emaer 组织的一次旅行，他是创办于 1977 年的著名巴黎夜总会"皇宫"的经理。此次旅行是为了卡堡一家"皇宫"分店的开张。

② Joubert, Joseph, *Pensées, maximes et essais*, Paris, Perrin et Cie, 1911.

# 1980年1月26日讲义

### 自我主义的决疑论

为什么要自我神圣化？因为它赋予一种自我主义的力量，无此力量"作品"将不可能完成→某种自我操作＝取代"爱德"〔charité〕（或者宽恕〔générosité〕，如果爱德这个词使人疑惑的话）（答应一切要求）的是这样一种机制，它也是某种"宗教性的"事物，即与自然界、与人世间的某种基本联系点——而且这就是"写作"→我使用"自我主义"这个词，因为它使我能够进入一系列围绕着自我〔ego〕的实践问题（相对于写作实践）→想要写作的人，实际上组织着他的写作（scribens）自我，按照一种由诸计算，或更一般地，由诸生活特征所构成的系统之集合，这就是尼采奇怪地称作"自我主义决疑论"的观念→在其最后一部作品《看呐，那人》中，尼采毫无遮掩地，夸张、热烈、激情并不加节制地，详述了自己的爱好、习惯、生活方式："人们问我为什么讲述这么多琐细事物，按照时下意见，它们如此无足轻重……"回答是：这些琐细事物——饮食，场所，气候，休养，<u>一切自我主义决疑论</u>——比人们迄今为止认为重要的东西都远远更为重要。"正是在这一点上，应该开始一种<u>再教育</u>。"①（决疑论＝正当化的提升）

"新生"，即进入"作品"的制作，实际上包含着一种教育，一种<u>自我教育</u>，即一种<u>再教育</u>，因为这关系到从一种生活样式过渡到另一种生活样式→关系到<u>精细地</u>设想其生活（生活样式），不担心把此精细性谴责为一种无用性的超我；由此产生了<u>决疑论</u>：敢于在生活样式层次上进行精细区别的力量。

这样，我们看一下"自我主义决疑论"的若干方面（我当然只谈作家的<u>模拟物</u>〔simulacre〕或<u>模型</u>〔éidôlon〕，它以若干作家为原本，有时——这是我一开始就提出的规则——包括我自己）：

<u>作息方式</u>〔régimes〕

我按此词的一般意思来理解：日常生活需要的管理方式（尼采＝对于必须即时准备一切的生活的厌恶）：<u>饮食</u>，穿衣（睡眠：对于作家非常重要的，<u>特别靠近头部的</u>！对此我们将另谈）。

1）饮食。奇怪的事情是：我们关于作家和饮食的关系了解甚

---

① 关于《看呐，那人》的全部引文，见《为什么我这么聪明》，10 节，参见：*Ecce Homo*, in *Œuvres philosophiques complètes*, t. Ⅷ, Paris Gallimard, édition établie par Giorgio Colli et Mazzino Montinari traduction de Jean-Claude Hémery, 1974, p. 273.

少（除了饮食出现在作品中时：参见里查①对福楼拜、于斯曼斯、普鲁斯特等的精彩研究）：他们吃什么？他们怎样吃？一般来说，我们对此并不了解，或只了解零碎片段（例如我们了解普鲁斯特的饮食，因为有女仆的证言）——好像是完全无所谓，完全不重要，因此不值一提似的→尼采是这样说明其饮食的。

### 尼采：《看呐，那人》②

这是一个我们以完全不同的方式关心的问题，按此方式，比所谓"人类的拯救"这类神学家提出的精妙问题更重要的是：饮食管理问题。为了方便，可如下表述："究竟应该如何饮食以最大限度获得你的力量，获得在文艺复兴时代意义上的德性，无道德保障的德性？"——在此问题上，我完成的可能是最坏的经验。我惊讶于自己如此推迟了对此问题的提出，拖了如此长时间才提出这些经验的"理由"。但是，我们德国文化的完全无效性——它的唯心主义——在某种程度上说明了对此问题我何以像一宗教幸福论者似的如此感觉迟钝。

这是一个典型的片段，因为，初看起来它是一种纯自我主义信仰，而实际上每一细节＝一个记号，它指涉着一种哲学，指涉着尼采主题的特性。这就是"决疑论"。由此需要展开一种关于"饮食风格"的资料：人们如何能够参照作品的风格（＝"新生"）来使一种饮食风格幻想式化；我们并不欠缺一种饮食社会学（它的确存在），而欠缺饮食的哲学或饮食的各种哲学——不是宗教层次上的

---

① 这些文段巴尔特在本书 200 页已经谈过。
② 巴尔特对听众朗读此段。我们按照下列版本重译：*Ecce Homo*, in *Œuvres philosophiques complètes*, t. Ⅷ, Paris Gallimard, édition établie par Giorgio Colli et Mazzino Montinari traduction de Jean-Claude Hémery, 1974, p. 259.

（斋戒，素食主义等等），而是个人层次上的：一种饮食系统和一种幻想式系统之间的、或多或少的类比性关系，或者更严格地说，象征关系；例如，茹贝尔说：他对这种思想、对此作品的片段和<u>构造</u>的偏好。但我们知道，他以一种漫无秩序的、任意的方式实行着今日称作节食法（实际上节食法不止一种）的无数程序中的一种：<u>分离节食法</u>。夏多布里昂："茹贝尔先生时时改变节食法和饮食疗法，今天喝牛奶，明天吃肉片〈已经这么做了！〉……"① →我主张，象征的意谓不一定来自特定食品（"禁忌"的问题是有些不同的），而是来自种种系统、饮食风格以及食谱（食物摄取）的"格式塔"〔la gestalt〕。这样，在普鲁斯特的话中能看到强烈的感情：在其生命垂危之时想到母亲对他的照料方式，因此开始节食：特别是只用少量加奶咖啡。

2) 一个人，特别是现代人，可以按其<u>日常服药法</u>来定义；每人有自己的服药法；日常服药法与疾病的实际处方没有关系；人们不用处方笺，或至少不用连续处方笺在药房买药；日常用药（常备药），去头疼药，身体舒缓药——或者使人感觉松快的药。由此引发了实际争论（社会保险问题）：当然，个人对日常用药的需求是"想象界"的一部分；社会保险能够对"想象界"的支出给予报销么？实际上，这是与身体的历史演变相关的；"进步"既产生了社会保险也产生了"想象界"的一种新要求，而此要求很快与一种需求相符合；我的身体如果没有下面这些药就会不舒服：Optalidon, Eno, Aturgyl, 以及 Optanox →日常服用药：身体的真正"补代器官"，旅行必携。

---

① 关于在 Beaumont 夫人沙龙中对于茹贝尔饮食习惯的简明描述，夏多布里昂特别将其插入一长页之中了。参见《墓畔回忆录》，450 页。

至于和作家有关的东西，则是其用药的资料（我想，在以前一次讲课中，对此我已谈过①）：或者是兴奋剂，或者是安眠药，或者看来不无悖谬却实际选择同时服用二者：普鲁斯特，严重失眠（不熄电灯长达 60 小时）→véronal：大量服用：每日 3 克，加上（实际上不是为了兴奋，而是为了抑制呼吸困难；但这是真的还是借口？）咖啡因，他最喜欢的药物，一天喝 17 杯咖啡来对付呼吸困难："用咖啡因来镇咳"→我不用详述这份资料，只需指出，面对着"作品"的要求，作家身体的机能感到欠缺，没有能力在短语和身体之间（参见下面关于缓慢之手的描述②）找到一种正确关系，一种正确的等式。身体既感觉到昏昏欲睡、视力模糊、"乏力"、筋疲力尽、怠惰、无所作为——必须使其觉醒、兴奋——同时又悖谬地必须控制继续无限兴奋的倾向：不眠——我从来也不能通宵工作，因为以后就睡不着了；在工作和睡眠之间的一种社会性缓冲带很必要（或者，在乡间，电视作为缓冲带）；某种"打哈欠"（身体放松）的必要（对我来说，这并非那么不礼貌！）；但是，如果是辛苦的工作，就永远不会使人（不会使我）打哈欠。

　　3) 衣服：值得注意，因为它是作家的舒适（作为幻想式）组成部分。与其说是衣服，不如说是服装〔tenue〕。一些服装具有传说性：普鲁斯特（我已谈过），巴尔扎克（他的睡袍）→睡袍？或许在二楼，长袍，即包裹着身体，有保护作用，并具有（福吕格尔③）重要性和威严性（袍子：从来不是女用的，中世纪，东

---

① 参见《中性》，135 页及以下。
② 参见本书 337 页。
③ Martin Flügel, *The Psychology of Clothes*, Londres, Hogarth Press, 1950. 巴尔特常常提及这本书；特别参见：《时装和人文科学》(1966) 和《时装系统》(1967)。

方)→卢梭对 Motiers-Travers 说:"……我穿着阿尔美尼式服装。这并不是新发明的服装;在我一生里曾有许多次想到,在蒙莫朗西更是经常想到,那里经常使用钻探机,我被迫经常待在房间里,为此感觉穿长袍比较方便……因此我做了一阿尔美尼小袍……"①(因此他被强烈抨击:原创性永远不受保护)

我们可以在此提出,不要笑(仍然微笑着),关于"小说家服装"的问题,至少是那些从外面观察和记录的写实主义小说家的服装问题(左拉,在罗马三天,为他的书做笔记)→有一本能够迅速从口袋里掏出的笔记本是必要的,就像是一架摄影机(在商场售卖的采访袋)→需要有口袋的上装,而不是简单的套头衫;从裤子口袋掏出笔记本和钢笔来颇不方便→但是,思想不立即记下=思想会被忘记,即被消除,等于零了:文学正有赖于此(→有待继续、有待构成的材料)(看一下福楼拜用铅笔写的长型漆皮本:西服下摆是需要的)。

家宅

对于"新生"和"作品的准备"(这并不意味着我将对其处理到底)来说,这里有一个重要的题目:安置〔installation〕;就我而言,这就是"新生"的最强的展开:开始安居在某处;幻想式关系到这种安置的准备:选择地点,准备需要带的东西,等等;古代乘船长途旅行的小说幻想式:以船为家,Nautilus 号船舰的主题。

需要(以幻想式方式)一个新场所:"新生",locus novus →对于一次新近搬迁的模型:《布瓦尔与佩居谢》→我肯定不会重读在沙维诺勒安顿下来的场景②,尽管含有滑稽、可笑的特征,但没有

---

① 参见《忏悔录》,591 页。
② 福楼拜:《布瓦尔与佩居谢》。其中第 2 章写两个巴黎人搬迁入沙维诺勒,有关他们陶醉和失误以及他们开始经营农业的详细经历的描述。

兴奋和欲念。注意，布瓦尔与佩居谢迁居不是为了编写作品，而是为了一个切近的目的：为了<u>教育</u>，作为书与其应用之过渡期的教育。

　　安置场所的另一幻想式化特征是：自给自足〔autarcie〕；这个场所应该作为退隐之用，我应该尽可能地自给自足；就是说，"安置后的生活"有如"靠领地为生"；但是，乡间（家宅）因为有"仓库"（储粮地，酒窖）而比城市单元房更能够自给自足：花园＋地窖＋工具＝自足→连续度日，不需外出→创造了一个微型稳定系统，有如一艘船→物质上的自给自足意味着一种伊壁鸠鲁风格的道德价值：<u>节制</u>，<u>谦逊</u>，朴实的生活→"新生"：一种圆形的生活，以同样的元素独自滚动，而且独自维持生存，释放出自由精力用于写作→完全的自给自足，在普朗坦的十四行诗中表现如下[①]：

### 此世的幸福

舒适清洁，美丽的家，
芬香果树，布满花园，
水果美酒，少许仆人，少许孩子，
没有喧哗，独拥忠实的妻子，

没有债务和恋情，没有诉讼和争执，
没有与亲戚分合的财产，
心满意足，毫无奢求，
规规矩矩，安排庶务，

---

[①] Christophe Plantin（约 1520—1589），巴尔特在前面的讲课中已经提过此人，参见 290 页。

> 坦直度日，不怀野心，
> 奉献信心，毫无顾忌，
> 调适激情，温顺服从，
>
> 精神自由，判断得宜，
> 接枝育树，念珠祈祷，
> 安居己宅，净心待死。

　　自从孩童时在巴约纳餐厅墙壁上读到这首十四行诗以来，我就一直对它着迷：它代表着生命的循环，一种圆环式的生活，我从未感觉过在幻想式上与此分离，尽管有必要加以"改编"，因为这些改编是容易做的：信心（我喜欢"信心"胜于"信仰"）可以指涉一些象征主义，指涉有规则的宗教事物；念珠：形式的和规则的事物，其形式可以伴随其他事物→我欣赏芬芳果树，舒适清洁的房舍，水果，架枝——最后一行总是引起我的欲念（唯一的问题是：妻子；但人们可以说，"谁都有这个问题"，或者"这是你的问题"）→整首十四行诗。没有禁欲主义观点——集中于家宅事物：例如，美丽花瓶中的花朵，精致陶器中盛放的水果，诸如此类。——但是一种时间不动的伊壁鸠鲁观（它并不排除快乐，而是削减快乐，使其正确，规律），不再从"新颖"中（也就是从"冒险"中）产生一种价值，而是以此将"新颖"完全内在化：这就是"作品"。

　　再回到生产性的、创造性的"新生"来："新生"（以幻想式方式）联系于家宅，或在无家宅时，联系于我称作的"深邃单元房"＝引退，封闭——我知道这样一处地方：安静地区＋院子＋内花园＋带玻璃窗的特大房间：贵族气派，隐蔽性，自卫性（马拉美）→我问自己：我对家宅、对家宅中的知性工作（图书室的丧失、欠缺、无效，不可能在办公室，例如在学校，在工作中）的喜爱，就是由此而来的么？可能来自这样的背景：孩童时期，中学时代（在蒙田中学或路易大帝中学），青年时代，都在生病，就是说当别人去上学时我却成天待在家里；就是说习惯于一个保留的领域，在吃饭和假期以外发现了家庭时间，特别是早上（我今天仍然最喜欢早上；我不喜欢赖床）→也许因为我想成为教师：不必像学生那样长时间待在学校，相比于所有全勤者，我有一个附加的居家时间。

在对工作空间的探讨中，我顺从着一种逐渐增加的<u>邻近性</u>〔proxémie〕秩序（proxemics：可通过一种姿态〔geste〕达到对象的空间：椅子，床，桌子。我在本讲座的第一讲中谈过①）→房间比家宅（或单元房）更具邻近性。

"新生"风格的房间（这可能是一种风格，如"列维坦"风格②）以其<u>仿古风</u>延伸了家宅→因为内向涵蕴着一种倒退（换言之：向子宫的倒退），而且这种倒退具有风格→"新生"：我想它很好地利用着一种怀古情趣→由于孩童和"旧时代"的分量，我想引述普鲁斯特关于房间的美丽描述（我们记得，《追寻逝去时间》的全部内容都为其对不同场合居住房间的记忆洪流所左右）；在《驳圣伯夫》内的"房间"一章我们读道：

### 普鲁斯特：《驳圣伯夫》

我的侧胸部失去知觉但还能移动，试探着周围的方向。从孩童以来它经验过的一切渐渐呈现为模糊的记忆，围绕着记忆集合着我睡眠时选择的一切位置。这些位置我多年来从未再想起过，直到我

---

① 参见《如何共同生活》，特别是"邻近性"幻想式，该书155~158页。
② 列维坦是20世纪70年代组合家具中的名牌。

死或许都不会再想起的位置，但也是我将永远不会忘记的位置。我的侧胸部记得房间、门、走廊以及睡眠中浮现的和醒时发现的思想。①

工作室包含着两个具有神秘性的重要因素：火与灯（代替旧时的蜡烛）→福楼拜（1845年，24岁）："我与实际生活已不可挽回地告别了。从今直到永远，我希望在我的房间里安静地待上五六个小时，冬季熊熊炉火，每晚两盏蜡烛通明"②→旺火〔熊熊炉火〕是一种风格：由此产生一种确实的作品，一种待完成的计划（这是我们的主题）；某种工作的本笃主义〔bénédictisme〕；想象取代了博学——或毋宁说，就福楼拜而言，工作是一种风格的艺匠：想象一下塞丽纳、阿尔托，他们都需要一盆熊熊炉火来写作？

至于灯，三种文明（还在不久以前，在穿越法国的火车上，可以同时见到的）：农家厨房的电灯文明，小资产阶级餐厅里的吊灯文明，以及烛光文明→悖谬而意味深长的事实是：普鲁斯特的房间——在疯狂写作作品时期的房间，也就是在豪斯曼大街和哈莫兰路上的房间：密闭百叶后的窗子永远紧闭，窗帘紧拉，以防异味浸入（豪斯曼大街上的栗树味道）→呼吸困难的发作——一盏电灯，昏暗的照明；但是，a）这里的空间不是房间，而是床（下面马上谈到）；因此，问题不在于创造一个带有阴影和隐秘黑暗的深邃空间；b）同样或许是：作品的狂热导致空间的、"美学的"或神秘的思想，变得无关紧要了（文化的美学提炼≠居住的美学提炼）→我所谈的一切之中最极端的是："作品"一旦产生就超越了其环境；人们可以在咖啡桌上写；但如相反，多思考房间、宅舍、"新生"，或

---

① 巴尔特向听众阅读的《驳圣伯夫》的片段，参见该书74~75页。
② 福楼拜致Alfred Le Poittevin的信，1945年5月13日，见《作家生平序言》。

许就是人为地填充着"作品"的某种空白性、某种不育性＝最终的某种优柔寡断意向（此时我在探索幻想式之性质）。

再来思考"房间"的神秘力量：它有两个和谐功能、平和化功能：a) 它是这样的场所，在此主体可摆脱一切外表事物，因此它的美学是不易理解的；它不是一种装饰美学，一种绝对的唯我论美学，只为主体自己：因此在一切美学代码之外将实际的、象征的、传记的、偏执狂的诸要素加以混合；例如叔本华的房间，在其法兰克福的房间内：陈列着 16 幅爱犬版画，母亲的肖像，以及死于 1843 年的卷毛狗的假面（他的遗嘱：主要受益者为爱犬阿特马）。同样，普鲁斯特的房间：零乱而无审美气氛。——b) 房间的奇迹就是同时将两种逻辑上悖谬的价值予以形象化（将其再结合）：封闭性（即保护性、安全性）和"针对自己的"绝对自由性→普鲁斯特（在《驳圣伯夫》中）也说："……我在布鲁塞尔居住的一个房间，它既明亮宽大，又如此封闭，以至于感觉像藏身于一个巢穴之内却又分享着世界的自由。"①

接着我们几乎朝向了邻近式运动的末尾：(工作的)桌子。

1) 实际上这是写作的脐带。卡夫卡拒绝和 Max Brod 一起去旅行："……我害怕旅行，同时也因为我不想离开我的书桌好几天那么久。这个可笑的顾虑（卡夫卡此时正在结束《城堡》的写作），实际上具有唯一的正当性，因为作家的生存实际上依赖他的书桌；实际上，他绝不被允许远离自己的书桌；如果他想逃避疯狂，他也不得不尽力绑在书桌上。"②关于这种悖谬性说得好：为了逃避疯狂的一种疯狂（偏执狂）→"桌子"成为不可或缺的中心。

---

① 《驳圣伯夫》，78 页。

② 前引《卡夫卡通信集》，1922 年 7 月，447～450 页。

2) 这个"桌子"是什么呢？特别是，这个桌子应该是什么呢？（因为这个物件，表面上看是被赋予了一种机能，而实际上是被赋予了一种价值）我认为，它主要是一种结构，即诸机能的一种配置，以及这些细微机能之间关系的一种配置。这些细微机能包括，例如，写作的空间，照明，书写工具，回形针，新卡片，已记卡片，大头针别住的纸张，时间，等等：

a) 这种结构的复杂性取决于每一主体：禁欲主义主体，过度奢华的主体，偏执狂主体，漫不经心的主体，爱好修修补补的主体（结构主义者！），以及循规蹈矩的主体（对总经理唯命是从的工作人员）；可能提出一种分类法，把"桌子"读解为指涉着主体与其工作之间的关系（视工作为娱乐，视工作为神圣，视工作为敷衍，等等）的记号总体→面对着没有通常散乱物件的空荡荡桌子或室内，我自己就有一种强烈的不快感。

b) 结构与秩序以及与无秩序的关系：结构先于秩序；一台桌子可能看起来无秩序，但其无秩序不是偶然的（可修正的，"可整理的"），如果无秩序尊重结构的话：存在有结构化的杂乱，因此它极好地、无限地发挥着机能→无秩序应该符合结构，我愿想象这正是卡夫卡想要说的，当他对自己书桌的某种无秩序加以抱怨时："我刚刚更仔细地检查过我的书桌，明白了不可能把它整理得更好。这么多东西散乱着并形成了一种欠缺平衡性的无秩序，而且没有无秩序物所有的那种通常会被容忍的随和性……"①

再来看书桌的派生物：床；它在某种意义上是（退隐的）邻近式之理型〔eídos〕，因为人们可以在其上工作、吃饭、睡觉。

---

① 《卡夫卡日记》，22～23页。

1) 对福楼拜来说,它对应着思想的阶段(当没有思想的理由时)。1852年(31岁):"为了写作,我的生活必须处于完全不动状态。我最好仰面而卧,闭上眼睛……"①

2) 传奇性的床,普鲁斯特在上面写出《追寻逝去时间》的床。在谈到在我们看起来是工作的可怕的、无论如何是反常的条件之前,先想一下,对于普鲁斯特而言,床(作为歧义性对象)是精力储存所。1907年(就是在《追寻逝去时间》写作启动之前),在一次卡堡疲劳的停留之后,在床上发现了自己的创造性力量;他对罗贝尔·孟德斯鸠说:"你是位预言者……谈到了体力的保存,这个体力我需要在床上维持着。"② →在非常不便的条件下写的信:户外的人们忍受着酷热,而他盖着七层毛毯、一件皮衣,三个暖炉的火盆配置,还不说拉苏尔的和比利牛斯的厚裤→因此是躺着写的,用着小学生的低质蘸水笔,一个几乎永远是空的墨水瓶(我已说过,他的视力渐弱)。以不方便的、拘谨的姿势,一页一页地写着:散乱的纸页摊在床上像是雪花般;很难回到写就的纸页上,再重读或修改(人们说:因此之故,他的文句才这么复杂,但我不这样认为)。我从此类杂技般的组织中再一次归纳出:超越一切他人的写作激情,偏执狂的热衷,痉挛的诱发→试想某些神秘家的身体无知觉性。

3) 我自己在疗养院有过在床上工作的体验:床上的桌子:为了支撑书籍的阅书而改做的家具;我当然喜欢一个封闭的"邻近式"(我在进疗养院前从未写过任何东西),喜欢床周围的一个有组织的环境(参见马蒂斯在生命最后时期在非常舒适的环境中度过

---

① 福楼拜致路易斯·柯莱的信,1852年4月15日,见《作家生平序言》。
② 1907年9月7日,参见《普鲁斯特书信集》,271页。

的）：床＝极便于阅读和笔记，但不便于写作。或许，床/桌子→这一对立导致诸种写作类型的产生，或者诸写作类型自行产生：紧急写作，草体写作，自然写作（＝床，不管采取什么姿势）≠ 集中写作，熟思写作，困难写作（桌子）→"床和句法"。

这一切都无意谓么？牵强附会么？——我总想起尼采的《看呐，那人》的观点：一种深刻哲学的要求，联系于看起来不重要的选择：身体的选择。①

夜晚

我们以后将看到时间表的问题（因为它属于规则的主题）→时间表：切割的运动感觉或存在性 ≠ 日/夜：神秘的主题；相关于想象界，而不相关于"法"和"强迫观念性"。

每一个知道一些"作家传说"者（按其值得记忆的特征来描写的传记）都知道，有白日作家（特别是早上作家）/夜间作家之别。

早上作家：最典型的例子是瓦莱里；早上5个小时，咖啡，灯，一生中每个早上持续不断→笔记本。

夜间作家：最值得注意的——福楼拜（部分的；他白天和夜晚都写作）。——兰波，在一个时期；在巴黎，1872年，在给Ernest Delahaye 的信中，极好地描写了夜间工作的"诗学"："现在我在夜间工作。从午夜到清晨5点。过去几个月，我在王子先生大街上的屋子面对着圣路易中学的花园。我的窄窗下有一些高大的树木。清晨3点，蜡烛变白〈那时尚无夏季时间，太阳升起迟两个小时〉；各种鸟类都同时在树梢上齐鸣：结束了。不再工作。我必须望着树

---

① 注意尼采在《看呐，那人》序言中提出的指令，这也可能是巴尔特向他的听众给予的指令："听我说，因为我就是这样的人；特别是，不要把我误当成其他人。"

木，天空，被无以言传的拂晓时刻所俘获。我望着寂静无声的中学宿舍。渐渐地，大街上断断续续响起货车的嘈杂声音〈圣米谢尔大街，菜农向中央市场运货的通路：是我乘火车的地方〉。——我抽着烟斗，向屋顶瓦片吐痰，因为这里是顶楼，我的房间。5点钟，我下楼去买面包；这是面包房开门的时间。到处都有工人行走着。对我来说，这也是醉酒的时刻。回来吃饭，早上7点钟，当太阳把屋瓦下面的甲壳虫引逗出来时，我就上床睡觉了。夏天清晨，12月的晚间，总是我最感愉快的时刻"① ——卡夫卡从晚10点到次日凌晨6点一口气愉快地写完《审判》："我感觉到像是一路上在乘风破浪前进"②，总是感叹着黎明的到来。——普鲁斯特：其言如此著名，无须我来强调；日与夜的完全倒错："邮差来后，人们向我道晚安"（这或许是普鲁斯特的真正倒错）；他的朋友们夜间到访此"子夜之阳"；当他清晨2时到里兹旅馆去时，招呼奥里维给"一杯特浓咖啡，然后是同样的咖啡两杯"→所有的神话性维面（马上参见后面所写）都有其经验性的合理方面：普鲁斯特相信，夜间他的气喘发作较少。

因此，早上威胁着夜间。卡夫卡："在傍晚时分，特别在早上，我感觉使我能做任何事的昂奋状态更可能到来，但之后的一般嘈杂环境控制了我，使我不能支配时间，不能休息了。"③ →一位听众（J.-F. Faguet）一次给我写信说，他在醒来以后和起床吃饭前什么

---

① 《兰波文学生涯通信》，90页。巴尔特在讲稿边页注上兰波使用的异体拼音（中译略）。（Jacques Rivière 说："他使最平稳的词降低了品格。"）

② 《卡夫卡日记》，1912年9月23日，262页。

③ 同上书，1911年10月2日，63页。（下画线为巴尔特所加，此段法译文与德文原文略有出入，此处中译文根据德文原文译出。——中译者）

也不能做，好像是他可以通过对夜间进行某种"管理"而获得益处似的（为了在白天休息而使钟表停走）。

夜间工作？当然，有着足够的实际理由（静寂，安静，无打扰）。但是我关心的是我所提出的神秘形象（因为对我来说，总能工作，甚至于晚间，我已说明过）——而根本上说，讲课的主题是：写作意志的所有神秘空间→这些形象中，可举例如下：

1）比"夜间"更古老的观念可能是相对于白昼的一种本原实体：一种实体"母亲"，一种古老的实体；按照塔西图，德国人相信夜比日更古老①：Nox ducere diem videtur②。

2）"夜"的统一化力量→一种对立："日"进行区分，而"夜"进行同一化。特里斯坦和屋大维（《玫瑰骑士》）抱怨，"白日"把他们分离，把这对情人拆散，而"夜晚"则使他们结合。屋大维："我不愿要白日，为什么要有白日？"③

更具体的主题：掌握全部时间以投入工作的愿望。卡夫卡只有在连续性时间里才能工作，因此是夜间，在最完全的孤独中（由此可以理解他的生产量的不规则性，源于不能掌握夜晚时间的时期）；参见：巴尔扎克只有在至少有3小时完整的时间时才能工作。（我对此限制过于敏感，代价是否太高了：因为人们不可能为时间的"流逝"进行补充——但对于一次课程和一次约会之间的一个小时来说——这个时间只能损失掉了。）

3）"夜间"：一种与深邃内在性同态的空间；此内在性被感觉

---

① "他们按夜而非按日来计时。"（Tacite: *De Moribus Germanorum*，XXVI，2～3）
② "似乎是夜引领日。"
③ 斯特劳斯作曲的三幕歌剧《玫瑰骑士》的第2幕，剧本作者为 Hugo von Hofmannsthal，屋大维为剧中主人公。

为真实生命，主体的真实经验，"夜间"被体验为真实生命；对于夜间作家来说，像巴尔扎克的《流放者》中的外国人那样，真实生命开始于："回到居所……他关在房间里，点燃引发灵感的灯〈你们看到，灯如此重要：必须很好选择：从其中可以产生作品，正如阿拉丁神灯的力量一样〉，在深夜静寂中呼唤着字词和思想。"①

4）在夜间工作时，可能有一种倒错的欢愉感：颠倒日夜或颠倒夜日，反自然的颠倒（家畜不会如此，或许除了真正具有文学性的猫咪以外）以及反社会的颠倒→对此存在着<u>深度变换</u>〔métanoïa〕，翻转，转换→具有宗教性方面，例如拉马丹，颠倒日夜（夜间吃饭，白天睡觉）→太阳与月亮颠倒：月亮成为"白日"的星体，她"腾空"而起，标志着超自然生命→这种颠倒的"名祖"〔éponyme〕就是普鲁斯特。

（以上所言，并非根据自己经验，而是根据想象：因为我是一名晨间"作家"——或一位 scribens——从来不是夜间作家，但正因此我对夜间作家不免有所幻想：我<u>渴望</u>夜间工作，而我的身体则不然。）

---

① Balzac, *Études philosophiques*, V, *Les Proscrits*, Paris, Louis Conard, 1927, p. 31.

## 1980年2月2日讲义

**孤独**①

本讲"自我主义决疑论"的最后一个侧面是作家孤独的性质和程度,不是他形而上学的或艺术上的孤独(这不是我们目前的主题),而是经验性的孤独:与他人的实践性关系,就他人是否让你"单独生活"而言。②

我觉得需要有关于作家朋友的这类主题的研究(无论如何,是一种应该建立的资料);在一个作家

---

① 以下一段在讲演稿上有,而在讲课时未宣读。
② 这个"与他人的实践性关系",正是"独修共生体〔idiorrythmie〕幻想式"(idios,意思是:专有的、个别的;rhuthmos意思是"节奏"〔rythme〕),巴尔特在法兰西学院第一轮课程"如何共同生活"的主要论述对象。

的光环下,我们往往看见一些名字或某个名字的反复出现:通信者,知心者,鉴定者;布耶,对福楼拜而言的马克西姆·德·康,对卡夫卡而言的布罗德,等等。(普鲁斯特:很多朋友和通信者,但似乎没有一个与作品有深刻的联系)→应该分析同伴的存在论情境:献身,信赖,不妒,或许在文学上也是不可解的。这一切都对作家相对于其作品的行为具有微妙的结果:友人的一句话,或许就能照亮、指明、甚至扼杀作品(布耶和《圣安东尼的诱惑》)。因此,也存在着作家对他的朋友的或多或少暗中的抵抗:孤独的经验(实习),不是相关于世界及其恶人的,而是相关于他的周围和友人的→有时某个友人的话语会通向恐怖与深渊,当他突然表露出一种不理解、一种距离、一种可怕的不默契状态时。

而我们选择了有关一种写作工作实践的视野。因此,简而言之,来看一个友人时间的问题:赋予友谊的或被友谊要求的时间→大致说,或许存在两个时间的微系统:1)小型聚会,晚会中朋友的集合;接近于"社交"的大型聚餐:"白天"(马拉美的星期二),"晚上"(梅丹的);似乎人们以规则的间隔性阻碍着一切人际关系,以便使它们消失,"将其了结",其后一周间,可重新恢复一种严格的私生活。2)不是在集体间,而是在两人间,设置一定间隔;一对一地会见友人。普鲁斯特:"我连续而分散地会晤友人。每人会见时间很短,而会见的友人很多。"① 由于这些间隔性友谊的积累和拥挤而产生了紧张。普鲁斯特:"爱默生说过,必须逐渐地更换朋友。"②→"作品"(作品的"时间")和"友谊"(以及它的信念类型

---

① 普鲁斯特致 Antoine Bibesco 的信,由比贝斯克公爵夫人在《与普鲁斯特在舞会上》加以引述,见普鲁斯特第 4 号笔记本,伽利马出版社,1928,20 页。

② 同上书,19 页。

的价值：忠实）之间的冲突，很快显露了出来。

当然，"作品"和"友谊"的关系未被归结为一种时间问题；存在着这种"灵魂的时间"，必须献予所爱的人：想想那些因此担忧而受影响，有时是被压抑的人；感情参与的力量与作品的（自我主义的）担忧之间发生冲突→友谊：在作品的封闭圈内张开的某种裂痕、某种损伤→关于茹贝尔，夏多布里昂说得好（"自我主义的"和"原创的"）："他努力自省以安定他以为会损害健康的这类灵魂情绪波动，而友人的到来妨碍着他为了自己的健康而采取的预防措施，因为他不可能不对友人的悲喜动心；他是一个只关心他人的自我主义者"→甚至于从为作品而牺牲一切这样不免具有反讽性的可怕观点来看，此一裂痕也是不可避免的。这对于作品是必要的，作品无疑需要这种隐蔽性的爱之冲动，以便透过他人的中介使作品面向世界。

由此出现了一种精致的"孤独"实践；按以下公式达到了最佳平衡：被他人所包围的（在爱情的氛围中）孤独性（对我而言，我虽需要孤独性，但我对其没有狂热的爱好：我喜欢有他人待在那，待在我周围）。有些来自普鲁斯特生活的形象，生硬但使人印象深刻：在他生命末尾，普鲁斯特在里兹旅馆门房的温暖的玻璃窗小屋里校对《追寻逝去时间》清样时，低头对着稿纸，周围是来来往往的客人。——卡夫卡，残酷地面对着问题（陷入对婚姻赞成或反对的不停思虑中），对其清楚地描述道："没有忍受孤独生活的能力。问题并非在于没有能力独自生活，正相反；甚至于不大可能适应于与另一个人生活在一起；但是我不能够独自忍受来自我自己生活的冲击，我自己个人的各种要求，时间和年龄的冲击，我的写作欲望的断续凝聚，失眠，接近于疯狂——独自一人，我不可能承受这一切。"①(从此观点看,"友谊"比"婚姻"或"伴侣"能更好地解决问题——我强调,风俗的演化使我们感受到一个词的欠缺性:"婚姻"?它并不能涵括一切结合。伴侣?同居?此词不雅。然后有同性恋的"结合"?)

写作者的孤独:我不知道它具有什么功能,但似乎可以按照同时发生或交替发生的不同情况来体验(这就是具有矛盾可能性的形象之特性):

a) 作为<u>必要性</u>:"作品制作"的合乎资格的条件以及超越性的条件。卡夫卡:"我需要大量孤独。我所完成者正是孤独所导致的一种成功。"

b) 作为<u>开花结果</u>、作为<u>孵化</u>、作为对世界"束缚"的一种松缓。卡夫卡(1910):"两天半来,我都独自一人——当然不是绝对如此——而我已经,如果尚未被改变,至少已经朝向于被改变了。孤独对我具有一种支配力,它永远发挥着作用。我的内在生存被舒缓了(目前只是表面上),准备释放出更深刻的东西。在内在生活中一种初步的秩序开始建立,这对我非常必要,因为,当才能欠缺之时,无秩序才是最糟的。"②

c) 自我<u>疯狂</u>,含有最好和最坏的意义;作为疯狂的危险和诱惑。卡夫卡(1913):"我与一切人断绝关系,直至失去意识。我使自己成为世界之敌,我将不和任何人说话。"③ →又一次出现失去意识的主题:在1918年。卡夫卡第三次订婚,与尤莉·沃雷采克;结核病发作,他住在一个村子的寄宿学校里;然而他再一次考虑放弃他的"直至意识丧失之孤独的欲望"→孤独:简言之,具有一种麻

---

① 《卡夫卡日记》,1913年7月21日,281页。
② 同上书,1910年12月26日,24页。
③ 同上书,1913年8月15日,286页。

醉功能→"作品"是一种疯狂，一种（社交）意识的消除；它是一种转化皈依作用，一种深度变换，一种由孤独获得的现实颠倒（参见"隐遁主义"）。

为了结束关于作家孤独的这份资料，我需要指出与其相连的最后一个主题：作家在制作"作品"的过程中，似乎往往维持着一种秘密性或半秘密性，一种隐蔽性或半隐蔽性。①

当然，有些作家（或者曾经有作家？因为我谈论的或许是一种过去的、消失的文学）在作品进行中不时对朋友朗读：福楼拜，纪德；卡夫卡也做过，但他似乎不喜欢这样；有时他的朋友坚持要求他对他们朗读手稿，但他永远不请求他们对手稿进行任何评价。——而值得注意的是，所读的作品，至少对于福楼拜、纪德、卡夫卡来说，是〔普通〕重要作品，而不是纪念碑式的"作品"〔杰作〕：对后者来说，作家对其制作过程保持沉默；不管多长的作品，似乎都将其保持在隐蔽状态；结果，对于《追寻逝去时间》的情况，我们所知甚少。普鲁斯特——留下大量通信——关于其庞大计划、进程和历险，他提供的证言极少；我刚谈过的令人惊讶的东西，普鲁斯特也以同样的惊奇性来谈巴尔扎克（《驳圣伯夫》）："在解释其作品时有些令人不安的唯一事物〈巴尔扎克赋予'万千生活事物以文学价值，而在我们看来至今似乎纯属源于偶然'〉，正是他在其通信集中从未谈过的那些东西〈巴尔扎克的实际变化，巴尔扎克日常生活中朝向现实的变化〉……但是这一切可能都依赖于我们所看到的，甚至于他所写出的文字的偶然性。"②我对此并不这样认为。我认为，在感情生活和伟大作品（其伟大性是指在作品制作过程中的伟大性）之间存在着同质性的裂隙、切断和断裂；因此

---

① 此段末尾被删除。
② 《驳圣伯夫》，265页。

作家对其"准备"保持沉默,似乎只因为他不喜欢谈论正在被制作的"作品"。这可能也是一种判断标准:当"计划"还未实现时,当计划仍然存在于幻想式中、处于冗长过程中时,作家可能对朋友谈论此计划;但当计划完成后,当它变为严肃认真的实践之后,作家就开始保密,就吝于对其谈论了。现在你写什么呢?如果我回答了,意味着很可能我还没有动手写;如果工作已经开始,如果我已全身心投入工作,我的回答就会是闪烁其词。那么,这种(准备之)隐蔽性倾向的理由何在呢?

1)对于进行中的、正在被做的事情加以论述感到羞怯、感到无力;"作家"对展示"作品"的"厨房"感到厌恶或抗拒——同样的,有很多厨师要把人赶出厨房——因为,简言之,准备过程往往不能吸引人,而且与餐桌上繁盛的菜肴没有关系;实际上,"准备过程"充满着重复、退回、犹豫、错误;希望通过事后报道来明确那些时刻存在的虚荣心,当作家知道在对那些时刻加以描述时作品或许已经完成;正在完成的作品:属于不能称名的领域——而且更坏的是:想要为它命名时却感觉到,这将使其具体化,并导致对其损害和形成阻碍→福楼拜(1874)在侄女卡罗琳要求下对其描写了关于《布瓦尔与佩居谢》开头一句的情形;但是他补充说:"现在,自此以后,你将不可能了解更多了。我已陷入泥淖,我在进行删削,相当绝望。"①

2)我说过,在《追寻逝去时间》之前,普鲁斯特向朋友朗读

---

① 福楼拜1874年8月6日的信,见《作家生平序言》。福楼拜在先前寄给她的信中提供了该书开头句子的另一版本,他写道:"尊你之命,我的宝贝,寄给你了《布瓦尔与佩居谢》中的开头句子。但是既然你将描绘为圣物或宁可说对其加以夸饰,而且既然不应该修饰虚假的圣物,请注意,你所有的,不再是真实的(短语)了。真实的短语是:'当温度达到33度时,保东大街上肯定空无一人。'现在,你将不会知道更多……"

他的作品，但当写完该书之后，就很少再谈自己的作品了→这或许就是被视作纪念碑式杰作（生命之作）的作品过渡为**圣书**范畴的时刻→作家的运动：当作品完成时，作品为作家生存；而完成后作品即死亡了（当作品为他人生存之时）：作品生存并被神圣化，被小心隐藏，像一种爱情或像一位上帝：隐蔽的神〔deus absconditus〕①→作品被制作成<u>隐蔽物</u>〔abscondita〕或<u>被隐蔽之作</u>〔opus absconditum〕。

3）或许应该再回到一种心理学动机（无论如何我们永远在"写作的想象界"之内）。按此作家可能有一种"匿名"欲望：不参与任何社会形象，因此不对其奉献→可能把这种匿名欲望看做是一种歇斯底里样式："不要注意我所作的＝请你注意我"→但对我们来说并无关系；有关系的是全部匿名性断绝的痛苦。于是，作家为了保持其作品（正在完成的作品）的隐蔽性，能够给人以在做其他事情的印象：同意担任一定社会角色，一定社交表象。卡夫卡洞悉此种游戏的益处，他"把一切完全献身文学的另一种解决方式〈相对于其孤独性而言〉，看作一种<u>人为建筑</u>，目的在于满足他的周围环境并防止……<u>一般关注</u>朝向其本人"②。

4）最后，这种隐蔽性意志可能是对一种悲剧性所予物的哲学性接受：作家归根结底〔à fond，字面直译："至根本"——中译者〕（我想说：终其一生〔à mort，字面直译："至死"——中译

---

① Deus absconditus，《以赛亚书》中的"隐藏之神"（45章，15节），帕斯卡对此评论道："神宁愿隐藏，凡不说神是隐藏的宗教就不是真宗教，而且，凡对此不讲明理由的宗教都不是有益的宗教。"（227章）这种隐蔽之神的观念被戈尔德曼解释为西方意识的理智和感情结构的基础（Le Dieu caché，1959）。

② 瓦根巴赫：《卡夫卡》，98页。

者〕）要对其写作负责；作家生存的每一部分均为此责任性所贯穿；当作品尚未完成时，他不可能将此责任性转移至他人。谁为"文本"负责？——首先是"我"〔moi〕：就"文本"而言，最无法消除的伤害、各种失败、各种失调等等，都相关于我。——当然，已完成的作品，在发表前，在交付作者前，一种友善的和关注的目光可能使人想到种种失误和疏漏——可能根据需要修改不同文段中的短语；但问题是相关于清理的任务，而不是提炼的任务→"建言"（我们对此将再谈论）只能存在于前期或后期。

时刻表

这一切，一种方法的生活（其幻想式化的形象即"新生"）的全部提炼程序，都具有一种可怕的目的，因其表现出在快乐与不快、法则与欢乐之间的丰富歧义性：工作，像写作一样，是不及物动词（"我不可能见你，我必须工作"），或者严格来说是"部分动词"："在此时刻你在工作什么？〔à quoi…travaillez〕"也就是，在"工作自体"的绝对领域内，你切割出哪一部分来？

我想首先提醒注意，所有的"大作家"——那些产生过纪念碑式（以单独作品形式或以复合诸片段的形式）作品的人——都具有一种不中断的意志（在最明显的心理学意义上）或被此意志激发：在一切可能条件下实行工作、校正、抄写的意志：健康条件，不愉快条件，感情不幸条件，维持真正身体性精力的条件：夏多布里昂和米舍莱的旅行，彻夜不眠，失眠，等等。→作家的工作：某种意义上即永不沉没性→由此顽强工作所设想的这种简单而强烈的形象＝"勤快工人"形象→福楼拜（1845年，24岁）说："疾病，焦虑，在烦躁不安的时刻，一天无数次袭来，没有女人，没有酒。没有任何一点人世虚华，我缓慢地继续着我的工作，像是一个勤快的工人,他捋起袖子来干,擦掉额头的汗水,不管是刮风下雨还是雷电冰雹天气"①→一种心理工作的划分;两种不同的波浪既不交叉也不冲突:劳作之波和激情之波(或者两种平行的轨迹)(参见我的个人惊恐感:强烈的感情危机;我注意到日期:当我逐月撰写《神话学》之时②)。

关于法与规则的另外两个形象,可以在福楼拜那里看到,我来谈一下有关二者的关系、悖论和辩证解决的问题:

a) 囚犯或苦行僧:作家的工作=一种服刑或一种疯狂的苦行。福楼拜(1852年,31岁):"我喜欢在疯狂状态中和倒错性爱情状态中工作,就像是苦行僧爱穿摩擦腹部的苦行衣似的。"③

b) 本笃派修士;1846年(25岁),致路易斯·柯莱的信:"我每日在同一时间辛苦工作。我喜欢勤勉而安静的生活,首先可从中欣赏到一种巨大的魅力,并由此引生出力量。"④→苦行僧(或囚犯)的形象蕴涵着一种法则的支配。这一出发点在某种意义上是正当的:"作品"是欢乐的欲望和欢乐的未来志向,但哪里都不存在无"法则"的"欲望"(而既无"法则"又无"欲望"的人越来越多了);因此,作品也像是"法则"的必要影子→令人恐怖的法则("不断地工作:失去的任何一分钟对于作品来说都是错误的")于是被辩证化了,它具有一种主体所需要的、可承受的"法则"的形式,就主体对其可承受的限度内而言:法则成为<u>规则</u>(本笃派)→

---

① 福楼拜致 Alfred Le Poittevin 的信,1845年9月,见《作家生平序言》。
② 《神话学》于1952至1956年间连载于杂志,其后才于1957年由色易出版社结集出版。
③ 福楼拜致路易斯·柯莱的信,1852年4月24日,见《作家生平序言》。
④ 福楼拜致路易斯·柯莱的信,1846年12月13日。

"规则"的体现者就是"时刻表"。

作家的("作家工作者"的)时刻表类型：我们了解一些（至少我了解一些）；它们对我有一种魅力；就它们是"规则"以及我相信的规则具有连贯性而言，我对它们产生了欲念；每一个时刻表都具有一种特殊的形象。我将谈论一些例子，即使觉得不免单调——但是，也许在你们之中，有两三个对时刻表感兴趣的人，这样我就有理由考查我所了解的例子了：

1）最有名的是普鲁斯特的例子，因为它是严格逆转式的而且富有戏剧性（参见《夜晚》），我将再谈这个题目。

2）巴尔扎克（1833 年）："我每晚睡六七小时，像母鸡一样；早上 1 点把我叫醒，我一直工作到 8 点；8 点钟我再睡一个半小时；然后吃些点心，喝一杯纯咖啡，直到午后 4 点驱车外出；见客，洗澡〈在工作以前不洗澡〉，或者外出，晚餐后睡觉。"①

3）福楼拜（1858 年，37 岁）："你问我的近况么？是这样：我中午起床，早上三四点钟上床。5 点钟左右入睡。"（→"我过着避世而荒诞的生活，我喜欢这样，没有一件事，没有噪音。这是客观的、完全的虚无。"）②

4）卡夫卡（特别是 1912 年以后的生产时期，"他的肉体劳动者生活"）：工作室：8 点到 12 点——午睡：15 点到 19 点——散步：1 小时。——回家晚餐：甚迟。——23 点到 3 点：写作。

5）叔本华（若干不同习惯，晚年时，法兰克福，荣耀时期〔生卒年份：1788—1860〕）：夏天像冬天一样，早上 8 点起

---

① 巴尔扎克致 Zulma Carraud 的信，1833 年 3 月，见《巴尔扎克通信集》。我们在此恢复了删除的字句。

② 这两段引文取自福楼拜于 1858 年 12 月 19 日致 Ernest Feydeau 的同一封信，见《作家生平序言》。

床。——冷水洗脸（特别是洗眼睛：有利于视神经）。——自己准备早餐（早上不想要仆人服侍）。工作到 11 点。——11 点时，友人来访（关于自己哲学的论说和评论）。——午餐前：吹奏 15 分钟长笛（莫扎特和罗西尼）。——12 点整：刮脸。——午餐。——戴上白领带，短时间散步，抽烟。——短时间午休或者咖啡。——午后：在法兰克福郊区，长时间散步（牵着卷毛犬）或者在缅因河游泳。——抽雪茄（但因尼古丁的关系只抽半支）。——18 点：到俱乐部读报。——在英格兰旅馆晚餐（冷肉和红酒；顾忌霍乱，不喝啤酒）。——晚间：有时听音乐会或去剧院。[①]

稍微越出文学圈：李斯特在魏玛，早上 5 点到 8 点工作，然后去教堂，回来再睡觉，从 11 点开始接待客人。[②]

一种可能的分析方向：看一下这些人的时刻表如何与一般时间的、国家的时刻表协调一致，也就是说，最终如何被<u>个别化</u>。这个问题：a) 相关于一种职业上的约束（卡夫卡）或无约束（福楼拜，巴尔扎克：但对后者来说，债务！）；b) 相关于一种原创性（保护性的，我已指出过）；c) 甚至于有时相关于写作类型的一种差异化的拘束（哲学≠大众小说≠中篇小说，等等）。但是，为了继续相关于时刻表的<u>存在性</u>本身问题（因为，简言之，这正是我此处的观点：存在性的，而不是社会性的），我对时刻表、对一日的时间"规则"的思考，有着双重的理由：

a) 不惜代价地确保工作的连续性时间，防止任何断裂（我将说：由于其技术性〔artifice〕本身）；巴尔扎克的态度是明确的：

---

[①] Raymond, Didier, *Schopenhauer*, Paris, Seuil, coll. "Écrivains de toujours", (1979), 1995, p.99.

[②] 此段信息来自卡夫卡的《旅行笔记》，1912 年 7 月 2 日晚间他曾到李斯特在魏玛的家去访问，参见《卡夫卡日记》，631 页。

"当（此时我因一位友人来访而中断了工作）我必须外出时是不可能工作的。当只有一两个小时时是绝不可能工作的。"

b）同时，就时刻表意味着有规则的、可容许的中断而言＝节奏→巴舍拉尔："谁坚持得更久，谁就重新开始得更好。"他又说："为了坚持，必须相信节奏，此即为由诸瞬时组成的系统。"①

这并非意味着时刻表可解决一切问题；正像"规则"一样，它是一种可忍受的而非愚蠢的"法"，是"法"的一种，但仍然还是"法"（＝过失的源泉、能量）：

a）我们可以说：绝对的"法"＝某种精神疾病〔psychose〕（我们看到了福楼拜的例子）≠按照"神经疾病"〔névrose〕理解的"规则"：强迫观念→时刻表：体验为某种激烈的片段化作用，某种时间的分类法；托尔斯泰的例子颇为典型："持有一个终生目的，一生某一阶段的一个目的，某一时间的一个目的，某年的一个目的，某月的一个目的，某周、某时、某分的一个目的，在下的目的服从于在上的目的。"②→强迫观念显然引生了某种计算法（参见洛约拉按照记号计算和测定自己的眼泪③）："永远要有一个计算表，按此把你一生一切最细小的情况都记载下来，包括一天抽烟斗的次

---

① 巴舍拉尔：*La Dialectique de la durée*, Paris, PUF, coll. "Bibliothèque de philosophie contemporaine", 1950, p. ix.

② 托尔斯泰：《理性意志发展的规则》，见《日记和笔记》，卷1，1847—1889，1847年，3～5月，Tolstoï, Léon, *Journaux et carnets*, t. I: 1847—1889, traduction et annotation de Gustave Aucouturier, préface de Michel Aucouturier, Paris, Gallimard, coll. "Bibliothèque de la Pléiade", 1975, p. 35.

③ 洛约拉按照一种秘密计算法每日定时定点计算自己流出的眼泪：a：弥撒之前的；l：弥撒期间的，d：弥撒之后的，等等；参见《精神日记》，Loyola, Ignace de, *Journal spirituel*, traduction et commentaire de Maurice Giuliani, Paris, Desclée de Brouwer, 1959.

数"①→从强迫观念的角度看,时刻表基本上成为一种规划程序:人们将在未来体验之,在未来提炼之。托尔斯泰,1847年("理性意志发展的规则"):"1) 5点钟起床,9~10点钟上床,白天可以睡两小时。2) 饮食节制,不吃甜食〈不停地吃葡萄干〉。3) 散步一小时。4) 决定了的全部要执行。5) 女人,每月1~2次。6) 尽可能地一切自己动手"②→对时刻表的这种强迫观念是与各种规划程序的实践相联系的,后者包括事先规定的日程表,"行为规则"(托尔斯泰自15岁起制定的),"意志发展规则","内在规则","生活规则"③。

b) 时刻表的问题就是坚持〔tenir〕效果的问题,因为其规则性本身——无此规则,时刻表不能成立——被扰乱行为(即被他者扰乱:"长眠于此的我,被他人所杀"),被"例外的"情况(特殊事例),被厌恶,被怠惰所毁灭、所威胁——而且最后的计谋:有时在一种恶的闪现中瞥见措施、企图、目的的虚荣→永远不要操心时刻表的中断,这是恶魔引起的最后困难。卡夫卡:"我没有看到今天的新时刻表——从晚8点到11点须伏案工作——这一疏忽并非大的不幸,我必须快速写完这几行以便上床,这一事实表明职场任务〈事务所生活:尽力抬起头来以免被淹没〉是多么艰难,而且它将抽干我的精力。"④ →也是一种解决法,或者毋宁说是某种谨慎的偏方:自己担心,但不利用对计划的疏忽来放弃一切,即不自暴自弃。放弃一天呢?放弃一周呢?只要有可能,重新回到时刻表;

---

① 托尔斯泰:《断片》,1847年,1~2月,见《日记和笔记》,卷1,28页。
② 同上。
③ 特别参见《日记和笔记》卷1中1847全年,以及法译者前言。
④ 《卡夫卡日记》,1910年12月18日,20页。

(写作的)"工作"的秘密是：使此工作功能化。事务所侵蚀着卡夫卡？变换：使"书桌"成为每日规律出勤的事务所→与下列矛盾进行斗争：人们屈服于职业事务所的疏异化，即屈服于职场的规则性，对此人们不加抵御，因为它对我们来说极其重要→永远应该按照音乐方式来思考"写作"。托尔斯泰，《战争与和平》，1865年左右："我必须像一名钢琴家一样地工作。"如果不是每日进行练习，能够学习钢琴或歌唱么？断断续续绝对不能成功；例如，重要的是认识到唱歌坚持每日半小时，但天天不断，就足够了（对于业余歌唱家而言）≠钢琴（至少1小时）→人们能够按灵感来"思想"，但只有通过劳作〔labeur〕才能写作。

大节奏

我谈过，时刻表相当于一天之内的节奏。节奏化的一日。——始终是另一个问题，同样很重要，连续多日内的"规则性"问题："大节奏"。

我想象两种概念：a)"伊壁鸠鲁式"节奏：每日少许工作（或者一种适度的、稀疏的工作，明智的、现实主义的、大的时刻表，它预先就成为事物的组成部分）。但是，此少许性，极其严格，具有毫无例外的连续性。b) 在没有好的词语之前，我并不恰当地称之为俄尔甫斯〔orphique〕"节奏"：它使严格苦行时期、放荡时期、激烈放纵时期、绝对庆典时期相互衔接→苦行和祭礼〔télétè〕的希腊式对立（及接续）①。

良好的解决，即使难以选择，似乎处于两种节奏的适度结合上：伊壁鸠鲁节奏包含着中止；在某些时刻，规则的时刻表交织着

---

① "他永远相信这种希腊节奏，苦行和庆典的接续性，一者为另一者之解决（于是现代性的平板节奏之无效：劳动/闲暇）。"（《巴尔特自述》，见《全集》，卷4，730页）

中止、中断、变化→为什么有这类休息？因为必须周期性地在自身重构"工作欲念"。福楼拜（1846年，25岁）："我要开始工作，终于行了，终于行了！我有了欲念。"[1]——我自己也体验过这种欲念，例如，晚间，在与朋友吃饭之后，大约11点（即在休息之后）：回到工作的欲念（担心疲劳会延至次晨）；实际上，"工作"，此时作为可欲的"内在性"之形象，有缓和、秩序化、坚定化作用——此种内在性通过"灯"和"静寂"气氛被象征化了。

结论

为了结束关于"方法的生活"的这些讨论，我想纠正一种偶然发生的印象。这就是，相关机制全体乃根据一种"作品"（我仍然使用这个词）的直接收益性考虑加以设定：制作一部作品和使其在读者处成功的一种便方→但是，事情要更加微妙。当然，存在一种计算或计算倾向，即某种可计算性带来的诱惑；但是这种计算不是交换：苦行与成功的交换；"作品"是一种价值，一种伦理的对象；因此，作品的制作是这样一种启新仪式性〔initiatique〕的行为，其目的不是为了成功，而是为了所谓的一种（参考尼采对此词的使用）"高贵生命"[2]。对此，普鲁斯特以一种惊人的方式说过他对交换的形象保持警惕："有时一位有才能的〈我补充：实践着'劳作'苦行的〉作家，为了能够使余生过着一种艺术性的、文人雅士般的欢娱生活，采取一种虚假的和幼稚的观念，即一位怀有最崇高道德生活的圣人之观念，以便能够在天堂继续其快乐的世俗生活。"[3]

这就是关于"方法的生活"的第二试炼的第一部分。

---

[1] 福楼拜致 Maxime du Camp 的信，1846年4月7日，见《作家生平序言》。

[2] 对尼采而言，高贵是指主动性、艺术性、个人至尊性等方面——是指生命的肯定性力量。

[3]《驳圣伯夫》，267页。

## B）写作实践

我们通过了诸"写作的试炼"：首先是关于"选择"的第一试炼；然后是关于"耐心"（"持续"）的第二试炼。关于这第二试炼，我们提出了两个方面：第一个方面是有关写作"生活"的一种方法的组织；我们现在来谈的这第二个方面是：逐日进行的、严格而言的写作实践。此一试炼，某种意义上，也更加精密，更为切题〔topique〕（因为，简言之，<u>方法的生活</u>的问题可以在一种非文学的领域内提出）；可以从时间的、空间的、"风俗"的范围，朝向手可接触的白纸的、写作的身体之移动。

**预备性问题：读/写**

此问题如下：人们能够（或应当）在专心于一种写作之"劳作"时进行阅读么？当<u>投入</u>写作后（如我描述过的"<u>退隐</u>"），可以继续阅读，继续进行演讲么？作家的自我主义应该（必须）去否定其他书籍以及（通过换喻表达）否定其他文化么？

我们记得或想起，写作的个人性起源，其中存在一种对书籍、对"书对象"的爱好，一种对某类"对象"的<u>美学的</u>（在此词的强调性意义上）偏好；对此我是相信的（至少这是我的主张）；我总感觉遗憾的是，在送达我的文本或论文出版计划中，人们大多数很少想到"书"。写作——至少按照我的欲望和我的经验——即望见书，即具有一种书的影像〔vision〕：<u>在地平线那边就是书</u>。卡夫卡认为书有着一种身体性关系；他解释说，自身之内确实存在着的东西即是他"对书的渴望"；与其说是想要拥有或阅读书，不如说是想看见书（即使在玻璃书柜内），确认它们的存在；一种倒错的食欲[1]（顺便提出一个把书籍看做家具装饰的问题：图书室，科西牌书柜，医学书；将书籍堆在墙边当做家具）。

一般而言（超过正在被制作的"作品"而言）→<u>写者</u>/<u>读者</u>？——这不是一个关于价值的问题，而是一个关于"<u>实现</u>"的问题：我以自身最佳状态实现自己的问题（＝我实现着我自身内的他者），或者作为读者，或者作为写者：我认识一个朋友，他是一个极好的读者，我从他那里学到很多，他好不容易只写了一本书，而且很失败；而且应该永远记住苏格拉底自己就是"非书写者"（的确，他处于"写作/说话"的对立关系中，而非处于"写作/阅读"的对立关系中）。

但是，在此正被制作的"作品"水平上，在此"我投入写作"时期的水平上呢？——我相信存在着阅读的排除，连续阅读的排除，或阅读作为工作的排除：写作排斥阅读；时间问题，投入问题，但也无疑有更棘手的一种<u>竞争性</u>问题："没有两人的位置"；在此阶段，也不可能阅读与自己所写者关系远、性质异的东西→在写作应该是<u>能动性</u>的（尼采用语）限度内，它应该防范<u>反应性</u>事物〔réactif〕[2]，应该避免<u>反应性</u>事态（除了在收集资料阶段，这是完全另一个问题，而且不是此处作为对象的<u>实践</u>〔praxis〕）→尼采："另外一种谨慎策略〈自我防卫策略清单：气候，饮食管理，不同

---

[1] "这种渴望似乎来自胃部，似乎是一种倒错的食欲"（《卡夫卡日记》，1911年11月11日，134页）。

[2] 此一"能动性/反应性"的巨大类型学使尼采思想基本上结构化了。在《尼采和哲学》中，德勒兹写道："在身体内，最高的或支配性的力量是所谓<u>能动性</u>的，较低的或被支配的力量是所谓<u>反应性</u>的。能动性和反应性正是表达着力量和力量关系的原始性质。"（巴黎，1962，45页）

类型的休养法〉和自我防卫策略在于，<u>尽可能少地进行反应</u>并摆脱如下场合和情境，在其中注定中止（可以说）其"自由"、其创始性，并注定成为简单的反应性行动者。"例如，仅仅阅读书籍的学者："不阅读时即不思考。"对这类学者来说，自卫的本能已经瓦解→结果，对尼采来说，阅读是一种颓废行为，它不应当占据"能动"时间和"清新"时间："黎明清晨起床阅读，在清新空气中，在精力最旺时，不啻为一种处罚！"①我把"阅读/写作"之间的冲突也作同样的解释（试想 J.-L.②不停地阅读）：阅读是一种换喻的、贪欲的行为；人们从文化世界一点点将其全部内容纳入己处；像没入大海似地进入"文化"的想象界，有如将自己的声音混入他人千万种声音的交会中：一本书（遗憾，真的，不是一切书：我们指的是<u>俘获住</u>〔prend〕人的一本书），就像是一张网→但是，我相信，写作＝这样的疑迷事物，它<u>不是言语</u>〔parole〕<u>而是言语活动</u>〔langage〕，它可止住"想象界"的〔失血〕损伤→我小时候，看见周围妇女们热心于编织长袜（不是尼龙线），担心着织物的某处裂口立即导致线的脱落；我还看见妇女们的熟悉而必要的动作，即用嘴弄湿手指，压住织网，通过唾液来进行粘固，以<u>止住脱线</u>（此外还用"织补妇"的小椎子）→"写作"也是一样：手指放到文化的"想象界"上，并使其止住；写作，某种意义上就是文化的"不动化"〔immobilisation〕体现（或许对此还须补充论述）→我相信，由此产生一种在完成作品时停止阅读的必要性，实现一种阅读"空白"的必要性。

---

① 此处所引诸句，参见《看呐，那人》，270～271 页。
② 指 Jean-Louis Bouttes，巴尔特的学生和近友。

## 326  起动〔démarrages〕

在漫长的制作过程、写作过程的忍耐中，不是有一日没一日地，而是日复一日地，存在两种"管理"（两种困难样式）：1）作品的开始，启动（它不同于其"设计"），"开幕"〔inaugurations〕。2）巡行速度，以及影响此巡行的"事故"：a) 障碍。b) 消沉和想象。

我们首先讨论启动，这往往是引起历史学家兴味的时刻："如何诞生"，"一部作品如何出发"→因此，同样这也是神秘时刻（即使对于写作者来说这是非常实在的，并令人痛苦地实在的；因为作品＝难于开始、难于开张的事物："开幕"这个词颇佳，因它蕴涵着一种准人类学维面，仪式性维面）。

（1）危机

我不了解中等学校文学史教学情况，甚至于至今也不了解今日法国文学史教学情况。但我参考了一本著名的手册《卡斯泰和苏雷尔：法国文学研究手册》（完全神话学风格的，但编写极佳），由于其怪僻的规则性，它既令人吃惊又十分有趣：几乎每一位作家的生平都通过一次主要危机来表现（即使该危机不发生于作家生平环境之内），由此危机中不断产生出新作品来，即从危机中开始了、再生了成功的"作品"。——此危机用图形表示如下：

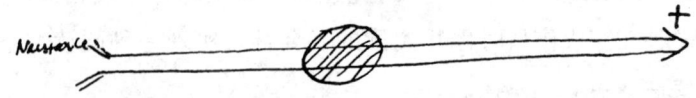

命运的圆圈！颇有自我宣传性，因为很少有无此圆圈的作家之传记会显得如此悲惨，悲惨的作家们甚至于不知道自己的生活中增添了一种创造性危机：他们不是文学的英雄，因为他们不是体验过"待产"痛苦的"戏剧"殉难者。

"危机"的各种类型指出，这个概念对于神话学的要求来说是易变的、虚假的、形式化的：

1) <u>逸事性危机</u>（传记的偶然事件）：波德莱尔：他的母亲在 1828 年改嫁了，那时他 7 岁！——诺迪艾，1830 年："残酷的年代"（操心金钱＋心爱女儿的婚姻）。——雨果，1843 年：〔女儿〕Léopoldine 之死（雨果＝丰富：他有过两次危机）。——福楼拜，1843 年，精神疾病。——司汤达和纪德：决定性的旅行，前者发现了意大利（1800），后者发现了比斯克拉（1893）。

2) <u>激情的和感情的危机</u>：拉马丁，1816 年（感情的）。——缪塞，1833 年（相同）——阿波利奈尔，1901 年：莱茵河畔的田园式爱情。

3) <u>政治的和历史的危机</u>：流放〔斯达尔夫人，1803；雨果，1851。——德雷福斯案件（1893—1899）：巴雷斯，法国〕。

4) <u>精神的危机</u>（这是最佳的危机）：夏多布里昂（母亲死时的信仰皈依，1798—1800）。——勒南，1846 年。——泰纳，1870 年（"道德的"危机）。

→富于生产性的〔féconde〕危机的神话，对于文学的良好运作是如此必要，以至于人们赋予其一种可能具有一切价值、一切内容的<u>百搭</u>〔joker〕形式：人们直接称其为内在的危机（圣伯夫）或<u>危机年代</u>（魏尔伦）。

从此观点看，危机是一种（浪漫主义的）<u>价值</u>：在 20 世纪，越来越少有"危机"，这个世纪，至少在迄今为止的中学里，不是一个适合有危机的时代（既困难又危险的"现代的"时期）。

我不否认，在一个作家的一生中，有时在某些"危机"事件和一种新作品、一种新的作品的"创始"之间存在着一种深刻关系。

必须拒绝的是此种相关性系统的特性,特别是其简单的说明特性:普鲁斯特母亲的死亡肯定引起了一种深刻的"危机";但是,一方面,《追寻逝去时间》只是在此死亡之后才启动的;普鲁斯特在此期间继续生活和写作;而另一方面,我们不能说悲伤产生了新作品:极其复杂的中继阶段→我们也同样看到一种蒙受着诸异质性说明的危机:马拉美;1866 年出现了一次严重的"危机"——1862 年和 1869 年也发生过;而当事实本身情况不明时,就应给予不同的说明:a)精神医学的说明:马拉美此时正苦于精神疾病:精神障碍,忧郁症,抑郁症;在阿维农看贝谢医生。b)形而上学的说明(米肖①和一般而言的文学批评家):"虚无的发现","基督信仰的丧失";人类和宇宙;物质的空虚形式。马拉美由于阅读黑格尔而得以复原→新的信仰,自觉的无神论信仰;放弃了狭隘的个人性。构想一部巨著的力量,构想"永远有秩序的、符合宇宙秩序的建筑物"的力量("这就是'书'")。

(2) "成了"〔ça prend〕②

第二次"启动",或第二种启动和"创始"的问题形式:犹豫,尝试,失败,作为一种发动机,它试图开始,并"突然"开始(此种"突然"可能具有某种类似于神话的性质),发动机起动了→

---

① Michaud, Guy, *Mallarmé*, Paris, Hatier, coll. "Connaissance des letters", 1953. 关于马拉美在 1866 年的危机,可参见他于 1867 年 5 月 14 日致近友,特别是致 Henri Cazalis 的长信,此信回顾了那"可怕的一年":"……我的思想被思考着,达到了一种纯概念",或者于 1867 年 9 月 24 日致 Villers de L'Isle-Adam 的信:"……你一定会被吓住,如果知道我仅通过个人感觉就达到了宇宙观念的话。"(《通信集》,342、366 页)

② 巴尔特在《文学杂志》1979 年 1 月第 144 期普鲁斯特专辑上所写文章的名称,见《全集》,卷 5,654~656 页。

"作品"开始了。

在"成了"之前的状态＝开裂〔déliaison〕状态；作品的素材、片段、可能的侧面等因素都具备了（这就是我们谨慎地称作"准备"的东西），但是还没有达到将诸因素连接在一起、使它们成形的地步→托尔斯泰了解这个问题：在写《战争与和平》时，他在脑海中已经有了虚构的、想象的人物，但还不能将他们连接起来："不好，还没成"。——我们想到《悲惨世界》即有这种连接〔liaison〕的起动器〔déclic〕——起动器不适合，他于1865年辛苦了整整一年。最后，在10月20日，"出动了"。

有时，当然，不同的主题相互竞争，而这种竞争导致一种障碍；事实上，人们会有一种模糊的感觉，在什么地方作品连接了起来：人们期待着这种连接的表现。在整个时期，有一种感觉是："没有真的连接"；一般来说，这是一种确实的感觉。

成了：多少体验为一种奇迹。神话式地，往往是回顾式地，它以一种极其错误的方式，采取了一种突然、直接出现的方式：启示，或迸发〔jet〕。福楼拜（1861年，40岁）"小说的一个好主题，就是那种一气出现的，一次迸发出来的"① （我不能肯定这是否真确）→这像是一次醉酒；有时可以说，在长期受阻之后，在靠近作品时，饮酒或麻醉剂会使作品启动；因为，在充分、长期的准备之后，所欠缺者有如一种恩惠。"成了"显然建立了一种良好的写作之流：以前，笔端滞涩不前；其后，以相同的速率快速前行；我们发现，在古文书学中称作 ductus 的情形，即书写线的行进〔conduite〕（和快乐）。

---

① 福楼拜致 Roger des Genettes 的信，1861年，见《作家生平序言》，221页。

这样一类（"巨著"的）"启动"，虽然谜团重重（我想限制在文学史研究的范围内来谈），可以在普鲁斯特那里看到典型的表现（我在讲义中谈到，但在文章里没有写过）：普鲁斯特是何时产生了《追寻逝去时间》的观念的？何时开始书写的？此书的写作是何时"成了"的？这样一件资料的——中止状态的——诸成分是：a) 尽可能细致的传记材料：特别是在博内特的《1907—1914 年的普鲁斯特》一书内（Nizet，1971，2 卷本）；这几乎是在此"凝固的"期间的逐日记载资料。b) 晚近例子是近代手稿历史和分析中心（CAM，Ulm 街）的研究，那里进行着有关普鲁斯特笔记的整理。①

1) 从传记来看，在《驳圣伯夫》的完成、交付出版社、被拒以及《追寻逝去时间》的启动之间，于 1909 年出现了明显的断裂：从 1909 年开始的密集写作活动→我曾戏剧性地推论，1909 年 9 月出现了一次神秘的空白：某种"闸门"导致从论说（甚至于已经包括小说的片段）向小说（《追寻逝去时间》）的过渡→《驳圣伯夫》和《追寻逝去时间》的关系是极其复杂的：二者相互重合，而且普鲁斯特为《驳圣伯夫》构想的内容已经部分地纳入《追寻逝去时间》里，到了 1911 年，他继续称作《驳圣伯夫》的内容，已完全地纳入《追寻逝去时间》。人们友善地（恢复大学的秩序！）怀疑 1909 年 9 月的这种严肃化、这种中止，《追寻逝去时间》开始以片段的形

---

① 巴尔特将 1971 年 J. Bersani, M. Raimond, J. Y. Tadié 所建立的普鲁斯特研究小组和 1974 年附属于近代手稿历史与分析中心（后来成为近代文本和手稿研究所，ITEM/CNRS）的小组结合起来，在此中心 C. Quemar 和 B. Brun 建立了"普鲁斯特信息通讯"（巴黎，l'ENS，1975）。

式向前展开①：当然！我始终相信，在一定时期内，存在有"计划"和"启动"的紧密化关系〔resserrement〕，以及某种能动的结晶化现象：几周之间，写作、书页（《在斯万家那边》）中的几乎是电击般爆发的启动，而书写行为本身开始改变、绷紧、复杂化和超额负载。

2）尽管有这种传记上的演变，或除此演变之外，这种启动（成了，"创始"）显然只能够在创造的、美学的发现事物（"新发现手法"〔trouvaille〕的）压力下才能产生。如何在时间中为其指陈、定位的问题，将变得更为复杂。对此我提出4点说明来②：

a)"名字"的发现——好的名字，正确的名字，适当的固有名称，如同现在所有的那样，这套名字网络在我们看来已成为《追寻逝去时间》的"特性"本身。有人提醒我，某些重要名字只是在该书起动后才被找到：蒙塔吉斯→圣卢，在1913年夏；盖尔希→沙吕斯，1914年。但我相信，在此时出现了一种固有名称系统的要求，此系统为作家规定了一种小说式的欣慰。找到"名字"显然具有决定性意义：福楼拜，在赴东方的途中被必须完成的这件讨厌工作（将要称作"包法利夫人"的小说）缠绕；但是，在尼罗河沿岸下努比地区，在和杜康一起时，他突然呼叫出："我找到了！有了！有了！我给它起名叫爱玛·包法利。"

---

① 关于普鲁斯特作品的最近研究，实际上证明了两个计划之间的错综复杂关系，并表明在二者之间存在着一个漫长而渐进的过渡期。对通信的某些研究也指出，整个1909年夏天，不只是9月这一个月，都是"密集写作工作"的时期。关于这一重要时期，可参照 Jean-Yves Tadié, *Marcel Proust*, T. Ⅱ, 特别是其中一章《驳圣伯夫》的变化", Paris, Gallimard, coll. "Folio", 1999, p. 95 - 112.

② 间接参照巴尔特关于普鲁斯特写作的文章《固结》（《全集》，卷5，654~656页）。

# 1980年2月9日讲义

b) 接受，也就是肯定地发现，待完成作品的比例规模的改变。《驳圣伯夫》→《追寻逝去时间》：比例规模〔proportion〕方面思考的逆转。实际上，突然想到将原先设想为小作品的创作变为大作品——或反之——对于使待完成作品显示出其必然性来说，或许已经足够了；因为"比例规模"不指一种量，而指一种质（试想建筑学）。

c) 我的某种发现：叙事陈述作用、传记陈述作用和象征陈述作用中出现的新的、扭曲的、精致的主体→这个普鲁斯特的"我"：是可能模仿的→找到一个好的我：这就是一切→因此，询问是应该写他还是写我是无意义的；某一个我应当被发现（或某一个他）；普鲁斯特的我的奇迹性在于它不是自

作品作为意志 379

我主义的；因此，它最终是某种已经找到的<u>道德性</u>的东西：一种<u>宽厚性</u>？

d）也许更具决定性的是：使小说人物，有时在长时间间隔之后，重新登场的"新发现手法"，以及作品显然不服从一种严格的叙事逻辑（可被"叙事学"予以规则分析的）：

1) 这种启动机制〔déclic〕，这种"新手法"，只可能来自巴尔扎克；"巴尔扎克的杰出发明在于使同一批人物在他的所有小说中登场"，这是被圣伯夫非难的手法。普鲁斯特对此加以维护："这正是圣伯夫所不了解的巴尔扎克天才思想之所在。当然，人们可以说，他不是立即想到这一切的。他的庞大小说系列中的某些部分，只是事后才以某种方式连接在一起的。这有什么关系呢？瓦格纳的《圣周五的喜悦》是在完成《帕西法尔》剧之前构思的，而只是后来才将其谱写为歌剧。但是，巴尔扎克所增加的部分，那些美丽的、新颖的部分，难道不是突然间被其天才在作品的诸分离部分间所洞识吗？其后通过其更精妙的直观，将这些部分重新连接，以使其具有生气并从此不可分离。巴尔扎克的姐姐对我们讲述了他想到这些观念时所体验到的快乐，而且我想，如果他在开始写作其伟大作品之前就想到此观念的话，它也一定同样的美妙。那是一道闪光，突然照亮他的作品的各个晦暗的部分，直到它们被创造、被连接起来，并具有了生气和光亮……"①（这个观念是于1833年在巴尔扎克脑海中浮现的，而且他于1834年在《高老头》中对其加以系统地运用；显然，与1842年决定的标题"人间喜剧"概念联系在一起了）：这是对"新发现手法"概念具有启示性、突发性特点的完

---

① 《驳圣伯夫》，259 页。

美描述。

2) 重新登场的人物，普鲁斯特称其为"被准备的"人物。普鲁斯特以使我们对其保持惊奇目光的方式对其加以准备。他在给 R. Blum 的信中写道："有这么多人物；他们在第一卷中'被准备'了，这就是，在第二卷中所出现的正是与预期在第一卷后出现的东西相反"①（例如：文特依）。（在此读到了第二主题：逆转主题，逆转的再出现主题；参见我的文章②：沙吕斯，首先作为奥德特的情人，其后成为同性恋类型的人物；在小火车上看见的一名妓院老板→舍巴托夫公主。等等。）这种准备（人物的这种返回）：普鲁斯特称作<u>构造</u>〔construction〕的东西，就是在小说中被构造的性格。批评家们努力在《追寻逝去时间》中发现其"计划"，而普鲁斯特不断抗辩说，他的作品是被构造的；但是这种构造不是修辞学的（一种被实现的作品计划：当然，这就是福楼拜所做的），而是辩证法的：在时间中返回，而非在空间内配置，对此我称其为<u>压条法</u>③。

通过"结晶化作用"（成了）对"启动"进行的最后论述：标题不大可能用作结晶化因子〔cristallisateur〕。普鲁斯特辛苦地探索其《在斯万家那边》的标题；他最后保持着这个普通的名称，"因为这是一个通往考姆布雷的道路"；"地上的现实，地方的真实"→"这个标题：是平庸的，实在的，灰色的，平淡的，只像是一种劳作而已"→这意味着，他容忍了名称完全没有光彩的平庸

---

① 《普鲁斯特书信集》，1913 年 2 月 23 日，92 页。
② 参见巴尔特关于普鲁斯特的最新文章《成了》，见《全集》，卷 5，654～656 页，但也参见其文《一个研究观念》，见《全集》，卷 3，917～921 页。
③ 巴尔特前面提到过这个原则，参见 155、209 页。

性。一般来说,人们要么找到一个非常好的名字,但还没有书;要么写书时还没有书名,之后并不挑三拣四,而是不得不选择一个中性的名字→这个名字,实际上,相当于一种回溯性价值;而且对此创造来说,最好的标题就是用其进行工作,用其作为处理分类卡片和纸页时的标题。

## 从启动到工作

确定的启动机制(或者至少充分坚定的被这样知觉,以使主体不至于返回所谓"第一试炼"的不确定状态),就是从一种发现和幻想式的兴奋过渡到一种日常工作的忍耐;作品在远处闪耀,而它尚处于地狱边缘〔的模糊状态〕:如在拉威尔的《圆舞曲》① 开头发生的情况。这种过渡,这种从地狱的脱离,是令人悲伤的,甚至于是戏剧性的,因为没有什么是永远确实的→福楼拜(1853 年,32岁):"什么也不写却梦想着美好的作品(如我现在所做的那样),这是令人愉快的。但日后为此荒唐的野心付出高昂的代价!那是多大的失败呀!"②

### 规划程序〔programmation〕

从计划过渡到制作过程,困难在哪里?——在规划程序内,特别而言,我坚守着这个计划;我要开始工作→明天我要做什么呢?什么操作过程?坐在我的桌子前,两手交叉着进行思考?这是一种真理的测验:计划或许是引起欲望的、令人兴奋的,但陷入困境时,人们不知道如何扩大化〔démultiplier〕逐渐取得成效的运作过

---

① Maurice Ravel 的舞蹈诗《圆舞曲》(1920),似乎诞生于远处喧哗声的启示中,它在"幻想的和宿命的回旋中"充实和完成(拉威尔)。

② 福楼拜致路易斯·柯莱的信,1853 年 8 月 26 日,见《作家生平序言》,144 页。

程：问题在于发现一种日常程序，一种待完成事务的<u>日程表</u>，它提出着、实现着"计划"。

我并无便方，因为铸造的可能性证明计划的正当性，因此规划程序本身具有其 kairos〔最佳时刻〕、"良好计划"的性质→我也许要区分两种类型的规划程序或工作计划：

瓦莱里（1944年5月5日，在法兰西学院）明确提出了二中择一的办法；写作作品的人可能处于两种情况："其一对应着一个被决定的计划，另一是充满着一种想象的<u>长方形</u>。"① →因此出现了两个规划程序：1) 一种规划程序，具有逻辑性、展开性、演绎性；2) 另一种规划程序，含有一种幻想式化的（"想象的"）重要形式：因此其活动的美学性大于逻辑性（参见东方绘画和书法）→在展望此二分法、展望这两个领域时，我们看到：a) 叙事逻辑，规则的小说和论文；b) 诗，异质性小说（普鲁斯特）。

1) 在我为准备这个讲义而阅读材料时（在限定情况下不可能阅读得很充分），感觉非常奇怪的是：极少证明待完成的"作品的计划"工作（可能不同于已完成作品的"计划"→让我们再来看帕斯卡的话："在完成作品时发现的最后一件事，就是了解了什么是最初应该做的。"②），也就是"规划程序的计划"；最鲜明的例子是福楼拜（我想我已说过）的《包法利夫人》：对于学者来说，他们认识大量关于"重大计划"形成的细节；对于福楼拜来说，他几乎逐日了解完成风格和短语过程中的苦恼；但是关于"计划"的实施什么也不了解：巨大的裂隙；福楼拜谈到了他为其揣摩短语的情节

---

① 参见 A. R. Valéry 在其《传记导论》中的引语，见《瓦莱里作品集》，巴黎，1957（下画线由巴尔特加——中译者）。

② 《思想录》，261 页。

部分（与司祭的谈话，舞会，农业合作会，等等），但关于他的这些情节观念产生于何时，什么都没谈（＝铸造过程的运作典型）→ 稀少的、省略的笔记：1853 年（32 岁）："今晚我很累（两天来我实行着计划……）"① →但是，福楼拜显然实行着逻辑的"规划程序"；存在着一种（小说的）观念和按逻辑展开的情节。1861 年（40 岁）："小说的一个好主题，就是那种一气出现的，一次迸发出来的，由此观念中流淌出其他一切。"② →我认为，福楼拜非常正确地反对两种灵感（接着是两种"规划程序"）：自传笔记的灵感，抒情或比喻片段的灵感（→相册式），以及一种"想象"逻辑的灵感（典型的小说≠普鲁斯特）（→"书籍"）；1853 年（32 岁）："当书写关于某种自我〈来自自我本身，来自我们自己的体验〉的事物时，良好短语可能迸发〔jet〕出来（而且抒情式精神容易出现，继而是其本能倾向），但是欠缺着整体性〈这是相册式〉，出现了大量重复、套话、陈言、庸言。反之，当书写一种想象的事物时，好像那时一切都应当从概念流出，较少的停顿源于其总体计划，注意力被一分为二了。"③（此处的"二分法"＝铸造法，减少复杂化〔démultiplication〕）

2) 另外，存在着这样的技法：长方形，这是一种书的幻想式化的形式，人们借助笔触、片段、斑点对其加以充实〔meuble〕，有如某些画家在长方形画布上之所为。

---

① 福楼拜致路易斯·柯莱的信，1853 年 12 月 9 日，见《作家生平序言》，158 页。
② 福楼拜致 Genettes 夫人的信，见《作家生平序言》，221 页，巴尔特曾部分引用（参见 328 页），此处加以补全。
③ 福楼拜致路易·柯莱的信，1853 年 8 月 26 日，见《作家生平序言》，144 页。〔此注及上页注 6（即中文版 381 页注②），均注为福楼拜 1853 年 8 月 26 日致柯莱的信，经核对英文《福楼拜书信集》，两注的内容均未出现于该日书信中。——中译者〕

a) 马拉美指出的典型的技法：按照瓦莱里的说法，马拉美（"诗歌"，即相册式）动手写某些诗作时，先在纸上用不连贯的笔触在这里那里写上单词，然后再努力找到能够将诸短语结合的联系点。

b) 将上法扩大就是普鲁斯特的操作手法：普鲁斯特先作笔记和书写诸文本片段；他"按照片段"来构文；例如，写于1908—1909年间冬季的"花边少女们片段"，完成于1909年→"具体化"〔concrétions〕、"凝结化"〔floculations〕技法→由此产生可能导致"错误的"、失败的结合法的困难。"Ça ne prend pas"〔没有成〕；我们可以把《驳圣伯夫》看做是一种 qui n'a pas pris〔没有成〕的结合法尝试。

普鲁斯特按照互不连续的片段构文，而且他同时在不同的笔记本内，以不同的形式，书写这些片段→从"片段"到构文的这种"升格"出现在阅读中→出发点是叙事诗〔rhapsodie〕，目的地是叙事诗→我们阅读时的回忆类型：某种"团絮"〔flocons〕残留在我们的记忆中：祖父的白兰地，一种瓷器的故事，但我们回忆不出其相关性何在；按此我们才能够重读普鲁斯特→在普鲁斯特这部纪念碑式的作品中，存在着某种叙事诗的东西："晚会"（或白天聚会，或招待会），有如叙事诗作品中的战斗场面：一种成功的自在〔en-soi〕；也是某种层片状〔délité〕的东西，它使得普鲁斯特的情节索引始终具有某种非常生动的特点；（Pléiade 版的普鲁斯特全集）这个索引代表着一种作品的"真理"，而不只是一种参照工具；其中像是存在着一台"元文本"〔Ur-texte〕的 X 光透视机。

当然，其中粘贴〔soudures〕和拼接〔montage〕的问题，仍然是谜一般地难解→对此转移〔transition〕（或"非转移"）需要加以分析；我并不肯定这样的分析是否存在，因为人们在《追寻逝去时间》中怀抱着一种对其进行古典式"重构"的因袭欲望（例如以放射方式），但是应该指出，这样的读解反而显露出沉重、天真、（几乎是）束缚的缺点。"长方形" = 凝结化之空间；由加笔〔ajouts〕的多少及其自由性予以证明；可以说，普鲁斯特不断地加笔——"加笔"本质上合于普鲁斯特写作的操作性身份；这就是一种铸造的技法：一旦作品成了〔a pris〕，就可以无限制地向内添加油水；在种种断片面前，会不断地这样说："增加一些部分"→普鲁斯特对此技法，对其构成性价值，具有明确意识；伽利马，正像一切关心不为所谓"作者校正"付费的编辑一样，普鲁斯特（1919年）在致伽利马的信中反对说："因为你在我的书中发现大量你所喜爱的丰富的东西，你说这些正是我以生动方式向你灌输的多余营养，这些多余营养是通过这类加笔运作具体地实现的。"[①]→情况可能是，如普鲁斯特所体验的，完成的作品不是新写就的，而是在其余生中补加的→作品的身份〔statut〕，《追寻逝去时间》的理型〔éidos〕，于是使其成为了一部未终结的〔infinie〕作品。

**制动〔freinages〕**

开始时：待完成的作品，在"幻想式"的光辉中；也是从这里出发→但是，幻想式（这是其"目的论的"定义）与实在发生了冲突。这个实在，最终就是"时间"（"时延"），它是推迟、制动，因此即改变、不忠实（于"计划"）、摇摆不定等的力量→具有改变性的"时间"的两个形象是：1) 写作（书写）"时间"：微观时间

---

[①] 《普鲁斯特书信集》，Philip Kolb 编，Plon, Paris, 1965，214 页。

〔micro-temps〕;"羽笔"的节奏 = "缓慢的手";2)"作品"的完全"时间":宏观"时间";秒,十分之一秒≠月,年。

(1) **缓慢的手**

速度的历史

书写行为的速度 = 文明的一个真正问题。为什么？因为写得越快（在专业性写作用手的时代），就越节约时间和金钱→因此新的写作诞生于较快写作的需要：

a) 古埃及文字 =简单化了的、因使用合字法而使速度加快了的象形文字（因为，我们马上要再说，切断文字线比不切断文字线的书写法要更快）。

b) 苏美尔人为了加快写作颠覆了他们最早的书写系统：从象形字过渡到楔形字，从用凿子过渡到用斜切的芦苇，以避免曲线和改变黏土版的方向。

节约空间（因为书写板昂贵）：梯罗速记法的使用（梯罗是西塞罗解放的奴隶）；从9世纪到15世纪的大部分时间使用如下写法：ff=filii→有时节约空间比节约时间更重要；在中世纪，人们缩短了字词而美化了重音符号，因后者不占空间。为了节约时间，必须了解写作所花费的时间=举笔所花费的时间；例如标点就花费时间→因此，合字法是一种经济化而非美学化操作。我们通常相信文字的正常形态是偏小型的（渐渐将其增大。使用了大写字母）；历史上，却正相反（希腊文和拉丁文）：首先是用大写字母，然后因加快速度的需要，容许了不规则书写，放慢了手势，增加了上竖笔画和下垂笔画→然后小写字母，功能性书写的基本动作的产物是**草书体**：写作的跑步！追求什么呢？时间，言语，金钱，思想，困惑，感情，等等。我的手，与我的语言、我的眼睛、我的生动记忆，以同样的速度前进：造物主的梦；全部文学，全部文化，全部"心理"都将不同，如果手的动作不是比头脑内部运作更缓慢的话。

因此，相对于文学，需要建立一个关于"作品"文字书写速度的资料库；这是一种<u>历史</u>的资料库，因为似乎存在着诸种变异：a）首先，极难重新确立证据。因为，例如在 17 世纪时，人们还没有保存草稿、笔记、方案的习惯。手稿并无神圣性→因此出现了帕斯卡的《思想录》的特殊性格，以至于因其松散、快速、"任意"等特点，而（极难）阅读其写作（书写笔记）。b）对于多数作家，形式是最初浮现的，因此作品（在一种准备之后，此准备可能很长）的写作以一种今天几乎不可想象的速度进行，因为除此速度印象外，还须加上来自出版运作的不可想象之快的特性。米舍莱随着写作完成就将其付梓（狂热而大胆）；例如，他的《中世纪史》（关于路易十四的最后一卷）：1843 年 11 月 6 日，最后一章开始动笔——12 月 4 日，完成写作——12 月 6 日，结束印刷——1 月 4 日，开始销售①→或许还有其他作家的身体？缪塞在一夜之间反复写一部戏（例如《玛丽安的任性》），借助于酒精（苦艾酒）和房内的一位裸身妓女。司汤达在 52 天内写了 500 页的《巴马修道院》：我们则请秘书速记。

这个书写速度问题——与思想速度相竞争——显然为一些"知识分子"所关心：昆提连，超现实主义者，19 世纪末的德国人：知识分子们企图发起一种速写写作法运动——胡塞尔有自己的速记法。

<u>"手"的类型</u>

这个"资料"的基本点 = 能够明确说明是否存在两种"手"

---

① 参见 Gabriel Monod, *Jules Michelet*, Paris, Hachette, 1905, p. 165 sq.

的类型，或者是否因而存在有两种"风格"的类型：1) 普鲁斯特的全部作品，它的冗长性，其短语的几乎无限的连续的特性，他的通信的丰富性，他的笔记方面，这一切都意味着，普鲁斯特手写的速度极快，而且他的全部作品都依赖于这种肌肉的自在移动。普鲁斯特承认（1888 年致德雷福斯的信），自己<u>飞速般写作</u>→"飞速"的前提是，在（肌肉的）手动和（情感的）心动之间按照一种渐进线方式相互接近：手似乎是心的直接部分，它不再是一种<u>去复杂化</u>的工具。2) ≠缓慢的书写法：a) 一种书写法需要不断地提起笔杆，或者由于反思的超自我作用，或者由于不能马上找到恰当字词的失语症；b) 一种书写法，由于与某种心理态度具有同态性，需要<u>压在</u>或施加压力于纸上（这需要花费时间）：<u>书写/绘制</u>→因此想要（甚至于以幻想的方式）从一种滞重的作品向一种轻快的作品过渡（例如，从论说文向小说的过渡），就意味着人们要学习<u>快速写作</u>。

一般来说，我们可以冒险称作品为<u>头与手之间的运动学关系</u>→写作或许要求，思想的速度不能超过手动的速度，要求控制此关系，使其保持最佳状态→由此我们可以理解那些斤斤计较于笔纸选择的偏执狂型（从他人眼光看来）作家。那些异于通常族群的作家所特有的古怪幻想，就被人们愚昧地嘲笑为"疯狂"。

(2) 作品的完全时间

参数

福楼拜最奇特的话语之一就是平静地宣布，他必须完成的书需时 6 年。但是，在 6 年中如何知道自己将在何处，自己与世界的关系如何？书籍，作为被固定的对象，即作为被完成、被建构、被预先筹划的对象，是由一个主体写作的，而此主体永远也不能保证自己的固定性。当"计划"被决定时,"写作"的缓慢工作正要开始,因此出现了焦虑。普鲁斯特:我有时间在死前完成它么?＝我有时间在我本身变化前实现其预定的形式么?某种爱因斯坦式的问题:自我的非同一性应当产生一种由同一性规定的对象→同样被帕斯卡表述的非同一性:"我感觉一种恶念在阻止我同意蒙田的说法:精力和坚毅都随着年龄而趋弱。我不希望如此。我想成为我自己。20岁时的我已不再是我自己了。"① 因此当作品开始写作时,滋生了将其完成的急切心理:对自身的警告。经常出现厌恶和动摇,因为我不再紧贴作品,但我必须坚持下去,只要它是预先策划好的→除非在"作品计划"内纳入主体的变异性和作品的"参数变异"〔variation paramétrique〕;但是在古典文学内非常少见的是,使主体的"参数"成立的唯一形式就是"日记体","相册〔式写作〕";但它严格来说不是"书"。

**作品的断裂**

自我的变化或改变可能如此突出,作家在制作过程中会<u>改变"作品"</u>→"作品"的断裂;浮现于读者心中的明显例子是:米舍莱正在完成他的关于路易十四的《中世纪史》;通常这是预先设定的,作品应当相关于君主制的几个世纪;但是他获得一种启示,或者过于急切了:他感觉到并决定着(1842年)应该立即改为写《法国大革命史》;这样他就中断了和改变了法国史的写作进程(很久之后,他按照一种激烈、偏颇、有些疯狂的完全不同风格,写出了16、17、18世纪的历史)。他的自我改变了,而且这种改变迫使他改变了作品计划:主体的何种变化,何种改变?存在着传记式的、

---

① 《思想录》,771节,267页。

丰富的说明：a) 基内（左翼斗士）；b) 在法兰西学院听其讲课（非常激动人心的课程）的革命青年一代的影响；c) 教皇权力至上者之攻击促使米舍莱极端化了他的态度——或者毋宁说，他的姿态（如目前人们所说的）：否定中世纪和教会。① 米舍莱本人对此的说明，与其说是传记式的，不如说是神话式的，或毋宁说是一种神话心理学式的，它展现出"想象界"的摇摆性：

### 米舍莱：《法国史》

我通过路易十一世进入了几个君主制的世纪。一次偶然的深入思考促使我卷入了有关研究。一日路过兰斯市，我仔细查看了宏伟的兰斯大教堂，主持国王加冕礼的豪华教会。

在80步高台上的教堂内可以巡视的内楣，使其看起来如此迷人，满布着花朵和经久不断的哈利路亚之声。在空荡荡的巨大厅堂里，人们总会以为听见了被称作人民声音的巨大而庄严的喧哗声。人们以为在窗子上看见了放飞的鸟儿，当教士为国王涂圣油以表示在国王与教会之间缔结了圣约之时。我步出教堂，站在穹隆之上，香槟地区的辽阔景色一览无余，然后直达位于唱诗班上方的小钟楼。在那里，一种奇异的景象让我猛然惊悚。圆塔上围绕着一圈酷刑犯图像。有的囚徒脖子上拴着绳子。有的囚徒失去了耳朵。四肢断残者的悲惨状，比起死者来有过之而无不及。他们这样对么？多么恐怖的对比！竟然如此！庆典的教会，国王的婚嫁，作为婚礼项饰，具有一种阴郁的光彩！这种人民的示众台，被安放在教堂祭坛上方。但是，他们的眼泪，难道不会越过教堂穹隆滴溅到国王的头

---

① 这一情况来自阅读 Mond, Gabriel, *La Vie et la pensée de Jules Michelet*, t. II, Paris, Champion, 1923, p. 43.

颅上么？大革命的、上帝愤怒的涂油仪式！"我不理解君主制的几个世纪，如果首先，在一切之前，在自身之内，确立了人民之灵魂和信仰。"我对自己这样说，而且在路易十一之后，我将写大革命史（1845—1853）。人们惊讶莫名，但不会从此就变得更为明智……①

我愿顺便指出，"改变"是一种对"信念"〔doxa〕提出大量问题的行为；不忠被永远视为恶行——我将说：甚至于当人们称其为"皈依"时；信念所赞赏者乃为某种固定性，即意见的持久性（为什么？或许仍然是封建道德的问题）→思想"改变"形态学的可能性：1）永远不改变＝战斗者。2）改变，但在每次改变时将其教条主义化＝克洛维斯综合症：崇拜焚烧过的东西或反之。3）改变，变化，但以一种非教条主义的方式，如同生命帷幕（摩耶幻想式②）上的一种波纹状（即静悄悄地）的反射：参见尼采在《看呐，那人》中所谈的"摇摆不定"。

(3) 故障

腌渍态〔marinade〕

"腌渍态"这种制动机制→往往以非常偶然的方式引起写作的中止或故障→福楼拜将其以身体的方式表现为"腌渍态"：离开书桌（我说过书桌具有物恋式的"神圣性"）并精疲力竭地倒在长沙

---

① 米舍莱：《法国史》，"1869 年前言"，Michelet，Jules，*Histoire de France*，"Préface de 1869"，Paris, Librairie internationale，1871，p. xxxv - xxxvi.〔Robert Laffont, S. A. Paris, 1981，p. 30 - 31. 本引段最后一句，实为原文中谈论新写作计划的另一段中的首句。——中译者〕巴尔特从他的档案夹中抽出了标题为"断裂"（删除掉了）的卡片，在卡片上他写下了这段引文，并用胶带把它粘在手稿上。

② 在佛教里，摩耶帷幕指出世界如幻。

发上（因此在书房永远必须——或不必须——有一个长沙发）。这样，福楼拜说（1852 年，31 岁）："有时我感到空虚且什么也表达不出时，涂写了好几页纸却发现连一个句子都未完成时，我就瘫倒在我的长沙发上，陷入一种内心烦恼之泥淖……"①（我引用此记述时颇怀同感，因为我自己也常体验到"腌渍态"，但注意：我并未将自己与福楼拜同一化或与之相比较。）→而马拉美说（1893 年）：在摆脱教职时期待着"在文学中真正开始"，却感到陷入"一种笔端滞涩状态"。

困难

因此就出现了故障么？对福楼拜来说，找不到思想的表达法；唯一萦绕于怀的就是风格的故障→其他可能的无力感来自思想和计划的滞碍；种种怀疑和乏力像红斑似的从内部向外袭来→意气消沉，"溃败感"（福楼拜）→但我喜欢给予"阻碍"〔panne〕一个更典型的定义：突然涌现一种感觉，即写作困难到不可能继续下去（福楼拜，1857 年，36 岁："写作对我来说已经越来越不可能了"）；或者，在写作中涌现一种困难感，<u>因此不可能再清楚地看出其起源和性格</u>（参见无意识）；因此，一种不可能战胜此艰难的挫折感遂油然而生。

解决

如何解决"故障"问题？（或者至少是如何缩短故障；因为，

---

① 福楼拜致路易斯·柯莱的信，1852 年 4 月 24 日，见《作家生平序言》，69 页；巴尔特在《福楼拜和语句》一文中引述过此句（《全集》，卷 4，78～85 页）（参见《罗兰·巴尔特文集：写作的零度》中文版，125 页注③，此处同一中译文中将 divan 一词从"床"改译为"长沙发"。——中译者）；参见 32 页所引 1878 年 4 月 15 日提到的"腌渍态"。

实际上,"故障"像是一种恋爱中的病态,须独自加以治疗。)例如(这取决于主体,也取决于书籍):

a)不管是什么药物:缪塞的苦艾酒就是今日的安非他命→二乙胺苯丙酮的作用→①自在感,大胆本身,克服写作乏力的满足感;但是,效果消失了,重读自己文章时丧失了兴趣,或者至少是兴趣的减退;药物并不给予才能,而是一时地给予人拥有才能的意识;对于取消故障有用的谎语癖的发作:某种人为的起动机制。

b)有时(这取决于书籍)出现了自指示的〔autonymique〕技巧(="字词不指示客观所指物〔référent〕而是指示着自身"):"我枯竭了;我写出'我枯竭了'"→在某种意义上,一切当代文学都是自指示性质的;这就意味着作为文学的自指示性就是写出<u>写作</u>的不可能性:布朗绍→试想人们通过注释此"故障"(好像我现在顺便所做的那样)将予摆脱(实际上不可能摆脱)的一种严重"故障"。

c)作为解决法,人们可以梦想一种神经症式的技法或灵活性:按照各种困难及各种故障,在自身运用不同的神经症;例如,对于起始阶段故障:克服纸页障碍、产生想法和激起迸发的灵感=歇斯底里式活动≠风格、校改、推进诸阶段的故障=强迫官能症式的活动。

d)就"故障"乃由"他人"("重要的他者")对自身创作投射之想象性视线所激发而言,好像他人是自己行为的监督者似的(在进行某种困难事物而被他人注视时所引生的困扰),一种来自"想象界"的解决方式出现了:人们人为地区分着出于"愉悦"的写作和出于(对"他者"的)"恐惧"的写作;人们写作(愉悦)但对

---

① 75毫克的 Tenuate Dospan 可作为食物疗法的辅助治疗药品,同样可用于医治嗜眠症。

自己说（纯想象地）并不打算将其出版：这将使写作获得解放（这样以为）。福楼拜（1871年，50岁）："好像什么也不是，我为我的《圣安东尼的诱惑》〈这将是第三稿〉做笔记，我明确决定：完成后不将其发布；<u>结果我可借助充分精神自由状态来工作了</u>。"① 问题陈述得很清楚，因为思考的目的不是不予出版的问题（《圣安东尼的诱惑》完成于1872年6月，出版于1874年4月），而是使精神（笔端）<u>解放</u>的问题。"<u>不出版</u>"，乃是某种半修辞学、半魔术性的象征姿态，很多作家都大量使用着：

当然包括福楼拜；他做过无数次的表白："说真的，出版的事真是极端愚蠢。"（1853年，32岁）"如果我把它〈完成的作品〉交付读者大众，真是愚蠢透了，一种公认观念是〔书籍完成后〕<u>必须出版</u>，我则根本没感到有此必要。"（1862年，41岁）以及1846年（25岁）："但是我什么也不想出版。想法已定，这是在我的生涯严肃阶段作出的一种誓言。我以绝对的无利害考虑来进行工作，并无私下盘算，也没有其他挂虑。"②

卢梭："人们对我所作所为的刺探，人们对我的书稿的关注，人们对它的侵夺，人们对它的压制，人们对它的窜改〈＝对'他人视线'的描述被视为操纵者〉，今后这一切对我来说都无关紧要了。我对它们不加掩饰，也不予揭示。如果人们把它们从我的生活中夺走，他们既不能从我已完成的写作中夺走快乐，也不能从写作的内容中夺走记忆，更不能夺走已结成果实的孤独沉思……"③

---

① 福楼拜致 Ernest Feydeau 的信，1871年8月8日，见《作家生平序言》，246页（下画线为巴尔特加——中译者）。

② 同上书，126、222、38页。

③ 卢梭：*Les Rêveries du promeneur solitaire*, Paris, Garnier, 1947, p. 657.

波德莱尔:"对于使作者满意来说,不论读者是男士还是女士,他们对书籍的某种理解,难道真是必要的么?〈'献词的幻想',波德莱尔在下面短语中自己加以削弱的。〉归根结底,书籍是为某人而写的想法是必要的么?"①

〔作品〕<u>不出版</u>,含有不同类型:a) 作为个人笔记之用,并无诉诸某位读者之意:帕斯卡在其死时被发现的稿纸;不为出版的个人思考,"辩护"之用的笔记＝只是为自己理解所需的一定量的信息。b) 出版,作为一种最低限度的行为,一种摆脱一切想象力激荡的<u>平淡</u>行为。维尼(《日记》,164 页):"一个有自尊的人只有一件必做之事——出版,但不为了迎合他人而忘记自己的书旨。"② c) 否定死后出版。纪德(1947):"真理就是,归根结底我不相信任何死后出版。"③

我再谈与此极端相对立的态度:对出版持有<u>单纯</u>的热情;下例来自传说,因为相当狂妄:斯维登伯格④(伏尔泰的同时代人),主教之子,大量资产持有者,精英分子,富裕,荣誉,人际关系显赫,不断地旅行。但是,作为旅行家,他似乎仍然习惯于<u>在城里大量写作,并在城里</u>(用拉丁文)<u>印制</u>:在城里写书,在城里出书

---

① 波德莱尔:《献予 J. G. F.》,见《波德莱尔全集》,345 页。
② Alfred de Vigny, Journal d'un poefe(1985), Louis Ratishome 编。我们没有找到巴尔特使用的版本。
③ 1947 年 10 月 29 日所谈,参见 poefe (1985),Louis Ratishome 编。我们没有找到巴尔特使用的版本,Nr. 7, Paris, Gallimard, p. 75.
④ E. Swedenborg (1688—1772),诗人,数学家,地质学者,物理学家,放弃了自己的科学研究,完全献身于神智学〔théosophie〕。他的著作在欧洲广为人知,他自己是书籍装订家,将自己的作品制作完毕,到处散发。巴尔扎克、内瓦尔、波德莱尔或布雷东,均深深受其研究的影响。

(但是在全欧洲的城市)！

这些解决法：是人为性的＝实际的解决，谦逊而朴实，充满道德性（劳作的道德）：确定方向，即进行<u>限定</u>，<u>抽离</u>不适当的，进行改正（即加以删除）→ 最重要的是：重读每一页→ 极坏的印象→ 故障，腌渍态："一切如此之糟，我不能写作，我什么也完成不了"，等等。→在此：起立，回到书桌，确定困难之处；一般来说，不是很多，但传染性强；不一定意气沮丧，并不断记起文本按其性质来说应该是诸<u>细节</u>之织体。故障的解决法：为"不适当者"<u>定位</u>。

**结论：厌倦**

各种困难、延阻以及放弃的诱惑，它们的不断返回构成了写作的第二试炼。忍耐的时间，与一种歧义的力量之间具有一种隐蔽的关系，此力量既是诱发性的，又是破坏性的：此力量即是<u>"厌倦"</u>〔ennui〕。

**慵懒**〔acédie〕

厌倦：这个词本身成为对其自身语源学的嘲弄：使厌倦＞〔大于〕拉丁文 inodiare＞〔大于〕in odio esse：成为憎恨的对象。但是，此词的意义在 17 世纪时比今天还强得多（可憎的痛苦，不可忍受的苦恼，激烈的绝望），今天它意指着完全相反的东西：一种无恨无爱的状态，一种冲动的丧失。（注意这一点，因为这种语义学的问题吸引着我的注意：错误读解的功用问题："在东方不毛之地，我的厌倦是什么。"）① ＝ 1."真正的"文献学解释：我的激烈的失

---

① 拉辛的《蓓蕾尼斯》剧中第一幕第 4 场中 Antichus 的台词。1964—1965 年间，巴尔特和雷蒙·皮卡尔围绕着拉辛进行的辩论，使语义学的解释问题发挥了特别的作用。参见巴尔特的《论拉辛》(1963) 和《批评和真实》(1966)。

望是什么呢。2. 文献学上错误的解释，但在美学上由于涵指作用而成为正确的：东方，与空荡荡的灵魂陷入不安境地意义上的厌倦一致。→实际上，这个词的意思是曲折的：它可以说相关于一种软弱力量，一种欠缺强度的强度感。从此角度看，按照一种"能量道德"观点（道德就是一切能量的道德，除了佛教之外），"厌倦" = 一种严重的过失：慵懒（参见第一年的课程①），丧失欲望和希望；"欲望"的无效是一种比希望的无效更严重的错误；实际上，但丁将那些在欲望中生存而无希望的人置入地狱边缘（第一圈），而将那些既无欲望也无希望的怠惰者〔accidiosi〕置于低得多的第五圈。那些被置于斯太克斯地狱河淤泥里遭受窒息惩罚〔contrappasso〕的人：他们是字面意思上的陷污泥者〔vaseux，亦指：乏力者，下贱者——中译者〕，由此我们看到作家陷于故障之意，也就是倾向于"厌倦" + 其他的连接：慵懒〔accedia〕→按照神学拉丁文用语：pigritia〔怠惰〕，一种死罪；此词的法文翻译 paresse〔怠惰〕意涵减弱了：人们不能理解为什么怠惰会严重到陷于死罪。但这个词语应该这样理解：阴郁的怠惰，是"人"的反自然状态，因为他们失去了欲望、志向和道德根芽；而这也正是陷入故障的作家所经验的：一种绝望的怠惰→整个基督教都感到"厌倦"是一种巨恶。帕斯卡："对于人来说，最不可忍受者即为陷入了完全休止状态，没有激情，没有工作，没有娱乐，没有精神集中。于是所感觉的只是自己的空虚、孤独、不安、依赖、无力和虚无。从其灵魂深处流

---

① 慵懒概念（"消沉状态，伤感，忧郁，厌倦"）是巴尔特在1977年1月19日进行的"如何共同生活"讲课的第一年课程中一种特别展开的对象。参见该讲演稿53~56页。巴尔特同时在"小说的准备"演讲开场白中提到此概念，见本书第28页。

出的是厌倦、晦暗、悲伤、忧郁、愤怒和绝望。"①注意：基督曾经短暂自我承担此罪行，当他这样说时："Tristis（est）anima mea usque ad mortem."②

### 叔本华

叔本华视厌倦为人类的形而上学条件；欲望的深刻真理，每人的秘密真实："生命有如自右摆向左、自痛苦摆向厌倦的钟摆。"③ →"厌倦"的（诸特征中的）两个特征是：游乐和周日。帕斯卡关于娱乐本身就是厌倦的观念；厌倦＝一种"套桌"的嵌接，一种海市蜃楼建筑；年轻的夏多布里昂在去巴黎剧院时说的好："通过使我厌倦来使我解除厌倦。"④ 从叔本华出发，向前和向后，存在一整套关于"厌倦"的资料：先是浪漫主义，之后是象征主义→莫拉维亚的小说：《厌倦》→在更一般的意义上，我考虑过将"世纪病"或多数的"世纪病"作为一种课程的题目，因为今天不少人自称陷入了厌倦。但是在这里，我们只当视其为一种风格："厌倦"和"写作"的关系。

### 艺术

但是，似乎在众多例子中——那些为我们提供了主要引用资料的例子（从 1850 年到 1920 年）——"作品"的意志在"厌倦"的背景上消失——从夏多布里昂到福楼拜，再到马拉美。福楼拜，

---

① 《思想录》Ⅱ，259 节，122 页。
② "我的魂非常忧愁，几乎要死"，基督在客西马尼花园里对彼得这样说（《马太福音》，26：38）。〔本句及译名录自《圣经》（新世界译本），纽约。——中译者〕
③ 叔本华：《作为意志和表象的世界》，法译本，394 页，巴黎，1966。此句巴尔特可能录自 D. Raymond 的《叔本华》一书，巴黎，1979，对此他曾提过。
④ 《墓畔回忆录》，卷 1，187 页。

1846年（25岁）："我生来厌倦；这是一种对我有腐蚀作用的传染病。我对一切都感到厌倦：生活，自己，他人，等等。"① →请注意，"信条"对此人生观极力抵制，将其贬为"悲观主义"，认为正确的是以由精力、生存快乐、勇气之类的天真乐观的名义来抗拒悲观主义（但是，悲观主义像乐观主义一样愚蠢）。因此，在此背景下，作为艺术的写作消失了；实际上，艺术是这种<u>摆脱厌倦</u>的令人惊异的力量；艺术是"厌倦"的切断（如电力中的断流），是另外一种形而上学对早先形而上学的切断→夏多布里昂再一次以自己的方式，用一种奇怪的语句亲自明确说："如果我模塑了自己的造人之泥，也许我被'变女激情'驱使而被造成了一位女子；或者，如果我把自己造成一位男士，我会被赋予美丽外表；之后，<u>为了防止厌倦，我的这个强敌，我最适合成为一名优秀而无名的艺术家</u>，并只在孤独中使用我的才能。"②（永远<u>"不"</u>予发表）→这种切断，这种通过艺术在厌倦内形成的裂口，出现于、铸造于写作的细微实践内：每日的写作就是摆脱厌倦。福楼拜（自己生来厌倦；他继续说）："依据意志的力量，我最终建立了工作习惯；但是当我中断工作时，我的一切烦恼就浮上水面，有如一具肿胀的兽尸翻出其绿腹，并污染着呼吸的空气。"

**坠落本质之外**

当然必须彻底地谈论此一主题："艺术"有"反厌倦"、"除厌倦"的本质；或者也可以说，为了不陷入"反"的陷阱，必须逆向行之："厌倦"＝一种与作为能动力量的艺术（"写作"）对立的反

---

① 福楼拜致路易斯·柯莱的信，1846年12月2日，见《作家生平序言》，44页。
② 《墓畔回忆录》，131页（下画线由巴尔特加——中译者）。

应性力量。结果,写作的"故障"(各种起动机制,各种困难):这种本质外的坠落,因此使之迷失于日常生活中,感觉像是一种严重罪责感的反复出现→在此存在着"厌倦"的两面性脆弱;在"厌倦"的背景下,可以说,写作是为了摆脱厌倦,但在工作的内部,涌现了一种阻碍写作的第二"厌倦"(或许是第一"厌倦"的替代者)。马拉美(1864年)说:"很久没有写作了,因为忧愁完全俘获了我",以及"我竟感到真的要死了:厌倦在我这里成为一种心病,我的彻底无力感竟使得任何轻微的工作痛苦不堪"①。

我相信,最后一种明确的评论是:"自指示的"〔autonymique〕回复〔récupération〕在此不起作用。我说过,有可能说:"我筋疲力尽,那么我来写出'我筋疲力尽'";很多人——也许一个世纪以来——都说:"我了解厌倦,那么我来写厌倦";这就是浪漫主义者(我把从卢梭到普鲁斯特的许多人称作浪漫主义者);夏多布里昂,拜伦,马拉美;关于"因厌倦而写作"的最终的反讽性处理:写出了《帕吕德》的纪德。但是,准确地说,即使这是同一种(无疑不止一种)厌倦,这也不是同一种厌倦的<u>意向性</u>;这是一种把人类生存作为"厌倦"(作为条件)加以意向化的事物(而动物究竟是否厌倦呢?)。以及在此工作、活动之内部,有时把工作作为"厌倦",作为一小片"厌倦",加以意向化,此"厌倦"也就陷入了<u>深渊</u>,即阴险地、倒错地陷入了"厌倦图景"→如我所言,抗拒此"小小"厌倦,只有一种解决方法→即采取<u>实用性</u>的(一件一件地,一时一时地去斗争)以及<u>能动性</u>的(信赖"写作",信赖"艺术")方法。

---

① 马拉美致 Henri Cazalis 的信,1864 年 3 月 23 日,致 Albert Collignon 的信,1864 年 4 月 11 日;《马拉美通信集》,172、175 页。

# 1980年2月16日讲义

## Ⅳ. 第三试炼：分离

现在到了第三试炼。第一试炼多多少少具有特定性，无论如何是开端性的："选择"。第二试炼某种意义上是恒久性的，无论如何是持续性的：（"创作中的"）"忍耐"。第三试炼可以说是反复性的，它作为一种困难感情在工作过程中具有反复性，却永远不可能完成对其确定的探索：专心于写作者，感觉到与世界的<u>分离</u>；不只是一种身体性的隐遁行为，而且是一种最终赋予罪责感的，<u>与价值断绝、别离、分离的感情</u>；其人脱离世所公认的价值，切断连带性，放弃某种共谋关系；如果他仍然是和世界<u>同在</u>

的，则是通过一种曲折方式，有时他对此是难以承担的：其人感觉处于（俗世）背教状态→因此，可以说或如人们所说，这与一种道德性试炼相关。

**仿古主义〔archïsme〕和欲望**

现在浮现于集体意识或半意识中者，就是一种文学仿古主义，因此就是一种边缘化作用（→人们总是把边缘性想当然地看做是"年轻人的"、多多少少是前卫性的现象；然而也存在着"时间"和"历史"的边缘性，后者对于定位和理解也是重要的）。但是我们的问题正在这里：这种文学的"仿古主义"是与同一文学的一种强烈欲望同在的（参见本课程开端）。

**怀古主义〔passéisme〕**

我已谈过，明显的以及意识到的——因为我在对其陈述着——仿古化〔archïsation〕＝被引用素材的，因此是所引用的概念、姿态、实践的一种怀古主义→从来未曾超越普鲁斯特，即一位作家——或许是最后一位作家——被完全纳入文学的典范〔canonique〕概念（实际上是浪漫主义概念，见后文[①]）→今日所写书籍的百分之九十五可能都与我所讨论的问题无关。

**非现实性〔inactualité〕**

仿古化的另一个特征：在我所关注的（"写作"）、对我来说颇为棘手的现实性和周围世界的现实性之间，发生了不相适应的突兀感情；在各个领域，他者〔对我〕都成为非现实的了→残酷地产生出了各种困惑、嘲弄→例如，1979年10月10日这一天我思考着本

---

① 参见375页。

课程中的这样一个重要问题:"当企图写作时还能读书么?"我望了一眼"世界"栏目(《解放报》),这个世界跃入眼帘,使我个人的琐细观念显得微不足道:警察的过失,摩托骑警的暴力,核废弃物问题,舍布尔码头的冲突,学童免费午餐的废止,各种左翼激进主义的议题(警察署用暴力对待移民劳工,〔意大利极左分子〕佩皮尔诺的遣返问题,戈尔德曼被刺杀问题,等等)。

菲力克斯·瓜达里对此种种问题向共和国总统提交了一封语气庄重的信件①——这些都发生在我为了一部文学作品而长时间地思忖如何能够专注于工作之时!→对那些打算忘记"现实"的人而言,有一种始终存在的胁迫〔chantage〕。

### 活生生的欲望

可是(在此词〔cependant〕的严格意义上,有如说 eppur si muove〔可是地球在运动〕),在此时代错误性罪责的隐藏基础上,存在着"写作"的"非现实性",一种无法妥协的欲望。或者,就此欲望本身是仿古性的〔archaïque〕而言,欲望顺应着文学的仿古主义:a)首先因为一切欲望都是仿古性的,根源于自我之隐蔽性的、未开发的区域;b)其次,更为切题的是,因为写作欲望即使不存在于幼年,至少也存在于青少年身上;我们谈过,文学"天职"的觉醒期几乎与青春期一致;存在着一种不属幼童而属青少年的固结性心态〔fixation〕,一种准仿古主义,与其说它与严格意义上的俄狄浦斯情结相关,不如说它与爱情相关。

---

① 菲力克斯·瓜达里于1979年10月5日写给吉斯卡尔·德斯坦总统的信,该信发表于10月10日的《解放报》,该文其后并未另行出版。

毫无疑问，由此可以说明，"写作欲望"抵制一切来自"现实"的压力，此现实被视为"健全同化的形象"，或者它经常活生生地涌现：具有极其反常的活生生的、切身性的特点，而且，它被自身的现实性，被其炽烈的、不妥协的现实性所活跃。1979年8月29日，在飞往比亚里兹的飞机上，我阅读帕斯卡，被此文本，被此文本的<u>真实性</u>（一种文本的真实性不是它所谈论事物的真实性，而是——作为一种悖论的概念——<u>文本形式的真实性</u>）所深深打动，我于是对自己说：热爱文学，这就是在阅读时驱散有关其现存、其现实性、其直接性的各种怀疑；这就是相信、目睹一位活生生的人在谈话，有如其身体正在我的身旁，比霍梅尼和博卡萨更具现实性；这就是帕斯卡在畏惧死亡，或者对死亡惊惧到昏眩，这就是去发现这些往昔的语言（例如"人世的悲惨"、"邪欲"，等等）在充分表达着存于我心间的现在的事物，这就是<u>不去感受对其他语言的需要</u>→实际上，<u>现在性</u>〔le présent〕= 与<u>现实性</u>〔l'actual〕为不同的概念；<u>现在性</u>是活生生的（我正在亲自创造它）≠<u>现实性</u>只能是一种<u>杂音</u>。

**走向死亡者**

再补充一点：这种对文学的欲望，可能是比我所能准确感受到的文学正在衰亡、正在废弃一事，更加强烈，更加具有活生生的特点，更加具有现在性：在此情况下，我以一种刻骨铭心的、甚至是撼动身心的恋情，热爱着文学，有如正在爱恋着、并以双臂拥抱着某种正在走向死亡的东西。

## 失效的记号

<u>文学</u>作为能动力量，作为活生生神话，不是陷入了危机（过于

廉价的表达），而是或许正在死亡，这样一种看法＝某些表达"衰退"的（或表达"苟延残喘"的）记号。这种看法也许很主观；简单举些资料作为补充，即举出几种可供探讨的例子。

(1) 教育

应该首先认真说明一下文学教育的现状。"学校"〔cole〕同时是（比大学更是）热爱文学和视文学为神话的场所，即对其文学或尊敬或嘲讽的态度之形成场所：普鲁斯特和吉塞勒的论文①→但是，对此我并无资格判断：不可能证实教师和学生的态度；我假定，对最后一点而言，诊断并不高明→这是一份非常复杂的资料：

1) 因为文学的形象非常直接地依存于政治的（经济的和社会的）现象："权力"想使"文学"后退以有利于各种"技术性的"（＝专家政治的）职业，并对教师职位采取一种马尔萨斯主义，等等→对此需要一种关于文学"教师形象"的演变和衰落现象的研究；

2) 因为作为实践的"学校活动"转变为"坏形象"状态，在其中风格受到毒害；存在着一种文学写作的意识形态之不幸，它同时卷入：a) 支配阶级的所有物之内；b) 对其加予的轻蔑性的历史低估之中；c) 一些人持有的神话之中，即认为形式的实践是一种过分雕琢的、"颓废的"活动；d) 如下事实中：文学的继续成为学界的职责→从中最后产生了来自知识分子本身的各种攻击；福柯要求："最终提高能指的绝对性"，"排除文本分析的种种学界旧方法

---

① 吉塞勒是阿尔贝蒂娜的朋友之一，他报告了为获得文凭所进行的法文作文考试。题目是"索福克勒斯从地狱中给拉辛写信以安慰他在《阿塔里》上的失败"，他对这位少女的回答给予"叙事者"以机会，并对文学教育给予讥讽的评论。参见《追寻逝去时间》，卷2，《在少女们身旁》（第二部分），264页以下。

以及关于写作的单调的和学校的威权的种种概念"① → "风格"作为学校的现象而被"现代主义"所拒斥。塞丽娜：相对于我称作学士学位风格的讽刺，也就是对伏尔泰、勒南、弗朗斯的法文的讽刺。（但是，如果我自己却对此风格存有一种倒错式的爱好呢？）

（2）领袖

另外一种明显的变更——但我只描述一个资料中的案例：文学领导的消失；至少两百年间，文学是一个有关诸大小形象组成的巨大等级结构；所有知识分子（"社会介入者"）一体地均为"作家"→"作家" = 社会的神秘形象，"各种价值"的结晶。仅仅在两次大战间就有诸多领袖人物：莫利雅克，马尔罗，克洛代尔，纪德，瓦莱里→ 他们都消失了，却并无替补者：马尔罗是最后一位；还有阿拉贡→ 这种变化应该从萨特现象的层次上加以观察和分析，他是神话自我破坏的形象→ 我们可以把这种〔文学领袖〕消失现象，以一种通俗的、反讽的方式归结为：法国不再有"诺贝尔奖候选人"了。

（3）"作品"

本课程本质上是如此具有"仿古性"，其对象在某种意义上不再限于文学世界：例如"作品"概念。人们说，写作的人在生产着、想要生产着书籍，但是不再有或几乎不再有这样一种"作品"

---

① 引文选自福柯关于 P. Rivière（1835 年因杀父判罪）的送审书稿资料的评论。福柯在介绍资料时说明道："材料存在的芳泽和统一性，既不是相关于一部作品，也不是相关于一个文本"，并因此主张创造新的话语工具。参见 *Moi, Pierre Rivièra…*, Paris, Gallimard/Julliard, col "Archives"，1973，p. 18. 这种说法也为其下列著作的中心主题：*L'Ordre du discours*, Paris, Gallimard, 1971. 该文为其 1970 年 12 月 2 日在法兰西学院就职讲演时宣读的。

的典型意向性，此作品作为个人的纪念碑，作为精力全面疯狂投入的对象，作为个人的宇宙：由作家通过历史构筑的基石（由此产生索莱尔斯著作<u>天堂</u>之例外的、最终<u>时代错误性的特性</u>）。理由呢？（实际上，由于这种现象，我们永远不知道它是否相关于踪迹、指标或原因。）毫无疑问，这就是：写作产品不再展现一种"价值"，一种能动"力量"；它不再联系于或大体联系于一种体系，一种教义，一种信仰，一种伦理学，一种哲学，一种文化→写作产品成为在一种<u>无制动器</u>的意识形态（世界）潮流中产生的东西；但是"作品"（以及作为其中介的"写作"）＝正好是一种制动器，它可使此<u>放纵之轮</u>止住；定式化的放任之轮或疯狂的放任之轮；"作品"：不是虚无主义的（尼采：虚无主义＝当至高价值被贬低时）。

（4）**修辞学**

"写作行为"不再是一种教育法（在此词的广义上）的对象：

a) 众所周知，修辞学，即<u>一种为了达到特定说话效果的教育学技法（技术）</u>不再存在了：言语活动不再被设想为效果机制。我不再强调修辞学的制度性"死亡"，因为我于1965—1966年间在高等社会科学研究院〔EHESS〕开设了研究班。[①] 修辞学被贬低了，被技术化了→"表达的技术"（意识形态十足！），文本的缩写，<u>写作法</u>〔writings〕等。但是，在修辞学教育和我所谈的作家的写作之间存在一种紧密的关系。修辞学＝写作的技法（≠阅读的技法→更多的言语活动技法）。

*356*

---

① 巴尔特在此指题为"修辞学研究"的研究班，这是他连续两年（1964—1965和1965—1966）在高等社会科学研究院开设的。参见该研究院年度报告中关于此研究班的介绍文（《全集》，卷2，747～749、875页）。

b）不再存在于制度和教育层次上的这种"写作教育法"（心理指导法）的一种高级形式是：作家们相关于写作实践问题的相互沟通→同行间的修辞学：通信（福楼拜，卡夫卡，普鲁斯特），以及年长者给年轻者的"劝导"；请注意里尔克的美丽信札：《给青年诗人的信》。但是这类"劝导"消失了：不再存在有"传达"→下面举出科萨塔尔表白（今日读来仍然令人惊异）的令人吃惊的、时代错误性的特点，却使我感动莫名（勒盖的手稿《文友俱乐部》，第22页[①]）："我给一位遭受写作困难的年轻作家以劝导——如果给予劝导可以证明友谊的话——一段时间来他停止了为自己的写作，并从事一些翻译工作。他翻译了优秀的文学作品。有一天他感觉到他能够以前所未有的自如感写作了。"（《科萨塔尔通信集》，Edhasa，1978）

c）"对作家劝导"的"基本"形式，最终不是相关于写作实践，而是相关于"写作意志"本身："写作"作为一种生存的"目标"＝对以下问题的回答："我应该写吗？继续写吗？"——所有的（福楼拜，卡夫卡，里尔克）回答是：这不是一个天赋、才能的问题，而是生存〔survie〕的问题；写吧，如果不写作就肯定衰亡的话（自然，这种生存被称作天职）：福楼拜（1858年，37岁）在致M. X. 的信中说："我想要给你写一封很长的信……如果你感觉到对于写作的一种不可抗拒的需要时，并具备一种〔希腊神〕赫拉克勒斯的气质时，就好好写吧。如果没有这种感觉，就不必写了！我深

---

[①] 这份手稿由勒盖于1979年交予巴尔特，他是与巴尔特接近的学生之一。几年后该文发表于《小文学制造坊》，巴黎，Magnard 出版社，1984。科萨塔尔引文的翻译者是勒盖。

谙文学之道。它决非轻松易为的职业！"① →因此，"劝导"在于引导他人朝向自己的欲望，或更准确地说，朝向<u>对自己欲望的认识</u>；但是认识自己的欲望并非易事，很多人都在有关写作意图的问题上自讼不绝，毫无结果（＝优柔寡断）；这或许只是因为，归根结底，他们并无真正的欲望：虚假的写作欲望掩盖着主体所不知的其他欲望；这只是一种<u>可变换位置的</u>征兆→但是这也只有主体本人才能够知晓：劝导的给予者在自知应该加予他人的自恋主义式伤口前不无踌躇，如果对他说：<u>不要写作</u>或<u>写作毫无价值</u>→因为"失写症"（agraphisme）名声不佳。——但是苏格拉底呢？——是的，但苏格拉底将其间接的写作"目的"〔télos〕转移到柏拉图等人身上了。

总结一下：按照我的经验，今天对于<u>实践的</u>劝导不应再提出任何要求；但是永远有一个通过写作进行认识的强烈要求→所改变的东西已经消失＝不再有写作欲望（因此这或许是超越一种被限定的社会性），但是如下感觉也已丧失：写作与一种劳作、一种教育法、一种创始性相联系着。写作冲动显示于一种非现实主义的单纯性之中：拒绝思考"中介作用"；这种劳作不再流行了！

（5）**英雄主义**

我说过：文学领袖的消失；这仍然是一种社会的概念；领袖＝在"文化组织"内的形象→但是在作家社群内（我对他们不拟提问，以避谈衰退的问题），应该使用另外一个较少具社会性而较多具神话性的词：<u>英雄</u>。波德莱尔对爱伦坡的谈论＝"最伟大的文学英雄之一"→正是这个文学英雄的"形象"——或"力量"——今日失去了生气。

---

① 此信写于1858年4月，见《作家生平序言》，200～201页。

a）如果在想到马拉美、卡夫卡、福楼拜甚至于普鲁斯特（即写出《追寻逝去时间》的普鲁斯特）时，"英雄主义"是何意呢？——1）一种赋予文学的绝对排他性：心理学所说的作为固定观念的偏执狂〔monomanie〕；但是，换言之，这也是一种超越性，它把文学设定为可与世界充分交换的词语：文学就是"一切"，它是世界的"一切"；马拉美以彻底的、有意识的、哲学上彻底的方式宣称："是的，文学存在着，但是，或许存在着就是对一切的排除，只有文学存在着。"——在与俞雷谈话时他说（《白色评论》，1891年）："世界上一切的存在只为了最终归结为一本书。"① ——而卡夫卡，以不那么说教性的、更具存在性的、更为悲痛性的语调说（给 Felice Bauer 的信）："……如果我碰巧是不因文学及与文学相连的东西而仍感到幸福（我实际上不知道情况是否会发生），说实在的，我就不可能写作了，即使情况刚一出现就会发生变化，因为我对文学的怀乡病就会立即发作。"② 2）英雄主义＝对某种实践的不可妥协的执著＝相对于世界的一种自主的、孤独的要求；这是悖谬的：从一种模仿出发（模仿文学，模仿喜爱的作者），必须返回胡塞尔所呼吁的一种对遗产继承的拒绝（＝一种"独断主义"）③；参见尼采（《看呐，那人》，第299页）："此时〈1876年第一届拜罗伊特戏剧节〉，我的本能决定坚决抵制妥协，抵制被变成一名普通人，

---

① 此访谈的题目是"回答关于文学演进的一种探索"，它以如下著名词句结束："归根结底，你们看吧，大师握着我的手说，世界是被造来产生一部美丽作品的。"（《马拉美全集》，872页）

② 引自 Wagenbach, Klaus, Kafka, Paris, Seuil, coll. "Écrivains de toujours", 1968, p. 100.

③ 巴尔特在此引述利奥塔的《现象学》，4页，巴黎，PUF 出版社，1976。

被视作不同于自我的另一人。"① 3) 孤独英雄主义的第三属性：学习文学，即学习孤独生存，直到世人诅咒的到来，即直到遭受世人讥讽排斥。卡夫卡在 1897—1898 年间开始写道：周日一个下午，写了关于两兄弟（一个去美国，一个在狱中）的故事；他的一个叔父在全家面前读了这篇故事并对他人说："极为普通"→"我呆坐着并继续像先前一样倾身朝向显然还没使用过的纸张，而实际上我已如同顷刻间被社会所驱逐，叔父的评价在我心中实实在在地回荡着。我在家庭感情中瞥见了我们这个世界的冷漠空间，我必须用一团火将其烧暖，因此我现在首先想要找到的就是这团火。"②

b) 这样一种英雄主义今天还存在么？也许有，甚至于确实有，但可以肯定的是，文学本身（我们谦逊地指书写物）不再含有英雄主义的痕迹和证言。这种"英雄主义"的唯一的、最后的证言：布朗绍→但也许这种英雄主义今日被要求<u>隐蔽</u>存在，不被谈论；因为，当然，它所指的英雄主义不具有任何社会的（军事的、斗争的）英雄主义之傲慢性：这种英雄主义是面目丑陋的，因为它贯穿着痛苦、艰难、不满，结果——在此出现了<u>衰亡</u>——社会不再对其识认，也就是不再对其认同，并不再认识其价值和<u>应予</u>接受的权利。今日的文学是：这使我想起海顿《告别》交响乐的尾声：乐器演奏家们一位一位地相继离开舞台；留下的是两位小提琴手（继续演奏了三次）；他们留在舞台上，自己吹熄了蜡烛：英雄主义，如歌如泣。③

*359*

---

① 该书 299 页。
② 《卡夫卡日记》，1911 年 1 月 19 日，33 页。
③ 海顿第 45 号交响曲《告别》。1772 年，作曲家用慢板创作了他的交响乐，而非用轻快乐章。传说海顿写此作品是为了让 Esterhazy 侯爵理解他的乐师们从工作中获得解脱的愿望，因为他们离家时间太久了：乐师们逐一独自演奏，每人在下台前吹灭了自己的蜡烛。

**流亡作家**

从"废弃"的若干记号出发——至少就我对此的体验而言——我(这个想要写一部"作品"的我)以自己的工作,自己的写作实践——如我所描述的那样——连续地编织着一种——大致而言——与作为"历史剧场"的世界、现在相分离的感情:我的第三试炼因此就是某种"流亡"幻想式→我构想,我设计,我工作,但我应该(如我所能)在一种思想"生命圈"内进行奋发和精力投入,此一生命圈(我感觉、我相信)却与我的工作、愿望非具同质性。当然,这种"流亡"幻想式并不明确:结果出现了一种我所提出的问题之核心:想要写一部作品的我、决定完全为其献身的我,问询自己应该在何处就位:1) 在何种历史中? 2) 在何种社会里? 3) 用何种语言? →与这些问题相关的是:

(1) 何种历史?

这里有两个问题:

a) 第一个:作家如何"再现"、"表现历史"(=作家想使其具可理解性的历史之现在)?这是一个美学的问题:这将是课程的完全不同的主题,相关于一种文学史理论——这并不是我的意图,我的意图是存在性的,而不是美学性的。我只能如是指出:对此以其伟大方面表现"伟大历史"的"伟大作品"之崇高观念,应当持一种警惕态度。这一观念是可能实现的。例如像《战争与和平》这样的计划,是一部宏伟的历史诗,一部拿破仑时代有关俄罗斯社会的史诗。但是在大多数情况下,伟大作品与历史只有一种边缘性、次要性、间接性、琐细性的关系:有哪位作家比但丁表现得更富其历史性、更介入其时代历史呢?然而读一下《地狱篇》:这是一些围绕着佛罗伦萨小集团间的、某些城市或村庄内家族集团间的纷争；而且这一切都出现于对"恶"的绝对"超越性"之中→这是应该加以研究的再现样态，也就是不只设定一种关系的决定作用，而且为这种关系的种种策略进行规定：同态性，细分化，细微化，由诸中间性概念形成的中介作用，等等——但是我们再一次说：这不是我们的主题。

b）更接近作家的一种存在性（而不是一种美学性技法）的第二个问题＝在"历史"中，在我的"历史"中，能激发我的是什么呢？为什么我的存在要组织我的历史、编结我的历史，以至于此种编结会使我的作品转变方向，或更确切地说，转变我与"作品"关系的方向呢？例如（因为我只是描述一件"资料"的例子）：如果我们举出一位与其"历史"具有一种强烈存在性关系的作家如夏多布里昂来（因此根本不是写出《勒内》或《阿达拉》来的那位潇洒飘逸的作者，而是比萨特和马尔罗加在一起更狂热地"介入社会"的一位作家），因为我们看到在两种要求之间存在着一种摇摆性：

1）我被根本地排除出我的同时代，我心灵的一切方面均被正在进行的历史所拒斥，我被激烈地、绝望地退回已废弃的历史和过去。对于现实事物，我既不喜爱也不理解，我喜爱和理解非现实事物；我把"时间"看做"价值"的一种衰退＝"怀古主义"或怀乡情结。夏多布里昂："法国几乎不再保持其丰富的过去〈写于1833年，所谓资产阶级权力完全确立的初期〉；她开始了另一个时代：我仍然打算埋葬我的世纪，有如那位老祭司在贝济耶被包围时〈阿尔比人的十字军，1209年〉，当最后一位公民死去后，在自己倒下之前，撞响了钟声。"① →这种"怀古主义"含有一种激情的意义含混性：欢乐和罪感。这种绝对的怀古主义也可被诙谐地称作"波利卡浦主义"〔polycarpisme〕。为什么？因为，不能忍受其时代（然而什么又比《包法利夫人》或《情感教育》更富于历史性的呢？）的福楼拜，想把圣波利卡浦（Saint Polycarpe）当做神圣守护人，后者永远不断重复地愤怒呼喊着："我的上帝！我的上帝！你让我诞生在怎样一个世纪里呀？"②

2）这种宣称<u>不实存</u>的崇高而热烈的固执，可能夹杂着——并有效地夹杂着：第二要求——<u>既存在又不存在</u>的尖锐情感；这就是人们处于新世界、已逝旧世界和正在形成的现在世界的连接点上——而这个连接点，简言之，就被视为<u>应书写的事物</u>。仍然需要知道、决定、指示（意识到）世界的、"历史"的断裂，这是你已经体验到的，你以一种全面的、活生生的方式所深刻地体验到的→对于夏多布里昂来说，这是不难做到的；他是重大近代史事件的"严格意义上的同时代人"：法国大革命——我称之为"严格意义上的同时代人"，因在"事件高潮"时期和主体从青年向成年的过渡期相互重叠；但是，夏多布里昂（1768—1848）与拿破仑同年诞生③，1793年时25岁（大革命的高潮不是1789年，因为攻克巴士底狱事件实际上无足轻重）

---

① 《墓畔回忆录》，1045页。

② 圣波利卡浦是斯米那的主教，167年殉教。福楼拜在堤岸外墙的古雕刻的底部发现了这个铭句。福楼拜决定将其作为自己的守护圣者，在通信中喜欢引用这个名字。他特别写道："极少与人接触令我痛苦。我比以前更易愤怒，更不能容忍，更少社交，更趋于极端。圣波利卡浦……在我的年龄上是难以改正的！"（福楼拜致任女卡罗琳的信，1873年12月2日，见《作家生平序言》，260页）。

③ 实际上，拿破仑生于1769年。

→这一年代学的位置,使夏多布里昂能够在《墓畔回忆录》的遗言序文中宣称,他的传记乃旧时代和新时代的汇合:"我代表着……我的时代的原则、观念、事件、灾难、史诗,尤其是我目睹了一个世界的开始和结束,以及这个开始和结束的对立性格都混合在我的意见中了〈特别因为他曾既是正统派又是改革派〉。我适逢两个世纪的交替,有如两条河流的汇合;我曾潜入它们的混水之中,遗憾地远离了我所诞生的旧岸,并满怀希望地游向连接着新世代的未知岸边。"① →作家的一生岂非充满着历史的断裂?当然不是;但应当警惕不要根据政治演变来评估此"断裂的事实";重要的事物＝如果存在着一种<u>感性之变化</u>〔mutation de sensibilité〕,即使它不接续着政治演变(如法国大革命引起的那种演变);例如,德雷福斯事件(普鲁斯特,左拉);对我来说,这肯定是<u>1968年5月运动</u>(而不是<u>上次大战</u>);从创造的观点看,重要事物、重大事物就是,如果可能,从"历史"中产生的东西,必要的东西,令人不安的东西,以及为了对其适应而做出的积极努力→不管连续性是否被中断,"历史"＝一种<u>不断的适应</u>;年轻人要在生物学层次上适应,老年人要在存在性层次上适应,而且如果人们把此任务与写作任务结合起来,就会发现,我相信,"作品"和待创造事物之间存在的某种化学等式:繁难而令人目眩的等式,因为自身在变化中的一个主体要适应着变化;爱因斯坦式的问题:世界与我同时在变动着,但并不当然地或自然地存在可对变化之<u>正确性</u>进行测量的基准→"我对此感到不快":但是变化的是世界还是我

---

① 《墓畔回忆录》,1046页。

呢？我应对谁抱怨呢？对世界还是对我自己？

(2) **什么样的社会？**

对此问题的回答不会令人满意，如果人们怀抱确信，耐心地专注于一种深刻社会学分析的话。这样的分析必然意味着某种根本的政治决定——某种选择——因为社会的"思考"基本上就是"选择性的"，"教义性的"。但是，对我自己而言，我对此思考并不确信→因此我不能贸然提出某些评论，它们同时具有谈话主题的粗暴性和不确定性（不可证实性）：

1) 对于现代期最具"社会性的"文学理论：在马克思主义话语内部存在的，在卢卡奇—戈尔德曼话语内部存在的①（其他可能的理论有：萨特，结构主义，后者不是非社会性的，而是超社会性的：代码）；关于小说，参见下列命题（《大百科全书》）：对于西方伟大小说家来说，在存在和发展这两个概念之间存在有冲突和不相容性。小说人物（如〔《红与黑》中的〕于连·索雷尔）不自知地记住了一种人类的神话状态，在其中个人与世界和谐共存着；主人公努力找到现代世界中丧失了的这种和谐性，此世界是由使人类分裂的近代资本主义法则加以制造和改变的（在其诞生阶段产生了：堂吉诃德，或在其支配阶段产生了：安娜·卡列尼娜）→因此小说具有一种使命，显示一种价值世界（爱情，正义，自由）和一种由经济法则决定的社会系统之间的对立→从逻辑上说，主人公应该屈服（往往会是这样：于连·索雷尔）；但是，同样常见的情况是，小说=在不可实现的诸价值和一种不可接受的社会历史之间的某种

---

① 特别参见卢卡奇：《小说的理论》，巴黎，Denoël 出版社，1968；以及戈尔德曼的《论小说社会学》，巴黎，伽利马出版社，1964。

妥协关系的展开→主人公＝一种实在〔réelle〕历史和一种真实〔vraie〕伦理学之间对立关系的牺牲者（《大百科全书》）①。

2) 这个图式是极具说服力的，由于其坚定性，也由于在普列汉诺夫风格的马克思主义早期文化系统化中尚欠缺的那种辩证法力量②→但是，此图式提出了若干重大的问题，特别是我们的问题：实际的小说，就是无穷无尽的小说群体，而不是"伟大小说"，似乎不再是任何价值意图、任何计划或任何伦理激情的储蓄所了；就我所能判断的而言，这些特殊情境、争论的细致表现是：真实伦理学的衰退或中断→在某种意义上，倒退了：一种小说"超越性"的不在（→更没有"伟大"小说）→但是，这些小说出现在这样的社会中，在那里资本主义在继续，在那里实在事件显然否定着和谐之梦→我相信（再次指出：会话的主题）复杂性的要点和关键如下：

a) 在政治上，甚至于在一种马克思主义思考的内部，存在着一种巨大的"压抑"：庸俗之谈经常相关于资产阶级和无产阶级之间的冲突；被压抑者就是小资产阶级。它在哪里呢？它在做什么呢？它如何、对谁给予影响？马克思指出过，这个阶级在1848年革命中起过关键的作用。他解释说，在小资产阶级和无产阶级联合的阶段（三月），革命取得了胜利，而当这个小资产阶级倒退后，即与资产阶级联合后（六月），革命就失败了。无产阶级和小资产阶级（社会党）的分离，不断地造成左翼力量的失败——正如通常所说，

---

① 参见 l'*Encyclopedia Universalis*，中的"小说"条目（"小说和社会"栏内），Michel Zéraffa 编辑。

② 普列汉诺夫（1856—1918），历史唯物主义的优秀理论家，他在19世纪80年代把马克思主义引进俄罗斯。

"请跟随我的观点"①。

b) 但是，这一现象对于文学来说是重要的。为什么？因为作家具有一种暧昧的社会身份，他居于资产阶级和小资产阶级的中间→以福楼拜为例：他不断激烈批判资产阶级，但他实际上朝向的是一种小资产阶级美学（或伦理学，或话语）→实际上这就是小资产阶级历史上的上升使福楼拜不安和感到窒息→我们的当代法国史（当然也是欧洲史），是以小资产阶级在文化中的这种上升和繁荣为标志的（通过小资产阶级权力所掌握的媒体），对此而言，资本主义明显可见地掌握着文化的利益；此一现象说明了我所报道的福楼拜的呼声；如果面对着今日权势的文化和教育政策，他可能加强其呼声；1872年（51岁）时，他给屠格涅夫写道："我永远努力生存于象牙之塔中〈就是说作为被上升时期小资产阶级所孤立的纯资产者〉；但是大量的秽物抛打到墙壁上也会令其倒塌。这与法国政治无关，而与法国的精神状态有关〈我们说：意识形态〉。你看到了西蒙〈教育部长〉关于公共教育改革的公告没有？有关体育的部分比有关法国文学的部分还要长。此一微小的征象是意味深长的。"

c) 从福楼拜到现在，存在着一个漫长的过渡期，在此时期，文学作为（资产阶级）价值，以文学史面貌，在继续发挥着影响；参见卡夫卡有关小国家（对此我们当然可以加上：卡夫卡时代的波希米亚地区）文学的谈论；文学通过对已故作家们的记录在继续进行着创作："他们对于过去和现在的无可争辩的种种影响成为如此实在的东西，以至于这种影响可以代替他们的作品了。人们谈论着他们的作品，而人们思考着他们的影响；在阅读其作品时，所看见的

---

① 暗指左翼联盟形成的艰难性，特别是1979年9月，在共同纲领实行过程中社会党和左翼激进运动与共产党的决裂。

仍然是作品的影响……文学史呈现为一种值得信赖的不变的集合体，时代的趣味不可能对其造成多大的伤害。"① →按照我的意见，显然，这就是，这个聚合体不再是不变的，而且"时代的趣味"破坏了这个堡垒并将其毁灭。→由此仍然在里面的人因<u>分离</u>和<u>遗弃</u>（第三试炼）而产生了焦虑。

d) 为了结束这种关于文学和社会实际关系的展望，或许在记忆中应该保存的东西为：<u>文学不再由富裕阶级支持了</u>。谁支持文学？你们，我，也就是没有收入的人们：由于欠缺任何经济权势而从"资产阶级"（如果它仍然存在的话）退出的人，却并不因此而被并入追求权势的、作为新阶层的小资产阶级，因为他们的伦理学、他们的美学对我们来说远不适用，并引生了我们内部的批评目光→文学：被<u>脱离阶级</u>者的顾客群所支持；我们是社会流亡者，我们在自己干瘪的行李袋内装着文学到处游荡着。

3）因为作家是一个脱离阶级者，他精力充沛地，有时歇斯底里地思考着"社会介入"的问题："世界使我'离走'，我愿不计一切地返回"＝此即社会介入。而且因为我是某种被实在界所忽略者，我只能以某种<u>奉献</u>为代价来获得承认→我让人们想象今日作家和知识分子的社会介入活动究竟具有多大的<u>道德性</u>；这种道德性的记号是不可计数的：签字，宣言，排斥→我只想说，在作家的实在<u>分离</u>和其<u>社会介入</u>之间，存在着一种构成性联系：在其不再适应的情况下他<u>参与</u>着。夏多布里昂（遗言序文）提醒人们注意，中世纪时，在生活和作品之间存在有相互<u>适应性</u>（实际上只要记起在但丁的生活和作品之间存在着惊人的紧密关系就足够了：今日有谁能够

---

① 《卡夫卡日记》，1911年12月25日，181页。

达到这种炽热状态的极峰呢):"……但是从法兰西斯一世以来,我们的作家们成为被孤立的人,他们的天才源于其精神的表现,而非属于其时代的产物。"① (夏多布里昂这样说,因为他意识到了自己介入社会的独特性。)→由此产生了一种<u>过敏症</u>(对于那些懒得翻词典的人="一种激情的强烈兴奋")——因此,就出现了今日作家的社会介入过敏症。每当他不回应一种社会介入的要求时,他就冒着丧失"实在界"钟声之不安的危险,冒着一个人留在海滩上而所有其他人都上了岸时的危险,或者冒着独自留在另一孤独的星球上的危险(例如,天王星)。(我没有谈论"应该做的事情"——也许不久我们将对此加以概述——而是表示一种所予材料,一种分离情境。)

(3) **什么语言?**

"历史"(历史时间)和"社会"(社会大众分布):导致文学被放逐的很多因素,像活生生的、现实的、令人激动的环境,倾向于<u>分离</u>"作家"的种种现实力量→这里出现了一种第三考验(在"第三试炼"框架内):为了使"作品"获得保护,我们的作家应该用什么语言写作?

在我看来,一切都基于所谓<u>写作语言</u>的两个性质间的一种悖论或至少一种矛盾之上——文学语言迄今必然是书写语言:文学定义中内含着非口语性;种种"口语文学"被我们用于指民间故事和偏远、边缘的东西(≠但是存在有《天堂》②)。

---

① 《墓畔回忆录》,1046 页。

② 索莱尔斯:《天堂》,巴黎,色易出版社,1978。巴尔特说:"……这种写作发现了口头语言在音乐、韵律、深层节奏上具有的伟大的浪漫主义统一性。"参见《全集》,卷 5,384 页。

a）写作语言所必须有的第一样态〔statut〕：它是母语的；作为一种亚类范畴，它属于主体的母语（那些用非母语完成"作品"的作家们属于例外情况；马上可举出康拉德、贝克特、齐奥兰）。我相信，这种母语性格形成了我所谓的语言之感动力的〔pathétique〕本质；母语（人们不说"父"语）＝在"母亲"的圆圈内学习的语言；某种意义上，这就是"女人"的语言；这就是，我相信，无意识地与母权制相关联的、被传播的和被传承的语言。→母语的这种夸张力〔pathos〕（在此词正面意义上），对我来说是如此重要，以至于我不大赞赏翻译作品，不论作品多么伟大，不论翻译多么好；例如卡夫卡，有时在书写上〔scripturalement〕总是令人有不足之感；标准何在？不能在重抄〔recopier〕时获得快感。

b）写作语言的第二种样态：它是学习而得的，不是幼童可自动掌握的，而是通过各级教育获得的：首先在学校里（古代教育制度使"保姆"语言和"教育"语言明确对立：参见昆体连[1]）。实际上，人们学习"古典学"（我在广义上用此词：包括一切文学语言），或者，至少人们曾学习过。我学习过古典学和英语（幸亏还不错）。

　　→写作语言的歧义性格：外部语言和内部语言，传承语言和时时"自制的"、自发的、被构造的语言：个别性的和普遍性的，就人们相信这种集团语言保持着一种基本性而言：马拉美具有承继了祖先高贵传统（他有过从事写作的祖先）的含糊观念（就他自己而言）——当然是微笑着如是表白的——文学谱系→＋也是怀乡症语

---

[1] 昆体连（约 30—100），在罗马帝国皇帝 Vespasien 和 Domitien 统治下的著名修辞家和修辞学导师；特别参见《演说家的教育》，卷 1，1 章，题为"儿童初期教育开始时的注意事项。保姆和教师"。

言，因为是通过 1) 幼年期、2) 青年期被固定在主体之内的。

在写作语言中，很多时间被刻入了（因此需要立即说：很多死亡被刻入了）：

a) 主体的母语——此外它永远是双亲原始阶级的语言——由于日常使用中的损耗，老化为一种难以认定的节奏；存在着我的口语言语中的词语，来自幼年的熟悉语词，而我马上发现，它们使我的年轻对话者感到惊讶；某些文学作品，在再现角色人物对话时，出现了此类细微差异（巴尔扎克）：由此语言造成的轻微混乱应当指出和加以"研究"。

b) 被学习的语言，古典学语言，老化得更为猛烈，或者至少说，如果在严格的意义上未曾老化的话，它也被粗暴地废弃和丧失时效了：它成为过时的并使得那些仍然忠实于它的人退到被废弃的孤独之中（被人废弃者是悲哀的，除非被人为地恢复其位：拙劣仿古艺术品）：例如，人们说，对于新一代，某些语词不再与他们相关：例如，什么样的"年轻人"我们听说过他们还有"忧郁"之感呢？今日哪里还能听到帕斯卡所说的："人的悲惨"？（可是这种语词的内容继续持存着，而且其表达仍然是朴实而正确的）→存在着"时间"的不可复原的断裂，此断裂已被刻于语言之中。

对于倾向于强烈生存的和*思考着*时间（我们看到，这个主题浸透着我们的"第三试炼"）的一个主体（作家）而言，把语言断裂看做时间断裂，显示为一种语言启示录具有的悲壮姿态：夏多布里昂（当然是他）用华丽语言，也就是用夸张语言谈论过美洲诸语言（例如易洛魁人的语言）的消失。我先引述这段阴郁的"前祭词"〔introït〕："一位普鲁士诗人〈我们永远不知道夏多布里昂从何处引录大量的例子〉，大约 1400 年，在条顿骑士团的宴会上用古普鲁士语朗读本国古代战士的英雄功勋：结果无人听得懂，只给了他 100 枚核桃作为报酬。"→接着，他用洪亮而略带嘲弄的语气说："奥雷诺克小部族不再存在了；他们的方言中仍然还有几十个词被树顶上重新获得自由的鹦鹉们言说着，就像阿格里巴的卫兵靠在皇宫栏杆上嘟囔着希腊文单词似的。作为希腊文和拉丁文残余的我们的近代方言〈其意为古法语〉，迟早会遭遇同样的命运。从法兰克-高卢最后祭司的鸟笼里飞出的某只乌鸦，会从废墟钟楼高处向作为我们后继者的异国人民说：'请用你熟悉的声音腔调：你已经使这些言语结束了。'因此，波舒哀〈古典写作的原型〉，作为最终结果的你们的杰作，将在你们的言语以及你们人类记忆消亡后，残存于一头鸟儿的记忆中！"[①] ——说鸟儿、乌鸦或鹦鹉，并不是比喻性的或几乎不是比喻性的：这是一种声音录制的文件；故事中那个老妇人饲养的鹦鹉（300 岁？）重复说着："国王，就是我！"文学，就是语言，一种特定语言→因此，一位作家，如果稍加反省，就应合理地思考其永恒性或者至少其死后的生命、其后世，不是按照内容或美学（因为美学可能由于后世的流行而按照螺旋形方式被重复），而是按照语言→于是，此一诊断是严酷的，因为语言不仅不是永恒的，而且其演变，即其消亡，是不可逆转的；如果拉辛的日子已经过去了（这已多多少少是事实），这并非因为他对感情的描写过时了或将过时了，而是因为他的语言，就像主教会议教会中使用的拉丁语一样，也将死亡→福楼拜（1872 年，51 岁），谨慎而机智，他也说："……因为我写作……不是为了今日的读者，而是为了<u>只要语</u>

---

[①] 《墓畔回忆录》，250 页。

言存活着就能够出现的一切读者而写作。"[1]（有趣的是注意，这种思想本身已经没有回响了，它的形式不再令人赞赏地视为单纯和动人；我为《新观察》专栏写了一篇短文，但并未遇到任何一种回应＝一种语言，毋庸惊异，不再被倾听的时刻已经来临。）

　　语言（我在一种复杂的意义上使用此词，但我相信，"一种语言结构[2]中产生的话语，其本身产生于言语活动中"，实际上这就是在索绪尔的意义上使用的：言语活动等于"语言结构"减去"言语"〔parole〕），因此，语言结构＝一种时空体，即按照社会空间的分裂卷入历史时间的划分（衰退，延存，哀悼，等等）→因此可以将法语语言结构置入"时间悲哀"中→（为了简化表达）我们有三种语言结构：

　　1）说出的〔parlée〕或最好说会话的语言结构，因为存在着一种修辞学上被编码化的（即不是书写的）语言结构：政治家的、教师的、一般来说媒体的语言结构→这种会话的、对话的〔interlocutoire〕（它成为此一定义的标志）语言结构：当然，我已多次说过，存在着大量亚类范畴，它们在语言学的意义上不易定位，不易描述（这正是我感觉到一种遗憾的地方）→我将不对此问题多说，这不是本课程的主题→至多我来谈一下其中那些在日常生活中永远使我感到惊奇的东西：据此（与尼采的"力"观有某种类

---

[1]　福楼拜致乔治桑的信，1872年12月4日，见《作家生平序言》，255页。巴尔特在其为《新观察》所写的连载文中使用了这个标题："只要语言存活着"（1979）（《全集》，卷5，643页）。

[2]　langue此词可被用作通常词，也可被用作结构主义语言学中有严格定义的词，在本书中大多数情况下都是用其通常的泛指义，此处在与"言语活动"language对举时则是严格的用法了，故中译文随境而异地调整着此词的译法。——中译者

似性的观点＝语言结构的戏剧主义）来思考说出的语言结构的理论上、方法上的可能性；即主体似乎经常与语言结构、语言结构的无效性、失语症等激烈斗争的事实；语言结构的使用对于许多主体来说似乎都是困难的，痛苦的，艰难的；当然按照教养的程度，也按照地方化程度（相关于学校的法语教育）；在"我的"村子里我经常听到村民（园艺师，养路工）的谈话，以及在巴黎听到公寓管理人的谈话，其表达方式极其含糊其辞、粗野、不流畅、缓慢、间断，他们笨拙无效地寻找着语言的形式；人们说，对他们来说，法语是一种未曾学好的第二语言（正如我在说英语时的情况一样）——但是，什么是第一语言呢？具有什么样的潜在方言？我看到一位在塔尔波城学过理发的年轻理发师，但他是从村子里出去的，对所谈话题使用着两种语言；我询问他关于去〔西班牙巴斯克地区的城市〕圣-塞巴斯梯是否危险：关于危险性本身说不清楚，言语难懂，断断续续，话语过简；但是说到北尤斯卡底地区（今日所说的巴斯克地区）的巴斯克和反巴斯克的恐怖主义时，语言脱缰而出，为什么呢？因为他具有了定式化的表达自由：无线电新闻和到他那里去理发的宪兵们的闲谈（在圣让-德吕兹巴斯克人被暗杀事件，卖淫斡旋事件：从许多极窄侧面表现出来的历史）→换言之，为了对这些轶闻给予系统的表达：需要一种良好的语言学，一种精细的语言学可不使语言结构与话语分离！用流利的、自如的语言说话，就不是进入语言学家的语言结构宝库的问题，而是进入定式化表达法宝库的问题：定式化表达法不只是一种意识形态现象，而且绝对地是一种语言学现象。

## 1980年2月23日讲义

①2）面对着这个会话的语言，存在有一个由说出的（无线电，电视）或写出的（新闻，科学著作，文学著作）诸语言构成的语言群。这个语言群以严格代码为特征→是人们可加以研究的诸语言；我们可将其划分为两种大代码——两种语言；为了对其描述，我使用马拉美提出的一种对立关系："我们时代一种不可否认的欲望就是，区分言语〈在此＝语言结构〉的两种状态，好像视之为具有不同的职能〈重要，我们还要再谈〉。也就是一方为未加工的或

---

① 或许由于时间过紧的关系，巴尔特在此割舍了4页编写完整的讲稿，而开始了课程的最后一讲"课程结束讲演"，377页。

直接的状态，另一方为本质性状态。"①

a) 语言的"未加工的或直接的状态"（口头和书写话语的混合）。马拉美朝向语言社会活动的非常一般的范畴，他在别处称之为新闻业，或者更适切地说"普遍报道"。这种重要的、今日甚至于称作帝国主义的、支配性的语言，具有下列特征：1) 它被视为"自然发生的"（马拉美＝"直接的"），即实际上是"工具性的"；言语活动只应被视为一种精神的或戏剧的内容的工具，其自身没有实体或看不见实体，表面上是"自然的"。按此标准的观点，可使普遍报道附着于科学写作，后者不再自认为是写作，而只被看做是一种透明介质，服务于有关思想的一种报导、报告和说明；实际上为一种高级的、严肃的"报导"（我以前称此为工具语言活动：书写〔écrivance〕对立于写作②）。2) 新闻业（在此词的广义上）的语言：它显然不包含任何仿古性、任何起源、任何（言语活动的）"礼仪"、任何典礼，简言之，任何宗教性；作为现在之语言（"直接的"），它与（语言的）"过去"不发生任何神圣的联系：绝对俗世性语言。3) 它不产生于写者的（或说者的）身体，因此它是一种非个人的语言，它不要求被一个名字所承载：它是无名字的语言，准匿名性语言（在纯粹新闻语言中）——而且，如果我们转至书籍的领域，它就是顺应集体性的写作，甚至倾向于越来越多地出现：书写〔writing〕的一般化实践，集体的论文集，多人合著书

---

① 《诗的危机》，见《马拉美全集》，368 页。
② "作家类似于司祭，书写家〔écrivant〕类似于神职人员；前者的语言是一种不及物行为（因此，在某种意义上，是一种姿态），后者的语言是一种活动……书写家的职能就是在任何情况下都须即时说出所思想；他认为此种机能已足够正当。"（《作家和书写家》，见《全集》，卷 2）

籍→扩大的"作者"之消灭,"名字"不再刻录于"短语"内之意欲→一些出版人生产无作者书籍的明显倾向(即使在封页上印有人名):关于"主题"、"论题"充分明确的书籍。这种"普遍报导"实际上是重要的力量,它使得作为身体—言语活动〔corps-langage〕的"作者"越来越被分离出去(这就是我们的第三试炼)。

b) 因为,被马拉美正面地称作(为了对其维护和加以体现)"本质状态"者,却是被威胁的、被压缩的,即被归结为嘲弄对象者=写作的绝对文学的状态。描述此写作并不是我的意图(这或许是未来课程的题目)。我只想提醒注意,在马拉美看来,这种"本质语言"使散文和诗歌的对立失效了。本质性"散文"就是"诗歌句":"只要致力于风格,就存在着诗学化作用"①,"而实际上,并没有什么散文:存在的是拼音文字系统,以及诗句,后者在紧凑和冗长程度方面各异"。

此外,"所有追求华丽的作家的散文……都相当于一种破碎诗句"→这并非意指本质性写作是由潜在的亚历山大派〔指精雕细琢——中译者〕所从事的。而是意指着,面对着"普遍报导",出现了一种基于省略式和定式〔formules〕(此词即指诗学的也指具魅惑力的陈述作用)的写作;一种以彻底的、意志的、光辉的方式,从"未加工的、直接的"社会语言活动撤退的写作:一种被分离的〔à part〕写作。

→这正是"作家"(我所指的)应当承担的那种排除作用,而且这种崇高性的前提即其第三试炼,因为在此排除状态中,他不仅获得的支持越来越少(不再有社会阶级支持他),而且他本身,由

---

① 马拉美:《对有关文学演变探讨的回答》,与 Jules Huret 会谈,*La Revue blanche*,并见《马拉美全集》,867 页。

于挂虑实效性，也不断被诱惑于转而向"普遍报导"靠拢——以便找到与社会一致的途径。一种言语活动的流放，永远是艰难的，因为言语活动是被束缚的——有如一种宗教（如此单词所示〔日译者注，按照 religion 的拉丁语源，re 指"强"，ligare 指"结合"——中译者〕）：这样，此排除状态即相当于一种"宗教破门"。

在语言〔langue〕的平面上，分离作用的试炼归结为：今日还能够进行古典写作么？（我是指不具有非现实性的威胁。）或许可能，如果社会承认一种语言的多元化，一种不同语言间的共存→马拉美说："我们时代一种不可否认的欲望就是，区分言语的两种状态，似乎可视之为两种不同的职能。也就是一方为未加工的或直接的状态，另一方为本质性状态。"→这是不能令人满意的，这不是诸语言之间的划分（因而存在有一种"被分离的"〔à part〕语言），反之，即并不尊重诸职能的不同性→这个问题：但丁在《飨宴篇》中讨论过，他提出了拉丁文和通俗文之间不同用法正当性的问题①→法国人应当行使自由运用两种语言的权利，而不使一种语言威胁另一种语言：特别是本质性语言的、省略化表现的，简言之即其"专业词语"〔jargon〕的权利；或者不如说：应该对此专业性词语加以谴责。

长久以来，"本质语言"（即古典语言，写作之语言）占据支配地位；它与统治阶级联系在一起，具有一种认可阶级划分的优越性→对拙劣言说和拙劣写作加以谴责。但是今日却反了过来：卷入资产阶级美学瓦解潮流的"良好写作"不再被"尊重"了，也就是

---

① 《飨宴篇》（1304—1307）企图创立一种现代世俗文化，它根基于哲学思辨并注定从根本上革新政治结构。在作品开头，但丁辩护用世俗语言写议论文的必要性，以显示理论的实效性和表达力。

既不再被遵守（电台上无数法语错误）也不再被喜爱了→它成为少数人的以及被排除人的语言→我们的态度，我们的决定：我们不再把写作古典当成一种必须给予维护的形式，即诸如过去的、合法的、规范的、被压抑的形式，而是反过来视作一种历史的逆流和逆转正在予以革新的形式；视作一种自动人为性的、被分离的言语活动——相当于今日显然不可能发生的诗学化的〔versifée〕或者非常艰难的诗篇：距离化的力量，言语活动的行为，人们想通过此行为指出，人们想逃脱普遍通讯的自我欺瞒以及逃脱支配的力比多，后者像幽灵似的隐蔽于"普遍报导"之中（我是在1979年10月31日保林部长自杀那天早上写这一段的）→换言之，我们今日应该把"古典写作"看做从其所存留的遗产中解放出来的东西→而且它不再被限制于遗产之内，而是成为了"新的东西"；脆弱的东西永远是新的；应当对这个古典写作有所作为，以便显示其内在的变化。我们想起尼采的话："言语活动的表达手段不足表达'演变'〔devenir〕之意。我们的不可分离的保存需要就是，不断地确立一个比持续存在、比'事物'等更粗糙的世界。"① →"不存在意志；而是存在着意志的波动，其力量在不断地增增减减中。"这再一次因为文学写作不能再持续了，它在摆脱自己延存的重压后，或许可被能动地视为一种生成过程，即某种积极的、陶醉的、新鲜的事物："新事物"，"新颖事物"〔l'Inédit〕在何处呢？它是不是就在我今早在日记中写的那些短语中（"普遍报导"）呢？或者在夏多布里昂从众人那里摘取的书写短语（关于美国）中？"一切都是鲜艳的、闪亮的、金色的、富饶的、光辉四射的？"活生生的事物〔Vivant〕的多

---

① 此段和下段引文引自尼采选集中的《生命与真理》，76页。诸引段源自法译本《权力意志》，卷1，218～219页，巴黎，伽利马出版社，1947。

样性在何处呢？在写作中，我应该说，在关于"现实"定式化表达的书写中，或者在这种"风格"的原则中（福楼拜，1854 年，33 岁）："短语应当在一本书中起作用，有如树叶应当在一片树林中起作用，一切差异性都在其类似性中起作用？"①

## 克服

### 悲剧事物

因此，在此第三试炼中存在有三种分离作用：历史的，社会的，语言的→这种为了写作必须不断克服的分离作用之感情，不是在斗争中采取避世态度时产生的简单罪责感，而是相反，是一种艰难在世所导致的复杂感情：积极而乏力，真实而无效。作家，如我试图想象的那样，献身于文学的"绝对"（耶拿的浪漫派作家称之为"罗曼蒂克"②），在世界面前，自感见证到了真实（他看见了真理），同时又见证到了无能为力。

1）为什么无能为力？它与作家（今日所说的知识分子）对公众、政治、思想的影响那类陈腐和空洞的主题无关，而是与通过思想或艺术来掌握世界的力量，即"书籍"的内在力量有关。这就是"可掌握性"问题，历史问题；例如"知识"；在 17 世纪时，"知识"，全部人类"知识"，都可由一个人（莱布尼兹）掌握；而到了 18 世纪已经需要若干人才能掌握知识＝百科全书派；自那以后，百

---

① 福楼拜致路易斯·柯莱的信，1854 年 4 月 7 日，见《作家生平序言》，173 页。
② 耶拿的浪漫主义，又被称作"初期浪漫主义"，以 Athenaeum 期刊为中心聚集着施莱格尔兄弟、诺瓦利斯、梯克（Tieck）、舍灵（Schelling）。Lacoue-Labarthe, Philippe, et Jean-Luc Nancy, 在 L'Absolu littéraire. Théorie de la littérature du romantisme allemand, Paris, Seuil, coll. "Poétique", 1978. 一书中写道："耶拿归根结底仍然是这一说法的发源地：小说理论本身应当是一部小说。"

科全书编撰事业发展了、扩大了，但没有一个人的知识是足够充分的了；不再有〔唯一的〕"科学"，而是有诸科学：诸种知识。——同样，长久以来，在时间推移中，一位作家自己就能够（虚拟地）掌握世界；最后一位能够办到此事的无疑就是普鲁斯特；现在，不再有此可能了：任何小说家都不可能掌握地球的丰富存在、地球问题的复杂性以及其结构，而任何一个哲学家也同样不再可能独自达此全知境地——何况，这样的复杂现实，正被媒体逐日直接推出的"消息"加以肆无忌惮地装扮、虚构和玷污。《天堂》？＝日常长篇传奇。

2) 然而——痛苦正在于此——从事文学"绝对"之作家认为，<u>他说出了真实</u>；或者，如果我们愿意较为谦逊的话：当他阅读其他作家、特别是往昔作家的作品时，往往会惊异于那时文学所说的东西具有的真实性和长久性➝ 让我们做一个测验，我给你们念一段报导性话语——报导女性主义的话语。

### 福楼拜：《情感教育》[①]

按照瓦特纳的看法，无产阶级解放只有在妇女解放之后才有可能。她主张妇女能够进入一切职业领域，像亲子关系调查，法典改正和废止，或者至少是"一种更合理的婚姻法的制定"。而且每个法国女人都应和法国男人结婚或应该照料老人。乳母和接生婆都应

---

[①] 此段引文为巴尔特原稿中所无，很可能是巴尔特为了在此向听众读解一个人物的肖像而插入的，此即福楼拜撰写的象征女性主义的人物瓦特纳女士。这是福楼拜，特别是在1848年2月和6月动乱期间，对聚集的听众所宣读的。参见：Flaubert, Gustave, *L'Éducation sentimenlale*, édition présentée et annotée par Pierre-Marc de Biasi, Paris, LGF, "Le Livre de poche classique", 1999, p. 444–445.

作为公职人员由国家支付薪资；应该设立检查妇女著述的检查员，出版妇女著作的特别出版社，培养妇女的理工科学校，妇女国民军，设立与妇女有关的一切！因为，政府忽略妇女权益，她们应该用力量征服力量。配备良好枪支的万名妇女能够使市政厅大为震动！

除了最后一句以外，这篇短文〔的身份〕几乎是不可确定的：贯穿一切时代；它是"真的"；相关于 1848 年，似乎也相关于 1980 年，它将有一种去神秘化的力量：看到人们像是昨日所谈时一样，它难道"不会动摇""现代性"的、"现实性"的傲慢？——一点也不：文学不断地提出一种<u>不被倾听的话语批评</u>；当然，可怕的是，人们永远不会意识到自己的话语：对他们来说，指示自己的话语没有任何用处——尽管这种证明是对（言语活动的）"真理"的证明→作家：就相当于过去和现在的某种卡珊德拉女预言家，预言真实但永不相信；为不断重复的"永恒性"做无效之证人。

理解 Joseph de Maistre 既精彩又可怕的话（精彩指语言，可怕指思想）："只要不涉及人身攻击，什么意见都可说"的原则，也就不会阻止一家杂志热衷于有关一位部长私生活的报道了。

卡珊德拉＝无能为力和真实→"悲剧"的形象；那么，我相信"悲剧"是与现实的/非现实的"作家"的存在相同，包括其宿命和自由，这标志着其工作具有一种本质的艰难性，但也使其能够克服关于"分离"的"第三试炼"；作家从其在今日文学中的悲剧性身份中汲取力量，因为"悲剧现象"＝积极"力量"→什么是悲剧现象呢？以从中产生自由的决心来承担此宿命；因为<u>承担就是转换</u>；如果不与一种转换过程相联系，就说不上<u>承担</u>；承受一种损失，一种悲哀，就是将其转换为<u>另一种东西</u>；"分离"被转换为"作品"的素材，转换为"作品"的具体工作（<u>参见</u>：承受同性恋＝将其转换）→我们因此或许可以理解，悲剧事物不是一种悲观主义——或一种失败主义，或一种弃权主义——而是相反，一种强烈"形式"的乐观主义：一种不含进步主义的乐观主义。

作家的位置："边缘"？对此谈得太多了：结果它含有一种"边缘性"的傲慢→我宁肯用"缝隙"〔interstice〕形象取代它："作家"＝缝隙人。①

## 课程结束篇讲义

我说结束，而不说总结。

实际上，在谈到本课程的总结时那是什么意思呢？——作品本身。在一个良好的"剧本"〔计划展开〕〔scénario〕中，课程的实际结束，应该与按其计划和意志进行并完成的"作品"之实际出版相一致。

遗憾的是，我所关心的不是这样的问题：我并不能从我的帽子里取出任何"作品"来，而且，不用说，也不可能从中取出这部"小说"来，虽然我愿意对其"准备过程"进行分析→②有一天会使作品成功么？至今，我写下这一行的今天（1979年11月1日），甚至连我自己也不清楚，除了惯性的、既定的事物外，我在重复中而不是在创新和变化中，还能再写什么呢？（为什么有此怀疑？——因为两年前最初谈论此讲义话题时的沉痛经验，深刻地，不知不觉地，改变了我在世界中的欲望。）

于是，通过表达方式〔formulation〕的一种最后努力——而这将是课程的结束——我可尝试为那种我想写的，或者今日人们想要

---

① 在讲义中巴尔特把此一长段删除了。
② 巴尔特将此段全部删除。

我写的"作品",提出一个轮廓,以便我可以根据阅读某些往昔作品时产生的满足感来阅读它;我能设法尽可能地接近这种白色"作品",接近"作品"的"零度"(它可把空洞且具强烈意指性的东西置入我的生活系统中);这样我可以渐进的方式接近它。①

这样我将说,所欲望的作品应当是单纯的、谱系性的、可欲的。

(1) 单纯性

这个词在严格意义上应当理解为:不是作为在会话中或在报刊文学批评中所说的那种"作品"所含有的一种模糊性质,而是应在一种真正美学原则的、一种在学校中教授的原则的意义上来理解此词:一种新的美学→ 在我看来,相对于某种现代试验,单纯性可被定义为下列写作的三种特性:

1) 可读性〔lisibilité〕。今天一些文本很容易被评价为和宣布为不可读的。(对于"极少可读的"一词的委婉表达是困难的。此一判准应用相当广泛:a) 新闻文字中,在此对"困难书籍"有专门的批评家。b) 无线电文稿:"那些没有反响的书籍。"c) 兰东和政府的冲突,弗纳克书店②。)我不想深入极其复杂的有关可读性的资

---

① 巴尔特在此提到他的第一本书《写作的零度》(论文集,1947 年以来在《战斗》报上发表,后于 1953 年结集由色易出版社出版)中的题目,暗示回到其最初的态度:"一种白色的写作,摆脱了对言语活动中有标性秩序的任何强制性",并把作品看做一种"不可能性的试炼"。在 30 年后,他指出另一个逃避点:作为新的无限性的伟大的古典小说。

② 弗兰克书店创立两年后的 1976 年以来,子夜出版社社长兰东强烈反对以折扣价销售书籍的政策。此政策严重威胁着独立书店的销售网,并更普遍地威胁着文学创作("困难的图书"),巴尔特在此提到此事件。这一冲突持续了几年,直到 1981 年社会党政府的文化部长杰克·兰提出了"有关书籍单一价格的法规"在国民议会提出并获全体通过,冲突才获得解决。

379 料，而只想讨论所有那类更古典的作品，如帕斯卡或晚期兰波，他们的作品或许被看做既可读又不可读：一切取决于文本的知觉水平，取决于读解的韵律和其意向性→不应当对文本可读性附加任何压力→对我来说，重要的是把"作品"看做自觉地、建设性地遵从一种"可读的美学"。这种美学今日在各种其他作品、其他美学、其他现代性言语活动事例之旁占据位置：可读性不是通俗的可读性、"普遍报导"的可读性，而是作品具有"高级文本"的性质→人们也可以这样来规定它（我从阿蒙所写的《论规范和可读性概念》中引出此观点①；我说"我引出"，因为这些规范是为小说这种样式提出的，而且我想考虑一般性问题，并不知道"我的"作品是小说还是别的什么，因为我不相信，样式的未决定性是不可读性的因素之一）。因此，a）一个全面的叙事框架或逻辑理智框架，是隐藏在整个作品内的，即使它不是一部小说；一个构思〔dessin〕，一个构图，仍然含有一种未来志向的（protensive）力量，其"叙事"乃最佳具体化作用——但是存在有理智性"叙事"：《趣味先生》，《人造天堂》；b）一个欺骗性的补述系统：补述〔anaphore〕＝在话语的一个时间点，指涉着另一个原则上先在的时间点（除非是预指性表达〔cataphore〕），例如"如我已说过的"或"这个男人"→读者的失望出现在人们似乎指涉某种已说过而已不再存在的事物时→逻辑的混乱可能一直关系到本身是解体性的短语，如果每个词都在欠缺补述性〔anaphorique〕联系中被孤立的话→如果我相当冒险地说，真正的判准是，作者理解自身，这就是彻底地承担自身的可读性并不弄虚作假；但是这并不肯定：我确信，一些作者并不使作

---

① 参见阿蒙此文，载 Littérature，1974（14）。

品对自己是完全可读的；在文本中存在有"皱折"〔remplis〕部分，它可能因与可读性无关的理由而留存了下来：满足感，韵律，以及一种表达之成功，此表达所含的某种赋形剂〔excipient〕是不透明性的。

2)"单纯性"的第二个条件：作品不再是或只间接地是一种有关作品的作品之话语；近代常见的手法是：我不能写作品，不再有待写的作品，唯一留待我写的东西，就是不再有什么可写的。模式：帕斯卡的话（我凭记忆引用）："我有一种思想，我把它忘了。我写我所忘者。"①→ 布朗绍是有关这种欺骗性、有关文学的悲剧性衰败问题的令人尊敬的理论家（尽管我的计划中排除了和他有关的课题）：作品不再可能是我必须要谈的。（里普席兹的第三课程的博士论文：提问行为意义上的"反讽"②。）单纯性的这个第二条规定 = 放弃元语言学代码。

注意：在《追寻逝去时间》中存在着反讽、元语言学；叙事者述说着未被写作的作品，而这样一来他就在写这部作品了；但是说真的，这一构思并非是对那些在指示性〔référentiel〕层次上直接读《追寻逝去时间》的读者宣布的。

3) 第三个条款：放弃自指示〔autonymique〕代码的暗示义（自指示性，此词本身按字词理解，不按记号理解：括弧中的字词）。但是单纯性意味着人们不废除括弧，因为废除括弧就无预告地暗示着自指示性，这就是一种精巧作用，它包含着一种失去文本

---

① "逃逸的思想，我想写下来。而我所写的只是思想逃逸这件事。"（《思想录》，473 节，337 页）

② 巴尔特在此指里普席兹在第三课程的博士论文，题为《风格和征象：当代反讽话语的一个元分析》(1979)。

效果的危险→我理解：最近我收到一份手稿，觉得很好，但阅读后却使我产生了不确定印象：其中一部分可读性低；但是，和作者谈话时我极感可耻地发现这篇作品有意地但非明显地模仿着某些作者（实际上我几乎不知道这些作者）→我于是明白了，今日我们（我有时也是如此）消耗时间于在自己的文章中纳入一个复杂的括弧系统，此系统实际上只有我们自己能够看见，而我们以为这些括弧对我们起着保护作用，向读者法官证明我们对自己、对自己写的东西、对文学等没有进行欺骗。但是实际上这种保护作用并不存在，因为我相信没有任何人能读出括弧内容来，如果它们不是黑白分明地标出的话。必须遵从清晰的事实：<u>一切内容都是按直接意义来读解的</u>；因此"单纯性"要求着、将要求着人们尽可能<u>在直意上</u>进行写作。

(2) **系谱**〔filiation〕

作品应该是<u>谱系性</u>的：这就是它应当承担（以及如我已说过的，<u>转换</u>）的某种系谱性。尼采：美丽事物均有<u>家系</u>〔lignage〕→家系≠遗产继承；它无关于继续、抄录、模仿、保存诸问题；它关系到诉诸一种高贵价值之继承，有如一位无钱、无产的贵族能够仍然是一个贵族；写作需要一种<u>继承性</u>〔hérédité〕。有时需要听威尔蒂这样说："让我们转向过去，这将是一种进步。"（1870年一封信中所写）→谱系化应当以平滑方式完成；它与模仿毫无关系：应当使古代写作，在保持其古典纯美的条件下移动，不断地通过新的字词、新的隐喻使其平滑移动→<u>平滑移动</u>概念与一种先锋派口号对立，对于先锋派我们应当清醒地对其重新考虑（因为先锋派可能出错）；如<u>解构作用</u>〔déconstruction〕

这样的口号①。解构么？当然，这是吸引人的口号，因为它与言语活动的政治异化、定式化支配、规范暴力相斗争；但是，也许还不是时候：社会还不能跟进。社会可能永远也不会跟进，或者因为它不断地被异化，或者因为它永不属于一种从外部被解构的语言。

系谱化：接受写作的贵族阶级→ 我再回到马拉美的"书"概念。（不是说我坚持一个一世纪前的口号；百年来这个口号已经消失；它关系于使另一个场所返回：以螺旋的方式返回。）但是，马拉美把书籍既看做普遍主义的又看做贵族主义的概念；我们提醒注意（因为，一般来说，在"马拉美形象"的神话学中它已被忽略或忘怀；我想起了维托里尼的怀疑②，他相信马拉美是"右翼"精神主义者和天主教徒。马拉美热烈地，有时焦虑地，关心社会问题）：对世界实际状况的思考一无所知；从其对文学的"本质性"思想——或者对作为本质现象的文学的思想——来看，他的态度令人感到是含混而矛盾的：人怎么可能一方面是"共和主义者和罢工主义者"，另一方面又热衷于精致的贵族文学呢？百年来存在于文学主要问题之内的矛盾性：马拉美对此没有解决，他承受着此矛盾，

---

① 解构思想首先在德里达的著作中提出。此词来自海德格尔的 Destruktion 概念，它表示一种"操作，其对象是西方形而上学诸基本概念的传统的结构或架构"。然而，这一对结构的注意，并非结构主义的，它首先关系于"解体、分解、分散"等问题，关注于瓦解记号逻辑本身的差异和"延异"〔différances〕等概念运动中的言语活动轨迹。这种态度显然接近巴尔特在《从作品到文本》（1971）或《文本的喜悦》（1973）中表达的立场。我们注意到，巴尔特在此似乎将其与解构作用相对立的平滑移动概念，视作与〔德里达的〕感染〔contamination〕和散播〔dissémination〕概念同样重要的运作子〔opérarateurs〕之一。

② 可能是指对与维托里尼的一次谈话的回忆，维托里尼（1908—1966）是意大利作家和散文家、出版家，以及著名杂志 Menabo 的共同社长（与卡尔维诺一起）。巴尔特通过色易出版社和其他刊物与其有合作关系。

接受主体的分隔,即语言的分隔("教义信仰"始终对此加以抵制):"人可能是民主主义者,而艺术家具有双重身份,他应当始终是贵族主义者。"①

(3) *欲望*

本课程＝当人们专心于、即献身于文学之时,以待完成作品的积极形象,对文学(或"写作")所要求的一切努力、牺牲、执著所做的漫长分析。最后,可以问:为什么〔pourquoi〕?可以这样写这个词:pour-quoi〔为了——什么〕?——马拉美(仍然是他)说,世界就是用来完成一本书之用的→但是,书是为了什么呢?书应当完成什么呢?——朝向自身,朝向自身内部,朝向一本可欲望的书:即引起可欲望的书。(我不无矛盾地把"欲望"看做愉悦〔joie〕存在本身——不是看做"快乐"〔plaisir〕,更不是看做"享乐"〔jouissance〕;一种准神秘性观点:参见〔中世纪神秘家〕鲁伊斯布鲁克的杰出说法,我曾在《恋人絮语》中引用过②→对我来说,天堂＝把握"欲望"的光辉,充满欲望的光亮＝"光荣"。)

我深深地、固执地,也就是自从我写作以来比任何时候都强烈地相信:应当置入"书"中的这个欲望＝言语活动的欲望——言语活动的某种欲望——对我来说,如我所说的,法国语言的"欲望"(如我在课程中不断指出的,它说明着一种我对谱系性作品的选择)→夏多布里昂清楚地指出此途径:就其作品(特别是《墓畔回忆

---

① 关于此引文和相关全部立场,参见马拉美的《艺术家的异端。众人的艺术》,见《马拉美全集》,257~260页。
② 所谈者为:"无上甜美的醇酒,令人陶醉。筋疲力尽的灵魂……还未饮用即已陶醉,自由而陶醉的灵魂!忘却的灵魂,被忘却的灵魂,未饮用并永不饮用却已陶醉的灵魂!"《恋人絮语》末尾所引鲁伊斯布鲁克的话。参见《全集》,卷5,287页。

录》）而言，在其政治活动（或思想活动）的过时性和其写作的活生生的、华丽的、可欲的特征之间存在着一种戏剧性的断裂；而对他来说，巨大的精力投入使其以为自己是一位政治家和君主的顾问。→变老的是政治家（在该词的广义上："权力"与世界的关系）：支配的力比多，在主体死亡后也跟着死亡消失了；而感官的（感觉的）力比多却具有一种永恒力量（我并未说一定如此）；在我看来，一个作家的问题，不是成为"永恒"（"大作家"的神话学定义），而是在死后成为人们对之可欲者。

归根结底，文学所能见证的唯一"革命"，即不断地想到创新，即在于使人思考，即在于"欲望"中存有一种"高贵性"之可能→进而使欲望成为"高贵"。

存在着一种秩序，一种范畴，它被社会想作（或考虑作）"高贵欲望"之保证：这就是"美学"（至少我这样为其定义）→马拉美说（我们最后一次谈到他）："总共只有两条道路通向心灵探索，我们的需要据此一分为二，一方面是美学的途径，另一方面是政治经济的途径。"[①]→不需对说过的话产生恐惧：作为具可欲性的"作品"，为此能动"力"内的诸力量之一：不应被舍弃的"美学"，因为"力"是不可还原的、不可瓦解的。正如马拉美所说的，正如尼采加以肯定的，按此分类学方式，艺术家，在面对着司祭类型时，不可能被还原为一种绝对类型。

对我来说，这就是待完成"作品"的（"按渐进线方式"）最可能逼近的"轮廓"。

---

[①] 马拉美：《重要杂谈——神话》，见《马拉美全集》，399页。

## 最后的（但不是最终的）话

那么，这部作品，为什么我不写、不现在写、也不再写了呢？——我已经为"选择试炼"下了定义，这个试炼还没有被克服→我所能补充的就是，这是一种我所有的关于"等待"（关于决定，关于"离岸上船"）的观念：

或许有一种"道德的"困惑；本课程对此已经充分讲述，一切都包含在广义浪漫主义作品（福楼拜，马拉美，卡夫卡，普鲁斯特）的充满欲望的思考中了→当代的现代性作品则被置入括号之内。对于某种过去怀有的"欲望"的一种执著和回归；对当代的盲点，对无视无数现代作品的诸形式的"欲望"之报导：须承担的某种艰难事物或者对此艰难事物时时确信应该加以承担；这就是以顽强〔Entêtement〕坚守孤独和穷困。

这样，所期待的东西（我已说过）就是一种起动机制〔déclic〕，一种机会，一种变化：对事物的一种<u>新的倾听</u>→我援引（一直不与自己相比较，但在实践的层次上与我同一）尼采。尼采于1881年8月，穿过树林，沿着希尔瓦波拉纳湖，构思了《查拉图斯特拉如是说》；在一座巨大岩石前停住＝"永久轮回"的思想。但是（我们感兴趣的是）前兆性记号：<u>对于音乐的趣味突然发生了彻底变化：</u>"听觉艺术的再生"→当然，"新的作品"（〔"新的"指〕与自身相关的；这是待完成作品的要求）改变旧趣味、发现新趣味的新作品，是不可能的，不可能从现实出发→因此或许我期待着一种"倾听"之转化——而且，或者说，此转化并非是一种比喻，而是通过我深爱的音乐所实现的→于是，或许我实现了一种真正的辩证法的生成："成为我所是"；尼采的话："成为你所是"，卡夫卡说："摧毁你自己……以便把你变成你所是。"①这样,也就完全自然地废弃了"新"与"旧"之间的区别,描绘了此螺旋式的发展途径,并赞美着作为现代音乐奠基者和旧音乐继承者勋伯格的话语:他因此才有可能写出 C 大调的音乐来。最后,我的欲望对象正是:写出一部 C 大调的作品来。

(1979 年 11 月 2 日)

---

① 卡夫卡的格言:"认识你自己并不意味着:观察你自己。观察你自己是如蛇一般诱惑者的语言。这意味着:改变你自己,使你成为你的行为之主人。因此这句话意味着:误解你自己!破坏你自己!这就是某种恶的事物。只有在人低头俯身时才能听到其良好的方面。同样也可表示为:为了把你自己变成你所是。"(Marthe Robert 在其《卡夫卡日记》导论中所翻译的,v 页)

# 普鲁斯特和摄影
对所知甚少的摄影资料所作的检验

# 编者说明

我们决定照原样刊布巴尔特为普鲁斯特世界中若干重要人物所编写的传记资料,它们是由保罗·纳达尔拍摄的(供研究班序言用,参见本书第 21～22 页的序言)。为了填补这些传记资料的空白所必需的注解是如此重要,以至于自然地取代了文本本身。我们提醒读者参考今日容易找到的众多普鲁斯特资料来源,特别是巴尔特提到的参考书籍《普鲁斯特的世界——纳达尔摄影集》(1978)。此书最近由其作者安娜·玛丽-贝尔纳德完成的增订版,在 Patrimoine 出版社出版了,书名为《普鲁斯特世界——纳达尔摄影集》(2003)。我们决定根据此最新版本对巴尔特的资料中包含的若干时间错误进行修正。此处呈现的照片均取自 IMEC 保存的巴尔特档案。

# 照片目次

A. 阿戈斯蒂尼里（1888—1914）

L. 阿尔比费拉侯爵，后为公爵（1877—1953）

L. A. 奥贝尔农-德-奈尔维伊（1825—1899）

M. 巴雷斯（1862—1923）

J. 巴尔泰（1854—1941）

贝纳尔达基夫人（逝于1913）

N. 贝纳尔达基先生

M. 贝纳尔达基（1871—?）

S. 贝恩哈特（1844—1923）

É. 布里索教授（1852—1909）

A. A. 卡亚韦

G. 卡尔梅特（1854—1914）

B. 卡斯特拉内（1867—1932）

A. 舍维涅伯爵夫人，旧名德·萨德（1860—1936）

A. P. 肖莱伯爵

N. 科坦（死于1916）

A. 都德（1840—1897）

C. 德彪西（1862—1918）

L. 德拉吕-马尔德鲁斯（1880—1945）

G. 福雷（1845—1924）

A. 弗朗斯（1844—1924）

加勒亲王（1841—1910）

G. 加利费侯爵（1830—1909）

A. 古尔德侯爵夫人（1875—1966）

格拉蒙家德孩子

H. 格雷菲勒伯爵（1848—1932）

H. 格雷菲勒伯爵夫人，原名卡拉曼-希迈（1860—1952）

A. 吉什公爵（1879—1962）

盖普，马特尔伯爵夫人（1849—1932）

C. 哈斯（1832—1902）

R. 阿恩（1875—1947）

*388*

L. 艾曼（1851—1932）

W. 黑斯（逝于1893）

M. 埃雷迪亚（1875—1963）

A. 艾尔芒（1862—1950）

M. 郝兰德

M. 勒迈尔（1845—1928）

S. 马拉美（1842—1898）和洛朗（1849—1900）

玛蒂尔德公主（1820—1904）

R. 孟德斯鸠（1855—1921）

L. 莫尔南（1884—1963）

帕托奇卡伯爵夫人，旧名皮格纳提里

J. 普凯，后名为卡亚韦

S. 波齐博士（1846—1918）

B. 萨冈亲王（1832—1910）

G. 施瓦兹

É. 斯特劳斯夫人，旧名阿莱维（1849—1926）

L. 图兰内伯爵（1843？—1907）

N. 维尔，祖父（1814—1896）

A. 维尔，旧名贝恩卡斯泰尔，祖母（1824—1890）

乔治·维尔（1847—1906）

A. 维尔，旧名乌尔曼（1853—1920）

A. 普鲁斯特，父亲（1834—1903）

J. 普鲁斯特，旧名维尔，母亲（1849—1905）

R. 普鲁斯特（1873—1935）

M. 普鲁斯特（1871—1922）

让我来对此标题（"关于摄影的研究班"）说明 *389*
一下，以防止产生某些偏见或误传，并避免产生某
些可能的失望：

（1）**研究班**？

a）因为是某种有关非语言材料（幻灯片）<u>的实</u><u>践性作品</u>〔travaux pratiques，指幻灯片的演示方式——中译者〕；b）因为是材料的个别性展示，而非概念性的处理；可能对一切人（一切关心普鲁斯特的人）均有用的研究材料；非个人性的活动，毋宁说是集体性的活动：每人均在心中与照片对话→在此展示中我基本上是不在的；我仅仅是准备和安排研究材料而已。

(2) 摄影资料收藏？

在 Valois 街有一个文化部历史纪念摄影档案处（如果想保存纪念性文物，通常需要为其摄影——自 1880 年以来此一工作即按部就班地进行着）。除了常规摄影收藏外，该处（最近以来）也购入一些著名摄影家的收藏品→1951 年国家从已故纳达尔（与其父亲费利克斯一起工作过）夫人处购入"纳达尔（父子）画廊"所藏 40 万张玻璃底片→现在正在为其制作目录；现在已经把普鲁斯特认识的人物的肖像（保罗·纳达尔所拍）整理完毕（大约从 1885 年到 1910 年，保罗从 1886 年起接管了父亲的画廊）→你们将看到的照片由保罗·纳达尔拍摄；保罗不如父亲有才华，却是一位很好的摄影家。

非常感谢贝尔纳德夫人[①]，她告诉了我这份档案资料的存在。她对普鲁斯特研究的丰富知识，对于我们识别摄影人物的身份是必不可少的——一些贵族，上层资产阶级（普鲁斯特家族）到纳达尔的照相馆去拍照片（就像 20 年前哈考特照相馆的情景似的[②]）；我们要注意，肖像是富裕和社会地位的一种标志（16 世纪：人们在画肖像时尽可能地穿戴华美，正如这些摄影肖像一样：请注意服装的精美）。

---

[①] 安娜·玛丽·贝尔纳德夫人，是图书馆的高级保管员，巴尔特与其碰面时她正担任"纳达尔摄影展"的管理主任，并为《保罗·纳达尔眼中的普鲁斯特世界》一书的作者（1978 年，法国博物馆出版社；1999 和 2003 年，Patrimoine 出版社，改编版）。此书吸引了巴尔特，导致他安排了这一研究班。

[②] 哈考特照相馆是著名摄影事业经营企业，20 世纪 50 年代时曾因拍摄演员照片风靡一时；巴尔特在《神话学》里的"哈考特的演员"文章中写道，"在法国，如果不到哈考特照相馆去拍过片就算不上是演员"（《全集》，卷 1，688~690 页）。

普鲁斯特和摄影　453

(3) *很少了解的? = 非未知的*

a) 这并非什么秘密之事：可以商请档案处观看摄影收藏品并通过付费翻印图片。

b) 你们将看到，许多人物已经在其他摄影资料收藏中看到过，并可在关于普鲁斯特的肖像摄影集中找到：多种多样，销路甚好（Pléiade 出版社出版，已售罄）；因此你们将看到（已经是一种失望！）一些熟知的面孔（对你们中间一些人来说）。

c) 其中许多照片曾参加 1978 年一个小型巡回展览——印有精美目录——我曾加以利用（《普鲁斯特的世界》①）。

d) 实际上，很少了解：1) 展览会反响有限（无论如何，我自己就<u>不大知道</u>）。2) 我将提供<u>一些</u>没有收入展览会的照片，虽然从摄影学上说不够完美，但我感兴趣的地方在于展览会显示了摄影学的<u>过程技巧</u>。

(4) *普鲁斯特和照片*

关于普鲁斯特和摄影的积极关系，也有提及和评论：在《追寻逝去时间》中对照片的暗示（祖母），普鲁斯特对所爱人的照片的热情（普凯②）。它也与作为《追寻逝去时间》作者的文学名字"普鲁斯特"不再有任何关系→我已指出，近来人们对作为普通人的普鲁斯特产生了特殊关注：他的生活，他的朋友，他的特异癖好：<u>马塞尔主义</u>→ 本研究班就是为马塞尔主义者开设的→正如在预告中所说的：如果不是马塞尔主义者，请回避；研究班只会令人生厌。因此，研究班不是关

---

① 《普鲁斯特的世界——纳达尔摄影集》，贝尔纳德和布龙戴尔编辑（法国博物馆监制）。摄影集收集了一百张照片，配有注解，主要是根据潘特尔所写的普鲁斯特传记材料编写的；这些注解成为巴尔特为放映照片时编写的传记卡片的资料来源。

② 普凯照片，参见 444 页。

于照片的，也不是关于普鲁斯特的，而是关于"马塞尔"的。

让我们注意这个主题（因为照片记有日期）：

| 普鲁斯特： | 1871—1922 |
| 德雷福斯事件 | 1894（判决） |
|  | 1906（恢复名誉） |
| 《追寻逝去时间》（出版） | 1913—1927 |

(5)"检查"

我们将按照字母顺序一张一张地检查这些照片。这是什么意思呢？

a）我们不对照片进行"评论"：不进行思想评论、文学评论、摄影评论，也不试图发现《追寻逝去时间》与所表现的（或大致表现的）人物之间可能的对应段落。而是仅为每一人物提供某种简短说明：材料引自潘特尔的书①（我并非"普鲁斯特学专家"）→说明和影像→"娱乐性"研究班：逐一翻阅影像→每次聚会时主要的、重要的兴趣是什么，机会、时机是什么？

b）在我看来，这就是产生作为影像固有作用的陶醉和迷恋：

一种影像，从本体论上说，就是什么也不能说：为了谈论影像，必须有一种非常艰难的特殊技艺，影像描绘〔description d'images〕技艺（≠借助影像的描绘〔descriptions imaginaires〕）。参见热拉尔的著作。

研究班的目标不是知性的：只是为了使你们对一个世界产生陶醉，正如我对这些照片感到陶醉一样，正如普鲁斯特曾经对照片中

---

① Painter, George D., *Marcel Proust*, t. Ⅰ, 1871-1903: *les années de jeunesse*, et t. Ⅱ, 1904—1922: *les années de maturité* [1959—1965], traduction et présentation de Georges Cattaui, Paris, Mercure de France, 1966.

的人物感到陶醉一样。

迷恋 = 没有什么要说的："未能说出使我们迷恋之事。"①

为什么而陶醉呢？为了这些面容、这些目光、这些侧影、这些衣装；为了某些人的爱情；为了念旧感（他们曾经生存过，他们全过世了）。

我将说的少许话并不指示着我所说的东西；我并未当场说话，我在旁边说话；这就是"迷恋作用"的、"口结式"的特点（参见德博尔德·瓦尔摩尔②）。

在将这些照片提供你们"检查"之前，或者使你们"迷恋"之前，我再提出两点具有理论意义的一般评论（因为在此影像放映过程中不再有什么"理论"了）：

(1) **普鲁斯特的（= 马塞尔的）"世界"**

在法文中，词语分配不佳：世界〔monde〕= 一个社会整体→社交〔mondain〕= 一个娱乐环境。但是，在普鲁斯特那里，社交包含着一个世界。

普鲁斯特的世界＝一个人的集合，一个"社会的民族"：1) 君主制期贵族和帝政制期贵族，失去了财产；众多"混合式"婚姻，犹太人（罗特席尔德）资产，美国人资产；2) 大资产阶级→混杂性沙龙，往往以艺术家作为中间成员（音乐晚会）→这个民族应当由一位民族

---

① 此句暗指文章《始终未能说出所爱者》（为1980年春米兰"司汤达研讨会"准备的文稿）。这可能在巴尔特为本研究班写作导论的同一时间。导致巴尔特于3月26日死亡的事故（1980年2月25日遇车祸）使其未能宣读，也未能在生前将其发表；文稿后来发表于 Tel Quel 第85期，1980年秋（《全集》，卷5，906～914页）。

② 德博尔德·瓦尔摩尔（1786—1859），女作家和诗人，诗集《悲惨之花》(1839)、《花束和祈祷》(1843) 的作者，为拉马丁、雨果、波德莱尔和魏尔伦等所称赞，其创作体现了法国浪漫主义女性精神。巴尔特此处可能暗指其名为《口吃的小家伙》的短篇小说以及德博尔德·瓦尔摩尔作品中频繁出现的口结主题。

学家加以重新组织（普鲁斯特这样做了）→高度组织化的小集团（拉布吕尔的"世界"中已经如此，在列维-斯特劳斯那里则"已经"如此）。

我们说"圣日耳曼区"。这并不很准确，宁可说是圣豪热街；这个实在世界中的几乎所有人士以及《追寻逝去时间》中的几乎所有人物都住在"右岸"：a) 普鲁斯特家庭成员本身，住在马勒舍尔勃-库塞勒？/豪斯曼／卡普辛-马德莱娜围成的三角地带内；香榭丽舍大道：它的花园；孔多塞（圣拉扎尔车站附近）：它的中学。b) 其他人，住在同一地区和（附近）其他地区：蒙索，特罗卡底洛≠圣日耳曼：盖芒特公爵年老的堂姐妹，住在"潮湿"地区，患有风湿病，拄着拐杖＝过去的旧贵族→普鲁斯特：一位右岸人士；据说从未越过塞纳河（甚至于当他在马扎林图书馆工作时，也只在那里待了两个月①）。与摄影集中所见人士的住所有关的全部街名：豪斯曼，马勒舍尔勃，库塞勒，梅辛，阿斯脱尔街，米罗梅斯尼，蒙索，等等；此地区与奥尔良金融集团的发展有关（塞色-比罗托和马德莱娜地区）；曾经是房地产投机地区。

普鲁斯特以极大的紧张感和强烈感体验到的这个世界的密度、存在和性质；朝向这个世界的运动（在生活中，后来在作品中）＝作为一种冒险，一种疯狂：<u>一种疯狂的欲望</u>。

文学中最大的矛盾，此即不可穷尽的"矛盾"本身：20世纪最高的作品来自（决定于）最低级的、最卑俗的感情：在社会上出人头地的愿望（很可能，一种欲望在批评的或讽刺的观点中被演示、

---

① 所指为：普鲁斯特作为"无薪资助手"，在1895年5月考试期间在马扎林图书馆的工作。他在格雷奈尔街的版本备案处的职务不合适他，他因健康理由获得两个月的休假，为了继续休假，遂于1900年辞职。

被再现、被以虚构的方式形象化）→永远要记住社会的差异机制，以便评价普鲁斯特和社交"世界"（高层上流社会）的关系：一方（母方）是"社会"外部的富裕犹太人（维尔家族：你们将看到后面欧尔曼婶母的肖像①）；另一方（父方），外省（伊利耶）小店主；为了理解此背景，只要看一下今日莱奥妮婶母的住宅就足够了②：狭窄的独立房屋（可称赞的文学变换之力）；父亲飞跃地达成了社会上升目的，不止成为医学教授，而且成为著名人士（政治人脉，参加国外使团）。

普鲁斯特在把社会欲望作为一篇难忘作品的重要素材之前，将其做了某种重大的改变（其痕迹可在照片中看到）：由一种贵族力量推动的一种激情的（所谓"社交的"）生活：疯狂，疯狂的欲望→不要忘记，普鲁斯特——在为写作《追寻逝去时间》而自我封闭之前——曾有过一段精疲力竭的、作为其真正职业似的社交生活。除了是专业社交家外，已成为社交专家：<u>一位斗士</u>。其"出席"社交聚会的烦劳和频率，等同于一位政治斗士或工会斗士出席本区、本支部聚会时的状态→两种情况下，应该加以分析的（神经症）现象即是："聚会癖"。

你们可能提出的问题是：此"社会性"就是你们将从摄影集中看到的么？显然不会直接看到，但可能存在（读解）破译的迹象：

a）（面部的）形态学。这是一种引起议论的概念，即"高雅"概念。我只是说你们可以在照片中发现一切形象：高贵公爵和低俗

---

① 阿美丽·维尔，原名乌尔曼，乔治·维尔之妻，普鲁斯特的婶母。参见453页。
② 莱奥妮婶母在考姆布雷的住宅（作为普鲁斯特家发源地的奥尔-勒瓦省伊利耶的小说版），在小说中变为普鲁斯特父方伯母伊丽莎白·艾米厄的家；这个农舍的房间、厨房、卧室等在《追寻逝去时间》中有所描写，但缩小了气派。

公爵，优雅妓女和俗常妓女，文雅的资产阶级和粗野的资产阶级，都混合在普鲁斯特家族内——在课程安排之外，你们会看到15～16岁时的普鲁斯特的令人难忘的秀美和<u>高雅</u>（尽管布迪厄使用过此词，我还是要再次使用它！①）此外，普鲁斯特曾经在谈到祖母关于<u>高雅气质</u>的意见时讨论过这个问题：祖母提出的这个概念却并无社会性意涵。

b）一种古典的社会<u>印迹</u>：衣装。特别是看一下男士的服装，因为社会辩证法正存于此处（≠妇女：直接的"外显"，直接显示作为财产持有者丈夫的社会地位）。君主制社会：衣装，是身份的、而不是问题的被编码记号≠民主社会；平等主义，一切男士服装都根据同一模式，起源自教友会服装，适合一般劳动需要。审慎地恢复一种"高雅品位"的必要性：社会的→美学的→质料之美＋"细部"的"魅力"：衣领，卷边，领带，手杖，等等——你们看见普鲁斯特照片②上的表链的<u>魅力</u>（我以为，这些形式及其细部的一些成分被吸收进今日流行之中）。

c）一种非常微妙的痕迹：<u>姿势</u>；一般来说这是由当时摄影术代码加以高度编码的：这样，大部分是正面朝向的，从姿态中难以读解区别性。但是，有时候，偶然地或在灵感激发下，一种姿势被主体（或摄影师）转变为一种复杂记号，它指示着一种微妙而明确的情境：这就是布莱希特所说的 gestus（这是他在其场景调配和服装设计等中所探索的③）→例如，艾曼在照片形象中呈现的方式④，在

---

① 指布迪厄的书名"la distinction"（巴黎，子夜出版社，1979）。
② 参见457页。
③ 关于 gestus，参见135页，注1（即中文版140页注①）。
④ 参见432页。

我看来就是一种 gestus＝高级妓女，温柔而矜持，感情高贵（我们可以从她的传记中再次发现这些特点）。

（2）"关键模型"

我们在此关心这个问题，因为这些照片人物都是普鲁斯特交往的对象：

普鲁斯特本人具有含混的和矛盾的性格；例如，a）致拉克雷泰勒的信："人们会非常自然地认为，这是书籍的堕落，毕竟是根据真人真事写成的小说"；以及 b）确认了（在为同一拉克雷泰勒写的献词中①）某些"关键人物原型"；确实具有原型的角色人物是孟德斯鸠、阿戈斯蒂尼里、伊利耶尔和卡布尔。

我们的态度是：其本身是意义含混的，如我说过的那样；"重塑"这些关键人物，至少以为以一种积极的（和实证主义的）方式这样做，是徒劳的，无效的，甚至是滑稽的：

a）因为这暗含着一种文学方面不适当的理论选择：一种关于摹写、根源、绘画的理论，也就是我们不可能进行一种严肃的、充分的选择：一种理论片段而已；

b）因为，就普鲁斯特而言，明显的是，在其头脑中存在着一种混乱，一种错乱的、扩增的力量，一种诸巨细特征的混合物，以至于对此世界的密码学既不可能建立，也与读解的实际作用不相切合。

但是，同时，在面对这些照片时，我们并不拒绝这些关键人物

---

① 巴尔特此处指普鲁斯特于 1918 年 4 月 20 日在《在斯万家那边》一份样本中写的著名题词。这份题词是普鲁斯特写过的所有题词中最重要的。参见 Correspondance, texte établie, présenté et annoté par Philippe Kolb, Paris, Gallimard, 1970—1993, t. XVII, p. 189.

原型（默默地）所起的作用（没有任何揭示；而画家会对此进行暗示；画家误用着人物原型）。为什么？

我们再回到这个问题：《追寻逝去时间》内的人物原型问题成为简明文学史上的一个令人兴奋的主题宝库：研究论文识别出一个次要人物的相隔遥远的原型，等等；我不可能自诩具备了为获得此种兴奋而应具有的丰富知识（我放弃了这种愿望）；但是这种兴奋，这种密码学能量，构成了一种<u>征象</u>：<u>人物原型并不相关于普鲁斯特，而是相关于读者；人物原型、人物原型引生的欲望和喜悦是一种读解行为的征象</u>。

在这里，对于这个人物原型的问题我们可以说（目前仅根据直观；我打算稍后对其从理论上，作为一种读解行为理论，加以探讨）：诸人物原型属于<u>诱发刺激</u>层次，但是此诱发刺激起着一种读解行为中的"增值"作用，它们强化了和发展了与"作品"的想象性联系；它们成为有待提出的一种理论对象的一部分，此即<u>读解行为的想象界</u>（此一"想象界"的另一论证是：读者对作品的投射）。有鉴于此，我们不压抑人物原型问题，因为诱发刺激实乃读解行为的基础本身。

"《追寻逝去时间》中的人物 + 人物的模型"这一组合＝显然属于一种想象界对象，服从着<u>"压缩作用"</u>〔condensation〕<u>技术</u>（在单一形象内包括若干异质性特征）；而实际上——这正是作为写作之"目的"的读解行为——它超越了普鲁斯特，对我们进行着压缩作用，是我们在进行着梦幻行为→我们将马上看到，照片对于这种压缩作用、这种梦幻，既是助力又是阻力。

压缩作用＝人物原型特征的复数性和类型的多样性。大致来说：

——身体的模型（最终很少）：卡斯特拉内，舍维涅；
——片段的模型：图兰内的单片眼镜，萨冈的头发；
——情境的模型：玛丽·贝纳尔达基（香榭丽舍）；
——结构的模型：贝纳尔达基双亲。

这些模型如果发生在同一个人物身上，就将出现矛盾：贝纳尔达基先生的庸俗性＝斯万。

照片——我们的研究班的原创性、新颖性正在于此（我认为）——担负着梦境、读解行为的想象界与<u>实在界</u>对峙的功能→因此，相对于读解行为，特别出现了失望、阻力、惊异的现象（但是作为补偿，也出现了与其他兴趣相关的现象）：

——一般来说，照片对于人物构成了<u>阻力</u>：都德对贝尔格特（还没有谈阿戈斯蒂尼里对阿尔贝蒂娜）；贴紧（而不造成阻力）角色人物的照片是很少的。玛斯与斯万的头像一模一样（你们有<u>些</u>奇怪地看到我没有反过来说）：只有通过玛斯的头像才能看见斯万的头像。

——失望：虽然只能如此！甚至对于良好的人物原型：舍维涅→盖芒特公爵夫人。文学的特殊力量，奢华的、丰富的、相对于照片中细小现实的宽大衣装。

——阻碍不仅相关于身体的不协调，而且相关于精神的歪曲性：吉尔波特如何能够有一位像贝纳尔达基先生那样庸俗的父亲呢？参见那场遇见庸俗双亲的噩梦。

——然而同时——我希望在此产生陶醉效果——出现了一种照

片的影响力：我们梦幻，因此我们转化（马诺尼）[1]；如果在照片集中没有找到《追寻逝去时间》中的人物，我们会有挫折之感：空白有待填充；孟德斯鸠是沙吕斯，但完全不是指身体；就身体而言，则是多阿散男爵[2]。

---

[1] 参见 Octave Mannoni，"Le rêve et le transfert"，*Clefs pour l'Imaginaire ou l'Autre Scène*，Paris, Seuil, 1969.

[2] 多阿散男爵（画家）或多阿赞（塔迪耶），奥贝尔农夫人（威尔杜林夫人的模型）沙龙的常客，是沙吕斯的模型之一，普鲁斯特在给孟德斯鸠的信中也这样说。

399

### A. 阿戈斯蒂尼里（1888—1914）（居中者）

1888年生于摩纳哥。来自里沃纳的一位意大利人之子。母亲来自普罗旺斯，带一些阿拉伯血统。

1907年住在卡布尔。比才在摩纳哥经营出租汽车公司（在巴黎和卡布尔设有分公司）→ 普鲁斯特1902年想要和比贝斯克兄弟一起再次参访教会→ 租了一辆汽车和雇了三个司机，其中有阿尔巴雷和阿戈斯蒂尼里（时年19岁）。

发明物的重要性；对这些新颖物品的热情；它们如何出现在他的作品中：电话，汽车，剧场电话——预订服务：通过电话聆听节目：1911年2月21日，普鲁斯特在床上用黑色圆锥形听筒听了喜歌剧院的《佩利亚斯与梅丽桑德》；他对佩利亚斯从地下洞穴走出的场景非常欣赏：玫瑰。

"……穿着一件橡胶材料的大外套，戴着一顶女风帽，年轻而无胡须的丰腴脸颊〈实际上看见的几乎是方形的脸〉，使他看起来像一位朝圣者或几乎像一位急行中的修女。"（参见"迷恋"一场，维特）

→普鲁斯特的秘书

阿戈斯蒂尼里于1913年12月离开了普鲁斯特，以马塞尔·斯万的伪名，在飞机驾驶学校注册。

1914年5月30日，他的单翼机在地中海安梯布斯海面坠毁。两个月后普鲁斯特要求纳达尔画廊复制了这张照片（父亲，弟弟艾米尔，他在一段时间内代替哥哥担任秘书→罗斯唐的司机，1915年死于高里齐雅战场）。

1914年8月8日死亡，时年92岁。

*400*

**L. 阿尔比费拉侯爵，后为公爵（1877—1953）（阿尔布）**

生于 1877 年。1903 年加入圣卢的教派，同时加入的有吉什和拉基维尔（罗舍）（那时他 26 岁）。但是普鲁斯特周围的贵族们都不是知识分子（实际上，他们不特别具有知识分子风度），"诚实的阿尔比费拉什么也没读过"，却是唯一的"泛德雷福斯分子"（效忠于教会）。汽车和旅行的爱好者。热恋一位女演员（参见圣卢）；莫尔南（参见后面的照片）；普鲁斯特一段时间内与他们和解了。

普鲁斯特不喜欢阿尔布称其为"普鲁斯特"。（参见吉什→我亲爱的朋友或我亲爱的马塞尔。）

朋友晚间的聚会，先是在维贝尔咖啡店或拉鲁饭店，然后在普鲁斯特的房间里：谈话，冰苹果酒，以及普鲁斯特喜欢的普舍酒店的啤酒。

阿尔布不了解普鲁斯特，普鲁斯特属于德雷福斯派却拥护教会（马基神父流放了，他将圣雅克教会世俗化!），伊利耶尔→考姆布雷（考姆勃法规，1903）；他要求普鲁斯特对他解释德雷福斯事件。

就人物原型问题而言，孟德斯鸠猜测到，圣卢更像阿尔布，而不大像吉什。

战争→若弗尔将军的司机。

*401*

**L. A. 奥贝尔农-德-奈尔维伊（1825—1899）**

照片摄于 1883 年。

威尔杜林夫人：最少具有含混性的和最可信的人物原型之一。

两个沙龙的竞争关系：卡亚韦夫人；竞争的焦点：阿纳脱勒·弗朗斯，他于 1886 年被奥贝尔农夫人夺去 → 友谊的断裂。

先是在梅辛街，之后在阿斯脱街待客。

朋友们＋年长夫人集团，作为母亲友人的寡妇们（参加钢琴家娴母和舍巴托夫公主＝神圣的怪物们）。

沙龙聚会日：星期三（参见威尔杜林夫人）；招待会前的 12 人晚餐；预先宣布的谈话主题："你如何看待通奸？"——（贝涅尔夫人）："对不起，我只准备了乱伦的主题。"邓南遮要求谈爱情："请读我的书，夫人，并允许我参加晚餐。"→ 为了提醒注意聆听讲话人说话，使用了小银铃。

沙龙内没有美丽夫人：我〔奥贝尔农夫人说〕提供了谈话，但没提供爱。像威尔杜林夫人一样，先是进行裁判，然后给予原谅和恢复参与资格。

奥贝尔农夫人的忠实小集团：科塔尔（波齐），布朗绍（布罗沙尔）。乡村别墅（罗弗森尼区）的仆人。"回心"别墅。

身姿？你们看到丰满、活泼的小女子，肥胖的手臂，鲜艳的服装→孟德斯鸠："她颇有在内室里的坡玛丽女王的姿态。"

她说了那么多话，在谈话中投入如此之多，最后死于舌癌。

**M. 巴雷斯（1862—1923）**

摄于 1916 年。

普鲁斯特于 1892 年与他相会：喜爱他的音乐语言。贝尔格特具有他的特征。

但是我们看见了三个贝尔格特：巴雷斯，都德和弗朗斯；并无吸引力的人物原型；至少在身姿上不可能推测出类似性，不可能发现相符合处。

### J. 巴尔泰（1854—1941）

摄于 1885 年或 1887 年。

巴黎喜剧院成员。＝"优雅风度"：保罗大公，鄙俗之辈，为其捧场："老相好，再来一个！"参见《追寻逝去时间》：弗拉吉米尔大公和盖芒特公主一起在剧院拍手并呼喊"老相好，再来一个"，阿尔帕容夫人在室内喷泉旁。

无与伦比的朗读＝女神。

1893 年，勒迈尔小姐的晚会，在此普鲁斯特遇见孟德斯鸠；朗读〔孟德斯鸠的〕诗集《秃女》。

＝人物罗姗（而且特别是有名的人物安德洛马赫）。

在私生活上：我赞赏，我喜欢。（喜欢一幅照片。）参加吉什。

在所有呈现的照片中，我喜欢三个面容：巴尔泰，吉什和 15 岁时的普鲁斯特。

472　小说的准备

404

405

**贝纳尔达基夫人（逝于 1913）**

摄于 1888 年和 1891 年。

同一说明：这只在结构的位置上是欧迪特（= 玛丽的母亲——吉尔波特）。

只关心香槟和爱情，参见故事开始时欧迪特暗淡的沙龙。

为了神话需要拍摄了许多化妆照片："美女"，雕塑般美女（≠ 欧迪特，M. 萨克里潘）。

瓦尔吉里装扮（沃兹设计的样式）：为了在假面舞会上吸引注意→试想一下可怜的谢罗，如果他必须穿得像布卢内赫尔德！

（第二幅）照片：起床、睡衣的神话；朴素的雕像般的美女（侧面）：裸露"乳房"；以及不假修饰的头发色情。

474 小说的准备

*406*

### N. 贝纳尔达基先生

错误的人物原型，如果按照直意理解此词的话：玛丽的父亲。但是玛丽＝吉尔波特（香榭丽舍），因此贝纳尔达基先生＝斯万！这个粗笨庸俗男人：不可能（贝纳尔达基夫人也一样）。

摄于1900年4月11日。

玛丽和奈里：作为波兰贵族贝纳尔达基先生的女儿们；作为茶叶商，家道殷实；以前曾经是沙皇宫廷的典礼官＝"阁下"。

沙约街65号（马索-香榭丽舍区）；以傲慢著称。

比普鲁斯特家境富裕——但其社会环境可疑。普鲁斯特双亲对于马塞尔与他们的来往态度有所保留。

407

### 玛丽·贝纳尔达基（1871—?）

大约生于 1871 年（＝普鲁斯特）

因此当普鲁斯特于 1886—1887 年间在香榭丽舍见到她时，应当为 15 岁，普鲁斯特对其产生了爱慕。

此照片摄于 1893 年：6 年之后，她为 21 或 22 岁。

黑色长发，面带笑容，心情愉快 ≠ 吉尔波特，阴沉，脸带雀斑。

但是，再说一次，人们不因身姿（一种"类型"）陷入爱情，而因一种情境形象（〔《少年维特之烦恼》中的〕夏绿蒂和〔为弟妹们切的〕面包片）：一个小女孩来到了香榭丽舍；人物原型对拉克雷泰勒的献词（30 年后写道）："吉尔波特在一个下雪天来到香榭丽舍的情境，使我把贝纳尔达基小姐视为我一生中最爱的人。"

1897 年（？）她与表哥莱昂（罗舍）拉基维尔亲王结婚；有了一个女儿莱昂蒂，像吉尔波特一样（但是在这里与普凯，卡亚韦夫人，混合在一起了）。

408

409

### S. 贝恩哈特（1844—1923）

为庆祝贝恩哈特和他的被保护人尼博，一位写诗的布列塔尼水手，在孟德斯鸠家（1894年5月30日）举行了聚会，在聚会中普鲁斯特头一次遇见圣日耳曼区的人士（《追寻逝去时间》中的主要因素）。

贝恩哈特在尼博故乡贝勒岛的夏季别墅；普鲁斯特在此产生了（与阿恩一起）去英国旅行的想法。

在《费德尔》（在摄影这一年重演）中："多么无用的装饰，多么沉重的披纱。"→贝尔玛。

（在非常拙劣的剧作和普鲁斯特描述的极端现代主义之间存在的令人困惑的割裂，如<u>他从不看拙劣作品</u>；当然，拙劣作品正是在这里：人们永远看不见拙劣作品，当身处拙劣作品之内时；某一种选择性的歇斯底里。）

*410*

### E. 布里索教授（1852—1909）

父亲同事。——神经科医生，《神经病学期刊》→作品：《气喘病患的卫生管理》。1905 年时普鲁斯特曾往就诊。喜爱文学。→"E 教授"在为叙事者的祖母做检查之前，照例吟诵几首诗。→布尔邦医生中的布里索派（反科塔尔派）："有些布里索派的大夫，比临床医生更赋于怀疑主义者的能言善辩。"

照片摄于 1899 年 5 月 14 日。

个人事故：=为我看病的布里索医生的父亲——加兰希尔街，科隆香水；切断小韧带[1]。

布里索夫人，亨利·弗兰克的姐妹，诺瓦耶的情人（在拱桥前跳舞）（1912 年死亡）。

让和亨利：与我年轻时的生活联系紧密（→我们的单元房［字迹不清］[2]）。

发生形态学。

---

[1] 巴尔特曾由布里索医生医治肺病，他是布里索教授之子。让和亨利，是布里索医生之子，为巴尔特在蒙田中学的同学。

[2] 我们猜想是"callot"〔卡罗〕一词：卡罗街，巴尔特年轻时住过的地方。

## A. A. 卡亚韦

威尔杜林先生。

普鲁斯特于 1889 年被引进卡亚韦夫人的沙龙。被介绍给令其失望的弗朗斯。

奥什街 12 号。

卡亚韦夫人＝李普曼。1868 年与富有的阿尔曼结婚（＝阿尔曼夫人）。之后丈夫在自己的名字前增加了一个地方的名字，波尔多葡萄种植区，渐渐地阿尔曼的名字消失了。但是她觉得这样太滑稽，就继续让人们称呼其为阿尔曼·卡亚韦。——必不可少的姿态。参见威尔杜林夫人。

丈夫：突然出现，令人不安，不合时宜；鼻疣；飘动的领带＝风车轮翼。像威尔杜林先生一样是帆船驾驶者。粗野，爱开玩笑，但惧妻。——反德雷福斯派（≠弗朗斯）。

儿子加斯通娶了普鲁斯特喜爱的普凯。（参见后面。）

**G. 卡尔梅特（1854—1914）**

摄于 1889 年。

《费加罗报》的编辑，后任社长。

鼓励和刊载了普鲁斯特大量文章。

拒绝了《驳圣伯夫》书稿。

《追寻逝去时间》（《在斯万家那边》，Grasset 出版社，1913 年）受献词者。"谨对 M. G. C. 表示由衷的深深谢意。"例如："我常常觉得我写的东西你一点也不会喜欢。但万一你有时间读读这本书，特别是第二部分的话，我想最后你会认识我的。"

1914 年 3 月 16 日被财政部长之妻卡约夫人谋杀。

**B. 卡斯特拉内（1867—1932）**

非常接近圣卢：优雅身形，光鲜亮丽，青金石色的冷峻目光，金黄色皮肤，"吸收着阳光下一切光芒的、金色的"头发，活动的单片眼镜，敏捷的动作。

杰出的社交界青年。保皇党和反犹太立场。

家道中落时，娶了一位美国百万富翁古尔德（见后）→勃瓦大道上的豪宅（模仿〔凡尔赛宫内的〕大特里阿农宫）。极其豪奢的招待会→破产。"为了操纵如此多金钱，必须熟悉金钱"（罗特席尔德男爵）。——妻子于他破产前离婚，嫁给另一贵族——他从事古董买卖（假古董买卖）。

**A. 舍维涅伯爵夫人，旧名德·萨德（1860—1936）**

摄于 1885 年。

盖芒特公爵夫人。

极其高贵的沙龙。

1891 年以来普鲁斯特经常见到勒迈尔和斯特劳斯夫人：小鸟般轻盈身影，碧蓝眼睛，金色头发。

1892 年春天，普鲁斯特在她晨间散步期间静候其到来："每当我遇到你时我的心脏病都要发作了"，马里尼街的散步（她住在米罗梅斯尼街 32 号）。——为普鲁斯特的小花招而懊恼。——之后一切趋于正常，彼此维持了 28 年的友谊；但在《追寻逝去时间》的第二部，作为盖芒特公爵夫人的形象受到伤害；普鲁斯特对此感到不安，并向考克多抱怨说："当我 20 岁时，她拒绝了我的爱；当我 40 岁时，创造了盖芒特公爵夫人最好的形象，她应该拒绝读我的书么。"

**A. P. 肖莱伯爵中尉**

摄于 1888 年。

1889 年普鲁斯特在奥尔良服役：直属长官为肖莱。

参见圣卢：与普鲁斯特在路上擦肩而过，假装未认出来。

**N. 科坦（逝于 1916）**

摄于 1914 年 8 月 8 日。

年轻健壮的农民，1907 年与妻子塞丽娜（＝弗朗索瓦斯）一起受雇于普鲁斯特，长达 7 年（后来雇用的是塞莱斯特和阿尔巴雷夫妇）。

好挖苦，阴险，曾在普鲁斯特不在时嘲笑他；"我相信，尼可拉〔科坦〕酗酒，对此我很惊异。"

1907—1914 为〔普鲁斯特〕创作丰收期。1909 年 1 月：豪斯曼大道下雪。红茶＋塞丽娜拿来的烤面包→马德莱娜。

因伺候普鲁斯特工作熬夜至晨 4 时上床；之后是塞莱斯特接班。

整理原稿文件，记录口述笔记。"他的语言正像他的人一样令人厌烦，但你会看到，等他死后，将大为成功。"

1916 年在前线因肋膜炎去世。

**A. 都德（1840—1897）**

贝尔格特〔的原型〕？（参见弗朗斯）

阿恩介绍普鲁斯特到都德家。

摄于1891年。

年轻时感染梅毒，渐渐死去。

在伊利耶尔家餐厅炉火边，或在花园里（普莱卡特兰饭店），沉醉于阅读。

**C. 德彪西（1862—1918）**

摄于 1909 年 4 月 3 日。

文特依七重奏＞《大海》和《四重奏》。

德彪西和普鲁斯特的关系。

自 1890 年起普鲁斯特对德彪西音乐的热爱。《佩里耶》（1902）后喜爱更为强烈。

但是德彪西的音乐观和学院派的阿恩音乐观互不相容。加以德彪西的阴郁、猜忌性格（请看他的圆钝形的额头，闭紧的目光）。

德彪西：是韦伯咖啡馆内都德圈子里的一员。德彪西不信任普鲁斯特圈子里的人："我觉得他身子稍长，吹毛求疵，像个饶舌妇。"普鲁斯特邀请德彪西参加在库尔塞勒街 45 号住宅内的作家和艺术家餐会；德彪西拒绝了："你知道我是一个粗野人，我更喜欢在咖啡馆再见到你。亲爱的先生，请不要介意，我天性如此。"

## L. 德拉吕·马尔德鲁斯（1880—1945）

摄于1914年2月27日。

马尔德鲁斯博士的妻子。

女诗人＝"缪斯"；在孟德斯鸠后期招待会上朗读自己的诗作。

自1914到1921年前后，迷人的妇女小团体；尽管继续参加社交活动，她们对出席自己的社交聚会比出席男士的社交聚会更有兴趣；温和的蛾摩拉〔《旧约》故事内的同性恋淫城——中译者〕；交际团体，而不是孤立集团：诺瓦耶夫人，柯莱特，莲妮·珀姬，阿朗松，维维安，以及其友帕摩尔；集团的中心是巴内小姐；巴内小姐的田园诗般的蛾摩拉城和普鲁斯特的阴郁的所多玛城（《旧约》中的同性恋淫城，与蛾摩拉城同遭神灭）之间迟来的相遇，但未展开。当巴内小姐读到《追寻逝去时间》的最后一卷时发现，阿尔贝蒂娜和她的朋友们"并不可爱，而只是行为怪异"（说得不错）："谁都不可违反〔希腊〕埃莱夫西斯的密仪。"

**G. 福雷（1845—1924）**

摄于 1905 年 11 月 29 日。

普鲁斯特热爱福雷的音乐："先生，我只是喜爱、崇拜、赞赏你的音乐，过去是，现在仍然是。"和音乐爱好家与作曲家波里尼亚克大公一起听钢琴和小提琴奏鸣曲。普鲁斯特在深夜让波莱四重奏乐队到家里来演奏弗兰克和福雷的乐曲。

情节原型：文特依奏鸣曲：

——附带演出节目：《罗恩格林》序曲，福雷的《叙事曲》，《圣周五的欢喜》，"舒伯特的一个作品"；

——但主要节目是：小乐节作品：圣桑的 d 小调奏鸣曲，以及整套作品：弗兰克的奏鸣曲。（因此福雷的原型作用是相当间接的。）

**A. 弗朗斯（1844—1924）**

摄于 1893 年。

普鲁斯特和弗朗斯的关系：人所共知。

——1889 年：普鲁斯特被引介入卡亚韦夫人的沙龙，她是弗朗斯的女性灵感来源。

——呈现给他《欢乐和日子》。

——显然是贝尔格特的主要原型。

**加勒亲王（1841—1910）**

摄于 1894 年。

维多利亚女王之子→爱德华七世于 1901 年。——英法和谈主导者。

极其长于社交，他的母亲不信任他；斯万和哈斯，他的朋友。

494 小说的准备

*423*

**G. 加利费侯爵将军（1830—1909）**

摄于 1893 年。

格雷菲勒伯爵夫人周围一员。哈斯的密友：《王室街俱乐部》（科里隆酒店），蒂索的画。

因其在墨西哥战争中的作用而闻名。

——指挥过色当战役时的骑兵突击。

——残酷镇压过巴黎公社。

——国防部长（1899 年），在德雷福斯事件之后。

虚荣而投机；绰号"钱肚子"：1863 年在墨西哥战争时受伤，肚子上有块银板；由于这块可据以推算价值（20 法郎的钱币？）的银板而在社交妇女面前获得成功。→弗罗贝维尔将军和他的单片眼镜。

（显然是专断独行之辈。当时奇特的军服：细腰身，毫无风格，狭窄，呆板：棍子般形状，像是一根手杖。）

496 小说的准备

424

**A. 古尔德侯爵夫人（1875—1966）**

摄于 1901 年 7 月 24 日。

我们看见卡斯特拉内侯爵：家道衰落时娶了一位美国百万富翁，又黄又瘦；沿着脊柱长着一道黑毛，"像是易洛魁族的女酋长"；伯尼为她拔除了背毛，教给她化妆的方法，并在受到称赞时回答说："承蒙夸奖，你真可爱。"——伯尼＝"货币的反面"。

为庆祝安娜〔古尔德〕21 岁生日，1896 年（叔祖父维尔和祖父纳特死亡的一年）获得市政厅许可，在波罗纳森林举行盛大庆生会：安娜的资产为 30 万法郎——树林里挂起 8 万盏吊灯；歌剧院芭蕾舞团全体参加演出；在灯火辉煌的喷泉间放生了 25 只天鹅。

在全部财产被挥霍殆尽之前安娜喊停了。"你不能离婚！——为什么不能。我恨他，我恨他。"——1906 年 1 月 26 日：带着孩子出走了。4 月：离婚→与伯尼的表兄结婚：塔列兰·佩里格尔，萨冈的大公。

**格拉蒙家的孩子**

1896 年。

吉什公爵→见后面。

路易·格拉蒙。

格拉蒙小姐（后来与诺瓦耶家人结婚）。

**H. 格雷菲勒伯爵（1848—1932）**

格雷菲勒还是格雷弗耶？上流社会说"格雷弗耶"——而孟德斯鸠写道：

亨利·格雷菲勒

薄纱后面一对黑眸。

摄于 1881 年 3 月 24 日。

→盖芒特公爵。

比利时银行家家族，极其富有，归化的法国人，王政复辟时代的贵族。他的婶祖母，科尔代利亚，嫁给卡斯特拉内元帅＝夏多布里昂的情妇。他的父亲：赛马俱乐部创建人之一。

金色胡须，风度庄重，克制情感＝一个纸牌行家（布朗什），一位雷神般人物（参见盖芒特公爵）。具有大领主似的居高临下的殷勤。默伦城的议员（参加盖芒特公爵和梅塞格里斯）。——心浮善妒的丈夫。不喜欢妻子（孟德斯鸠）的小圈子。"这是日本人式的"（＝唯美主义者的）。要求妻子于夜晚 11 点半前返家。

500 小说的准备

*427*

**H. 格雷菲勒伯爵夫人，原名卡拉曼·希迈（1860—1952）**

肯定摄于 1900 年前。

当时上流社会顶尖的美女；对此有强烈意识；作为法尔吉埃的雕塑模特儿，许多画家为她作画，表兄孟德斯鸠为其赋诗：相互爱慕和产生爱情。富于智慧但不喜读书：零碎文化知识来自餐桌旁科学家、艺术家、音乐家等男士的谈话。

盖芒特公爵夫人＝舍维涅伯爵夫人。——但是，＝格雷菲勒夫人：社交场合，夫妻关系，沙吕斯-孟德斯鸠的表亲关系；银铃般的连续笑声，排斥男性关系的小圈子（年老的阿斯为其中之一）。

她怎样变老的呢？她怎样死亡的呢？1952 年。那时她还不能算老。我写《写作的零度》的时候！

**A. 吉什公爵（1879—1962）**

摄于 1900 年，即在认识普鲁斯特之前。

众所周知：1903 年左右，普鲁斯特与一个青年贵族集团经常来往，"圣卢"集团，其中有阿尔比费拉（见前）、拉基维尔（罗舍）和吉什。格拉蒙（→克莱蒙·通奈里的妻子）的异母兄弟：回忆普鲁斯特——格拉蒙公爵阿热诺和罗特席尔德家人之子。

黑色卷发，白皮肤，透亮的眼睛。喜好运动、艺术（绘画）和科学（光学和航空力学）→国际学者。

在诺瓦耶夫人家遇见普鲁斯特：对与普鲁斯特的谈话入迷。给他写信邀请他到父母家去做客："我亲爱的普鲁斯特。"——"我理解为什么你不称呼我为'我亲爱的马塞尔'，但你至少可以写'我亲爱的朋友'，这不会造成任何约束，甚至于不会造成友谊的约束。"（吉什。蒙陶泽！）

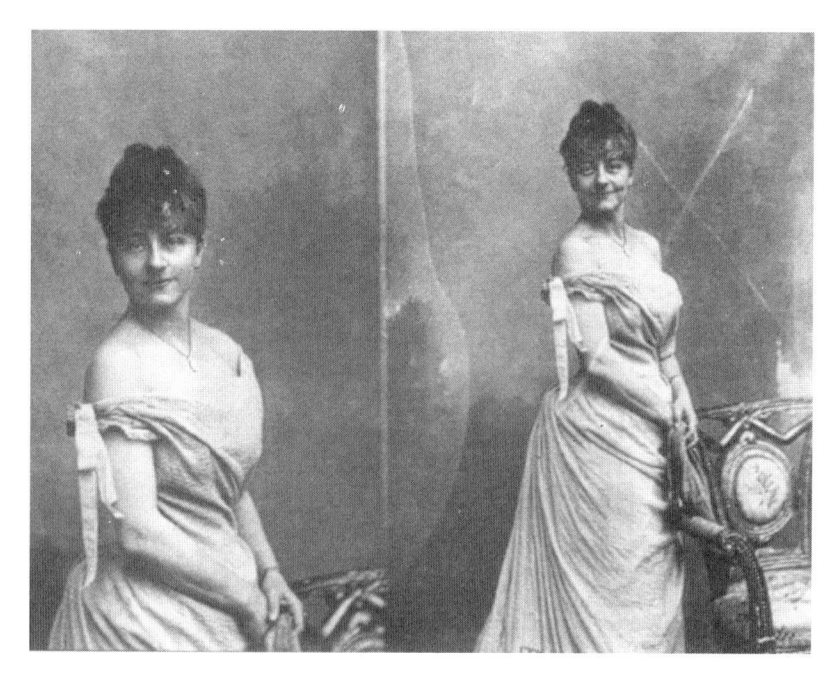

**盖普·马特尔伯爵夫人（1849—1932）**

显然摄于 1890 年前后。

两个姿态：我相信，其中之一（左面的）被修整过。

米拉博的孙子。——才女：有对于同时代社会的批评性著作多种。

经常看见马塞尔在香榭丽舍游玩；与贝纳尔达基和福雷交往的时代；某日看见他在格拉蒙街卡尔曼-列维书店（哈斯和弗朗斯经常光顾的书店）购买了莫里哀和拉马丁全集。

另一日，在蒙索公园看见普鲁斯特非常寒冷的样子，手中握着一个热山芋（巴黎人在前往歌剧院之前，习惯于在路上停下来买个热山芋，演出期间放在手笼里取暖）。

反德雷福斯派。法兰西祖国同盟（与人权同盟对立）：莫拉斯，巴雷斯，埃雷迪亚。右翼知识分子和作家幸运的时代！

*430*

### C. 哈斯（1832—1902）

摄于 1895 年 12 月 26 日。

＝斯万（哈斯在此未有损形象）。

他谈到自己："没有巨大财产而被巴黎社会接纳的唯一犹太人。"于是当时成了富人：其父是股票交易员。

1870 年战争时表现勇敢→参加赛马俱乐部。

经常出入杜伊勒利王宫。

红色卷曲头发；年老后，头发灰白，描眉，鹰钩鼻使他重新成为"犹太人"（普鲁斯特关于斯万年老时的著名描述，似乎年老后返回"本质"）。

斯特劳斯沙龙（1880—1890），玛蒂尔德公主的沙龙和格雷菲勒-孟德斯鸠小圈子。——英国皇太子和流亡推肯海姆的巴黎伯爵的友人。

社交生活，绘画和女人。

与一位西班牙情妇，生下一女鲁伊西塔。

（相对于朋友们）表现出勇气的德雷福斯派。

人人都知道斯万·哈斯。

（绷紧发皱的皮肤。）

431

**R. 阿恩（1875—1947）**

非常亲近的关系。

摄于1898年左右。

阿恩的个性与普鲁斯特的关系：众所周知。

友谊：从1894年直到普鲁斯特去世。马斯内的弟子，作曲家、钢琴家和歌唱家（男高音）。留下的一些唱片今日听起来为滑稽的拙劣作品。卡拉卡斯出生的犹太人，和父母、姐妹住在巴黎。在勒迈尔夫人白天音乐会上〔显露歌艺〕（根据魏尔伦诗篇写出的歌曲系列：《灰色的歌》）。

极其健谈。

两年间的热烈友谊——其后渐趋平稳而忠实如故（正常的历程）。游历英国，之后去威尼斯。普鲁斯特使其进入自己的工作过程，并最初向他朗读了《在斯万家那边》，阿恩极其赞赏。

508 小说的准备

*432*

### L. 艾曼（1851—1932）

摄于 1879 年。

＝ 奥德特。

1851 年，生于安德斯山区一处牧场；其父为工程师，年轻时死亡；其母努力靠教授钢琴为生，结果使其成为娼妓→"妓女"，有才艺、有知识、有品位的交际花（≠奥德特），1900 年在一次神秘的恋爱烦恼之后最终成为天才的雕塑家。上流社会的情人：奥尔良公爵，希腊国王，保加利亚王位觊觎者＝"年轻公爵们的一名世故教养员"。

像奥德特一样，住在佩鲁斯街和杜蒙-乌尔维街口的独立宅邸里。普鲁斯特在 17 岁时（她 37 岁时）与她相遇。

金色头发，黑色双眸兴奋时会张大。布尔热（情人）在一部中篇小说《格拉蒂-哈维》里描写过她。

普鲁斯特获得一册《格拉蒂-哈维》，是用裙子上的丝绸包装着的。

和叔祖父维尔（他在奥特伊的喷泉街 96 号有一处宅邸；为了打通到莫扎特大道的路而被拆除）的恋爱关系。——被普鲁斯特家人接待，被普鲁斯特博士招待。

1922 年，在普鲁斯特去世之前出现了麻烦：有人对艾曼说她就是奥德特。愤怒。写信〔质询〕。今日颇为著名的那封普鲁斯特复信是："……但是因为你没有告知名字的那些人，心存恶意，对此传闻添油加醋，而且你（你的反应令我惊讶莫名）如此欠缺批评精神，竟然又扩大了此意见，对此我不得不再一次提出抗议，即使毫无效果，因为事关荣誉感。奥德特不仅不是你，而且正好是你的对立面。"（《普鲁斯特书信选》，271 页）

（唉！这正是奥德特，但是从好的方面看的奥德特。）

## W. 黑斯（逝于 1893）

摄于 1889 年。

普鲁斯特于 1892 年与他相识。其后一年死去。

1892 年：一连串热烈而柏拉图式的友情。

代以非常亲密的友人奥贝尔，日内瓦新教徒（新教徒环境：圣日耳曼区的等级社会，"良好家世"概念），死于 1892 年。

黑斯：英国人，虔诚宗教信仰（先是新教徒，12 岁时皈依为天主教），严肃而天真。

他们在波罗纳森林相遇："在波罗纳森林我们常常在早上相遇，看见我后，等待着，挺拔地站立着，像是梵戴克描写的一位绅士，深沉而优雅。"

1893 年死于伤寒。普鲁斯特将《欢乐和日子》献予他，以作纪念。

**M. 埃雷迪亚（1875—1963）**

摄于 1889 年。

1893 年左右，普鲁斯特经常出入巴尔扎克街埃雷迪亚的周末聚会。三个女儿；次女玛丽组织了一个朋友聚会"卡纳克族协会"：路易，瓦莱里，布卢姆，雷尼耶（她于 1895 年嫁给他）；普鲁斯特＝"永久的秘书"。

→ 用欧维勒名义写的小说。

**A. 艾尔芒（1862—1950）**

小说家，《费加罗报》的专栏编辑。

纯正语法派作家，编写了《法文学院语法》。

被布吕诺欺骗。

与布朗克万王妃家的孩子（其中有安娜·诺瓦耶）交往，是普鲁斯特的朋友。

阿姆菲昂处的别墅（普鲁斯特在埃维安）。

所说的布洛赫特征。在此并未看出；当然有语言的问题。此照片中合影者为其养子（？）。摄于1904年。

**M. 郝兰德夫人**

圣日耳曼区的重要人物,与哈斯、孟德斯鸠以及德加交往。以其长裙著名。

人缘极佳。《追寻逝去时间》:叙事者提醒公爵夫人,宅邸的女主人对郝兰德夫人口出恶言;公爵夫人笑称:"当然,郝兰德夫人邀请所有男人来,企图吸引他们。"(《全集》,3卷,1026页)。

**M. 勒迈尔（1845—1928）**

＝威尔杜林夫人。

韦勒帕利希夫人（由于玫瑰花）。

资产阶级沙龙：所有巴黎名士们（除了最具排他性的贵族阶级成员）：艺术家们＋圣日耳曼区。

星期二，蒙索街 35 号：人来时，车辆塞住街道。百合花的庭园。在玻璃屋顶的画廊内举行的招待会。

精力充沛的健硕女人，戴假发，浓妆艳抹，衣着华丽而不假考究。

整日描绘花朵，特别是玫瑰花（一幅 500 法郎。）

＝"女主持"，"女主人"。

塞纳-玛尔奈省的别墅：雷韦永城堡。

音乐欣赏会。

**S. 马拉美（1842—1898）和洛朗（1849—1900）**

摄于 1896 年。

1897，阿恩引介普鲁斯特进入洛朗的沙龙。

洛朗：夏特莱剧场的配角演员。

拿破仑三世牙医埃万斯博士的情人（大度，不妒忌）。

马奈的情人，后为马拉美的情人。

多多少少是奥德特的原型：沙龙的日本风。

《即景诗篇》，第 115 页："可笑的白色日本女人/我起床后修修剪剪/为了用石青色料子裁剪长裙/我在天空中梦见者。"（《为洛朗夫人的照片而作》，见《马拉美全集》）

*439*

### 玛蒂尔德公主（1820—1904）

达勒马涅所摄（1865—1870），他是纳达尔感兴趣的摄影师，纳达尔从他那儿购买了照片档案。

拿破仑兄弟热罗姆（死于 1860 年）之女。她本人＝1820—1904。

著名沙龙（《龚古尔日记》中常常提到）：福楼拜，勒南，圣伯夫，泰纳，小仲马，梅里美。

贝里街 20 号：波拿巴特派的核心＋斯特劳斯夫妇，哈斯。

与拿破仑相似。"不是他的关系我将卖掉〔科西加岛上〕阿雅克肖的街头橘树。"

普鲁斯特受到善意欢迎。公主送给他一块裙料做领带。

《追寻逝去时间》：波罗纳森林的著名场景以实名出现；搜集了真实的会话。

→帕默公主；愚笨的公主陪伴：瓦拉姆朋夫人；参见加卢瓦夫人，玛蒂尔德公主的陪伴：在公主身边编织度过 30 年；在《追寻逝去时间》中有这样的愚蠢短语："自从'灵动桌'〔发明〕以来……我没见过更好的了"（卷 1，333 [347] 页）（在蒙特里安德伯爵夫人于圣厄韦尔特侯爵的晚会上聆听文特侬的奏鸣曲时所说）。

518 小说的准备

*440*

*441*

**R. 孟德斯鸠（1855—1921）**

沙吕斯＝多阿散（雅克男爵）：奥贝尔农夫人的富裕表兄，因一位波兰提琴师之故而破产；高挑身材，有百年战争时期盔甲骑士的风姿＝但虚胖，脸涂香粉；不同时染发和胡须。——发表敌视同性恋的谈话。——布罗沙尔（布朗绍）设法改变他的社交行为："你想要什么？我对自己的恶习比对朋友更为喜爱。"——在第一次晚会上盯视着普鲁斯特，正如沙吕斯盯视着叙事者。

＋孟德斯鸠（可能是于斯曼斯的《返回》中埃塞因特的原型）。非常古老的法兰西贵族家世——比利牛斯省内阿尔塔宁城堡（孟德斯鸠的休假处）。无数美学的和时髦的特征（读《返回》）；传说极其变态和傲慢。

嘴唇窄小而泛红。牙齿上有小黑斑，笑时急忙用手势掩盖。

普鲁斯特和孟德斯鸠：相互感兴趣而又麻烦不断。

（类似达利的故事。完全重复。）

## L. 莫尔南（1884—1963）

拉谢尔（圣卢的情人）。

阿尔比费拉侯爵的情妇。

女演员（轻喜剧）：（一般习惯是人们想把女演员当做情妇）；她的仆人之一也叫拉谢尔。

与普鲁斯特维持着温情的友谊关系，直到普鲁斯特去世。（比较艾曼。）

**帕托奇卡伯爵夫人，旧名皮格纳提里**

艺术家沙龙；"美丽而残酷的伯爵夫人"；曾为莫泊桑、布朗什的情人。

妖冶女人，女主持人。

世纪末，为了照顾猎犬迁至奥特伊，带着猎犬群在树林中散步。阿恩："听着，你太坏了，搬到如此之远的地方。"上流社会人士尾随而至，但抗议说："非常好，但附近有什么值得去的地方么？"渐渐地，人们把她放弃了。

"占领期间"因衰老和饥饿而死，和她在奥特伊住宅里的最后一头猎犬一起为世人所抛弃。——被发现时，有被老鼠啃蚀的痕迹。

（悲剧性：老鼠和被老鼠啃蚀的形象。）

444

**J. 普凯，后改名为卡亚韦**

→吉尔波特（身形完全不同）。

相似性不在年龄，而在普鲁斯特的爱情感觉。

服兵役期间，作为儿子加斯通的未婚妻予以介绍。普鲁斯特对其大加恭维，最初不为所喜。

被其黑色发辫迷惑（参见吉尔波特："吉尔波特的发辫对我来说像是一件独特的艺术品。"）

普鲁斯特的猛烈进攻：邀请她到奥尔良，为了得到一张照片而干出不体面的勾当。

1893年嫁给加斯通。他们的小女儿西蒙＝吉尔波特和圣卢的女儿。

这幅照片像是占卜女。

（面容使我非常心动。我喜欢这一时期的小女孩。参见施瓦兹。也许多多少少因为那是我母亲幼年的时代。）

445

### S. 波齐博士（1846—1918）

摄于 1898 年。

→科塔尔。资产阶级上流社会最著名的医生＋圣日耳曼区。孟德斯鸠的医生和朋友。

罗贝尔-普鲁斯特非常喜欢他，并担任他在波罗卡医院的助手。——普鲁斯特在双亲家与其结识（15 岁时），由于波齐，他首次获邀请到波齐家晚餐。

→斯特劳斯夫人和玛蒂尔德公主的沙龙。

都德：他"涂发膏，好唠叨，言不及义"。

非常轻浮；奥贝尔农夫人："爱情医生"。

自以为是美男子，但对其外科才能褒贬不一。

他的妻子＝完全是科塔尔夫人，沉默寡言，对夫忠实。

奥贝尔农夫人："波齐的哑女"。

"我从来没有骗你，亲爱的，我为你补全不足之处。"

1918 年被其精神失常的病人所杀害。

**B. 萨冈亲王**

摄于1883年7月28日。

卡斯特拉内的叔父。

优雅的法官。经常出现在法国喜剧院娱乐场所，在那里与朋友相会：加利费，哈斯，图兰内。

→1908：中风发作→乘轮椅，满头白发→沙吕斯卒中后恢复，参加盖芒特白日聚会，由茹皮安搀扶。

**G. 施瓦兹**

摄于 1883 年 2 月 19 日。

我提供这幅照片,因为我特别喜欢这个小女孩的面容。

与普鲁斯特的联系很少:1891 年夏天,普鲁斯特和卡亚韦及普凯常常一起去讷伊的比诺大道网球场。——不是打网球,而是与小女孩坐在一起;那些打球的人轻蔑地称他们几个是"饶舌圈子"或"爱的法庭"。被派去准备冷餐:带回一大箱糕点、啤酒和柠檬。

→ "小集团"(→花丛少女),其中有施瓦兹。

*448*

**É. 斯特劳斯夫人，旧名阿莱维（1849—1926）**

摄于 1887 年 4 月 21 日。

→盖芒特公爵夫人和公主。

为普鲁斯特研究者所熟知，因为有大量信件。可以注意：最初和比才结婚，儿子雅克是普鲁斯特的朋友（和同学）；后来与罗特席尔德家的律师斯特劳斯结婚。睿智而美丽。

**L. 图兰内伯爵（1843？—1907）**

摄于 1884 年 7 月 17 日。

沙龙的常客：舍维涅和斯特劳斯的沙龙，英国亲王的朋友。

他的单片眼镜→布雷奥泰。

**N. 维尔，祖父（1814—1896）**

殷实的证券交易员，出身于麦茨地区家族。

毕生未离开巴黎，除了1870年伴送妻子到安全地带埃唐普。

好抱怨，易怒，心善。→散德雷，在《让·桑特伊》中。

### A. 维尔，旧名贝恩卡斯泰尔，祖母（1824—1890）

嘲弄和晕眩：这幅不雅的、丑陋可悲的、毫无气质的面容，就是最被喜爱的祖母，她也是《追寻逝去时间》中最美丽、最高贵的人物。

或者照片本身难看、平庸（不是来自纳达尔的收藏），或者我们可以看到在现实和文学之间永远横陈着同一鸿沟。

然而在《追寻逝去时间》中对其外形的悲痛描写（她的眼泪），像耕地似的褐紫色脸颊→（人们总说母亲的吻；而母亲身体的永恒标志在她的脸颊上）。

她和照片的关系，她的死亡场面（它特别反映着普鲁斯特母亲的死亡）。她和马塞尔一起去卡布尔旅行。

在《追寻逝去时间》中的同一性格：和蔼，自我牺牲，对女儿的爱，喜好音乐、古典文学、塞维涅夫人。

**乔治·维尔（1847—1906）**

母亲的兄弟。诉讼代理人。普鲁斯特夫人最爱的兄弟。

当叔祖路易（《追寻逝去时间》中艾曼和萨克里潘的叔祖）死时，把住所遗留给儿子乔治：豪斯曼大街 102 号——此即普鲁斯特母亲死后住的地方。

普鲁斯特对房子感情极深，母亲死时，房子为他提供了安慰。

死于 1906 年——当普鲁斯特住在凡尔赛公寓时。

**A. 维尔，旧名乌尔曼（1853—1920）**

诉讼代理人叔父乔治的妻子。

1906 年：在诉讼代理人死时，作为遗孀继承了豪斯曼大街 102 号的房产。普鲁斯特住在二楼。

不动产拍卖：婶母与甥侄们竞标，成为财产的主人；她将一处单元房租给普鲁斯特。

1919 年：婶母将房产卖与一位银行家瓦兰·贝尼耶。这对于普鲁斯特是灾难性的（与母亲有联系的场所）。

（→ 搬至〔女演员〕雷雅纳的房子里，之后又迁至阿梅林街。）

A. 普鲁斯特，父亲（1834—1903）

**J. 普鲁斯特,旧名维尔,母亲(1849—1905)**

让纳·普鲁斯特,摄于 1904 年,死前一年。

**R. 普鲁斯特（1873—1935）**
罗伯特，四方脸＝父亲。

普鲁斯特和摄影　537

*457*

**M. 普鲁斯特（1871—1922）**
马塞尔，细长脸＝母亲

# 附 录

## 罗兰·巴尔特：课程概要

载于法兰西学院《年鉴》

**课程：**

**小说的准备（I）：从生活到作品**

本年度开始提出的一个也许是长期存在着的问题为：今日一位作家可以设想从事一部小说准备的（内在）条件是什么。因此问题并非相关于以历史的或理论的方式来分析"小说"样式，甚至也非相关于收集以往各种小说家在准备各自小说时使用的技巧经验。极端而言，主题甚至也并不肯定是相关于"小说"的：这个古代词语，出于方便，被选用来暗示一种"作品"观念，后者一方面联系于文学，另一方面联系于生活。所采用的这个观点即相关于一个特定主体所承受的一种制作行为〔fabrication〕：为了了解"小说"可能是什么，就安排成好像是我们要写一部小说的样子。

本课程计划的第一年致力于各种写作（小说的或诗歌的）的最初实践：随记。为了完成作品，我们从生活中随记下什么呢？人们如何进行这种随记活动呢？人们把什么样的语言活动称作一种随记行为呢？与其说关注"小说家的笔记"，我们宁可选择关注一种漫长而迂回的形式。它并非小说的形式，而是在普遍文学史中呈现为一切随记活动的典型现象：日本俳句。因此我们主要讨论俳句，不是作为俳句历史的专家，更不是作为日本语言专家，而是视其为"简明形式"，通过晚近法文翻译（主要是米尼耶和夸约的译本）来理解。

我们首先按照俳句的物质性（作诗法，排字法）和俳句的欲望（存在着俳句的迷惑力）对其加以研究。接着我们探讨随记的三个领域：季节和时间的个别化表达；瞬间，偶然；轻松的情调。最后，我们指出两个界限，俳句对其超越之后将失去自己的特性：妙语〔concetto〕和叙事。作为总结，我们从俳句过渡到更现代、更西方的诸形式，提出了随记的日常实践诸问题，以及论述了似乎作为随记之动力的、"被形成的"短语的决定性作用。

**研究班：**

**迷园隐喻：跨学科研究**

研究班的理念在于选择一种看起来含义丰富的语词和确定其隐喻的发展，当此隐喻应用于非常不同的对象时。因此我们对隐喻概念和迷园概念本身给予同样深入的思考。

在系统的规划之外，我们将邀请各领域讲演者参加这一研究，但并不能说网罗无遗：德田尼，高等实验研究院研究员（希腊神话学）；德勒兹，巴黎第八大学教授（尼采）；达米施，高等社会科学院研究员（埃及迷园和棋盘图形学）；贝尔纳德和康庞，大学教师（俄国文学和西班牙文学）；博尼策（电影）、卡桑，里尔大学和非斯大学（非斯的梅迪奈地区）法学系教授；肖艾，巴黎第八大学教授（建筑）；布特，巴黎第十大学讲师（迷园学和策术学）；罗森斯提尔，高等社会科学院研究员（数学），以及马诺尼（迷园学和陈述学）。

根据以上多彩多姿的报告，我们拟指出迷园也许是一个"伪"隐喻，因为其形式是如此具有主题特定性、意义蕴涵性，以至于在其内文字比象征更具优越性：迷园产生的是叙事而非形象。研究班并不导致问题的总结，而是导致新问题的提出：不是"什么是迷园"的问题，甚至也不是"如何走出迷园"的问题，而是"一个迷园从何处开始"的问题。我们于是达到一种（似乎具现实性的）认识论，它具有渐增的一致性、限界和强度。

外访：1978年11月纽约大学的讲座和研究班（"普鲁斯特和小说的准备"）。

法兰西学院，1978—1979

# 参考文献

AMIEL, Henri-Frédéric, *Journal intime*, sous la direction de Bernard Gagnebin et Philippe Monnier, Lausanne, L'Âge d'Homme, 12 vol., 1976—1993.

ANGELUS SILESIUS, *L'Errant chérubinique*, traduction de Roger 米尼耶, Paris, Planète, coll. 《L'Expérience intérieure》, 1970.

APOLLINAIRE, *Alcools*, Paris, Gallimard, 1929; coll. 《Poésie》, 1977.

BACHELARD, Gaston, *L'Air et les songes*, Paris, José Corti, 1943.

—— *La Dialectique de la durée*, Paris, PUF, coll. 《Bibliothèque de philosophie contemporaine》, 1950.

BACON, *Novum Organum*, Paris, Hachette, 1857.

BALZAC, Honoré de, *Études de femmes*, 《Les secrets de

la princesse de Cadignan》, Paris, Gallimard, coll. 《Folio》(1971), 1980.

— *Les Proscrits*, *Études philosophiques*, V, Paris, Louis Conard, 1927.

BAUDELAIRE, Charles, *Les Paradis artificiels*, Paris, Garnier-Flammarion, 1966.

BELLEMIN-NOËL, Jean, *Vers l'inconscient du texte*, Paris, PUF, 1979.

BENVENISTE, Émile, *Problèmes de linguistique générale*, 2 tomes, Paris, Gallimard, coll. 《Bibliothèque des idées》, 1966; coll. 《Tel》, 1974.

BIBESCO, princesse, *Au bal avec Marcel Proust*, Cahiers Marcel Proust, n° 4, Paris, Gallimard, 1928.

BLANCHOT, Maurice, *L'Entretien infini*, Paris, Gallimard, 1969.

—*Le Livre à venir*, Paris, Gallimard, 1959.

BLYTH, Horace Reginald, *A History of Haiku*, Tokyo, 1963.

BONNET, Henri, *Marcel Proust de* 1907 *à* 1914, Paris, Nizet, 1971.

BOUILLANE DE LACOSTE, Henri, *Rimbaud et le problème des 《Illuminations》*, Paris, Mercure de France, 1949.

BURNIER, Michel-Antoine, et Patrick RAMBAUD, *Roland Barthes sans peine*, Paris, Balland, 1978.

CAGE, John, *Pour les oiseaux*, entretiens avec Daniel Charles, Paris, Befond, 1976.

*Cahiers du cinéma* n° 297, février 1979.

CARRÉ, Jean-Marie, *La Vie aventureuse de Jean-Arthur Rimbaud*, Paris, Plon, 1926.

CASSIEN, *Institutions cénobitiques*, Paris, Cerf, coll. 《Sources chrétiennes》, 1965.

CHAIX-RUY, Jules, *La Formation de la pensée philosophique chez Vico*, Paris, PUF, s. d.

CHATEAUBRIAND, Frannçois-René de, *Mémoires d'outre-tombe*, t. I, édition établie par Maurice Levaillant et Georges Moulinié, Paris, Gallimard, coll. 《Bibliothèque de la Pléiade》, 1951.

— *Vie de Rancé*, préface de Roland Barthes, Paris, UGE, coll. 《10/18》, 1965.

CIORAN, *La Tentation d'exister*, Paris, Gallimard, coll. 《Les Essais》, 1956.

CLERMONT-TONNERRE, Élisabeth de, *Robert de Montesquiou et Marcel*

*Proust*, Paris, Flammarion, 1925.

Collectif, *Prétexte : Roland Barthes*, acte du colloque de Cerisy, Paris, UGE, coll. 《 10/18》, 1978; Paris, Christian Bourgois, 2002.

COMPAGNON, Antoine, *La Seconde Main ou le Travail de la citation*, Paris, Seuil, 1979.

夸约, Maurice, *Fourmis sans ombre*. Le livre du haïku. Anthologie promenade, Paris, Phébus, 1978.

DANTE, *L'Enfer*, traduction d'André Pézard, Paris, Gallimard, coll. 《Bibliothèque de la Pléiade》, 1965.

— *Vita Nova*, traduction d'André Pézard, Gallimard, coll. 《Bibliothèque de la Pléiade 》, 1965.

DELEUZE, Gilles, *Nietzsche et la philosophie*, Paris, PUF, coll. 《 Bibliothèque de philosophie contemporaine》, 1962.

*Dictionnaire de la spiritualité ascétique et mystique*, tome XIV, sous la direction de Marc Viller, Paris, Beauchêne, 1937—1995.

DIDEROT, Denis, *Œuvres complètes*, Paris, Club français du livre, t. III, 1970.

ELLMANN, Richard, *James Joyce*, 2 tomes, traduction d'André Cœuroy et Marie Tadié, Paris, Gallimard, 1962; coll. 《Tel》, 1987.

ÉTIEMBLE, René, 《Du Japon》(1976), repris dans *Quelques essais de littérature universelle*, Paris, Gallimard, 1982.

FLAHAULT, François, *La Parole intermédiaire*, Paris, Seuil, 1978.

FLAUBERT, Gustave, *L'Éducation sentimentale*, édition présentée et annotée par Pierre-Marc de Biasi, Paris, LGF, 《Le Livre de poche classique》, 1999.

— *Bouvard et Pécuchet*, *édition*, établie par Jacques Suffel, Paris, GF Flammarion, 1966. -*Préface à la vie d'écrivain*, ou Extraits de la correspondance, présentation et choix par Geneviève Bollème, Paris, Seuil, coll. 《 Le Don des langues 》, 1963.

— *Un Coeur simple*, Paris, Gallimard, coll. 《Bibliothèque de la Pléiade》, t. II, édition d'Albert Thibaudet et René Dumesnil, 1953.

FOUCAULT, Michel, *L'Ordre du discours*, Paris, Gallimard, 1971.

—*Moi, Pierre Rivière...*, Paris, Gallimard/Julliard, coll. 《Archives》, 1973.

FREUD, *Essais de psychanalyse*, Paris, Payot, 1927; coll. 《Petite Bibliothèque Payot》, traduction de Jean Laplanche, 1981.

—《Révision de la théorie du rêve》, in *Nouvelles conférences d'introduction à la psychanalyse*, traduction d'André Berman, Paris, Gallimard, coll. 《Idées》, 1971.

GARDAIR, Jean-Michel, Les Écrivains italiens. 《*La Divine Comédie*》, Paris, Larousse, 1978.

GAUTIER, Théophile, *Émaux et camées* (1922), Paris, Librairie Gründ, coll. 《 La Bibliothèque précieuse》, 1935.

GIDE, André, *Paludes*, Paris, Gallimard, 1926.

— *Journal* (1887—1925), t. I, édition d'Eric Marty, Paris, Gallimard, coll. 《Bibliothèque de la Pléiade》, 1996.

GIRARD, René, *Mensonge romantique e vérité romanesque*, Paris, Grasset, 1961.

GOLDMANN, Lucien, *Pour une sociologie du roman*, Paris, Gallimard, 1964.

GRENIER, Jean, *L'Esprit du Tao*, Paris, Flammarion, 1957.

HEIDEGGER, Martin, 《Dépassement de la métaphysique》, Essais, XXVII, traduction d'André Préau, préface de Jean Beaufret, Paris, Gallimard, coll. 《Les Essais》, 1958.

JANOUCH, Gustav, *Conversations avec Kafka*, traduction de Bernard Lortholary, Paris, Maurice Nadeau, 1978.

JOUBERT, Joseph, *Pensées*, maximes et essais, Paris, Perrin et C[ie], 1911.

KAFKA, Franz, *Journal*, préface et traduction de Marthe Robert, Paris, Grasset, 1954.

KIERKEGAARD, Søren, *Crainte et tremblement*, traduction de P.-H. Tisseau, préface de Jean Wahl, Aubier Montaigne, coll. 《Philosophie de l'esprit》 s. d.

KRISTEVA, Julia, *La Révolution du langage poétique*, Paris, Seuil, 1974.

LA BRUYÈRE, *Les Caractères*, Paris, Gallimard, coll. 《Bibliothèque de la Pléiade》, 1951.

LACAN, Jacques, *Le Séminaire*, livre I, Paris, Seuil, coll. 《Le Champ freudien》, 1975.

— *Le Séminaire*, livre XI, Paris, Seuil, coll. 《Le Champ freudien》, 1973.

LACOUE-LABARTHE Philippe, et Jean-Luc NANCY, L'Absolu littéraire. *Théorie de la littérature du romantisme allemand*, Paris, Seuil, coll. 《Poétique》, 1978.

LA FONTAINE, *Fables*, Paris, Gallimard, coll. 《Bibliothèque de la Pléiade》, 1954.

LAPLANCHE, Jean, et Jean-Bernard PONTALIS, *Le Vocabulaire de la psychanalyse*, Paris, PUF, 1967.

LESSING, *Laocoon*, traduction de Courtin (1866), préface de Hubert Damisch, Paris, Hermann, 1990.

LOTI, Pierre, *Aziyadé*, préface de Roland Barthes, Parme, Franco-Maria Ricci, 1971.

LOYOLA, Ignace de, *Journal spirituel*, traduction et commentaire de Maurice Giuliani, Paris, Desclée de Brouwer, 1959.

LUKÁCS, György, *La Théorie du roman*, 1916, Paris, Denöl, traduction de Jean Clairvoye, 1968.

MALLARMÉ, Stéphane, *Correspondance complète* (1862-1871), Paris, Gallimard, 1969.

— *Correspondance*, édition de Bertrand Marchal, préface d'Yves Bonnefoy, Paris, Gallimard, coll. 《Folio》, 1995.

— *Œuvres complètes*, édition établie et annotée par Henri Mondor et G. Jean-Aubry, Paris, Gallimard, coll. 《Bibliothèque de la Pléiade》, 1945.

MAUPASSANT, Guy de, *Pierre et Jean*, Paris, Gallimard, coll. 《Folio》, 1982.

MICHAUD, Guy, *Mallarmé*, Paris, Hatier, coll. 《Connaissance des lettres》, 1953.

467    MICHELET, Jules, *Histoire de France*, 《Préface de 1869》, Paris, Librairie internationale, 1871.

—— *La Sorcière*, Paris, Hetzel-Dentu, 1862.

MONOD, Gabriel, *La Vie et la pensée de Jules Michelet*, t. II, Paris, Champion, 1923.

—— *Jules Michelet*, Paris, Hachette, 1905.

MONTAIGNE, Michel de, *Essais*, texte établi et annoté par Albert Thibaudet, Paris, Gallimard, coll. 《Bibliothèque de la Pléiade》, 1950.

MORAND, Paul, *Tendres Stocks*, préface de Marcel Proust, Paris, Le Sagittaire, 1920.

MORIER, Henri, *Dictionnaire de poétique et de rhétorique*, Paris, PUF, 1961.

MUNIER, Roger, *Haïku*, préface d'Yves Bonnefoy, Paris, Fayard, 1978.

NIETZSCHE, Friedrich, *La Naissance de la tragédie*, in *Œuvres philosophiques complétes*, t. I*, édition établie par Giorgio Colli et Mazzino Montinari, traduction de Michel Haar, Philippe Lacoue Labarthe et Jean-Luc Nancy, 1977.

—— *Ecce Homo*, in *Œuvres philosophiques complètes*, t. VIII, Paris Gallimard, édition établie par Giorgio Colli et Mazzino Montinari traduction de Jean-Claude Hémery, 1974.

——*Aurore*, in Œuvres complètes, traduction de Jean Hervier, Paris, Gallimard, 1970.

—— *Vie et vérité*, textes choisis par Jean Granier, Paris, PUF, coll. 《Sup》, 1971.

NOVALIS, Friedrich, *L'Encyclopédie*, texte traduit et présenté par Maurice de Gandillac, Paris, Éditions de Minuit, 1966.

PAINTER, George D., *Marcel Proust*, t. I, 1871-1903: les années de jeunesse, et t. II, 1904-1922: *les années de maturité* [1959-1965], traduction et présentation de Georges Cattaui, Paris, Mercure de France, 1966.

PASCAL, *Pensées*, t. I et II, édition de Michel Le Guerne, Paris, Gallimard, coll. 《Folio》, 1977.

PICON, Gaétan, *Balzac*, Paris, Seuil, coll. 《Écrivains de toujours》, 1954.

PIERRE-QUINT, Léon, *Marcel Proust*, sa vie, son œuvre, Paris, Le Sagittaire, 1925.

PROUST, Marcel, *À l'ombre des jeunes filles en fleurs*, édition établie par Pierre Clarac, Paris, Gallimard, coll. 《Bibliothèque de la Pléiade》, 1954.

— *Contre Sainte-Beuve*, préface de Bernard de Fallois, Paris, Gallimard, coll. 《Idées/NRF》, 1954.

— *Œuvres complètes*, t. X: Chroniques, 《Vacances de Pâques》 (Le Figaro, 25 mars 1913), Paris, Gallimard, (1927), 1936.

— *Choix de lettres*, présentées et datées par Philip Kolb, préface de Jacques de Lacretelle, Paris, Plon, 1965.

— *Correspondance*, texte établi, présenté et annoté par Philip Kolb, Paris, Plon, vol. Ⅷ, 1981.

QUINCEY, Thomas de, *Confessions d'un mangeur d'opium*, traduction de Charles Baudelaire, Paris, Stock, 1921.

RACINE, Bérénice, in *Théâtre complet*, édition de Raymond Picard, Paris, Gallimard, coll. 《Bibliothèque de la Pléiade》, 1950.

RAMBURES, Jean-Louis de, *Comment travaillent les écrivains*, Paris, Flammarion, 1978.

RAYMOND, Didier, Schopenhauer, Paris, Seuil, coll. 《Écrivains de toujours》, 1979.

RENARD, Jules, *Histoires naturelles*, in Œuvres Ⅱ, Paris, Gallimard, coll. 《Bibliothèque de la Pléiade》, 1971.

RICHARD, Jean-Pierre, *Littérature et sensation*, préface de Georges Poulet, Paris, Seuil, coll. 《Pierres vives》, 1954.

RIMBAUD, Arthur.

— *Œuvres*, texte établi par Paterne Berrichon, préface de Paul Claudel, Paris, Mercure de France, 1912.

— *Lettres de la vie littéraire d'Arthur Rimbaud* (1870—1875), réunies et annotées par Jean-Marie Carré, Paris, Gallimard, 1931.

RIVANE, Georges, *Influence de l'asthme sur l'œuvre de Marcel Proust*, Paris, La Nouvelle Édition, 1945.

ROUSSEAU, Jean-Jacques, *Les Confessions*, texte établi et annoté par Louis Martin-Chauffier, Paris, Gallimard, coll. 《Bibliothèque de la Pléiade》, 1947.

— *Les Rêveries du promeneur solitaire*, Paris, Garnier, sd.

SAFOUAN, Moustapha, *Études sur l'Œdipe*, Paris, Seuil, coll. 《 Le Champ freudien》, 1974.

SANTARCANGELI, Paolo, *Le Livre des labyrinthes. Histoire d'un mythe et d'un symbole*, traduction de Monique Lacau, Paris, Gallimard, coll. 《Idées》, 1974.

SARDUY, Severo, *La Doublure*, Paris, Flammarion, 1982.

SARTRE, Jean-Paul, *La Nausée*, Paris, Gallimard, 1938.

SCHEHADÈ, Georges, *Anthologie du vers unique*, Paris, Ramsay, 1977.

SCHERER, Jacques, *Le 《Livre》 de Mallarmé*, Paris, Gallimard, 1957.

SIEFFERT, René, *La Littérature japonaise*, Paris, Armand Colin, 1961.

SOLLERS, Philippe, *Paradis*, Paris, Seuil, 1978.

Les Sophistes. *Fragments et témoignages*, Paris, PUF, 1969.

SUZUKI, Daisetz Teitaro, *Essais sur le bouddhisme zen*, traduction de Jean Herbert, Paris, Albin Michel, 3 tomes, 1940—1943.

TOLSTOÏ, Léon, *Journaux et carnets*, t. I: 1847—1889, traduction et annotation de Gustave Aucouturier, préface de Michel Aucouturier, Paris, Gallimard, coll. 《Bibliothèque de la Pléiade》, 1979.

— *Maître et serviteur*, in Œuvres complètes, traduction de Jacques Bienstock, Paris, Stock, 1920.

VALÉRY, Paul, *Variétés*《 Études littéraires 》, Paris, Gallimard, coll. 《 Bibliothèque de la Pléiade》, 1957.

— *Œuvres*, t. I, 《Introduction biographique》 par Agathe RouartValéry, Paris,

Gallimard, coll. 《Bibliothèque de la Pléiade》, 1957.

VICO, Giambattista, *Scienza Nuova* (première version, 1725), traduction de Christina Trivulzio, Paris, Gallimard, coll. 《Tel》, 1993.

— *Œuvres choisies de Vico par Michelet*, in Œuvres complètes, t. I, édition de Pierre Viallaneix, Paris, Flammarion, 1971.

VINAVER, Michel, *Aujourd'hui ou les Coréens*, Paris, L'Arche, 1956.

WAGENBACH, Klaus, Kafka, Paris, Seuil, coll. 《Écrivains de toujours》, 1968.

WATTS, Alan W., *Le Bouddhisme zen*, traduction de P. Berlot, Paris, Payot, 《Bibliothèque scientifique》, 1960.

YAMATA, Kikou, 《Sur des lèvres japonaises》, avec une lettre-préface de Paul Valéry, *Le Divan*, 1924.

# 名称索引

Abraham 亚伯拉罕，210.

Abyssinie 阿比西尼亚人，212.

Académie canaque 美拉尼西亚学，434.

*Adieux*《告别》 (*Les*)（*Haydn*，海顿），359.

Adour 阿杜尔，220.

Agostinelli 阿戈斯蒂尼里，Alfred，395，397，399.

Agostinelli 阿戈斯蒂尼里，Émile，399.

Agrippine 阿戈里皮，368.

Aladin 阿拉丁（*Les Mille et Une Nuits*,《一千零一夜》），310.

*À la recherche du temps perdu* 《追寻逝去时间》（Proust，普鲁斯特），33，34，37，39，40，41，47，48，68，71，74，90，135，155，158，198，232，238，252，258，261，262，304，307，312，315，327，329，330，331，332，336，390，393，396，397，403，414，419，439，451，452.

名称索引 551

Albaret 阿尔巴雷，Céleste，416.

Albaret 阿尔巴雷，Odilon，399，416.

Albertine 阿尔贝蒂娜（À la recherche du temps perdu，《追寻逝去时间》）103，397，419.

Albufera 阿尔比费拉，marquis Louis d'，dit《Albu》，400，428，442.

Alcidamas 阿尔西达马斯，41.

Alençon 阿朗松，Émilienne d'，419.

À l'ombre des jeunes filles en fleurs 《在少女们身旁》（Proust，普鲁斯特），71，335，447.

Amiel 阿米耶尔，Henri-Frédéric，68，139，235.

Andromaque 安德洛马赫（Racine，拉辛），403.

Anna Karénine 《安娜卡列尼娜》（Tolstoï，托尔斯泰），38，363.

Apollinaire 阿波利奈尔，Guillaume，88，108，327.

Apollinaire 阿波利奈尔，Sidoine，33.

Apollon 阿波隆，239.

Aragon 阿拉贡，Louis，355.

Archives photographiques des monuments historiques 历史建筑摄影档案馆，389.

Arcimboldo 阿尔西姆伯尔多，94.

À rebours 《返回》（Huysmans，于斯曼斯），441.

Ariadne 阿里阿德尼，167.

Ariane 阿里亚纳，167，170，171，175.

Aristote 亚里士多德，200.

Arpajon 阿尔帕容，308.

Arpajon 阿尔帕容，M$^{me}$ d'，403.

Artagnan 阿尔塔宁，château d'，441.

Artaud 阿尔托，Antonin，83，246，276，304.

Arthez 阿尔太兹，Daniel d'，268.

Artus 阿蒂斯，roi 国王，156.

*Asahi*　《朝日新闻》，63.

Atala　《阿塔拉》(Chateaubriand，夏多布里昂)，360.

Athanase　阿塔纳斯，saint，260.

Athénaïs　阿泰纳伊斯，283.

Auber　奥贝尔，Edgar，433.

Aubernon de Nerville　奥贝尔农-德-奈尔维伊，Lydie，401，441，445.

*Au-dessous du volcan*　《在火山下》(Malcolm Lowry，劳瑞)，235.

Audrey　奥德蕾，248.

Augustin　奥古斯丁，saint，40，214.

*Aujourd'hui ou les Coréens*　《今天或朝鲜人》(Vinaver，维纳威尔)，110.

*Au Maroc*　《在摩洛哥》(Barthes，巴尔特)，152.

*Avesta*　《阿维斯塔》(智慧)，243.

*Aziyadé*　《阿吉雅德》(Loti)，47.

Bach　巴赫，Jean-Sébastien，191.

Bachelard　巴舍拉尔，Gaston，42，86，186，320.

Bacon　培根，Francis，88.

Baignêres　贝涅尔，Laure，401.

Bakhtine　巴赫金，Mikhaïl，203.

Bakunan　西岛麦南，90.

Balbec　巴贝克 (*À la recherche du temps perdu*，《追寻逝去时间》)，67.

Baltimore　巴尔的摩，184.

Balzac　巴尔扎克，Honoré de，98，113，143，154，189，214，249，265，271，272，275，281，310，314，318，319，331，332，367.

Bardos　巴多，220.

Barney　巴内，Miss，419.

Barrès　巴雷斯，Maurice，327，402，417，429.

Bartet　巴尔泰，Julia，403.

Barthes　巴尔特，Roland，25，43，152，153，276，294，317，427.

名称索引 553

Bashô 芭蕉, 68, 89, 91, 98, 105, 106, 108, 109, 110, 116, 123, 124, 127, 130, 132.

Bataille 巴塔伊, Georges, 201.

Baudelaire 波德莱尔, Charles, 75, 78, 140, 144, 201, 241, 251, 326, 344, 348.

Bauer 博埃, Felice, 270, 293, 358.

Bayonne 巴约纳, 69, 99.

Béatrice 贝亚特丽斯 *La Divine Comédie*《神曲》, 273.

Béchet 贝谢, Dr, 327.

Beckett 贝克特, Samuel, 366.

Bedous 贝杜斯, 293.

Beethoven 贝多芬, Ludwig von, 146.

Belle-Île 美丽岛, 409.

Bellemin-Noël 贝勒曼-诺埃尔, Jean, 276.

Benardaky 贝纳尔达基, Nicolas, 396, 397, 406.

Benardaky 贝纳尔达基夫人, Mme Nicolas, 396, 405.

Benardaky 贝纳尔达基, Marie, 396, 406, 407, 429.

Benardaky 贝纳尔达基, Nelly, 406.

Benjamin 本雅明, Walter, 81.

Benveniste 本维尼斯特, Émile, 118, 186, 204, 205.

Berg 贝格, Alban, 146.

Bergotte 贝尔格特(*À la recherche du temps perdu*), 397, 402, 417, 421.

Berma 贝尔玛(*À la recherche du temps perdu*), 409.

Bernard 贝尔纳德, Anne-Marie, 389.

Bernard 贝尔纳德, Claire, 460.

Berncastel 贝恩卡斯泰尔, Adèle, 451.

Bernhardt 贝恩哈特, Sarah, 409.

Berrichon 贝瑞松, Paterne, 213.

Bibesco 比贝斯克, Antoine, 312, 399.

Bibesco 比贝斯克, Emmanuel, 399.

Bibesco 比贝斯克, princesse Hélène, 312.

Bible 圣经, la, 243, 244.

Binger 班热, Louis-Gustave, 212.

Birotteau 比罗托, César (Grandeur et décadence de César Birotteau), 393.

Biskra 比斯克拉, 327.

Bizet 比才, Georges, 448.

Bizet 比才, Jacques, 399, 448.

Blanche 布朗什, Jacques-Émile, 426, 443.

Blanchot 布朗绍, Maurice, 29, 30, 82, 110, 127, 229, 359, 379.

Bloch 布洛赫, (À la recherche du temps perdu,《追寻逝去时间》) 435.

Blum 布卢姆, Léon, 434.

Blum 布卢姆, René, 332.

Blyth 布雷兹, Horace Reginald, 60, 65, 104.

Bocquet 博凯, M$^{me}$, 294.

Bodhidharma 菩提达摩, 111.

Bokassa 博卡萨, président, 353.

Bolkonski 保尔康斯基, Marie, 157.

Bolkonski 保尔康斯基, prince, 40, 157.

Bollème 博莱姆, Geneviève, 186.

Bonaparte 波拿巴, Jérôme, 439.

Bonaparte 波拿巴, Napoléon, 361, 439.

Bonitzer 博尼策, Pascal, 114, 460.

Bonnefoy 博纳富瓦, Yves, 60,

Bonnet 博内特, Henri, 307, 329, 335.

*Bosphore égyptien* 《埃及波斯佛尔》杂志 (Le), 212.

Bossuet 波舒哀, Jacques Bénigne, 368.

# 名称索引 555

Bouddha 佛陀，218.

Bouihet 布耶，Louis，296，311.

Bouillane de Lacoste 布雅纳·德·拉科斯特，Henri，211.

Boulbon 布尔邦，D$^r$，410.

Boulin 布兰，Robert，374.

Bourdieu 布迪厄，Pierre，394.

Bourget 布尔热，Paul，432.

Bouttes 布特，Jean-Louis，325，460.

*Bouvard et Pécuchet* 《布瓦尔与佩居谢》（Flaubert，福楼拜），139，245，248，301，315.

Bouvard et Pécuchet 布瓦尔与佩居谢（*Bouvard et Pécuchet*），190，193，201，245.

Bovary 包法利，Emma（*Madame Bovary*，《包法利夫人》），149.

Brancovan 布朗克万，Rachel de，435.

Bréauté 布雷奥泰（*À la recherche du temps perdu*，《追寻逝去时间》），449.

Brecht 布莱希特，Bertolt，135，159，160，395.

Brel 布雷尔，Jacques，27.

Breton 布雷东，André，201.

Brichot 布朗绍，D$^r$，(*À la recherche du temps perdu*，《追寻逝去时间》)，401，441.

Brion 布里翁，169.

Brissaud 布里索，Professeur Édouard，410，

Brissaud 布里索夫人，M$^{me}$ Édouard，410.

Brissaud 布里索医生，Docteur，410.

Brissaud 布里索，Henri，410.

Brissaud 布里索，Jean，410.

Brochard 布罗沙尔，401，441.

Brod 布罗，Max，226，293，305，311.

Brunehilde 布卢内赫尔德，405.

Brunot 布吕诺, Ferdinand, 435.

Buson 布松, 73, 76, 85, 96, 97, 106, 107, 108, 128, 131, 132.

Byron 拜伦, lord, 348.

Cabourg 卡布尔, 296, 395, 451.

Cage 卡热, John, 65, 85, 120, 127, 146, 252, 256.

*Cahiers* 《笔记》(Proust, 普鲁斯特), 103.

*Cahiers* 《笔记》(Valéry, 瓦莱里), 308.

*Cahiers du cinéma* 《电影手册》(Les), 115.

Caillaux 卡约夫人, M$^{me}$, 412.

Caillavet 卡亚韦, Albert Arman de, 411, 421, 444.

Caillavet 卡亚韦夫人, M$^{me}$ Albert Arman de, 401, 411, 421, 444.

Caillavet 卡亚韦, Gaston Arman de, 407, 411, 447.

Caillavet 卡亚韦夫人, M$^{me}$ Gaston Arman de, 444.

Caillavet 卡亚韦, Simone Arman de, 444.

Calmette 卡尔梅特, Gaston, 412.

Campan 康庞, Hélène, 460.

*Canard enchaîné* 《鸭鸣报》(Le), 131.

*Caprices* 《奇想》(Les) (Musset, 缪塞), 338.

Caraman-Chimay 卡拉曼-希迈, Élisabeth de, 427.

*Carmen* 《卡门》(Bizet, 比才), 260.

*Carnets* 《笔记》(Tolstoï, 托尔斯泰), 277.

*Carnets de voyage* 《旅行笔记》(les Kiko) (Bashô, 芭蕉), 277.

Caroline 卡罗琳, 287.

Carré 卡雷, Jean-Michel, 211.

Carter 卡特总统, président, 235.

Casablanca 卡萨布兰卡, 31.

*Casanova* 《卡萨诺瓦》(Fellini, 费里尼), 158, 160.

Cassan 卡桑, Hervé, 460.

名称索引 557

Cassandre　卡珊德拉，376.

Cassien　卡西安，76.

Castellane　卡斯特拉内，Cordelia de，426.

Castellane　卡斯特拉内，marquis Boni de，396.413，424，446.

*Castex et Surer*　《卡斯泰和苏雷尔》，282，326，332.

*Célestine*　《塞莱斯丁》(La)（Rojas，罗雅斯），245.

Céline　塞丽娜，Louis-Ferdinand，304，354.

Centre d'histoire et d'analyse des manuscrits modernes　现代手稿历史和研究中心（futur ITEM），155，329.

*Cent Vingt Journées de Sodome*　《索多玛120天》(Les)（Sade，萨德），36.

Cerisy-la-Salle　瑟里西拉萨勒，37.

Cervantès　塞万提斯，190，245.

Cézanne　塞尚，Paul，140.

*Chambre claire*　《明室》(La)（Barthes，巴尔特），114.

Champs-Élysées　香榭丽舍，158.

Charleville　沙勒维尔，211.

Charlotte　夏绿蒂（*Les Souffrances du jeune Werther*，《少年维特之烦恼》），407.

Charlus　沙吕斯，baron de（*À la recherche du temps perdu*，《追寻逝去时间》），71，330，332，397，427，441，446.

*Chartreuse de Parme*　《巴马修道院》，(La)（Stendhal，司汤达尔），338.

*Château*　《城堡》(Le)（Kafka，卡夫卡），305.

Chateaubriand　夏多布里昂，François-René de，94，184，185，188，196，197，204，206，209，222，223，228，237，248，249，258，266，267，271，275，279，280，285，299，309，312，317，327，347，348，360，361，365，366，368，374，382，426.

*Chatte*　《母猫》(La)（Colette，柯莱特），104.

*Chauves-Souris*　《秃女》，(Les)（Montesquiou，孟德斯鸠），403.

Chavignolles　沙维诺勒，301.

Chef-d'oeuvre inconnu　《无名杰作》(Le)(Balzac, 巴尔扎克), 265.
Chemin de Sèvres　《塞夫勒小路》(Le)(Corot, 柯洛), 73.
Chéreau　谢罗, Patrice, 405.
Chevalier à la rose　《玫瑰骑士》(Le)(Hofmannsthal), 310.
Chevigné　舍维涅伯爵夫人, comtesse Adhéaume de, 396, 397, 414, 427, 449.
Chine　中国, 111.
Choay　肖艾, Françoise, 460.
Cholet　肖莱, Armand-Pierre de, 415.
Chomsky　乔姆斯基, Noam, 148.
Chou-chan,　首山省念, 41.
Chrétien de Troyes　特鲁瓦的克雷蒂安, 156.
Chroniques　《大事记》(Barthes, 巴尔特), 153.
Cicéron　西塞罗, 147, 337.
Cimetière marin　《海滨墓园》(Le)(Valéry, 瓦莱里), 54.
Cioran　齐奥兰, Emil, 143, 366.
Circuit　《环游》(Feydeau, 费多; Croisset, 克鲁瓦塞), 283.
Claudel　克洛代尔, Paul, 76, 119, 213, 355.
Clermont-Tonnerre　克莱蒙-通奈里, Élisabeth de, 252, 428.
Clermont-Tonnerre　克莱蒙-通奈里, Philibert de, 428.
Clovis　克洛维斯, 341.
Club Méditerranée　地中海俱乐部, 149.
Cnossos　克诺索斯, 170.
Cocteau　考克多, Jean, 414.
Colet　柯莱, Louise, 317.
Colette　柯莱特, 104, 419.
Combat　《战斗报》, 294.
Combray　考姆布雷, 158, 400.
Comédie humaine　《人间喜剧》(La)(Balzac, 巴尔扎克), 271, 332.

Compagnon 孔帕尼翁, Antoine, 46, 191, 203.

*Comte de Monte-Cristo* 《基度山恩仇记》(Le)(Dumas, 大仲马), 160.

Condillac 康狄拉克, Étienne Bonnot de, 120.

*Confessions* 《忏悔录》(Les)(Rousseau, 卢梭), 215, 243, 300.

Conrad 康拉德, Joseph, 366.

*Contes de la lune vague* 《雨月物语》(Les)(Mizoguchi, 沟口健二), 87.

*Contre Sainte-Beuve* 《驳圣伯夫》(Proust, 普鲁斯特), 113, 154, 193, 201, 258, 304, 305, 314, 329, 331, 335, 336, 412.

*Convivio* 《飨宴》(Il)(Dante, 但丁), 373.

*Coran* 《可兰经》, le, 243.

*Corbeau* 《乌鸦》(Le)(Poe, 爱伦坡), 232, 241.

Corot 柯罗, Camille, 73.

Cortazar 科萨塔尔, Julio, 356.

Cottard 科塔尔夫人, M$^{me}$ (À la recherche du temps perdu), 445.

Cottard 科塔尔, P$^r$. (À la recherche du temps perdu), 401, 410, 445.

Cottin 科坦, Céline, 416.

Cottin 科坦, Nicolas, 416.

Coyaud, Maurice 夸约, 56, 58, 60, 63, 64, 68, 73, 75, 85, 88, 89, 90, 91, 94, 95, 97, 100, 105, 106, 107, 108, 116, 117, 119, 120, 121, 124, 125, 129, 132, 135, 459.

Crécy 克雷西, Odette de (À la recherche du temps perdu, 《追寻逝去时间》), 332, 405, 432, 438.

*Crimes de L'amour* 《爱之罪》(Les)(Sade, 萨德), 40.

Croisset 克鲁瓦塞, 283.

Dali 达利, Salvador, 441.

Dallemagne 达勒马涅, 439.

Damisch 达米施, Hubert, 460.

D'Annunzio 邓南遮, Gabriele, 401.

Dante 但丁,25,28,36,40,54,156,170,196,232,243,244,245,249,250,252,255,273,281,346,360,365,373,418.

Daudet 都德,Alphonse,397,402,417,445.

Debussy 德彪西,Claude,399,418.

Dédale 代达罗斯,167,172.

Degas 德加,Edgar,436.

*Degré zéro de l'écriture* 《写作的零度》(Le)(Barthes,巴尔特),294,427.

Delahaye 德拉艾,Ernest,210,308.

Delarue-Mardrus 德拉吕-马尔德鲁斯,Lucie,419.

Deleuze 德勒兹,Gilles,77,165,251,256,460.

Démocrite 德谟克利特,88.

Denys l'Aréopagite 德尼-阿雷奥帕日特,39.

Derrida 德里达,Jacques,165.

Desbordes-Valmore 德博尔德-瓦尔摩尔,Marceline,392.

*Description d'un combat*,《一场斗争的描述》(Kafka,卡夫卡),226.

Des Esseintes 德-艾桑特(*À rebours*,《返回》),441.

Detienne 德田尼,Marcel,53,167,175,460.

Diderot 狄德洛,Denis,159,160,231,249.

Dionysos 狄奥尼索斯,239.

*Divagations* 《飘泊》(Mallarmé,马拉美),250.

*Divine Comédie* 《神曲》(La)(Dante,但丁),28,170,243,245,252,273.

Djibouti 吉布提,212.

Doasan 多阿散,baron Jacques,397,441.

*Don Quichotte* 《堂吉诃德》(Cervantès,塞万提斯),190,245.

Don Quichotte 堂吉诃德(*Don Quichotte*,《堂吉诃德》),363.

Dreyfus 德雷福斯,Alfred,327,362,391,423.

Dreyfus 德雷福斯,Robert,338.

Du Camp 杜康,Maxime,296,311,330.

名称索引 561

*Du cœur* (La Bruyère), 71.

*Du côté de chez Swann* 《在斯万家那边》（Proust, 普鲁斯特）, 330, 332, 412, 431.

Dufour 迪福尔, Louis, 68, 78.

Dumas 大仲马, Alexandre, 160, 196.

Dumas fils 小仲马, 439.

Dumézil 迪梅齐, Georges, 186.

Duns Scott 邓斯·司各特, 151.

*Ecce Homo* 《看呐，那人》（Nietzsche, 尼采）, 192, 297, 298, 308, 384.

Édouard Ⅶ 爱德华七世, 422.

*Éducation sentimentale* 《情感教育》（L'）(Flaubert, 福楼拜), 361, 376.

Églé 埃格勒, 167.

EHESS 法国高等社会科学院, 356.

Eiffel tour 艾菲尔铁塔, 173.

Eliot 艾略特, T. S., 294.

Ellmann 艾尔曼, Richard, 151, 153.

Emerson 爱默生, Ralph W., 312.

*Enchantement du Vendredi saint* 《耶稣受难日的魅力》（L'）(Wagner, 瓦格纳), 331, 420.

*Encyclopaedia Universalis* 《法国百科全书》, 37, 363.

*Encyclopédie* 《百科全书》（l'）, 94, 140, 231, 375.

*Enfer* 《地狱》（L'）(Dante, 但丁), 25, 156, 244.

*Ennui* 《厌倦》（L'）(Moravia, 莫拉维亚), 347.

*Épigrammes* 《短诗集》(Martial, 马夏尔), 57.

Espagne 西班牙, 130.

*Essais* 《散文集》(Montaigne, 蒙田), 275, 280.

*Étiemble* 《埃蒂安布勒》, René, 54, 56.

*Être et le Néant* 《存在与虚无》（L'）(Sartre, 萨特), 233.

*Euphués* 《格言集》(Lily，莉莉)，130.

Évangile 福音书，l'，243.

Evans 埃万斯博士，D$^r$，438.

Facteur Cheval 法格特·舍瓦尔，168.

Faguet 法盖，J. f.，309.

Falguière 法尔吉埃，Alexandre，427.

Faucon 福孔，Bernard，115.

Faure 富尔，Antoinette，429.

Fauré 福雷，Gabriel，420.

*Faux-Monnayeurs* 《伪币制造者》(Les) (Gide，纪德)，232.

Fellini 费里尼，Federico，158，160，172.

Feng Hsüeh 风水，126.

Feydeau 费多，Georges，283.

*Figaro* 《费加罗报》(Le)，154，412，435.

*Fille aux yeux d'or* 《金眼女郎》(La) (Balzac，巴尔扎克)，143.

Flahault 弗拉奥，François，71.

Flaubert 福楼拜，Gustave，47，114，136，138，139，148，150，186，190，193，195，198，200，201，206，214，220，221，224，228，234，237，241，248，263，264，285，286，287，290，295，296，298，301，304，306，308，311，314，315，317，318，319，320，322，327，328，330，333，334，339，341，342，343，347，348，356，357，361，364，369，374，383，439.

Fleming 福莱明，Ian，67.

Florence 佛罗伦萨，76，360.

Flügel 福吕格尔，Martin，300.

Forcheville 弗舍维尔（À la recherche du temps perdu），209.

Foucault 福柯，Michel，165，354.

Fourier 傅立叶，Charles，99.

*Fragments d'un discours amoureux* 《恋人絮语》(Barthes，巴尔特)，152，382.

France 弗朗斯，Anatole，354，401，402，411，417，421，429.

France-Musique 法国音乐，191.

Francesca de Rimini 法郎赛斯和保罗，(L'Enfer，地狱篇)，156，244.

Francfort 法兰克福，319.

Franck 弗兰克，Henri，410，420.

François Ier 弗朗索瓦一世，365.

Françoise 弗朗索瓦斯 (À la recherche du temps perdu)，158，416.

Freud 弗洛伊德，Sigmund，41，88，170，172，199，221，222.

Froberville 弗罗贝维尔将军，général de，423.

Fugyoku 伊东不玉，91.

Fuji, mont 富士山，109.

Galehaut 加勒豪特，156.

Galerie de tableaux 《绘画画廊》(La) (Watteau，瓦托)，232.

Galles 加勒，prince de，422，430，449.

Galliffet 加利费，général marquis Gaston de，423，446.

Gallimard 伽利马，Gaston，336.

Gallois 加卢瓦夫人，Mme de，439.

Gardair 加代尔，Jean-Michel，249，255.

Gardet 加代，Louis，40.

Gautier 戈蒂耶，Théophile，74.

Genèse d'un poème 《诗的诞生》(La) (Baudelaire，波德莱尔)，241.

Genette 热奈特，Gérard，191.

*Génie du christianisme* 《基督教精义》(Le) (Chateaubriand，夏多布里昂)，223.

Gérard 热拉尔，J.‑M.，37.

Gide 纪德，André，138，139，158，204，225，232，277，291，314，327，344，348，355.

Girard 吉拉尔，René，37.

Giscard d'Estaing 吉斯卡德斯坦，Valéry，235.

Gisèle 吉塞勒（À la recherche du temps perdu，《追寻逝去时间》），354.

Gladys Harvey 《格拉蒂-哈维》（Paul Bourget，布尔热），432.

Goethe 歌德，Johann Wolfgang von，399.

*Goldfinger* 金手指（Ian fleming，福莱明），67.

Goldman 戈尔德曼，Pierre，352.

Goldmann 戈尔德曼，Lucien，37，186，363.

Goncourt 龚古尔，Edmond et Jules de，138，439.

Gonsui 池西言水，94.

Gorgias 高尔吉亚，147.

Gould 古尔德，Anna，413，424.

Gozzi 戈齐，Carlo，235.

Gramont 格拉蒙，Agénor，duc de，428.

Gramont 格拉蒙，Corisande de，425.

Gramont 格拉蒙，Élisabeth de，428.

Gramont 格拉蒙，Louis René de，425.

*Graziella* 《格拉齐耶拉》（Lamartine，拉马丁），156.

Greffulhe 格雷菲勒伯爵，comte Henri，423，426，430.

Greffulhe 格雷菲勒伯爵夫人，comtesse Henri，423，427，430.

Grenier 格勒尼耶，Jean，49.

Greuze 格勒兹，Jean-Baptiste，157.

Groningue 格罗宁根省，91.

Guattari 菲力克斯·瓜达里，Félix，352.

Guenièvre 盖尼埃芙洛，156，244.

Guercy 盖尔希，330.

Guermantes 盖芒特公爵，duc de，103，426.

Guermantes 盖芒特公爵夫人，duchesse de，103，397，414，427，448.

Guermantes 盖芒特公主，princesse de，403，448.

Guerre et paix 《战争与和平》（Tolstoï，托尔斯泰），38，39，40，41，157，321，328，360.

Guiche 吉什，duc Armand de，400，403，425，428.

Gyp 盖普伯爵夫人，comtesse de Martel，429.

Haas 哈斯，Charles，397，422，423，427，429，430，436，439，446.

Haendel 亨德尔，Georg Friedrich，99.

Hahn 阿恩，Reynaldo，409，417，418，431，438，443.

Halévy 阿莱维，Daniel，78.

Halévy 阿莱维，Geneviève，448.

Halles de Paris 巴黎菜市场，308.

Hamelin 阿默兰路，rue，291，292，304.

*Hamlet* 《哈姆雷特》（Shakespeare，莎士比亚），245.

Hamon 阿蒙，Philippe，379.

Hanska 韩斯卡夫人，Mme，271.

Harcourt 哈考特，照相馆，Studios d'，390.

Harrar 阿拉尔，212.

Hasuo，135.

Haussmann 豪斯曼大街，boulevard，291，304.

Hawara 哈瓦拉，168.

Haydn 海顿，Joseph，359.

Hayman 艾曼，Laure，395，432，442，452.

Heath 黑斯，Willie，433.

Hegel 黑格尔，78，328.

Heidegger 海德格尔，Martin，217，265.

Hélios 赫利俄斯，167.

Heredia 埃雷迪亚，José Maria de，429，434.

Heredia 埃雷迪亚，Marie de，434.

Hermant 艾尔芒，Abel，435.

*Hérodiade* 《希罗底亚德》(Mallarmé，马拉美)，246.

Herrera 埃雷拉，Carlos，281.

*Histoire de France* 《法国史》(Michelet，米舍莱)，340.

*Histoire de la Révolution* 《法国大革命史》(Michelet，米舍莱)，340.

*Histoire du Moyen Âge* 《中世纪史》(Michelet，米舍莱)，338，340.

*Histoires naturelles* 《自然史》(Renard，勒纳尔)，100.

Hocke，130 （该页上未见此词——中译者）

Hölderlin 荷尔德林，Friedrich，83.

Homère 荷马，245.

Hongrie 匈牙利，293.

Houville 欧维勒，Gérard d'，434.

Howland 郝兰德，Mme Meredith，436.

Hugo 雨果，Léopoldine，326.

Hugo 雨果，Victor，283，326，327，328.

Huret 于雷，Jules，358.

Husserl 胡塞尔，Edmund，358.

Huysmans 于斯曼斯，Joris-Karl，298，441.

Ichiku 田河移竹，96.

*Idées sur les romans* 《小说的观念》(Sade，萨德)，40.

*Iliade* 《伊利亚特》(Homère，荷马)，245.

Illiers 伊利耶尔，395，400，417.

*Illuminations* 《彩图集》(Les)(Rimbaud，兰波)，211.

*Illusions perdues* 《幻灭》(Les)(Balzac，巴尔扎克)，281.

Ilto 胜又一透，97.

Imenstrôm 伊门斯特罗姆，282.

*Imitation de Jésus-Christ* 《模仿耶稣基督》(xv s.)，244.

*Introduction á la psychanalyse* 《精神分析学引论》(Freud，弗洛伊德)，172.

Isocrate 伊索克拉特，147.

Issa 伊萨, 61, 75, 84, 86, 117, 124, 131, 194.

Izambard 伊赞巴尔德, Georges, 281.

Janouch 亚诺克, Gustav, 50, 144.

Jan-Tsen-Tsaï 袁枚, 270.

Jaques-Dalcroze 雅克-达尔克罗兹, Émile, 87.

Jean 圣·让, saint, 26.

Jean Santeuil 让·桑特意（Proust, 普鲁斯特）, 38, 450.

Jérusalem 耶路撒冷, 172.

Jésus-Christ 耶稣基督, 76, 168, 190, 346.

Jockey Club 赛马俱乐部, 426, 430.

Joffre 若弗尔, maréchal, 400.

Joubert 茹贝尔, Joseph, 82, 83, 258, 296, 299.

*Journal* 《纪德日记》（Gide, 纪德）, 277.

*Journal* 《龚古尔日记》（Goncourt, 龚古尔）, 277. 439.

*Journal* 《卡夫卡日记》（Kafka, 卡夫卡）, 221, 223, 224, 226, 252, 253, 259, 267, 268, 271, 272, 277, 306, 309, 313, 319, 321.

*Journal des Faux-Monnayeurs* 《伪币制造者的日记》（Gide, 纪德）, 232.

*Journal d'un poète* 《一个诗人的日记》（Vigny, 维尼）, 344.

*Journal d'Urt* 《乌尔特的日记》（Barthes, 巴尔特）, 99.

*Journal intime* 《私人日记》（Amiel, 阿米耶尔）, 68.

Joyce 乔伊斯, James, 151, 152, 153, 154.

Jupien 茹皮安（À la recherche du temps perdu）446.

*Kafka* 《卡夫卡》（Janouch, 亚诺克）, 144.

Kafka 卡夫卡, Franz, 50, 186, 195, 198, 221, 223, 224, 226, 234, 235, 243, 245, 252, 253, 259, 264, 267, 268, 270, 271, 272, 273, 277, 285, 293, 294, 305, 306, 309, 310, 311, 312, 313, 314, 316, 318, 319, 321, 324, 356, 357, 358, 364, 365, 367, 383, 384.

Kaneko Tôta 金子兜太, 95.

Karénine，Anna　安娜卡列尼娜（*Anna Karénine*，《安娜卡列尼娜》），363.

Kawabata Bôsha　松尾芭蕉，108，120.

Keats　济慈，John，280.

Khomeiny　霍梅尼，235，353.

Kierkegaard　克尔凯郭尔，50，78，88，210.

Kolb　科尔布，Philip，78，105，238，332，336，338.

Kristeva　克莉斯特娃，Julia，57.

Kusatao　中村草田男，89，121.

La Bruyère　拉布吕耶尔，Jean de，71，196，392.

Lacan　拉康，Jacques，221.

Laclos　拉克洛，Choderlos de，94.

Lacretelle　拉克雷泰勒，Jacques de，395.

La Fontaine　拉封丹，Jean de，30.

La Hune　书店，librairie，242.

Lamartine　拉马丁，Alphonse de，95，327，429.

Lancelot du Lac　武士兰斯洛，156，244.

Larousse　词典，dictionnaire，73，118，155.

Larue　拉鲁饭店，restaurant，400.

Laurent　洛朗，Méry，438.

Lautréamont　洛特雷阿蒙，229，246.

*Leçon inaugurale*　《就职讲演》（Barthes，巴尔特），25.

Lecoq　勒科克，Jacques，87.

Lefébure　勒费比尔，Eugène，83.

Legendre　勒让德尔，Pierre，115.

Legrand　勒格朗，Marc，100.

Leguay　勒盖，Thierry，356.

Leibniz　莱布尼兹，Gottfried Wilhelm，375.

Lemaire　勒迈尔，Madeleine，403，414，431，437.

Léonie 莱奥妮姆母，tante（À la recherche du temps perdu，《追寻逝去时间》）287，393.

Lessing 莱辛，Gotthold Ephraim，159.

Lettre du Voyant 《艳俗之文学》（La）（Rimbaud，兰波），281.

Lettres à un jeune poète 《给青年诗人的信》（Rilke，里尔克），33.

Lévi-Strauss 列维-斯特劳斯，Claude，154，186，192，392.

Liaisons dangereuses 《危险关系》（Les）（Laclos，拉克洛），94.

Libération 《解放报》，281，352.

Lily 莉莉，130.

Lindon 兰东，Jérôme，378.

Lippmann 李普曼，Léontine，411.

Liszt 李斯特，Franz，319.

Littré 利特雷，Émile，169.

Lohengrin 《罗恩格林》（Wagner，瓦格纳），420.

Loti 洛蒂，Pierre，47.

Louis XI 路易十一世，340.

Louis-le-Grand 路易大帝中学，lycée，303.

Louveciennes 罗弗森尼，401.

Louÿs 路易，Pierre，434.

Lowry 劳瑞，Malcolm，245.

Loyola 洛约拉，Ignace de，320.

Lukács 卢卡奇，György，186，363.

Machiavel 马基雅维利，213.

Madame Bovary 《包法利夫人》（Flaubert，福楼拜），264.296，330.334，361.

Madame Edwarda 《艾德沃妲夫人》（Bataille，巴塔伊），201.

Madeleine 马德莱娜，158.

Maeght 画廊，Expo，168.

Magazine littéraire 《文学杂志》，154.

Maistre　迈斯特，Joseph de，376.

*Maître et serviteur*　《主与仆》（Tolstoï，托尔斯泰），238.

Malatesta　马拉泰斯特，Paolo（*L'Enfer*，《地狱篇》），156，244.

Malherbe　马勒布，François de，95.

Mallarmé　马拉美，Stéphane，57，58，83，186，224，228，234，240，241，242，244，245，246，247，249，250，251，253，255，262，271，276，291，295，303，311，327，328，335，342，347，348，352，357，358，367，371，373，381，382，383，438.

Malraux　马尔罗，André，249，355，360.

Manet　马奈，Édouard，438.

Mannoni　马诺尼，Octave，177，179，397，460.

Marcellus　马尔塞鲁斯，M. de，196.

Marchais　马歇，Georges，235.

Mardrus　马尔德鲁斯，Dr，419.

Marino　马里诺，Giambattista，130.

Maroc　摩洛哥，31，73，144.

Marquis　马基，chanoine，400.

Marrakech　马拉喀什，144.

Marsay　马尔塞，Henry de，143.

Martial　马夏尔，57，130.

Martin　马丁，Henri-Jean，139，148.

Marty　马蒂，Éric，173.

Marx　马克思，Karl，364.

Massenet　马斯内，Jules，431.

Mathilde　玛蒂尔德公主，princesse，430，439，445.

Matisse　马蒂斯，Henri，307.

Matsuo　〔按日译本，作者未详——中译者〕，96.

Matthieu　马蒂厄，saint，31，76.

Mauclair 莫克莱，Camille，228。

Maupassant 莫泊桑，Guy de，143，443。

Mauriac 莫利雅克，François，355。

Mauriès 莫列斯，Patrick，151。

Mauron 莫龙，Charles，186。

Maurras 莫拉斯，Charles，429。

Médan 梅丹，311。

Médicis 罗沆德麦迪奇，Laurent de，213。

Meitsetsu 内藤鸣雪，63，119。

*Mémoires d'outre-tombe* 《墓畔回忆录》（Les）（Chateaubriand，夏多布里昂），188，223，248，249，266，275，279，280，285，309，312，347，368，374，382。

*Mer* 《大海》（La）（Debussy，德彪西），418。

*Mer* 《海》（La）（Michelet，米舍莱），283。

Mérimée 梅里美，Prosper，439。

Merleau-Ponty 梅洛-庞蒂，Maurice，177。

Méséglise 梅塞格里斯（À la recherche du temps perdu）426。

Metzger 梅斯热，Heinz-Klaus，146。

Michaud 米肖，Guy，327。

Michelet 米舍莱，Jules，28，76，77，78，87，126，130，209，281，283，289，317，338，340。

Milosz 米沃什，O. V. de L.，58. 109。

Minos 梅诺斯，167，171，179。

Minotaure 米诺陶里，167。

Mirabeau 米拉博，429。

*Misérables* 《悲惨世界》（Les）（Hugo，雨果），328。

Miss Sacripant 萨克里潘小姐（À la recherche du temps perdu，《追寻逝去时间》），405。

Mizoguchi Kenji 沟口健二，87。

Molière 莫里哀, 429.

*Monde* 《世界报》(Le), 242.

Monod 莫诺, Gabriel, 338. 340.

Monsieur Bœuf 牛排餐厅, restaurant, 121.

*Monsieur Teste* 《趣味先生》(Valéry, 瓦莱里), 201, 250, 252, 379.

Monsieur-le-Prince 王子先生路, rue, 308.

*Montagne* 《山岳》(La) (Michelet, 米舍莱), 283.

Montaigne 蒙田中学, lycée, 69, 303.

Montaigne 蒙田, Michel de, 153, 203, 206, 209, 213, 234, 275, 280, 339.

Montargis 蒙塔吉斯, 330.

Montauzer 蒙陶泽, 428.

Monteriender 蒙特里安德伯爵夫人, comtesse de (*À la recherche du temps perdu*) 439.

Montesquiou 孟德斯鸠, comte Robert de, 279, 307, 395, 397, 400, 401, 403, 409, 419, 426, 427, 430, 436, 441, 445.

Moravia 莫拉维亚, Alberto, 347.

Morier 莫里耶, Henri, 56.

Morin 莫兰, 227.

Mornand 莫尔南, Louisa de, 400, 442.

Mozart 莫扎特, Wolfgang Amadeus, 319.

米尼耶 Roger, 57, 60, 61, 76, 81, 82, 84, 86, 89, 91, 96, 97, 117, 118, 122, 128, 194, 459.

Musset 缪塞, Alfred de, 191, 327, 338.

*Mythologies* 《神话学》(Les) (Barthes, 巴尔特), 317.

Nadar 纳达尔, Félix, 389, 399, 439, 451.

Nadar 纳达尔, Paul, 389, 390.

*Nadja* 《娜底雅》(Breton, 布雷东), 201.

*Naissance de la tragédie* 《悲剧的诞生》(Nietzsche, 尼采), 202.

名称索引 573

Napoléon Ⅲ 拿破仑三世，438.

*Nausée* 《恶心》(La)(Sartre，萨特)，232.

Naxos 纳克索斯，167.

Nerval 内瓦尔，Gérard de，201.

Newton 牛顿，Isaac，82，83.

Nibor 尼博，Yann，409.

Nietzsche 尼采，Friedrich，30，79，88，93，153，170，171，173，186，192，202，203，218，241，244，251，256，297，298，308，323，325，341，355，358，374，380，383，384，460.

Noailles 诺瓦耶，Anna de，258，410，419，428，435.

Nodier 诺迪艾，Charles，326.

Nouveau 努沃，Germain，211.

*Nouvel Observateur* 《新观察》(Le)，152，200，269，369.

Novalis 诺瓦利斯，202.

*Novum Organum* 《新工具》(Francis Bacon，培根)，88.

Oberman 《奥伯曼》(Senancour，塞南库尔)，282.

Octavian 屋大维(*Le Chevalier à la rose*,《玫瑰骑士》)，310.

*Ode à la joie* 《欢乐颂》(L')(Beethoven，贝多芬)，260.

Odyssée 《奥德赛》(Homère，荷马)，245.

*Oiseau* 《飞鸟》(L')(Michelet，米舍莱)，283.

*Ornicar* 《精神分析学期刊》，160.

Oulman 乌尔曼，Amélie，393，453.

Painter 潘特尔，George D'，119，278，280，283，391，396.

Palmer 帕摩尔，Evelina，419.

Paludes 帕吕德(Gide，纪德)，204.232.291，348.

Pānini 帕尼尼，204.

Paracelse 帕拉塞尔斯，77.

*Paradis* 《天堂篇》(Le)(Dante，但丁)，54.

*Paradis* 《天堂》(Sollers，索莱尔斯)，146，355，366，375.

*Paradis artificiels* 《人造天堂》(Les)(Baudelaire，波德莱尔)，75，201，379.

Paris 巴黎伯爵，comt de，430.

*Paris-Match* 《巴黎竞赛画报》，116.

Parme 帕默公主，princesse de，439.

Parmesan 帕玛森，le，130.

*Parsifal* 《帕西法尔》(Wagner，瓦格纳)，331.

Pascal 帕斯卡，Blaise，213，225，256，257，260，262，269，334，338，339，344，346，353，378，379.

Pasiphaé 法西菲神，167，171.

Paul 保尔(*Paul et Virginie*，《保尔和维吉妮》)，156.

Pavans 帕万斯，Jean，208.

*Peau de chagrin* 《驴皮记》(La)(Balzac，巴尔扎克)，214.

*Pelléas et Mélisande* 《佩里亚斯与梅丽桑德》(Debussy，德彪西)，399，418.

*Pensées* 《思想录》(Pascal，帕斯卡)，225，256，260，269，344，346.

*Père Goriot* 《高老头》(Le)(Balzac，巴尔扎克)，332.

Périer 佩里耶，Florin，257.

*Phèdre* 《费德尔》(Racine，拉辛)，409.

Phèdre 费德尔(*Phèdre*，《费德尔》)，167.

Philippe 菲利普，Charles-Louis，294.

*Philosophy of Composition* 《创作哲学》(The)(Poe，爱伦坡)，241.

Picon 皮康，Gaétan，189，214，268，271，272，275，281，310，318，319.

Pierquin 皮埃坎，Louis，211.

*Pierre et Jean* 《彼埃尔和让》(Maupassant，莫泊桑)，143.

Pierre-Quint 列翁·彼埃尔·坎，Léon，171，291，292，299，307，309，312，315.

Pignatelli 皮格纳提里，Emmanuela，443.

Piperno 皮佩尔诺，352.

*Plaisir du texte* 《文本的喜悦》（Le）（Barthes，巴尔特），152，276.

*Plaisirs et les jours* 《欢乐与时日》（Les）（Proust，普鲁斯特），421，433.

Plantin 普朗坦 Christophe，290，302.

Platon 柏拉图，192，202，357.

Poe 爱伦坡，Edgar Alan，86，232，241，251.

*Poésies* 《诗集》（Rimbaud，兰波），211.

Polignac 波里尼亚克大公，prince de，420.

Polycarpe 波利卡普，saint，361.

Poséidon 海神，167，171.

Potocka 帕托奇卡伯爵夫人，comtesse，443.

Pougy 莲妮·珀姬，Liane de，419.

Pouquet 普凯，Jeanne，391，407，411，444，447.

Pozzi 波齐，Samuel，401，445.

Pré-Catelan 普莱卡特兰饭店，417.

*Préface testamentaire* 《遗嘱序言》（Chateaubriand，夏多布里昂），249，279，285，360.

*Problèmes de linguistique générale* 《普通语言学问题》（Benveniste，本维尼斯特），118.

*Proscrits* 《放逐者》（Les）（Balzac，巴尔扎克），310.

Proust 普鲁斯特，Dr Adrien，157，432，454.

Proust 普鲁斯特，Jeanne，157，452，455.

Proust 普鲁斯特，Marcel，26，27，33，34，36，37，39，40，41，42，43，47，48，51，67，68，71，74，75，78，85，86，87，90，91，98，99，103，104，105，110，113，135，140，150，151，154，155，157，158，170，191，193，198，201，203，206，209，228，232，234，238，239，251，252，255，258，261，262，263，268，269，277，278，280，283，290，291，292，294，298，299，300，304，305，307，309，310，311，315，318，323，327，329，330，331，332，334，335，336，338，348，352，354，356，357，

362，375，383，389，390，391，392，393，394，395，396，399，400，402，403，406，407，409，410，411，412，414，415，416，417，418，419，420，421，428，429，430，431，432，433，434，435，439，441，442，444，447，448，450，451，452，453，457，460。

Proust　普鲁斯特，Robert，445，456。

PUF　书店，librairie，242。

Pyrénées　比利牛斯山脉，220。

*Quatuor*　《四重奏》(Debussy)，418。

Quatuor Poulet　普莱四重奏，420。

Queneau　凯诺，Raymond，268。

Quincey　坎塞，Thomas de，74，75，95。

Quinet　基内，Edgar，340。

Quintilien　昆提连，338，367。

Rabat　拉巴，31。

Rabelais　拉伯雷，249。

Rachel　拉谢尔（*À la recherche du temps perdu*，《追寻逝去时间》）442。

Racine　拉辛，Jean，37，53，95，167，369，409。

Radziwill　拉基维尔，Léon, dit 'Loche'，400，428。

Radziwill　拉基维尔，Michel，407。

Rambures　朗布尔，Louis de，50。

Rancé　朗瑟, chevalier Armand-Jean de，27。

Rastignac　拉斯梯格纳克（*Le Père Goriot*，《高老头》），220。

Ravel　拉威尔，Maurice，131，333。

Régnier　雷尼耶，Henri de，434。

Réjane　雷雅纳，453。

Renan　勒南，Ernest，354，439。

Renard　勒纳尔，Jules，100，131。

René　勒内（Chateaubriand，夏多布里昂），360。

Réservoirs　凡尔赛公寓，hôtel des，452.

Réveillon　雷韦永城堡，château de，437.

Richard　里查，Jean-Pierre，186，200，298.

Rilke　里尔克，Rainer Maria，33，356.

Rimbaud　兰波，Arthur，186，194，210，211，212，213，246，281，308，378.

Rinka　大野林火，106.

Rivane　雷万，Georges，292，300，304，307.

Rivière　里维埃，Jacques，238.

Rivière　里维埃，Jean-Loup，87.

Robert　罗贝尔，Marthe，243.

Roche　罗什，210.

*Roland Barthes par Roland Barthes*　《罗兰·巴尔特自述》，152.

Rome　罗马，172.

Ronsard　龙萨，Pierre de，109.

Roquentin　罗昆廷（*La Nausée*，《恶心》），232.

Rosenstiehl　罗森斯提尔，Pierre，165，175，460.

Rossini　罗西尼，Gioacchino，319.

Rostand　罗斯唐，Edmond，399.

Rothschild　罗特席尔德男爵，baron Alphonse de，392，413，448.

Rousseau　卢梭，Jean-Jacques，79，154，186，206，208，214，215，216，226，228，234，243，282，285，286，287，300，344，348.

Roxane　罗姗（Bajazet，巴雅泽），403.

Ruskin　拉斯金，John，150.

Ruysbroek　鲁伊斯布鲁克，382.

Sacripant　萨克里潘，Miss（*À la recherche du temps perdu*，《追寻逝去时间》），405，452.

Sade　萨德，Laure de，414.

Sade 萨德, marquis de, 36, 40, 64, 107, 149, 184, 190.

Safouan 萨弗安, Moustapha, 221, 222.

Sagan 萨冈, prince Boson de, 396, 446.

Saimaro 正冈子规, 116.

Saint-Euverte 圣厄韦尔特, marquise de (À la recherche du temps perdu,《追寻逝去时间》), 439.

Saint-Germain-des-Prés 圣日耳曼大街, 282.

Saint-Jacques-de-Compostelle 圣雅克-德-孔波斯特拉朝圣路, 172.

Saint-Louis 圣路易中学, lycée, 308.

Saint-Loup 圣卢, Robert de (À la recherche du temps perdu,《追寻逝去时间》), 330, 400, 413, 415, 444.

Saint-Malo 圣马罗, 184.

Saint-Michel 圣米谢尔大街, boulevard, 308.

Saint-Pierre 圣彼埃尔岛, île (lac de Bienne), 184.

Saint-Saëns 圣桑, Camille, 420.

Saint-Sulpice 圣叙尔皮斯广场, place, 69, 282.

Sainte-Beuve 圣伯夫, Charles Augustin, 26, 78, 98, 258, 327, 331, 439.

*Salammbô* 《萨朗波》(Flaubert, 福楼拜), 248.

Sampû 杉山杉风, 81.

Sand 乔治桑, George, 207, 220.

Sandré 散德雷, M (*Jean Santeuil*), 450.

Santarcangeli 桑塔尔坎格里, Paolo, 166, 169.

Sarduy 萨尔迪, Severo, 195, 245.

Sartre 萨特, Jean-Paul, 186, 227, 232, 233, 355, 360, 363.

*Satyricon* 《爱情神话》(Fellini, 费里尼), 172.

Saussure 索绪尔, Ferdinand de, 31, 113.

Schehadé 舍哈德, Georges, 58, 60, 76, 89, 95, 98, 109.

Scherer 谢雷, Jacques, 186, 240, 246, 247, 249, 250, 253, 255, 262,

335，342，358，381，383.

Schlegel 施莱格尔，Friedrich，196，202.

Schönberg 勋伯格，Arnold，146，252，384.

Schopenhauer 叔本华，Arthur，192，305，319，346.

Schubert 舒伯特，Franz，420.

Schumann 舒曼，Robert，146，251，277.

Schwartz 施瓦兹，Gabrielle，444，447.

*Scienza Nuova* 《新科学》（Vico，维柯），39.

Seijugo 〔按日译者，作者未详——中译者〕，129.

Seishi 山口誓子，125.

Senancour 塞南库尔，Étienne Pivert de，282.

*Sente étroite du bout du monde*（La） 《奥羽小道》（Bashö，芭蕉），91.

Sévigné 塞维涅，Mme de，71，451.

Shakespeare 莎士比亚，William，245.

Sherbatoff 舍巴托夫公主，princesse (*À la recherche du temps perdu*，《追寻逝去时间》)，332，401.

Shiki 正冈子规，61，62，118，122.

Shôha 黑柳召波，89.

Shusai 〔按日译者，作者不详——中译者〕，82.

Sieffert 西费尔，René，63，105.

Silesius 希莱休斯，Angelus，127.

Silverman 西维尔曼，A. O.，152.

Simon 西蒙，Jules，364.

Sirius 西留斯，366.

Sisyphe 西西弗斯，292.

Société de géographie 地理学会，212.

Socrate 苏格拉底，192，239，324，357.

Sollers 索莱尔斯，Philippe，30，57，146，269，355，366，375.

Sonojô　斯波园女, 106.

Sophistes　智者派（Les）, 41, 147.

*Sorcière*　《女巫》（La）（Michelet, 米舍莱）, 76.

Sorel　索雷尔, Julien (*Le Rouge et le Noir*,《红与黑》), 363.

*Souvenir d'égotisme*　《司汤达自传》（Stendhal, 司汤达）, 275.

*Souvenirs et récits*　《回忆与故事》（Tolstoï, 托尔斯泰）, 42.

Staël　斯泰尔小姐, Mme de, 327.

Staël　斯泰尔, Nicolas de, 140.

Stendhal　司汤达, 275, 327, 338.

*Stephen le Héros*　《斯泰芬》（Joyce, 乔伊斯）, 152.

Straus　斯特劳斯, Émile, 439, 448, 449.

Straus　斯特劳斯, Mme Émile, 252, 414, 430, 439, 445, 448, 449.

Sudour　叙杜尔, Mlle, 51.

Suzuki, Daisetz Teitaro　铃木大拙, 94, 99, 105.

Swann　斯万, Charles（*À la recherche du temps perdu*,《追寻逝去时间》）, 397, 406, 422, 430.

Swann　斯万, Gilberte（*À la recherche du temps perdu*,《追寻逝去时间》）, 397, 405, 406, 407, 444.

Swann　斯万, Marcel（peudonyme d'Alfred Agostinelli）, 399.

Swedenborg　斯维登伯格, Emmanuel, 344.

Tacite　塔西图, 309.

Tadié　塔迪耶, Jean-Yves, 335.

Taigi　太极, 107, 117.

Taine　泰纳, Hippolyte, 327, 439.

Talleyrand-Périgord　塔列兰-佩里格尔, Hélie de, prince de Sagan, 424.

*Tao Töking*　《道德经》, 217.

Téchiné　泰奇尼, André, 269.

Teishitsu　安原贞室, 125.

*Temps retrouvé*　《追寻逝去时间》（Le）（Proust, 普鲁斯特）, 436.

名称索引 581

*Tendres Stocks*　《莫朗短篇小说集》(Paul Morand，莫朗)，171.

*Tentation d'exister*　《生存的诱惑》(La)(Cioran，齐奥兰)，143.

*Tentation de saint Antoine*　《圣安东尼的诱惑》(La)(Flaubert，福楼拜)，296，311，343.

Théâtre des Variétés　游艺场，283.

Thérèse　圣泰雷兹，sainte，260.

Thésée　忒修斯，167，171，172，179.

Thom　托姆，René，160.

Thomas　圣托马斯，saint，40，151.

Thrasymaque　特拉斯马克，147.

Thucydide　修斯底德，147.

Tiron　提容，337.

Tissot　蒂索，James，423.

Tokyo　东京，282.

Tolstoï　托尔斯泰，Léon，38，39，40，41，42，186，218，234，238，255，277，320，321，328，360.

Tolstoï　玛丽·托尔斯泰，Marie，40.

Tourguenieff　屠格涅夫，Yvan，364.

Trappe　特拉普，la，27.

Tristan　特里斯坦，310.

*Turandot*　图兰朵(Gozzi 戈齐)，235.

Turenne　图兰内伯爵，comte Louis de，396，446，449.

Twombly　特沃伯利，cy，147.

*Ulysse*　尤利西斯(Joyce)，151，155.

*Un cœur simple*　《简单的心爱》(Flaubert，福楼拜)，136.

*Un coup de dés*　《掷色子》(Mallarmé，马拉美)，246.

*Une saison en enfer*　《地狱一季》(Rimbaud，兰波)，211.

Urt，220，290.

Valéry　瓦莱里，Paul，54，55，60，62，98，101，140，145，201，250，

252，257，262，308，330，335，355，434.

Valse　《圆舞曲》(Ravel，拉威尔)，333.

Van Dyck　范戴克，433.

Van Gogh　梵·高，Vincent，271.

Varambon　瓦拉姆朋夫人，Mme de，439.

Varin-Bernier　瓦兰-贝尼耶，453.

Venise　威尼斯，150，431.

Verdi　威尔蒂，Giuseppe，381.

Verdict　《审判》(Le)(Kafka，卡夫卡)，309.

Verdurin　威尔杜林先生，M.（À la recherche du temps perdu，《追寻逝去时间》）411.

Verdurin　威尔杜林夫人，Mme（À la recherche du temps perdu，《追寻逝去时间》），401，411，437.

Verlaine　魏尔伦，Paul，69，88，105，210，211，327，431.

Vernant　韦尔南，Jean-Pierre，53.

Vernet　韦尔内，Blandine，191.

Vico　维柯，Giambattista，39，119，120，174.

Victoria　维多利亚，reine，422.

Vie de Rancé　《朗瑟的生活》(Chateaubriand，夏多布里昂)，27，94.

Vigny　维尼，Alfred de，89，344.

Villeparisis　韦勒帕利希夫人，Mme de（À la recherche du temps perdu，《追寻逝去时间》），437.

Vinaver　韦纳威尔，Michel，110.

Vinci　达·芬奇，Léonard de，230.

Vinteuil　文特依（À la recherche du temps perdu，《追寻逝去时间》），332，418，420，439.

Virgile　维吉尔，26，36.

Virginie　维吉尼（Paul et Virginie，《保尔和维吉妮》），156.

Vita Nova　《新生》(Dante，但丁)，28，232，281.

名称索引 583

Vittorini　维托里尼，Elio，381.
Viviane　维维尼娜，fée，156.
Vivien　维维安，Renée，419.
*Volonté de puissance*　《权力意志》(La)（Nietzsche，尼采），153，374.
Voltaire　伏尔泰，289，344，354.
Wagenbach　瓦根巴赫，Klaus，186.
Wagner　瓦格纳，Richard，192，331，420.
Watteau　瓦托，Antoine，232.
Watts　瓦特，Alan W.，125.
Weber　维贝尔咖啡店，café，400，418.
Webern　韦伯伦，Anton，146.
Weil　维尔，Adèle，157，451.
Weil　维尔，Amélie，453.
Weil　维尔，Georges，452，453.
Weil　维尔，Jeanne，455.
Weil　维尔，Louis，424，432，452.
Weil　维尔，Nathé，393，424，450.
Weimar　魏玛，319.
Werther　维特（*Les Souffrances du jeune Werther*，《少年维特之烦恼》），399.
Windesheim　温德斯海姆，139.
Wohryzeck　尤莉·沃雷采克，Julie，313.
Woolf　伍尔芙，Virginia，127，234.
Yaha　志太野坡，67.
Yamata，Kikou〔按日译者，日名不祥——中译者〕，60，96，101，106，116，124，127，130，145.
*Zarathoustra*　《查拉图斯特拉如是说》(Nietzsche，尼采)，244，344.
Zeami　世阿弥元清，87.
Zola　左拉，Émile，46，124，237，301，362.
Zürau　屈劳，293.

## 主题索引

Acédie 慵懒，厌倦 28，41，285，345—346.

Amateur 业余家，192，197，230.

Amour 爱情，28，34，37，40—41，62，71—72，84，108—109，158—159，175，188，192，222，224—225，227，270—271，273，301—303，305，316，353.

Auteur 作者，65，207，225，256，260，275—277，280，326，372，375，379，380.

C'est ça 如是，86，123—126，128，151，155.

Chambre 房间，67，268，303—305.

Classer 分类，64，65，183.

Code 代码，规则，36，63，64，72，73，74，76，109，371，380，395，442.

Copie 复制，113，139，157，190—195，287，367，395.

Deuil 悲哀，27[a2] 28，32，75，127，377.

## 主题索引

Drogue　毒品, 74, 300, 329, 342.

Émotion　情绪, émoi 激动, 66, 93, 100—101, 104, 105, 127, 128, 156, 159, 312.

Épiphanie　〔灵感〕显现, 116, 151—155, 159—160, 226.

Fantasme　幻想式, 25, 32, 35—39, 48—49, 95—96, 149, 151, 207—208, 216—217, 220, 237, 240—241, 246, 265, 266, 281—283, 294, 296, 301, 315, 334, 336, 339.

Image　形象, 42, 95, 97, 98, 114—115, 117, 120, 149—150, 166, 208, 235, 290, 312, 317, 377. Épiphanie

Imitation　模仿, 159, 190—195, 358.

Incident　偶然事件, 偶然场景, 94, 136, 144, 152—153, 160.

Inspiration　启发, 灵感 191—194, 258.

Instant　瞬间, 55, 74, 85, 89, 320, 459.

Journal intime　私人日记, 139, 146, 223, 251—253, 259, 265, 275—277, 280.

Marcottage　压条法, 155, 209, 251, 262, 332.

Mémoire　回忆, 34, 42, 45, 68, 73, 85—86, 95, 139, 178, 189, 337.

Mère　母亲, maternité 母性, 27, 34, 40, 139, 155—157, 179, 278, 285, 451, 452, 455—457.

Méthode　方法（méthodique 方法的, méthodologique 方法论的）, 37, 49, 53, 159, 160, 229—234, 252, 267, 280, 316, 322—323, 327, 366, 370.

Modernité　现代性, 79, 96, 146—147, 194, 213, 376.

Monument　纪念碑式, 巨著 31, 33, 38, 68, 178, 228, 275, 315, 316, 335.

Mort　死亡, 26, 27, 28, 29, 31, 34, 49, 72, 126—127, 157—159, 190, 198, 209, 228, 238, 257, 261, 276, 278, 294, 315, 316, 327, 353, 383.

Musique　音乐, 48, 67, 85, 99, 105, 146, 260.

Neutre　中性, 30—31, 41, 49, 50, 65, 110, 125, 129.

Notation　随记, 46—47, 53, 78, 84—85, 91, 100, 106, 119, 135, 137—

141，143—148，154，160—161，183，252，258，301，334，360。

Oisiveté　闲逸，197，208，213—218，221，265，284，290。

Pathos　夸示法，77，93，160，367。

Photographie　摄影，89，113—118，121，389—397。

Phrase　短语，语句，62，67，138，139，147—151，170，198，231，300，316，372，460。

Poème　诗（poète 诗人，poésie 诗学），36，56—58，62—64，77，82—84，91，96，98，101，105，106，119，126，177，179，213，232，281，334，335，372，373。

Poikilos　织锦式，161，201—203，279。

Réel　实在，36，38，42，46，53，82，91，105，110，111，113，118，119，131，139，150，157—158，259，265，276，326，336，363，365，366，392，397。

Règle　规则，39，231，286，308，317—321。

Rhapsodique　断片缝接式，47，203，251，256，335。

Rien faire　无为（Wou—wei 无为），216—217，219，221，227，284。

Romantique　浪漫派的，浪漫的 73，77，100，119，191，195，202，203，206，207，212，219—220，229，237，240，270，273，279，327，347，348，352，375，383。

Satori　悟，32，74，91，94，97，105，111，121—122，123，125，131，151，152，188。

Science　科学，33，38，39，148，165，249，256。

Simulation　仿真，模拟，48，194—195，230—234，459。

Solitude　孤独，236，311—314，347，358，367，384。

Souverain-Bien　至善，40，61，66，148，151，198。

Structure　结构，40，41，63，67，109，143，155，157，165，168，232，240—241，252，256，261，276，284，306，355，360。

Tableau　绘画，图景 82，97，106，107，108，115，261，349。

Tao 道，49，110[a2] 111，218，256，289。

Théâtre 戏剧，87，107，184—185，229，235，244。

Tilt 触发，85，123[a2] 124，125，128，136，155，160。

Vérité 真理，55，56，110，124，125，127，129，144，151，152—161，219，238，264，271，273，333，335，353，363，375，376。

Vita nova 新生（vita nuova），28，29，35，215，232，280[a2] 284，286，289，294，297，299。

Vouloir-Écrire 写作意志（scripturire 书写），32，33，35，37，198，220，221，309，312，316，342。

Zen 禅，41，77，94，111，125—126，127，216。

# 译后记

无论从作者的全部作品来看还是从三卷讲演集整体来看，本书都具有其多方面的"特色"。首先，本讲演集表现出一种客观分析和主观表现交织融合的特殊写作风格：对他人文学作品（小说，诗歌）的分析和自身的文学观念之间的互动与交融；对他人写作准备过程的分析和自身写作意向的表现的叠合。最后岁月里，特别是母亲去世后，作者在本讲和其他场合一再表达的小说写作意愿和准备，与本讲结束时以半抱歉、半幽默方式宣告的"帽子里拿不出作品来"的"结束语"，何者为实何者为虚，似乎留下了难解之谜。此一"结束语"中的"结束"，不仅是指本讲演的结束，法兰西学院讲演任务的结束，毕生写作生涯的结束，甚至也是自身生命的结束。《小说的准备》讲演结束后两天,罗兰·巴尔特即跨进了死亡之门。

巴尔特在当代西方文学界和文学理论界,不仅提出了一种"中性论观",而且提出了一种最具彻底性、一贯性、"逻辑性"的中性伦理观。除了读者从其大量作品和讲演集中了解的巴尔特中性论的种种内涵外,还可感受到其毕生"中性实践立场"中潜存的一种"中性人生观"意志。从其个人角度看,中性观固然基于其一贯回避各种人世立场选择的立场和策略;从现代西方精神世界整体来看,巴尔特的中性观也映射出人类一般生存情境中包含的基本意义学和价值学的内在矛盾和危机。因此,巴尔特的精神追求个例,从一个角度反映着当代和未来人类精神整体中的一个普遍性问题,这就是价值学危机的问题。此一"反映学"本身,也即为巴尔特选择的"文学符号学"路径,其幅度、深度和影响力等都表现出了不同于传统文学理论的特色。

关于巴尔特文学符号学和小说的关系,相关的问题首先是:为什么他特别重视小说写作类别?其次:他为什么在人生最后阶段想要亲自写一部小说?又为什么法国学界会对他的这一一相情愿的愿望表白予以重视?以及,为什么今日法国文人仍然这么重视想象类作品的写作?如此设问乃因巴尔特不仅从来没有写过小说,也从来没有表现出任何小说写作的才能。而此一写小说志向的表白,还包含着一种明显的自我矛盾:一方面表明他认为今日小说在文学世界仍然具有无上重要性,而另一方面他几十年来所不断宣告的"文学死亡"首先就是指小说的死亡("今日已无两次大战之间的大作家"!)。结果,他却在此人生最后一讲中选择了"小说"作为毕生文学思想的完结篇。正如巴尔特挚友、"塞里榭中心巴尔特研讨会"（1977）主持人孔帕尼翁于三卷讲演集出版后所指出的：《小说的准备》本来要谈小说，到头来竟归结为他一向少谈或对其不甚敏感的诗歌之理念！也就是，"小说实已死亡，拯救之道在诗歌！"这是什么样的文学逻辑呢？以至于孔帕尼翁推测说："'小说'名称是一个计谋，对小说的思考渐渐证明为一种对诗歌的研究：诗歌等于是在一野蛮世界内的一种优雅实践。"（《罗兰•巴尔特的小说》，见法文期刊《批评》，2003，11）当然这是一种充满自我矛盾的思想转变和立场的游移。一方面，他抱歉地说（1979年底）：两年来的悲伤深刻地改变了他对世界的感情，而"小说家要求宽宏、热爱世界和拥抱世界的欲望"，小说写作计划的失败，似乎源于个人的无能为力（作家丧失了方向、灵感和创造力）。而另一方面，他又在"一般性"层次上宣告文学世界内先锋派和一切现代小说努力的失败。理由竟然是出于另一次理论性的躲闪：语言本身的危机！我们在其"就职讲演"中已经读到他的语言学本位主义的文学批评观。孔帕尼翁不得不惊讶地说："多奇怪的感叹！""他这个先锋派的同志，文本性的拥护者，索莱尔斯作家身份的辩护者！"到头来，巴尔特肯定地说：现代派作家因其语言远逊于福楼拜时代的"纯正法语"而不可能拯救文学的死亡。这样，他就在一个本来要亲身探索"新型小说"的最后讲演中，高唱"反小说"的"微言大义"：选择了东方俳句和西方随笔共同采用的"短格式"作为讲演的主题！在译者看来，巴尔特所要强调的是此类文本的特殊优点不仅在其简短，而且在其"反小说"的特点：即其反故事性。巴尔特于是在其"小说的准备"思考中，最终完成了对小说"本质"（叙事性）的"瓦解"（他已承认自己根本欠缺写小说的"生理性条件"：强记忆力）。那么，这是他有意安排的一种以身相殉的"行为艺术"呢，还是一种心意的自然变迁呢？孔帕尼翁在巴尔特死后二十多年时说，在讲演集出版后重读时，他对《小说的准备》的感动弱于他当初在作者去世后翻阅手稿时产生的感动。他甚至发现写作中一些技术性欠缺，如其有关分类学论述的处理部分（作家写作准备过程中的所谓"三次试炼"阶段等说法）不免牵强。这位当代法国重要的文学理论家认为，相比较而言，三部讲演集中要属《中性》最好，最完整。（顺便指出，这也是迄今为止英文、德文出版物中均翻译出版了的一部巴尔特讲演集。）如果我们从学术研究角度看待讲演集系列和《小说的准备》，自然可以发现不少的问题和缺点。这是人们在阅读了他的"就职讲演"后就会产生的怀疑：当他的思想已渐渐脱离理论化追求而偏向于美学性追求之时（所谓后结构主义时期的巴尔特），巴尔特的法兰西学院讲演系列究竟要讲什么？但是，我们当然不应该只从这样的纯学术研究的角度来看待其人生最后几年思想的性质和讲演系列的实践。《小说的准备》并非对小说本身进行的客观研究，而是在此"客观话语"之上建构的"主观话语"，是客观和主观的叠合，是通过客观表达的主观，以及在此叠合话语系统中所表达的主客观话语互动形式。可以说，《小说的准备》的学术特点和理论价值正在于此别具一格的"美学——伦理学"互动性话语表现中。结果，巴尔特在《小说的准备》中为我们留下了一份在理论话语掩饰下的、最值得细细品味的唯美主义"辞世书"。其文体的混杂性和论点的跳动性，恰恰能够客观地反映出一位当代文学思想家所陷入的错综复杂的内外危机情境之内真迹。结果我们看到，以"小说写作"实现的"晚年新生"导致了："新生"＝朝向死亡的积极意念＝积极朝向死亡的欲望表达。"小说的准备"成为一种主体的美学——伦理学实践的写作框架。小说的"准备"（"制作")过程,包括环境、条件、心理、行为等多个方面的步骤描述;这是通过"制备过程"陈述所呈现的小说作品之动态结构;从意图、计划、准备、制作到"作品"完成的全过程,都浸透和贯穿着"作者"特殊的身心特质:生死之虑,俗世厌倦,价值空虚,心力交瘁,文字解脱和文学乌托邦等。也不妨视《小说的准备》为一次借研究写作为名进行的一次"准诗体"的文学伦理学自白。

**1. 系列讲演和巴尔特的分类学才能**

巴尔特毕生文学研究的主要对象当然是小说,而非诗歌。他早期初入文坛时选择的主要论战方——萨特领导的"现代派"文学家,主要是小说家和小说分析家。当初所拥护的新小说流派,更是小说新形态的创造家。而从20世纪60年代后期开始的所谓巴尔特的后结构主义时期,使"写作"和"作家"从文学世界中独立和突显出来的文学关怀,主要对象仍然是小说形态。不过从其《S/Z》和《爱伦坡:一则故事的文本分析》开始,他进一步偏向了一种处理文学话语的方式:对小说文本进行细密的、形式主义的"解读"。在此过程中,主要的分析工具首先是"分解"文本的标准或"单位"的确立。在不同的研究中他选择了不同的分析单位名称,而各种名称的共同功能是承担分解文本的单位。所谓"单位",可以是指文本的片段,也可以指文本的修辞学类型单元。这样,在《S/Z》(1970)中,他将巴尔扎克的中篇小说《萨拉辛》,划分为用数字编号的561个片段或"文段"(lexias)。而在《爱伦坡:一则故事的文本分析》(1973)中将文本分为17个片段(参见《符号学历险》中译本第276~277页)。"片段"是按文本空间顺序划分的,但文段或"片段组"可根据内容附以主题标志。另外一种分类法则是预先选定内涵广狭不等的修辞学单位系列，这样的修辞学单位可以称作是"主题"〔themés〕、"特点"〔traits〕（主题上的特点）或"修辞型"〔figures，或译"修辞位"、"修辞元"〕，用以作为文本内修辞学话语分类的单元。"特点"和"修辞型"的概念，实际上没有多大区别，而巴尔特均将其作为文本分解单位。在其《恋人絮语》一书中，运用了 80 个修辞型作为编辑和分析爱情文本的主题，而巴尔特说此种主题分析却是特意使它们不仅作用于（《少年维特之烦恼》等）"故事"之外，而且作用于句法之外。修辞型成为考察"行动中把握身体之姿态"的修辞学实践系列本身。

在讲演集《如何共同生活》中所使用的是"特点"概念，而在《中性》中使用的是"修辞型"概念（共 23 个，实际运用了 20 个）。此外，他还将文本中主题内容更丰富的"场景"（含丰富性、情节性、修辞性诸方面，为推动小说前进的某种想象维面上的"机制因素"）称作"幻想式"〔fantasma；或译"想象式"〕，这是他在诸讲演中，特别是在《小说的准备》中使用的大分析单元，在此单元中可展现相关主题、及其特点和结构等。但广义而言，修辞性特点和场景性特点都可泛称作"想象性〔修辞法〕的"或"幻想性的"〔fantasmatique〕单元。这是他在《就职讲演》中特别加以提出的。（参见中译本《写作的零度》第 199 页。原译"幻想"，现改为"幻想式"；"想象性的"和"幻想性的"可通用。）特点、修辞型、幻想式等文本分析单元设定的目的，一来是强化文本的分界和分类，二来是强调文学作品的形成来自作者主体想象力的部分，比来自外在世界的部分要更重要；也就是主体本身在推动着文本的形成。巴尔特的文本分析分类法被称作一种形式主义的文学分析法，因为分类原则虽相关于内容思想，而以此内容思想为标志的"概念单元"，在文本分析中实际上被作为文本形式化分解之用,而非作为相关思想本身研究的工具。结果,这种表面上形式化的文本分析实践,为读者提供了把握原作思路线索连接方式和美学表现重点的工具。

### 2. 本书的组成

《小说的准备》由四个不同部分组成,包括两次课程讲演系列("从生活到作品";"作为意志的作品"),两次研究班系列("迷园隐喻";"普鲁斯特和摄影")。四个部分之间没有主题方面的直接关联,但彼此之间存在着思想方向上的统一性。在法兰西学院就职讲演中,巴尔特既谈到了视课程讲演为但丁和米舍莱式的个人"新生"的努力,也谈到了运用想象式、幻想式方法进行小说分析论述的意义。在最初两年的课程讲演之后和母亲故世之后提出的为期两年的第三次课程讲演计划,包含两个部分。第一部分课程中,巴尔特一开始就把"客观研究"和"自我表现"融为一体,虽以小说写作之"新生"为宗旨,却很快转为对写作"简短形式"(俳句和随笔)的长篇讨论。俳句的时空最小主义美学,修辞型和幻想式的现实缩约表现技法,均提供了主体欲望和客观现实之间的互动和张力关系,后者可以作为主体进行想象性实践的领域。与此相配合的研究班部分,则是通过"迷园隐喻"来进一步讨论一般隐喻问题。后者可表现于不同的对象领域,遂安排各领域专家参加研究班的报告节目。在"小说的准备"计划的第二年课程("作为意志的作品")里,巴尔特继续偏离计划中的主题而关注于"形式的根本选择问题",所谓作家的"方法论生活":自我主义,自律精神,时间分配法等。从写作的技术性方面分析发展到揭示古典文学世界的消失和"完全小说"(小说之理式,也可称之为"绝对小说")的不可能出现。但在两个冬季课程讲演中,虽然始终回避视为自身"新生"的小说写作问题,却不时流露出拯救文学和小说的意愿,并屡次表明文学的死亡导致了小说的死亡。这种看法岂非已经表明他的小说写作计划已不具有实在意义了吗?我们由此更能够认同孔帕尼翁的说法,"小说的准备"只是一种"思考的策略"或"表达的策略":通过小说写作的"象征性追求"〔"佯称"具有小说写作意愿〕意志之失败过程,来亲身"实现"或呈现真正小说之"不存"。所谓要以普鲁斯特小说为范本进行写作,结果变为一个普鲁斯特亲友照片展示的研究班课程。在巴尔特小说美学的思考中,他使用了"小说式的"〔romanesque〕形容词,用以区别名词的"小说"。于是,所谓"小说式的小说",也就是"完美的"小说,主要指少数19世纪具有唯美主义倾向的传统小说。巴尔特关于欧洲小说美学的判断,应该说是高度主观选择性的,并不能起到实际"论证"的作用,只不过表达着个人的美学偏好而已。至于他说:"《追寻逝去时间》是一部关于写作欲望的叙事",并倾向于将此书定为现代"第一伟大小说"的美学标准,亦须参照两位作家共同的同性恋背景来相对地把握。美学标准的设定,不仅相关于作家的心理学特点,也相关于作家的生理学特点。巴尔特喜爱的多数作家和他本人一样都是同性恋者,这一生理——心理学事实和巴尔特小说美学和伦理学的关系,是不容忽略的。

### 3. 文学死亡和回归古典

孔帕尼翁发现,巴尔特在"小说的准备"两年度讲演系列里,许多文稿中的段落在讲课时均被放弃而改为临场的口头发挥。对于思想类的表达来说这固然十分自然,但也不妨视之为巴尔特本身对自己的诸多大胆论断表现出了犹豫。巴尔特关于文学死亡的种种说法的前后不一，客观地反映出当代文学现状内涵的矛盾倾向。我们已经谈过，巴尔特这位现代派文艺的长年鼓吹者，自己真正"迷恋"的作品（包括文学和音乐）却都是古典作品（他对古典文艺的爱好显然超过了喜爱现代派作品的列维-斯特劳斯）。他不仅以希腊、罗马学术为毕生治学基础，对欧洲中世纪文史研究不懈，更深爱法国19世纪文学，特别是19世纪小说艺术。一个"分裂的"巴尔特话语现象（所爱好与所提倡的东西的分离性），既是现当代西方文学世界内部张力的反映，也是巴尔特精神内部张力的表现：传统典范逝去和未来作品期盼的分离性。结果，到头来，他竟然说："我只理解非现代性作品。"孔帕尼翁指出，他要效法福楼拜来反对"本时代"。我们应该注意，关键在于这个"本时代"正包含着两个部分：促使文学消失的因素和企图挽救文学的因素。二者同属于本时代。巴尔特本来支持后者反对前者，结果他的"最后失望"竟然同时包括二者；也就是颇具反讽性地宣告了战后各种现代派文学努力的失败，甚至于通过保卫纯正法语名义来采取尼采式的"护旧抗新"态度！在共同抵制"文学衰亡"的舞台上，巴尔特最后竟然表达了对于先锋派文艺家享有"青年特权"的抗议：认为也存在着自己一代所代表的一种具有正当性的返古式"文学边缘性"，并宣称今日文学世界内坚持边缘性和流亡性位置的"英雄主义"，不能由当代先锋派作家所独擅！在我看来，巴尔特在其《小说的准备》的此一"美学告别式"中最重要的结论，正是表现在这一戏剧性的文学伦理学态度的转折之中的。也就是，在辞别人世前他得勇敢地说出有关时代文学危机的"真话"来。这也是我们最应尊重的一种所谓"怀疑论英雄主义"：勇于面对真实。

2002年夏，译者访问巴黎"人文科学之家"期间，曾与时任"法国国际哲学学会"主席的努德曼晤谈。这位萨特哲学专家当时正努力于一项调和萨特和巴尔特的学术计划，并告诉我晚年的巴尔特思想已经向萨特存在主义靠拢。那时我还未见到5卷本《巴尔特全集》和讲演集的出版，对此一说法颇怀好奇。几年来，所谓"存在论符号学"的确开始流行于法国和欧洲。但是通过几年来我对巴尔特最后思想的研究，我的看法与他们有所不同。这一套"三卷四讲"讲演系列，并没有提出什么新的文学理论系统，也没有采用任何哲学的或其他学科的理论工具来支持自己的小说美学。巴尔特的文学美学观——怀疑主义、虚无主义和唯美主义的三联体，仍然体现了他的一种结构主义方向的"文本实证主义"。文本特征系列分类法和作品形成机制分析法，正反映着落实于文本"物质性实体"的一种方法论，而并未转向文本外的某种超越性哲学本体论。巴尔特晚年始终一贯的反形而上学、反本体论立场，使其永远不可能与存在主义合流。这也正是巴尔特美学具有持久性学术价值的理由所在。反之，那些动辄依靠某种形而上学、本体论理论话语作为最后逻辑依托的美学和文学理论策略，往往相当于放弃了对文学本身危机的深入思考，而满足于追求某种廉价的外在的高层理论装饰。巴尔特对现代社会及其文学世界的批判，虽然充满着理性的观察和分析，但主要反映着文学家强烈的美学欲望和科技工商社会价值之间的精神冲突。巴尔特早年对《现代》派文学哲学和文学政治学的批评立场，却不可能改变。他对1968年社会文化运动的怀疑，不仅使他和与其来往最密切的《泰凯尔》先锋派人士拉开距离，更与"作秀不绝"、走上街头的萨特完全不同。巴尔特在文学理论方面的重要性，正表现在他对西方社会、文化、人生的各种否定性态度之宣表中。他所提出的"诊断"和"展望",却也只能视之为其批评性话语的另类表现而已;是主观欲望的曲折表达(纯正法语、绝对小说、禅学诗歌等说辞)。所谓"现代的古典",实乃沉痛的失望表现。到头来当初极力鼓吹的新小说,也像苏珊·桑塔格所说的那样只具有理念上的重要性,而欠缺持久的文学感染力。战后现代派文学与战前现代派文学在美学价值上的差异,是一个有趣的研究课题。战后的西方"文学死亡"现象,既反映在各种现实主义小说(与19世纪小说相比)的"无足轻重"方面,又反映在各种先锋派写作的欠缺美学吸引力方面。先锋派写作,相当于一种对文学困境的反应和摆脱文学困境的尝试,却难以被视为成熟的新文艺实践成果。先锋派文艺,如果说在较少观念性内涵的文艺类别(诗歌,绘画,音乐)中具有较大创造性空间的话,在不可能脱离观念性内涵的"小说"类别中,则难获成功。因为正是小说形式能够和必须多方面涉入现代社会文化层面(不可能像现代派音乐和美术那样排除各种外在"所指者"),从而不得不直接遭受各种现代化社会文化倾向的冲击,其中不仅是有美学性冲击,而且尤其有巴尔特很少提及的思想性冲击:为什么现代社会还需要小说呢(而且还需要对之加以拯救呢)?

此外,巴尔特在此表达的对古典小说时代回归的意愿,也不能视之为直意上对古典文学的肯定和对现代文学的否定,而应把二者均视为作者对不同文学世界特征的分别性的"相对反应"。古典文学的过去式有利于主体采取一种读解性距离,从而减弱或排除了主体实践的欲望和压力。而现代文学则为主体所处真实世界的组成部分,故必须参与主体选择实践,从而必须经受主体的实践伦理学检验,在主体和世界间呈现出更真实的冲突和裂痕。在此情况下,古典文学成为主体逃避现代文学张力的临时"避难所",正如反过来古典文学成为逃避现代文学危机的"乌托邦"。二者相互成为彼此的"借口"。关于小说和诗歌的关系,东方和西方文学美学的关系,也需要摆脱文学界职业性关怀角度来加以深入思考。今日文学和艺术问题,都不能只按照传统"学科"纵向发展路径来孤立地考察,而应从社会、文化、历史、学术、思想全局,从纵横两方面进行结构式的全面思考。巴尔特由于其"双重身份"(学者和文士)而在其表达话语中呈现不同的论述角度和修辞逻辑,我们应该既分别辨析其不同路径的各自作用,也应观察二者的互动关系形式。

**4. 为什么选择小说作为主要写作形式?**

四次讲演系列,表达着统一的"中性"社会观和美学观。中性的多方面含义:首先是直意上的"性别"中性化(联想到巴尔特的同性恋背景),然后是语法上的以及引申的行为上的中性化:在主动/被动之间,在主体/客体之间;以及避免采取任何二元选择模式(包括认识和实践两方面),因此避免采取任何绝对肯定性的"教条和理论"。巴尔特对"简短形式"的欣赏与他对"长篇形式"的追求形成对比。本来以为"随记"是小说的准备步骤,结果却成为对小说的"否定"根据。《小说的准备》的反讽性深意,不在于作者对小说写作的实行之真实心意,而在于他将"诗歌理念"、"古典小说"和"现代小说"三者在对比中加以论述的策略。扬言准备中的小说写作,既遭受古典小说的否定,又遭受古典诗歌的否定,却呈现了一个重要的文学思想张力场:作者与现实的冲突形态。只有小说,而不是任何其他文艺类别,才能成为现实的想象式替代模型。此想象式现实模型,比个人之具体现实呈现出更具本质性的"特征系列"。晚年巴尔特一再提出"幻想"、"想象"、"隐喻"等概念作为方法论工具,其意图首先不是为了躲避现实,而是为了直面现实,即直面他所认为的现实之本质性要素。这正是作为当代文学和历史的重要思想家巴尔特的价值和意义之所在。当然,存在着两个巴尔特:勇敢面对现实(即客观和主观冲突关系全局)的巴尔特,和企图逃避现实冲突的巴尔特。对于读者而言,后者仍然可以成为前者的一种映射,从而丰富了巴尔特作为时代文学之镜的深意。最后,巴尔特既不是以诗歌也不是以小说等传统话语形式来表达其文学思想的,而是以此种特殊文本组合方式呈现其时代感受和生存欲念的。

巴尔特的"实践学最小主义"也是其结构实证主义的表现之一。"最小"不仅指其对文本空间单元的划分尺度:排除意义考察的片段性解读法和"叙事单元"〔lexia〕的设定;而且指其从静态的文本结构解析过渡到文本"特性"(修辞型)运动(展现)方式(变化形态)的考察上。从文本静态分析向文本动态分析的过渡,仍然是在文本形式主义分析方向上的一种实证主义倾向。文本实证主义一方面使文本内部的结构趋于多元化和动态化,另一方面避免了文本外的内容关联性。其"中性"态度在此体现为避免对内容进行肯定性断言或解释的主观性;对文本内在形式化因素的动态考察(文本的"生产性过程"描述导致了文本内部的"结构化"运动)取代了文本外在意义的探索。

我们记得巴尔特进入文学界的最初十年,其实是以"另类"方式同样"介入"现实的。这就是通过反对作家对战后政治的直接介入来强调对文艺本身介入的必要,并以此间接表达其现实关怀。四五十年后的今日,我们可以更清醒地解释萨特一代是如何根据其

"存在哲学"不必要地"以政为文"的。巴尔特比萨特更确当、更锐利地看出存在主义社会实践观的"逻辑性欠缺"。一方面，和萨特等文人一样，不满于科技工商资本主义对高级文化的破坏作用，另一方面他也同样不知道个人"应该"如何进行"正确"实践。此时"科学的"巴尔特，以其青年时代的旺盛生命力，极力分析和描绘了资本主义社会文化中种种导致人性异化的问题，为后人提供了文化和文学分析的典范作品。理解实践（批评和理论）和创作实践（批评和创作）的长期交叉和分离，表现出巴尔特长期以来满足于"以批评为实践"的实践观，而此理智性的实践活动，并不能最终满足另一个"艺术的"巴尔特：美学欲念世界中的满足。科学的理性主义和艺术的唯美主义的互动过程，也呈现了巴尔特性格的特点：坚持在社会现实中追求个人（理解和实行两方面）欲望满足的矛盾态度，这种与生俱来的态度使其承担的历史文化压力，并不限于他与现代期的关系，并且也联系着他对西方文化史全域的态度：于是也就涉及人类生死关系本身这样的一般伦理学问题。他在第一讲中所质询的个人与群体共处之义问题，特别是他主张的"独修共生体"〔idiorrhythmie〕幻想式，已经限定了他的眼界和方向：他并无离群索居之意。（正如桑塔格指出的，巴尔特始终享受着都市生活中的各种群居乐趣。大批文学青年"粉丝"始终围绕着他。）因此理智的巴尔特所思考的是人类社会中自我主义伦理学和美学何以具有正当性的问题。他所说的"伦理学"当然是一种个人人生观本位的伦理学（因此属于"道家"方向），但却始终企图相对于社会性现实来"论证"此个人生死认知和生活实践方面的选择正当性。

这样我们就可以理解为什么在巴尔特毕生的、特别是最后阶段的文学思考中，"小说形态"占据着重要位置。因为"小说"是现实或生活的"缩影",与现实之间具有相对同态性关系,故宜于作为"现实"的可变替代物或随意设定的"准现实模型"。所谓关注主观性、心灵性小说,表明他在小说准现实情境中关注的是主体对现实进行反应和选择的方式及根据的问题。这种关切和作者在现实中所参与的实践情境类似,而真实现实或历史现实,不仅是实现了的现实,而且是固定了的现实。而小说式的准现实则可提供众多可能的"虚拟世界",以作为主体对其进行想象中的实践"实验"之环境或舞台。(试看本书中关于"三个试炼"段落,其意义在于以此简约列举方式来概括反映主体和现实的互动关系类型。巴尔特屡次强调他的各种"项目列举法"并非求其列举完全,而是用以表达思想方式之"大意"而已。)文学家的根本问题是"解决"(进行选择)主体和环境的互动关系中的选择根据和方法的问题。文学家巴尔特关心的不是社会文化的学术研究本身,而是主体文学实践的条件和理念的探索。其中的相关部分则不必是某种社会文化实体,而是某种选择性的"适切性因素"之组合。这就是为什么他一直设法将此准社会对象先转化为"特点"或"修辞型"系列的缘故。只有"适切性特点"才是美学和伦理学相关的对象因素。然而更深层次的问题是,在此分析过程中,巴尔特的"适切性特点"选择学,自然导致其从较复杂的小说式现实形态推进到诗歌式现实形态:瞬间、局部、随兴的"摄影式"镜头图景。表面上这样化约的"现实精华"似乎更易于作为主体选择学的对象,而实际上此简约化现实已因失去其本质因素——连贯情节性——而不成其为真实社会现实了。也就是,俳句式和摄影式画面,已不足以提供真实人生选择试炼的模拟条件。这是巴尔特由追求小说叙事性而达致回避任何叙事性现实的悲剧性过程。这个基于伦理虚无主义的回避或退避过程,遂因其个人具体感情支柱的丧失（母丧）而加速发展。顺便指出，生存于西方文明传统中的文人特有的生理——心理性向，自然为其精神和理智活动的方式变迁提供了"物质性"外缘。巴尔特极其深刻的恋母情结和其同性恋癖好之间的关联，以及二者对其特殊伦理学——美学性向的构成的关联性，将是文学心理学课题的重要对象。认识论理性怀疑主义的发展（摆脱了神学支配作用），（导致）某种"性人本主义"的自觉，使主体进一步介入社会性现实（对小说的特殊关切原因在此）。于是出现了对现实的自然主义关切和此关切的欠缺理性支持之间的持久矛盾。后者的具体效力又与所处社会环境形态有关。巴尔特和他那时代的文人战后共同享有的安逸生活环境，使其从根本上失去了他所欣赏的古典文人的真正艰难的社会环境，失去了真正的生活艰难条件加予的刺激和挑战，从而使其怀疑主义减少了一个有力刺激源，使其设定的环境挑战，欠缺了实在丰富性。而在巴尔特的文学认识论思考中几乎完全没有想到这个方面（当代西方人文知识分子几乎均生存于抽象的伦理是非场合之中）。古典文学世界和现代文学世界是完全不同的两个世界，而巴尔特只考虑到古今文学世界共同的方面，忽略了彼此本质的区别方面。"文学死亡"问题有两个侧面：主观和客观。后者必须纳入一门文学科学来思考。至少从文学社会学角度看，比较文化研究的必要性非常明显，文学和社会的关系研究，当然须包括历史上一切社会和文学形态。考虑到战后法国思想史的错综复杂，观点歧异，考虑到许多重要的学者、思想家前后判断和立场呈现出明显机会主义式的变动性，法国思想研究也需要在学术、社会、文化、历史等方面不同的大环境内，予以认识论和价值学的重估。因此，我们应该认识到，现代欧美各种文学形式主义流派，绝对不是有关文学认识论的唯一正确思考方向。《小说的准备》遂包含着两种异质性的否定行为：通过用古典小说贬低现代小说来在一般理念层面上宣告"小说"（"小说式"小说）的死亡；通过承认自身小说写作计划的失败在个人实际层面上来体践"小说"之终结（一种行为艺术？）。结果"小说准备"的隐喻，成为"小说否定"的隐喻。

### 5. 本书的伦理学意涵

译者在国际会议中曾多次主张，法国结构主义代表着20世纪一次范围缩小〔人文科学〕而深度加大〔理论基础〕的"新启蒙主义"，此一思潮也是后尼采时代非宗教的"怀疑理性主义"之最高发展。其人生观方面的相应结果，与古典启蒙主义不同，则呈现为一种更彻底的虚无主义。"上帝死了"导致价值和个人信仰基础的流失。本书是以客观分析形式表达的文学家主体心绪的一部"诗学"作品。母亲死后两年来的"小说的准备"，也就是这位诗人因彻底的虚无主义而告别人生的"精神准备"。巴尔特通过对文学死亡的"论证"表达了个人"生存意志"的消失。一种普鲁斯特"幻想式"观念，被用来支撑他最后的文学岁月和留给巴黎人的一份"小说解释学"遗产。由于回到人生主题，一些法国研究者遂认为他靠拢了存在主义。这是肤浅之见。"小说的准备"的这一话语方式本身再次证明了他的"结构主义"思路。"准备"就是"制作过程"的别称。作者在此书中展现了小说制作的"机制"和"条件"，正如同一时期电影结构主义者展示的"电影机制"（参见李幼蒸编译《电影与方法：符号学文选》）。所不同的是，这部半客观半主观（以客观表达主观）的文学资料处理，具有着相当强烈的主观表现倾向：非诗人、非小说家的巴尔特，通过对他人的诗篇、小说资料的"机制"和"系统"的客观分析,来表达他所理解的高级文学价值的消失。巴尔特思想作为文学危机情境的一幅镜像,其学术性价值又何在呢?他是一位文学、美学、伦理学三领域内的极其重要的提问者,其文学设问本身的解释学价值,因其结构实证主义的运作立场以及因其理性的、具可读性的分析程序,而大大超过了种种"文学外"的相关文学理论,特别是各种哲学式美学的解释学价值。

作者在有关"小说生产机制和过程"的各种相关"准备"的"扫描清单"中,有意不免随俗地漏掉了最重要的一个侧面:主体的"性侧面"。这个侧面与他的价值观呈现的形态有着直接关联。他的同性恋倾向与他的"恋母情结"也许是一枚硬币之两面。"母爱"可以在精神上定其生死,足见在其人格中潜存的"胎迹"之顽固。而此种母恋式自我主义形态的发展是与其退离西方文明信仰传统有关的。因为,精神分析学根本上就是对立于宗教的一种狭义"人本主义",而陷入了此"性人本主义决定论"之后,主体自然趋向某种人生观的极端"实证主义":踏入价值学的虚空世界。对此时代性精神趋向,作者一方面本其一向模拟的英雄主义企图与其坚定对峙;另一方面则在最后结束时刻突然全面崩溃,像他在书中描述的演奏家一样,"一鞠躬"而"优雅地"辞别了人生舞台。

作为仁学信仰者的译者通过译事而重历巴尔特最后两年的精神世界时,一方面作为译者要努力客观地表达原文字意,另一方面,可以说,设法(以某种尽量"适切的"方式)处处和作者展开单方面的"对话":自然主义的仁学正面价值与怀疑主义的"道家"负面价值在现代认识论技术层面上的"争辩"。盖棺论定,我发现,与其他法国结构主义者相比,作者的最大优点就是恪守理性主义的分际,其所谓认识论中性主义中的某种"最小主义实践观",使其

"言谈举止"限于一种理性怀疑主义范围。结果，他只是呈现着本人基本价值观，而并不做任何夸张式的扩展（不跟随德里达和先锋派好友的极端主义实践）。一方面，我们不必轻信巴尔特的一些来自二手资料的科学性的（在尚未成熟的政治学、社会学、精神分析学、乃至文艺学等层面上的）断言；另一方面要看到这类科学性"引证"不少只是作为其表达个人文学价值观和伦理观的"修辞学工具"而已。

《小说的准备》，正像前两卷讲演集一样，当然提供了众多文学作品分析的实例，有助于我们了解当代西方文学思想。但是本书虽然未曾通向作者的小说写作，却仍可理解为一种"小说的准备"，即对把握理想小说理念的"准备"，虽然此未来理想小说理念仅只是一种对往昔文学世界的怀念，或者对人类现实生存的厌倦；历史怀念成为现实厌倦的表达手段。作者在"作为意志的作品"中突出了主体意指性概念，正是直指一个基本个人伦理学问题：为何生存？如何对待生存意志的衰颓？《小说的准备》等于以此特殊的拼合文体呈现了两年来作者人生观和美学观的最后精神波动历程。其中许多断定性话语实际上仅为表现性话语的替代性表达。判断和预期相当于欲望本身的表现。但是，此书也为我们提供了深入把握文学伦理学的重要资料：西方文学伦理学的构成基础是什么？表面上，我们看到一个彻底怀疑和悲观的唯美虚无主义者的情绪性迸发（并以真实"殉身"为完结篇），但是我们可以从此"怀疑主义—虚无主义—唯美主义"的"三联体"中瞥见西方思想方式的传统特点：唯逻辑主义。此唯逻辑主义精神造成了现代科学世界，也造成了现代文化世界，并因此表现出西方精神传统的一种内在矛盾之根源：泛逻辑主义。法律和宗教固然都是此泛逻辑主义的结果（一者为社会秩序提供了"一贯性"强制系统,另一者为宇宙世界设定了各种"第一因"),其价值学亦饱受此逻辑一元论之支配。西方文史哲遂亦企图为其通行价值观寻索"逻辑基础",而非逻辑性的价值学和逻辑学的混合存在,遂导致了西方思想家的永恒困扰;才会因此产生哈姆雷特的"生死选择问题",也才会产生尼采的"上帝已死"的问题。所谓当代法国怀疑主义思想主要来源于尼采思想,其中主因即在于此"逻辑性基础"的丧失感。而根据于同一唯逻辑主义又无法从逻辑上"填补"此"上帝位置"的空缺,法国思想家们遂均漂浮在因无上帝而出现的存在性"真空"之中。然而他们的"逻辑主义"并不真正彻底,他们应该以符号学方式问一下逻辑性运作的恰当"边界"问题。而非随意地发挥此传统性思维性向。因此必须指出西方现代派思想的一个根本的"逻辑性失误":从"上帝已死"不应"推导"出"人生空虚"的"结论"来。实际上,这是一种幼稚性推导,其原因正在于早期中世纪以来的神学一元论教化传统!于是,巴尔特所呈现的文学危机观或文学死亡观,从根本上说并非仅限于文学的问题,而是涉及人类全体价值学和伦理学问题,文学只不过是其文化表现之一而已。巴尔特的死亡观表现出其精神痛苦的内在性:一方面放弃了作为一切宗教成立之根源的来世观,另一方面却坚守一切宗教成立之根源的死亡畏惧观。理性上抛弃了宗教信仰,感性上却与宗教共同颠倒了生与死的选择学次序。在摆脱了宗教死亡慰藉策略后,巴尔特只有"赤裸裸"地面对死亡的实证性压力。而当抵御此致命压力的人际爱"实证地"失去后,他遂陷入了彻底的虚空。他曾试图通过东方诗学智慧把生死问题与诗学性空灵观联系起来以作解脱,而当亲爱之人去世后,竟然顿时无以自解。

孔帕尼翁在其论文集《普鲁斯特：两个世纪之间》中说，尼采认为欧洲虚无主义实为一理想主义的最后形式，它相当于一种怀乡情结，他注意到价值的衰颓，但仍然坚守着价值理念，此怀乡情结拒绝任何信念但又不能放弃一切理想。"上帝死了，但上帝的位置仍空悬着。"巴尔特的"中性"观既是从实践学上排除上帝信仰思考的工具，也是各种"存在主义者"们企图用哲学性（本体论）逻辑来填补此空缺的手段。而理性更发达的巴尔特怀疑主义则不可能采取此简单化的本体论哲学观，于是宁肯选择亲身承受此价值学虚无主义的压力。不过，唯逻辑主义对巴尔特思想的影响只是间接的，他并未采取任何此一方向上的现成理论教条，而是始终固守着文学文本本身的实证性运作基地。长期以来与政治性和哲学性思考和实践保持距离，是他能够坚持结构实证主义立场的原因。此外，本身不是理论原创家的事实以及采取"二手理论资源"的习惯，使其易于不受其他形而上学理论系统的制约，而是使其止于在中度理论思考层次上组配自己的理论前提和方法论策略。因此，尽管在哲学和社会政治学等方面巴尔特的分析能力十分有限，却因此中度性的理论运用风格而避免了超越实证性前提的不当引申。在巴尔特思想中"中性"这一越来越被普遍应用的折中性概念，固然成为其理论与实践的逃避主义的工具，却也成为不在推演上过于越轨的实践学"守则"。同时，"中性"也是使任何教条主义"范式"瓦解的工具，包括二元选择范式。后者是任何积极社会实践所必须履行的方法。他在母亲10月份去世的最悲痛时刻开始的以"中性"为标题的这第二讲系列，也是成为通过逃避选择实践来对抗生死之痛的医疗手段。

巴尔特毕生的符号学实证主义倾向，与其特别强烈的法兰西民族主义精神有关。19世纪以来德国的泛形而上学传统和法国的泛实证主义传统的对立，体现在萨特和巴尔特思想和性格的对立上。巴尔特虽然也偶尔援引黑格尔和海德格尔的词语，但基本上拒绝了德国的僵化逻辑主义传统，而坚守着法国小品文传统和经验实证主义精神。这种理论思考的"法国式修辞学洁癖"，使其也不致为德里达和克莉斯蒂娃的黑格尔式修辞学所惑。此一法国实证主义思想传统，是法国理性精神传统的具体体现，也是今日法国思想得以继续承担人类理性主义思考主力之一角色的历史性根据。

巴尔特对文学衰亡及其克服的思考，只反映了现代社会文化现象的一个侧面。至于文学伦理学本身的问题，更是必然相关于人类生存的各种伦理学经验全体。在此方面，东西方文明均应成为观察和思考的对象。巴尔特采取了"道家"的虚无主义价值观，却没有透过比较史学解释学的读解来领悟"仁学"价值观问题。顺便指出，仁学的人本经验自然主义使其能够摆脱唯逻辑主义的框架和前提，并从个人的社会性实践（另外一种"独修共生体"形态）角度提供了一种历史伦理学指南。这样，作为西方文学"本质"的价值虚无主义，将可从东方解释学化的仁学传统中获得重要的另类启迪。巴尔特现象，由于触及人类生存诸多真实层面，其危机性和悲剧性体验，可成为人类理性精神进一步积极探索的重要经验资源之一。因此，我们研究和体会巴尔特及其文学思想，不是为了参与任何一种媒体宣传性的"偶像崇拜"，而是将其作为自身认知和实践提升的良阶；以及将其视作人类人文科学全面改进目标的激发力之一。这一期待当然是与巴尔特的公开意见相反的。正是他在提醒人们警惕科学观和真理观的"傲慢"（在《罗兰·巴尔特自述》内的"傲慢"节中，他提到了三种傲慢：科学，公共意见和激进者）。我们却不得不得出相反的结论来，因为正是他所采取的理性论述方式，有助于我们把握此虚无主义的结构。

扩大而言，巴尔特这三卷四讲系列，当然形成了一个整体，其轮廓当为进入法兰西学院之时即已确定：这就是把人生这最后精神阶段设想为一次"新生"契机，其"新"的形式面表现在把往昔的分析性思考转化为表现性写作。巴尔特在"就职讲演"中提出的语言权势观，反映着一种最彻底的躲避主义：通过主体对言语或话语的灵活性、艺术性运作来摆脱语言结构的客观性、历史性、社会性压制。在认知上排除了"所指者"，也就是排除了客观世界，遂宣称须返归"语言本身"或"语言和言语对立关系"本身。排除现实界的 referent（甚至于排除了"所指"），也就是排除主体对客观世界的责任意识（巴尔特对"实践努力"最彻底的否定态度表现在这句话中："西西弗斯的不幸异化，不是由于其劳作，也不是由于其虚荣，而是由于其重复行动。"除本书外，此意也出现在《全集》卷5，第466页）。巴尔特在《中性》中讨论纪德和索莱尔斯思想时宣称："今天我们正处于对知识分子'使命'进行'健全'解构的积极时期。"克莉斯蒂娃在其《内在的反叛》论文集中曾指出，巴尔特的中性观导致了他终止定义、终止判断和终止现实介入，而他在躲避二元选择的同时仍然采取着另一种二元选择：在说与未说之间。按此我们可以推断，"说者"仍然代表着一种选择，一种介入。"未说者"代表着一种排除或躲避，正如其晚年加强的语言权势观反映了一种对世界上其他权势力源的回避。一方面，他盛赞一切先锋派的各种反具体权势的立场，另一方面他自己选择了最抽象的一种权势作为其"堂吉诃德风车"：语言结构的历史性权势。一方面，这一选择表明巴尔特对世界的观察是片面的和选择性的，另一方面它反映了巴尔特一贯反现实介入的倾向所内含的"无行动意志性"。晚年对快乐、慵懒、无为等观念的欣赏，其"不做决定"的选择，也正是彻底逃避责任（"使命"）的一种选择。"作为意志的小说"，岂非正应视为针对自身欠缺行动本能和意志的一种自警和自叹呢？

巴尔特在其所谓的小说写作计划中所追求的当然不是什么外在的成就，而是主体精神的净化境界。而在此精神追求中始终挥之不去的虚无主义，是经过巴尔特理性主义筛选的一种虚无主义，故为我们清晰地呈现了一种"理性虚无主义"形态：一种通过"对诗歌和小说的论述"，而非通过诗歌和小说本身表达出来的虚无主义。此虚无主义直接相关于人类价值学和信仰学的基础问题。问题的有力提出本身，岂非也可视为有利于促进我们对新世纪新人文科学诞生条件的思考？

巴尔特的此一转化策略，与其说在写作的具体形式方面（从分析到表现），不如说在关注点的转移方面：从社会文化批评实践转移到个人生死醒悟实践。小说写作，就是以想象的方式设定一套可用的（workable）社会现实逻辑框架，在其中试炼主体的生死选择意志。由于既摆脱了宗教的神话保护伞，又摆脱了哲学的逻辑保护伞，同时又欠缺东方的人本自然主义观，他不得不"实证地"直面一种西方价值逻辑学的空虚境地。巴尔特的文学符号学，到头来成为他企图以理性方式来克服非理性的死亡畏惧的徒劳手段。巴尔特生命结束的美学方式，又荒谬地表现为因畏惧死亡而提前趋死的选择。由于并未真正摆脱人际情感牵连，他或许畏惧由于"自杀"反映出来的意志薄弱传言，因为正是他几十年来不断告诫文学青年要坚决抵制各种权势的压力而勇敢地坚守自我的。也许"车祸"是一种可减少世人对其言行不一的荒谬性印象的"口实"？如果这样，其真诚的死亡动机透露出多么悲凉的心境。其实这是一种源于西方精神传统的逻辑性悲剧。人们会说这证明了抛弃"信仰"者的可悲下场。但我们也可以说，这反映了唯逻辑主义与人本经验主义之间的人生观对立。

### 6. 关于本书的翻译

译者在本书翻译过程中不断产生与作者"论辩"的冲动和思考。一方面译者极为欣赏作者的各种虚无主义的唯美表达话语，另一方面却也努力把握作者的"思路"之一般学术性、思想性意义的合理性方面。译者在本文集总序中说过此次参与《罗兰·巴尔特文集》译事的前后经过。而在实际开始翻译此书时，才再一次领悟到其中包含的"意外或偶然"因素。如果当初不是对巴尔特最后一部"遗著"怀有的感情性因素，我是不会选择承担此书的译事的。不仅因为本书和其他巴尔特生前发表的书、文不同，其中包含着由编辑者加入的太多资料性部分，并涉及许多文字技术性工作；而且本书的口语性、比喻性和讲演稿文体涉及的语言性困难，也非我的法文程度所易于克服。特别是其中涉及的大量日语人名和诗语的翻译，更非我有能力解决。本书没有英译本或德译本可资参考，其口语表达的灵活性也非我这个欠缺外语正规训练者所能充分掌握的。由于上述困难，本来我可能不得不放弃所承担的任务了。不想后来在网上发现了日译本的存在，并顺利地委托电影美学家浅召圭司先生代为购得该书。应该承认，没有这本日译本，本书的中译不可能完成。我愿首先在此对日译者东京大学教授石井洋二郎先生和浅召圭司先生表达诚挚的谢意。如无日译本，仅几十位俳句作者人名就根本无法处理了，法文的俳句翻译也非我的法文所能应付。不过，日译本的存在虽然提供了相当大的方便，却并非提供了充分的文意理解支持。因为我的日语能力也是极其有限的。（一般说，我的"外语能力"主要适用于理论话语和学术性文字，读解时对文脉前后逻辑性的关联的依赖，远大于对句法、词法、语感本身的判断。）应该说，如果没有法文原本，我更不可能仅根据日译本对此书进行翻译。结果，正是两种文本的"配合"大大帮助我克服了许多文字上的困难，使我得以大体完成了此书的翻译。等到全书处理完毕，我得承认，即使多花费了大量时间，对于最终完成了此书的翻译，我还是十分满意的。它使我因此对作者的思想和意义增加了认识。译本中出现的任何错误理解和译法，尚希读者不吝指正。

关于本讲演稿中译文的技术性处理，现简单说明如下。

原文的标记符号，中译文有所省减。如作者将行文中大量名词写成大写，其中少数确实有突出重点强调性的，中译文加上了引号（""）。但这样就与原文中本来加有此引号的表达混淆了。也就是中译文中读者难以区分作者不同的强调意图（原文对于词和短语的）。此外，译者还就一些中文读起来不习惯的名词译名，加上了引号，以帮助读者辨识出此为一个名词单位。书中的《罗兰·巴尔特全集》，一律简称为《全集》。译文正文中的〔〕号内的字样，为译者所加之译意部分或简短注解（较长的译者注解则放入脚注）。本书原稿为讲义草稿，文中采用了许多连接句段和表示句段间关系的符号（如→，＝，等），对此中译文完全照录，以保留作者原稿的原始风格。正如本书编者解释的，本书是作者为口头讲演所写的"手稿"之"目录"，而非正规书籍写作，因此保留了"手写稿"的各种速记形式。如→：代表前后句间的推论联系；＝：代表前后句意思相近或相似；≠：代表前后句意思不相当；>：代表字词的衍生。本稿行文大量使用了冒号（：）来连接前后句，是为特别表示前后句的关系，对此原书照录，中译本也采取同样处理。但为了使符号两侧意思完整，中译文有时添加些单字以使文句通顺。这类添字就不再标出了。

最后，谨对中国人民大学出版社领导，人文分社社长司马兰女士、《罗兰·巴尔特文集》后期策划负责人翟江虹女士，以及责任编辑刘汀先生表示感谢。

李幼蒸 2009 年 2 月于加州南湾

# 附 论

## 罗兰·巴尔特：
## 当代西方文学思想的一面镜子

李幼蒸

对于告别了神学和形而上学的"后尼采主义"西方思想界而言，如果用"虚无主义"表示其人生观倾向，则可用"怀疑主义"表示其认识论倾向。传统上，怀疑主义是西方哲学史上的一个主要流派，现代以来成为文学理论的主要思想倾向之一。罗兰·巴尔特则可称为20世纪文学理论世界中最主要的怀疑主义代表，足以反映二战后西方文学思想的主要趋向。以下从几个不同层面对此加以阐释。

### 1. 伦理和选择

罗兰·巴尔特和保罗·萨特两人可以代表二战后法国两大"文学理论思潮"形态：文学哲学和文学符号学。这两种相反的"文学认识论"，均相关于近现代以至当代的两大西方文学和美学潮流:存在主义的道德文学观和结构主义的唯美文学观。一方面,巴尔特缩小了文学的范围,将通俗文学排除于文学"主体"之外;另一方面,他又扩大了"文学"外延,把批评和理论一同归入文学范畴,以强调"文学性"并不只体现于"故事文本"和"抒情文本"之中。巴尔特曾将近代西方文学视为无所不包的思想活动,申言"从中可获取一切知识"。1975年的一次访谈中,在被问及"30年来,文学是否似乎已从世界上消失了"时,他回答说,因为"文学不再能掌握历史现实,文学从再现系统转变为象征游戏系统。历史上第一次我们看到:文学已为世界所淹没"。他在此所指的"文学",主要是以19世纪现实主义小说为代表的文学传统,其内容和形式相互贴合而可成为人类思想的重要表达形态。但是19世纪小说形态,自20世纪以来,一方面已为表达范围迅速缩小的主观主义小说所取代,另一方面则蜕化为不再属于"文学"主体而归入了作为大众文化消费商品的通俗小说(包括其现代媒体变形:电影电视)。然而在二战结束后被解放的法国,和英美"高级文学"的校园生存形态不同,其文学,特别是小说文学,一度重新成为社会文化活动的主流,并提出了有关"文学是什么"这类社会性大主题。主要由萨特和加缪发起的这场有关文学使命的争论,无疑是由二战期间法国知识分子所遭受的特殊刺激所引发,因此容易赢得受屈辱一代法国知识分子的共鸣。在疗养院读书6年后返回巴黎社会的巴尔特,也开始卷入"抵抗运动"文学家之间的理论论战中去。文学或小说文学,应该"干预"社会和政治问题吗?这个问题的提出也有一般性和特殊性两个方面:客观上,20世纪小说和小说家已经没有知识条件来面对社会政治问题的解决了;主观上,已经受现代派文艺一百年洗礼的文学家个人又有什么伦理学的理由来"参与"社会政治问题的解决呢？另外一个超越二战历史情境的现代文艺思想的"内部张力"则是，东西欧洲现代派文艺一直具有一种双重混合性：社会政治方向和反社会的个人主观方向的共在。于是，二战的外在历史遭遇和现代文学思想史的内在张力，共同成为萨特和巴尔特文学思想分歧的共同背景。简言之，关于文学和道德之间关系的争论，一方面涉及作家选择道德实践的理由，另一方面也牵扯到作家道德实践能力的问题。

在结构主义论述中，尽管同样充斥着意识形态因素，但其主要实践方式——文本意义分析——内在地相关于人类一切文本遗产解读中的共同认识论和方法论问题，也相关于人文社会科学的整体情境，从而蕴涵着较普遍的学术思想意义。此处所说的过去和未来，不是指其现实社会文化影响力，而是指其内在的精神性和知识性激发力。作为结构主义文学理论主要代表的巴尔特，一方面揭示文学家"社会参与"决定的内在逻辑矛盾，另一方面提出了一种脱离社会实践的文学伦理观：所谓"对语言形式之责任"。后者也是与20世纪西方文艺形式主义的一般倾向一致的。

我们可以说，二战政治经历和存在主义思想，二者共同形成了战后法国左翼知识分子的充满矛盾的道德观：放弃（神学的和逻辑的）超越性"绝对命令"之后，人们企图在"存在论的虚无主义"和"介入论的道德承诺"之间探索一种"合理的"个人信仰基础。萨特和加缪于是成为战后法国文化政治运动的领袖。在疗养院读书期间受到两人思想影响的巴尔特一开始也把此张力关系作为个人思考社会和文学实践方向的框架。加缪的荒谬人生观比萨特的存在主义更能符合巴尔特的认识论虚无主义。所不同的是，巴尔特不是把虚无和荒谬作为思考的对象，而是将其作为思考的边界。结果，巴尔特虽然同情和接受萨特和加缪有关"生存荒谬情境"的观点，却本能地拒绝任何相关的具体实践选择（政治）。这种二元分离的伦理学选择态度和策略，贯穿着巴尔特一生，其中亦充满着另一种矛盾生活态度：自言厕身于左派自由主义阵营（其特点是批评社会现状），却从不介入后者的具体政治实践（所批评的对象日益趋于抽象）。晚年（1977）在一次访谈中，巴尔特说，他与一些左翼文人的立场"非常接近"，但"我必须与他们保持审慎的距离。我想这是由于风格的缘故。不是指写作的风格，而是指一般风格"。用风格作为区分个人实践方向的理由，与其说是一种解释，不如说是一种回避，但却可反映巴尔特内心深处的一种当代信奉尼采者所共同具有的伦理学虚无主义。不过由于此虚无主义是以理性语言表现的，其理论话语遂对读者提供了一种较高的"可理解性"价值。

### 2. 意义和批评

巴尔特被公认为一名杰出的文学理论家，他也自视为一名"理论性批评家"，但其文学理论思维的特点是"非哲学基础性的"，也就是"符号学式的"。他曾说，如果"理论的"应当即是哲学的，他的理论实践不妨也称作是"准（para-）理论性的"。这是他愿意自称为符号学家的理由之一。在他看来，符号学是不同于哲学的一种新型理论思维形态。在1978年的一次访谈中，他说，自己从未受过哲学训练，但其思维仍然具有某种"哲学化"的特点，即属于理论化一类；他进一步阐明，他的思想方式，"与其说是形而上学的不如说是伦理学的"。我们可以看到，巴尔特将历史理论和伦理学，与历史哲学和道德哲学作出的区隔，具有重要的认识论意义（巴尔特少谈各种哲学名词，其深意在此）。

巴尔特在20世纪50年代从事媒体文化评论的前符号学时期，以其对消费社会和大众文化中的象征和记号现象进行"去神秘化"的文本意义解析而引人注目，其目的在于揭示出"资产阶级"和"小资产阶级"文化意识形态现象的深层意义或二级意义。文化意识形态作品（电影、戏剧、时装、广告、运动、娱乐等等）被其形容为"神话"，即视为消费社会中具有"欺骗性"、"误导性"的文化操纵之产物和效果。早期巴尔特的符号学实践大量针对文化意识形态意义层次的揭露，岂非也显示了另一种社会"介入观"实践？此时谁能够说巴尔特不关心社会公义和理想呢？但是巴尔特的意识形态符号学实践止于此"神话揭示"活动，并只将其视为一般文化意义分析工作的实验场（巴尔特往往喜欢用"历险"一词，以强调"思想实验"的不可预测性），而绝不进而转入其他社会性行动领域。无论对其伦理学立场的考察，还是对其文化批判立场的考察来说，我们正可从此似是而非之自白，体察其思想内部之矛盾和张力。

巴尔特的"文学思想实践"主要停留在"文本"意义构成的分析层次上（兼及具体文本解读和一般文本分析原则）。其最初的动机是批评和揭示所批评的论说之内在矛盾，结果在此层次上的纯属理智性活动，却强调着一种"中性"性质（巴尔特用"中性"代表他的非社会介入观，我们则不妨也用其指其推理方式本身的"不介入"性质）。虽然巴尔特自己绝非可以免除意识形态偏见，但他的不少分析、批评、主张都在相当程度上"体现着"一种准科学性的分析方法，从而使其最终成为一名符号学家。这也是巴尔特思想对我们的最大价值所在：他以其天才创造力为我们提供了大量分析和解读典籍文本的分析经验，这对于我们有关传统典籍现代化研究目标来说，比任何西方哲学方法都更直接、更有效。因此，在我们说巴尔特是当代西方思想的一面镜子时，首先即指他的分析方法"反映着"一种战后新理论分析方向，这是一种跨学科思想方式，它来自语言学、社会学、历史学、哲学、精神分析学等众多领域。而另一方面，不可讳言，他往往只是从不同学术思想来源凭直观和记忆随意摘取相关理论工具，而此思考方式的创造性价值在于：他可恰到好处地针对特定课题对象，自行配置一套相应理论手段，以完成具体课题的意义分析工作。

### 3. 小说和思想

巴尔特作为"文学思想家"，其含义有广狭两方面。首先，他是专门意义上的文学家，即文学研究者和散文作家；其次，由于他从事有关文学的一般形式和条件的理论探索，所以其工作涉及人类普遍文学实践的结构和功能问题。巴尔特对小说形式，特别是19世纪小说形式有着特殊兴趣，其中含有一种超越文学而涉及一般思想方式的方面。19世纪"小说"是现代综合思想形态的原型，其中涉及在常识的水平上对诸现代学科知识的综合运用（跨学科）和模仿生活的叙事话语的编织。当20世纪以来小说不再能履行此职能之后，如何在文学中继续进行综合性知识运用，就成为现代文学理论的课题之一。巴尔特于是把此"跨学科"知识吸取方式也贯彻到文学理论分析（包括小说分析）实践之中。就思想综合性推进的必要来说，古典小说和现代文学理论遂有着一脉相承的关联，巴尔特正是因此之故才同时维持着两种精神活动：古典小说赏析和现代理论分析。巴尔特对当代法国实验派的"反故事"小说的推崇，实乃对传统小说形式之未来价值的否定。在他看来，文学必须"干预"社会生活的理由欠缺伦理学上的正当性，而且文学干预社会的方法多可证明其无效，结果今日现实主义小说往往事与愿违，达不到有效解说的目的（至于小说作品作为文学外的鼓动工具现象，则与文学本身无关）。巴尔特往往从后者入手批评"介入文学"，以显示社会派小说的理路似是而非。小说的抱负和其社会声名往往外在于小说家的主观意图。另一方面，在现代社会和学术发展的条件下，严肃小说的确难以再成为社会性道德实践的有效工具；文学的观察分析能力和时代知识的要求全不相称。这一历史客观事实却成为巴尔特构想另一类文学秉性的借口或渠道。巴尔特表现其文学怀疑主义和唯美主义的新文学实践形式，仍然是文本批评分析。巴尔特屡次谈到文学的"死亡"，即传统小说的死亡。因为现代以来很少有严肃知识分子会再重视小说故事情节了。他自己就承认极难亲自构拟人物和情节。巴尔特说："我知道小说已经死亡，但我喜爱小说性话语。""小说性"被看做一种话语形式。他关心的是小说式话语、小说式经验本身，也就是人类叙事话语本身，而非用小说所表达的思想内容本身。巴尔特的"小说哲学"（有关现实主义小说的消亡和新小说的未来等）暗示着文学世界本身的消亡。他在各种先锋派作品表面之间游荡却难以实际投入；他的文学理论批评实践，也间接地反映着文学世界本身的萎缩状态。最后，小说这种对他来说既重要又可疑的文学形式，竟然成为他进入法兰西学院后的主要"解析"对象。实际上，巴尔特在法兰西学院的小说讲题系列，成为他的文学乌托邦和社会逃避主义的最后实验场。

### 4. 权势和压制

巴尔特和萨特的文学实践立场虽然表面上相反，但两人都是资本拜金主义和等级权势制度的强烈批判者。萨特所批判的是社会制度本身并提出某种政治改良方案,巴尔特的批判针对着西方文化、文学和学术性权势制度及由其决定的文学表达方式。如前所述,萨特的社会政治介入观不免导致后来易于察觉的判断失误,巴尔特的文化语言性批判反因其对象的抽象性和稳定性而获得了学术上的普遍性价值。巴尔特的文学"伦理学"在社会实践方面的逃避主义(不是指其实践学的怯懦,而是指其人生观和社会观的游移不定),使其权势批判只停留在抽象层次上。这种一个世纪以来对"资产阶级文化意识形态"普遍存在的批判态度,实际上反映着西方现代主义和先锋派文艺对唯物质主义工商社会及其唯娱乐文化方向的普遍反感。不过西方左翼知识分子的共同秉性均表现为观念的理想主义和实践的浪漫主义之混合存在,人生理想的高远和社会改进的无方,遂成为其通病。西方左翼知识分子亦为当代西方各种社会文化理论的主要创造者之一,而其共同倾向是反对不当权势之压制并憧憬正义理想。但是由于其"理论知识"普遍忽略了"现实构造"的多元化、多层化特点,以至于往往在权势的"当"与"不当"之间没有适当的判断标准,反而因此导致他们社会性理论论述易于发生某种"现实失焦症":在理论和实践两方面脱离客观现实。而其正面效果则是:为理论性思考标志出难点和有效边界。结果,巴尔特在抽象层次上的反权势、反教条、反制度的意义分析活动,却可为世人提供一种具有普遍性的认知对象:有关权势压制制度和其对文化思想操纵方式之间的意义关系分析。

巴尔特的大量符号学的、去神秘化的文本分析实践,都在于揭示此种被操纵的意识形态文本的意义构造和功能。实际上,巴尔特对资本拜金主义的批判态度,根本上源于一种反权势立场,这是他对马克思主义产生同情的根源之一。但他从未有兴趣从社会学和政治学角度对此进一步探索。虽然和其他结构主义者一样，他也是有关各种学术机构化、制度化的权势现象批评者，包括所谓学院派的文学批评（拉辛论战）的批评者。作为符号学家，其根本的反思对象则是制约思想方式的文学和学术语言结构本身。巴尔特从事有关语言学、语义学、修辞学、风格学等各种类型的结构主义实践，其中都包含着对制约思想方式的文本内在意义机制的批评。这一态度是和心理、意识、思想等内容面的传统型解释说明方式相对立的。而由于其怀疑主义实践论，巴尔特对"权威"的批评也就日益从社会性层面转移到语言学层面和学术性层面。其批评之目的，实为摆脱传统权威对作家和学者思维形式创新所加予的拘束和限制。从政治性权威向学术性权威的转移，是和他从社会性意识形态关切向理论性意识形态关切之转变一致的。结果，唯美主义也成为反权威的一种方式，如其晚年着重宣扬的"文本欢娱"观等。这个和写作常常并称的难免空洞的概念，最后成为巴尔特现实逃避主义的最后媒介。文学为了写作本身，写作为了欢娱本身！所谓享乐主义不过是巴尔特用此身体感官性传统名词象征地表示的一种口实，用以避免对思想之实质进行更为透彻的分析。这样他就企图将文学实践还原为文学的物质性过程（写作）及其感官性效果（快乐）了，用传统上作为贬义词的感官主义暗示着对正统思维的一种"反抗"，以至于进而从感官享受过渡到更极端的"身体性目标"：如晚年提出了所谓"慵懒观"的正当性。身体的放纵和身体的慵懒，都是避免积极生存方向选择的借口。这只不过是巴尔特表面上回归享乐主义的灰暗心理之反映。

## 5. 理论和科学

巴尔特将他人的理论和方法视作自己分析的工具之零件，其独创性表现在如何拆解和搭配这些现成理论工具，以使其创造性地应用于各种不同研究课题。巴尔特被称作理论家，是指他的注重理论分析的态度和进行理论分析的实践，而非指其重视独立的理论体系建设。巴尔特在不同时期对采纳不同理论资源时表现的某种随意性，有时不免遭受专家诟病，但批评者有时忽略了他在一次分析工作中维持理论运作统一性的创造性表现。至于在不同课题和不同阶段内理论主题偏好的变动性，并未妨碍他在具体课题中完成文本意义分析的目的。一方面，文本意义分析成为人文科学话语现代化重整的必要步骤，另一方面，意义分析工作要求着人文科学各学科朝向跨学科乃至跨文化方向的继续发展。巴尔特的理论实践经验进一步反映着人类知识特别是伦理学知识的根本性变革的必要。在此意义上，无论是尼采的怀疑主义还是结构主义的怀疑主义都应该看做是朝向人类理性主义思考方向的重要精神推动力量。因为真理的动因之一即怀疑主义。

在巴尔特的"理论工具库"中，符号学当然是最主要的部分。巴尔特是所谓法国"最早一位"符号学家、最早一部《符号学原理》的作者以及高级学术机构内一位"文学符号学"讲座教授。作为现代意义学的基本学科，符号学当然是他文学理论研究中最直接相关的一种。他对任何现成符号学活动中的体制化、教条化（符号学作为元科学）的反对，反映了他绝非有兴趣在学术界追求某种所谓新兴学科符号学的创建。巴尔特企图超越学院派的"科学批评"而朝向自己的所谓"解释性批评"，不过，后者的批评"可靠性"却是以其文学分析论域的缩小为代价的。

### 6. 古典和前卫

巴尔特是文学唯美实验主义的倡导者，兼及创作和理论两个层面，其实践方式本身则成为西方先锋派、现代主义、后现代主义诸不同现代美学倾向的汇聚场，从而反映着西方文艺从古典时代向现代、向未来变迁过程中的面面观。巴尔特是将西方理性怀疑主义和反理性唯美主义并存于心并使之交互作用的文学思想家。由于其唯美主义是通过文本分析方式表达的，所涉及的唯美主义一般情境，表现出更深刻、更内在的理论认知价值。因此，巴尔特的理智性文学文本分析，是我们体察和了解现代西方非理性主义文艺作品特色的一面镜子。无论是其理论性分析还是其美学性品鉴，都表现出一种作品"内在主义"的思考倾向，这种思想方式的内在一致性，使其学术价值超出许多当代西方理论修养更为深厚的哲学美学家。受过古典语言和古典文学正规训练的巴尔特，首先是一位希腊罗马古典文学的专家，其次也是法国近代古典文学的研究者，最后更是法国民族文学思想的特殊爱好者（正是这一点使他不至于成为德国形而上学的俘虏：萨特和德里达的黑格尔主义和海德格尔主义、利科的康德主义和胡塞尔主义。但巴尔特也因此并不很熟悉英美现代派文学作品）。

我们应该注意另一种矛盾现象：巴尔特理智上对先锋派作品和东方哲理诗的推崇与他在感情上对法国古典文学的真正"喜爱"（米什莱和福楼拜）之间的对比。先锋派或现代派都是相对于传统和历史的"革命性"或"革新性"尝试，其"新颖性"主要体现于形式方面的变革。先锋派批评家在其中支持的主要是其摆脱传统的力度和方向；新的形式成为求新者（不满现状者）的一种精神"寄托"。先锋派作品的无内容性、"空的能指"，即巴尔特所说的不朝向所指的"能指的运作艺术"。巴尔特毕生在现代派文艺和古典文学之间的同时性交叉体验和实验,"客观上"反映了先锋派文艺的"否定性价值",实际上超过了其"肯定性价值",也就是说,"先锋派"之所以是一种实验艺术,主要代表着文艺家对"现状"的不满、逃避和解脱的努力。作家和理论家遂生存于已完成的传统历史之稳定性和待完成的未来历史之尝试性的张力之中。20世纪各种现代派文艺作品所包含的否定性方面远超过其肯定性方面,这就是何以其形式如此变动不居的原因之一。

### 7. 欲望和写作

巴尔特说,今日"不再有诗人,也不再有小说家,留下的只是写作"(《批评与真实》)。"写作"后来成为巴尔特最喜爱的一个文学理论"范畴",不过它也是一个最空洞的范畴(以至于激怒许多批评其偏爱"术语"的学人)。按其写作论,写作者不能按其思想的社会性价值或作用来规定,而只应按其对写作"话语"的意识来规定。他说,传统的小资产阶级将话语作为"工具",新批评则将其视为"记号或真理本身"。这一论证方式从空到空,难怪使大学教授(皮卡尔)不快。巴尔特执意强调的是文学话语不通向所象征的外在世界,而是通过符号学方式朝向语言本身。作为理论分析的对象,"写作"范畴也许是明确的,而作为文学实践的目标,"写作"却绝非明确的。巴尔特不强调写作内容的"正当性",而强调其"形式"的正当性。那么这种作为新文学观念的"文学形式之伦理学"究竟是什么意思呢?中性、零度、白色、不介入等脱离社会内容的写作方式,固然与各种现代派文艺理念相合,但为什么这就是正当的呢?巴尔特人生观的这一自我主义特点,导致他自始至终采取"中性"或"零度"的反文学介入观,而他在其一生中三次社会冲突尖锐时期(法西斯占领时期、战后反资本主义运动时期,和1968年社会大动荡时期)采取的脱离具体社会实践而最终将压制自由的根源说成是(资产阶级)语言结构本身的结论,无疑是一种伦理学逃避主义的表现。不妨说,相对于文学政治道德学,巴尔特试图为自己建立一种"文学(写作)的(反)伦理学"。

实际上,由于现代历史和社会的根本改变,巴尔特和其同时代人,获得了外在于历史的理由和条件,可不必参与各种人为的社会性实践(它们为各种隐蔽的意识形态力量所推动和操纵),而得以逻辑上合理地"实验"其"中性"而"快乐"的生存方式:所谓实践一种"写作伦理学"。而巴尔特说,他心目中想写的东西,其实常常是一些老旧的东西和古老的故事,并不一定是先锋派作品(他的枕边书永远只是古典类书籍)。所谓"写作"范畴因此不是相关于内容的,而是相关于形式的。他说:"写作是提问题的艺术,而不是回答或解决问题的艺术。"巴尔特在法兰西学院四年中的最后阶段,本其"文本欢娱"哲学而陷入了一种极端唯美主义实践。他不仅在其最后一部作品中返回到最初一部作品中的写作主题,而且在其中返回自己最初曾热衷的"纪德自我主义"。这种伦理学的自我主义,结果以消除伦理选择主体的存在为目的,此主体的剩余部分遂成为被动的"美感享乐主义者"。伊壁鸠鲁主义式的享乐主义,遂成为躲避道德问题的借口。1977年在回答访问者的"你有一种道德观否"的问题时,他刻意加以回避问题本身而答称:这是"一种感情关系的道德,但我不能进一步说明,因为我有许多别的东西要说"。因此,巴尔特和众多当代西方的反主体论者,实质上是在进行着一种放弃伦理选择权的"选择"。巴尔特类型的反主体观,结果反而从反面使伦理主体的作用更加凸显。而巴尔特的文学理论思想之所以比大多数纯学者或哲学理论家的论述更重要，正因为他是能够从文学的理论和实践这两方面来思考和表现此一伦理危机情境的。此外，巴尔特理论话语的时代适切性，还表现在他的超越（18世纪）启蒙主义和超越（19世纪）现实主义的潜在思想前提上，因为这使他不必把启蒙时代不可回避的宗教问题和政治问题纳入自己的理论思辨构架之内，从而使自己的伦理学情境较为单纯。对于我们来说，巴尔特伦理思想中的虚无主义之本质，因轮廓更为清晰也就更具有普遍意义。

巴尔特对启蒙主义时代的负面评价，凸显了他和相当多当代西方知识分子对历史、政治、社会、文化错综复杂关系认知的简单化态度。一方面正是这种态度为其反介入伦理观提供了运作上合理的边界，另一方面也客观地反映了他这位对"历史形式"进行分析的思想家本人，未曾有机会亲历和深入较复杂的"历史内容"过程。当他挪揄伏尔泰积极进取的道德"快乐感"是来自君主专制时代历史之偶然时，这只不过反映着处于民主时代的西方知识分子伦理经验的单薄和肤浅；而主体意识本来是深植于人类伦理学情境本身的。在启蒙时代和19世纪，西方知识分子生存于丰满真实的历史社会张力场内而必须面对个人的伦理学选择；20世纪社会和知识条件的革命性演变使得知识分子脱离了此社会性选择张力场。其结果是，一者进行不适切的社会性反应；另一者拒绝进行社会性反应。理论知识和实践知识，遂陷入持久而普遍的结构性分裂之中。

时代思想的混乱和丧母之痛使得巴尔特陷入空前忧郁心境，但终于在辞世前完成了自己向学院和读者应许的一部"小说"作品，实为一部关于小说和文学的论述。巴尔特为文学赏鉴和文学分析而生,而非为故事编织而生;毕生以各种叙事文本为研究对象,却从不曾自行制作(文学的或历史的)叙事。小说是他的分析对象,一如电影是麦茨的分析对象,他们不是也不需是故事编写者。但重要的是:巴尔特确曾把自己"写小说"之意愿,当作一种计划加以期待、准备甚至宣布,并把最后一部作品定名为意义含混的"小说的准备"。是就一般小说理论而言,还是针对自己的小说写作意愿而言?巴尔特对听众抱歉道,即使期待中的小说不是由自己直接完成的,所勾勒的理念轮廓也可供其他作家参照。1977年曾经主持Cerisy巴尔特研讨会并与作者熟识的研究专家安托万·孔帕尼翁(Antoine Compagnon)在不久前回顾说,在《小说的准备》原稿手迹上,他吃惊地看出巴尔特写稿时流露出来的深刻的忧郁和不安,这部作品似乎像是作者对自身死亡准备的一部分。巴尔特对此死亡意象的演示,表现出一个现代"无永生之念者"与其死亡预期的关系,从而凸显了反人本主义伦理学的内在困境。因此,巴尔特远不只是学者理论家,其内心蕴涵着(不合时宜的)诗学怀乡病,而其表面的主张不过是另一种生存愿望的变相表白。这种向往文学乌托邦境界的分析性表达,遂可成为我们再次反思人类一般伦理学情境和文学伦理学情境的一面镜子。巴尔特在《小说的准备》中援引但丁、渴望"新生",实则正在积极地奔向自身的死亡,以使其最终达成一种美学虚无主义实践。

### 8. 文学和理性

德里达在其《论书写学》中说:"理性这个词应当抛弃"。但是我们应该注意到有关现代西方"理性"的多元表达。作为理论家的巴尔特,正是以其推理的精细而成为现代人文科学意义论中不可多得的思想家的；对象的非理性性格和方法的理性性格应当加以区别。另外当然也有一个作为唯美主义"非理性"作家的巴尔特，此时他可跻身于福楼拜和马拉美以来的前卫作家行列。重要的是，在将理性的"巴尔特分析"对比于非理性的"巴尔特美感"时，二者的交互作用所产生的一种特殊的"可理解性"，遂成为特别具有解释学潜力的一种独特智慧。巴尔特自身文学唯美主义追求（古典诗人原型）和怀疑主义理性思辨（古典哲学家原型）的二重身份，使其文学思想具有一种特殊价值。巴尔特的文学探索相当于美学认识论问题的提出，而并非其解决。换言之，巴尔特是以对先锋派文艺的"肯定句式"来提出一种实质上是"疑问的"句式。因此，读赏古典和探索前卫，虽然存于一心，却属于两类精神过程。在此意义上，一个世纪以来的现代派、先锋派、前卫派文艺，代表着现代西方文化精神的动荡不安，其严重性和难以解脱性，也源于两种内外不同的冲力：唯物质主义的科技工商社会之永恒精神压力和传统价值信仰基础在理性面前的解体。对于20世纪人类历史的这一全新局势而言，巴尔特的这面文学怀疑主义之镜，对其作出了最深刻的"反映"。

La Préparation Du Roman I et II by Roland Barthes

© Éditions du Seuil, 2003

All rights reserved.

Simplified Chinese version © 2008 by China Renmin University Press.

## 图书在版编目（CIP）数据

小说的准备/（法）巴尔特著；（法）娜塔莉·莱热编辑、注解、序言，埃里克·马蒂总编；李幼蒸译.
北京：中国人民大学出版社，2010
（罗兰·巴尔特文集）
ISBN 978-7-300-11973-1

Ⅰ. ①小⋯
Ⅱ. ①巴⋯②李⋯
Ⅲ. ①文学：伦理学-研究
Ⅳ. ①I0-05

中国版本图书馆 CIP 数据核字（2010）第 063243 号

罗兰·巴尔特文集
**小说的准备**
法兰西学院课程和研究班讲义（1978—1979，1979—1980）
［法］罗兰·巴尔特　著
　　娜塔莉·莱热　编辑、注解、序言
　　埃里克·马蒂　总编
李幼蒸　译
Xiaoshuo de Zhunbei

| | | | |
|---|---|---|---|
| 出版发行 | 中国人民大学出版社 | | |
| 社　　址 | 北京中关村大街 31 号 | 邮政编码 | 100080 |
| 电　　话 | 010-62511242（总编室） | 010-62511770（质管部） | |
| | 010-82501766（邮购部） | 010-62514148（门市部） | |
| | 010-62515195（发行公司） | 010-62515275（盗版举报） | |
| 网　　址 | http://www.crup.com.cn | | |
| 经　　销 | 新华书店 | | |
| 印　　刷 | 北京玺诚印务有限公司 | | |
| 规　　格 | 148 mm×210 mm　32 开本 | 版　次 | 2010 年 5 月第 1 版 |
| 印　　张 | 20.25 插页 3 | 印　次 | 2019 年 9 月第 2 次印刷 |
| 字　　数 | 448 000 | 定　价 | 59.80 元 |

版权所有　侵权必究　印装差错　负责调换